KB071442

청소년 자해상담

이론과 실제

서 미 · 김지혜 · 소수연 · 이자영 · 이태영 공저

학지사

서문

"죽고 싶어서는 아니었어요……. 내가 너무 미워서, 벌을 주고 싶
어서 팔을 그었어요."

"내가 이만큼 힘들다는 것을 표현하고 싶어서…… 그러면 부모님
이 알아주실 것 같아 자해를 했어요."

'자해는 살기 위한 SOS 신호를 보내는 것'이라는 어떤 기사의 헤드
라인은 이 책의 출판 이유와 맞닿아 있다. 흔히 청소년이 몸에 상처
를 낼 때 죽고 싶기 때문에 그러는 것이라고 오해를 한다. 하지만 자
해를 하는 청소년은 죽고 싶어서 몸에 상처를 내는 것이 아니다. 다
소 극단적으로 표현하자면, 이들은 자해를 해야만 삶을 견딜 수 있기
때문에 상처를 만든다.

최근 청소년 자해가 급격히 증가하고 있다. '자해인증샷' '자해놀
이' '자살송' 등 청소년 자해와 관련된 단어나 콘텐츠 등이 심심치 않
게 뉴스나 SNS에서 발견된다. 실제 '자해'로 검색되는 게시물이 3만

8000여 건에 이르고 있으며(헤럴드경제, 2018. 10. 8.), 자해경험을 한 중학생이 전체의 7.9%(4만 505명), 고등학생은 전체의 6.4%(2만 9,026명)로 보고되기도 한다(한겨레 21, 2018. 11.). 이처럼 고조되는 청소년 자해의 심각성과 더불어 60%에 이르는 청소년 자해 재발률을 고려할 때 청소년 자해에 대한 적절하고 효과적인 개입이 필수적이다. 그러나 안타깝게도 연구나 실제 상담현장에서 청소년 자해가 청소년 자살과 명확하게 구분되지 않았다는 점에서 청소년 자해 문제에 대한 상담 개입이나 대응이 효과적이었는가에 대해서는 확신하기 어렵다.

자해와 관련된 대부분의 최신 연구에서는 자해와 자살이 원인과 동기, 인지적 특성, 행동적인 면에서 질적으로 달라 다른 차원의 문제로 다루어져야 한다고 제안한다. 특히 자해와 자살은 '죽으려는 의도'의 유무에 따라서 확연히 구분될 수 있다. 자해는 자살과는 달리 삶을 끝내고 죽고자 하는 의도로 상처를 내는 것이 아니다. 이런 맥락에서 자해는 '비자살적 자해'로, 자살은 '자살적 자해'로 각각 불리기도 한다. 하지만 이러한 구분은 최근에서야 이루어지고 있다. 자해는 자살과 혼재되어 연구되어 왔기 때문에 비자살적 자해에 대한 실태나 현황조차 파악되지 않고 있다. 자해로 의뢰된 청소년들은 '자살시도' 증상을 가진 자살위기 청소년으로 다루어진다. 이제 연구자들과 전문 상담자들은 자살과 구분되는 '비자살적 자해'의 다양한 특성을 이해하고, '자살적 자해'와는 다른 상담 개입 및 전략을 세워야 한다.

이 책은 이러한 맥락에서 기획되고 저술되었다. 특히 청소년 자해 문제가 가장 시급하게 다루어져야 한다는 문제의식에서 청소년 자해 상담 개입에 초점화하였다. 이 책은 총 11장으로 구성된다.

- 제1장에서는 청소년 자해의 개념과 특성에 대해서 설명하였다. 구체적으로 '비자살적 자해' 용어의 정의에서부터 비자살적 자해의 종류, 유병률 등 다양한 특성에 대해서 전체적으로 개관하였다.
- 제2장에서는 청소년 자해의 원인에 대해서 다양한 차원으로 설명하였다. 먼저, 청소년 자해의 원인을 심리적 요인, 생물학적 요인, 사회·환경적 요인으로 구분하여 설명하였다. 나아가 청소년 자해가 발생하는 과정에 대한 이해를 위해 청소년 자해 요인의 통합적 모형을 제시하고, 청소년 자해의 동기에 대해서 설명하였다.
- 제3장에서는 국내외 자해연구 동향에 대해서 기술하였다. 즉, 국내외 연구 중 비자살적 자해 특성과 상담개입 방안에 대한 메타연구 및 개관연구 결과를 설명하고 후속연구 방향을 제시하였다.
- 제4장에서는 청소년 자살 및 자해의 전반적인 실태 및 현황에 대해 살펴보았다. 국내외 청소년 자살과 자해 현황을 설명하고, 청소년 자해 관련 인구통계학적인 특성(연령, 성 등)과 실태(자해방법, 심각성, 미디어에서의 자해 특성 등)를 전반적으로 살펴보았다.
- 제5장에서는 청소년 자해 진단 및 평가를 설명하였다. 구체적으로 DSM-5의 근거한 자해 진단 방식과 청소년 자해 진단 척도를 소개하였고, 상담개입 과정에서 청소년의 자해를 평가하는 방안에 대해서 설명하였다.
- 제6장에서는 청소년 장애와 정신장애, 즉 섭식장애, 외상 후 스트레스 장애, 경계선 성격장애, 우울증과 관련하여 설명하였다. 이때 각 장애를 가진 자해 청소년들의 행동 특성에서 개입 방법

과 사례를 제시하였다.

- 제7장에서는 자해 청소년의 상담개입 방안에 대한 다양한 이론을 소개하였다. 자해개입의 대표적인 이론인 인지행동치료, 변증법적 행동치료, 동기강화상담, 기반가족치료를 바탕으로 자해개입 전략을 소개하였다.

- 제8장에서는 자해 청소년 상담과정에서 단계별(초기, 중기, 후기)로 개입하는 전략 및 방안을 설명하였다. 특히 한국청소년상담복지개발원에서 개발한 '청소년 정신건강 상담개입 매뉴얼: 자살 · 자해'와 '자살 · 자해 상담클리닉 운영 모형'을 중심으로 소개하였다.

- 제9장에서는 발달단계별 청소년 자살 · 자해의 특성 및 상담개입에 대해서 개관하였다. 또한 중 · 고등학교와 대학교 학교상담센터에서의 위기개입에 대해서 각각 설명하였는데, 각 기관의 위기개입 단계별 개입방법부터 타 기관의 의뢰방법과 실제 사례 예시를 소개하였다.

- 제10장에서는 자해 청소년의 부모를 상담하는 방안과 자해 청소년 상담사례의 상담사례 지도(수퍼비전) 방안에 대해서 설명하였다.

- 제11장에서는 자해 청소년 상담에서 필요한 상담자 태도와 윤리에 대해서 설명하였다. 주로 자해위기를 가진 내담자를 상담할 때 발생할 수 있는 윤리적 문제와 대처방안에 대해서 설명하고, 자해상담 과정에서 상담자를 보호하는 방안에 대해서 설명하였다.

이 책은 자해 청소년 상담과 관련하여 연구와 상담 경험이 풍부한 저자들의 지식과 경험을 바탕으로 저술된 바, 이론과 실제를 충실하게 다루어 연구나 실제 상담현장에서 활용하는 데 효과적일 것이라고 자부한다. 책 전반에 걸쳐 최신 이론과 연구를 소개함은 물론, 구체적인 국내외의 사례를 다양하게 제시하고 있다. 특히 상담현장에서 활용할 수 있는 개입전략에서부터 실제적인 지침과 사례를 구체적으로 제시하였다. 이 책을 통해 전문가들이 청소년 자해의 특징을 이해하고 효과적으로 개입하게 되기를 바란다. 또한 청소년 자해 관련 연구 및 대응이 보다 체계적으로 이루어지는 데 기여하기를 바란다.

이 책이 세상에 나올 수 있도록 출판을 허락해 주신 학지사 김진환 사장님, 김은석 부장님, 그리고 좋은 책을 만들기 위해 동분서주하며 노력해 주신 직원들의 노고에 감사의 말씀을 전한다.

2020년 8월
저자 일동

차례

제1장
청소년 자해의 개념과 특성

    최근 청소년 자해에 대한 사회적 관심이 매우 고조되고 있다. 특히 소위 '자해 인증샷'이 청소년들 사이에 유행처럼 번지면서 자해개입에 대한 필요성이 강하게 제기되고 있다. SNS 인스타그램에서 해시태그 '자해'로 검색되는 게시물이 3만 8,000여 건에 이르고 있다(헤럴드경제, 2018. 10. 8.). 2017년 교육부 학생정서행동특성검사에 따르면 자해경험을 한 중학생은 전체 7.9%(4만 505명), 고등학생이 전체 6.4%(2만 9,026명)에 이른다(한겨레21, 2018. 11.). 사실 자해는 자살과 구분되지 않고 유사한 개념으로 다루어져 왔다. 우리나라 청소년의 자살 문제가 심각하다는 점에서 자해는 자살과 함께 주목받아 왔다. 청소년의 자살은 청소년의 사망 원인 1위이고, 자살 시도율은 2.4%에 달하며, 30%가 죽고 싶다는 생각을 하고, 11.7%가 지난 1년 심각하게 자살을 생각한 것으로 보고된다(김영지, 김희진, 이민희, 박선영, 2015). 그런데 자살과 자해는 같은 것인가? 자해인증샷을 올리는 청소년들이 자살시도를 했다고 볼 수 있을까?

    최근 자살과 자해 간에 동기와 행동 등 특성과 기능이 상이해 개입이 차별화되어야 한다는 주장이 학계에서 강하게 제기되고 있다. 실제로 인스타그램에 3만 8,000여 건의 자해 게시물을 올린 청소년들이 자살의도를 가지고 있다고 보기 어렵다. 안타까운 것은 자해와 자살의 구분이 최근에서야 이루어지면서 자해에 대한 체계적인 연구가 부족하고 연구의 상당수는 자해와 자살을 함께 자해로 다루었다는 점이다. 이러한 맥락에서 자해위기 청소년의 상담개입을 위해서는 자해가 자살과 무엇이 다른가의 질문에 대한 해답에서 시작되어야 한다. 이 상에서는 자살과 구분되는 자해의 개념과 특징에 대해 살펴보고자 한다.

1. 자해 용어

자해의 용어나 정의는 명료하지 않았다. 그 이유는 연구자들과 임상가들이 자해와 자살을 구분하지 않고 혼용해서 사용하였기 때문이다. 최근에서야 자해를 자살과 구분하면서 자해를 '비자살적 자해'로, 자살을 '자살적 자해'로 구분하기 시작하였다.

자살과 구분된 비자살적 자해라는 개념은 1800년대 중반 영국 병원에서 정신과 의사의 기록이나 저술서에서 시작되었고(Angelotta, 2015), 이후 1900년 초기에 정신분석학 저작에서 비자살적 자해에 대한 다양한 논의가 지속되었다. 특히 대표적인 것이 Karl Menninger(1938)의 『자신에게 대항하는 자(Man Against Himself)』라는 저서이다. 이 책에서 그는 자해를 자신에게 상처를 주는 행위로서 '부분적인 자살'로 개념화하였다. 자살과 구분되는 개념으로 자해를 개념화하였지만 자해를 일종의 자살의 부분적 특성으로 정의하였다는 점에서 한계가 있다. 이후 20세기 중반에서 후반 사이 현재 사용하는 비자살적 자해에 대한 개념과 정의가 본격적으로 정리되었다. 예를 들어, '커터(cutter)'와 같은 단어가 언급되기 시작하였다(Angelotta, 2015). 또한 맨체스터 대학의 Neil Kessel은 1965년 '의도적인 자해(deliberate self-injury)'라는 용어를 처음으로 사용하여 자살시도라는 용어로 이해하기 어려운 환자를 설명하였다. 즉, 의도적인 자해란 의도적으로 자해를 했다는 것이 확실하지만 죽으려는 목적보다는 상황을 바꾸려는 경우를 의미한다(Kessel, 1965). 또한 Kreitman과 동료들(1969)은 '자살극(parasuicide)'이라는 용어를 사용하기도 하였다. 이들은 로얄 에딘버그 병원에서 근무하면서 환자들이 자해하는 데 다양한 동기가 있음을 발견하였다. 다만, 이들은 비자살적 자해가 자살하는 척을 하거나 자살을 모방하는 행위로 보았다(Kreitman, Philip, Greer, & Bagley, 1969). 브리스톨 대학의 Morgan 등(1975)은 '자살극'이라는 용어가 자해가 자살과 매우 유사하다는 의미를 내포하기 때문에 용어 사용을 반대하기도 하였다. 이들은 '자살극' 대신 '의도적인 자해(deliberate self-harm)'라는 용어를 주장하였다. 이때 자해를 'self-injury' 대신 'self-harm'으로 표현한 이유는 자해를 시도했어도 실제로 상처가 남지 않을 수도 있다는 점 때문이라고 설명하였다(Morgan, Burns-Cox, Pocock & Pottle, 1975). 하지만 의도적인 자해라는 단어는 의도적으로 자기 몸에 상처를 낸다는 의미가 잘 포함되어 있지만, 자살하려는 시도가 없다는 개념은 포함되어 있지 않다. 비슷하게 '자상(self-mutilation)'과 같은 용어가 사용되기도 하였는데, 이 용어는 평가적이고 극단적이면서 낙인을 찍는 것과 같다는 부정적인 의견이 많았다(Hyman, 1999; Connors, 2000; Simeon & Favazz, 2001). 메리엄 웹스터 영영사전(The Merriam-Webster Dictionary, 1995)에 따르면, '손상되다(mutilate)'는 '불완전하게 만들기 위해 자르거나 극단적으로 바꾸는 것' 그리고 '불구로 만드는 것, 심각한 손상을 입히는 것'으로 정의한다(이동훈 역, 2019). 이처럼 '자상'이 평가적이고, 심지어 자극적이기 때문에 용어 사용에 부정적이다(Simeon & Favazza, 2001; Walsh, 2012). 한편, 자살위협(suicide threat)이나 자살제스처(suicide gesture)란 용어를 사용하기도 하는데, 이 용어는 자살하려는 의도가 실제로 없음에도 다른 사람으로 하여금 자살할 것이라고 믿게 하는 행동이나 상태로 정의한다(Nock & Kessler, 2006; O'Carroll et al., 1996; Nock, 2009a. p. 12). 자살제스처란 용어의 유래는 다소 흥미로운데, 군인들 중에 군인의 의무를 저버리고 싶어서 실제로 죽고 싶지 않지만, 자신에게 의도적으로 상처를 입히는 행동을 설명하는 데 사용되었다(Fisch, 1954; Tucker & Gorman, 1967). 이런 유래로 인해 이 용어가 자해를 다른 사람을 통제하는 수단으로 가정한다는 점에서 적절치 않다고 보기도 한다(Silverman, Berman, Sanddal, O'Carroll, & Joiner Jr, 2007b). 하지만 자해행동이 언제나 사람을 통제하거나 의사소통의 목적으로 항상 일어나는 것은 아니지만, 상당수가 타인과의 의사소통의 목적으로 일어나기도 한다(Martinson, 2007; Nock, Holmberg, Photos, & Michel, 2007; Nock, Wedig, Janis, & Deliberto, 2008; Nock, 2009a). 이런 측면에서 자해제스처란 용어를 사용할 수도 있다. 이 외에도 자기 주도적 폭력, 자기 파괴적 행동, 자기 학대, 자살 관련 행동 등 다양한 용어가 사용되었다(Angelotta, 2015).

이제까지 설명하였듯이 자해를 설명하는 용어들은 다양하다. 이 용어 중 의도적인 자해(deliberate self-harm)가 지난 10년 동안 400여 개 논문에서 인용될 정도로 가장 많이 사용되었고 최근에도 종종 사용하기도 한다(Washburn, 2019). 다만, 의도적인 자해는 지해와 지살을 뚜렷하게 구분하지 않고 융합해서 사용한다는 점에서 자살과 구분이 모호하다는 비판을 받았다. 최근 대부분의 연구자나 상담자들은 비자살적 자해와 자살적 자해가 확실히 구분되어야 한다는 사실에 동의한다. 이에 자해와 자살을 명료하게 구분하는 '비자살적 자해'와 '자살적 자해' 개념이 가장 대표적으로 사용되고 있다. 이 책에서도 자해는 '자살적 자해'와 대조되는 '비자살적 자해'라는 용어를 사용하고자 한다.

2. 자해적 사고와 행동: 자살적 자해와 비자살적 자해

자해와 자살이 구분되지 않았던 이유는 자신의 몸에 상처를 입힌다는 점에서 언뜻 차이가 별로 없어 보이기 때문이다. 자살과 자해는 외관상으로 몸에 상처를 입힌다는 공통점이 있다. 허버드 대학의 Nock(2009a)은 자해와 자살을 통합하여 '자해 사고와 행동(Self-Injurious Thoughts and Behaviors: SITB)'이라는 용어로 설명하고 이를 광범위한 의미에서 자신에게 의도적으로 직접 상처를 입히려고 생각하거나 행동하는 것으로 정의한 바 있다(Nock, 2009a. p. 10). '자해 사고와 행동'은 매우 위험하고 긴급하게 다루어지기 때문에 연구 또한 활발하게 이루어졌다. 그러나 안타깝게도 자해 사고와 행동과 관련된 용어나 정의가 명료하게 통일되어 있지 않아 체계적이고 일관성 있게 연구하는 데 한계가 있다. 유사하게 상담자나 임상가들도 비자살적 자해와 자살적 자해를 구분하지 않고 개입함으로써 체계적으로 상담개입을 연구하는 데 어려움이 있다. 예를 들어, 상담자들은 자살하겠다는 마음으로 손목을 그은 자살시도(자살적 자해)와 혼란스러운 감정을 일시적으로 안정시키기 위해 손목에 상처를 긋는 자해행동(비자살적 자해)을 구분하지 않고, 둘 다 모두 '자해' '자살' 등 비슷한 용어로 언급한다. 따라서 자해 사고와 행동에 대한 용어나 정의를 명료화하는 것이 미래 체계적이고 효과적인 연구 및 상담 개입의 기초가 될 것이다.

자해 사고와 행동은 DSM-IV까지 정의된 적이 없었다. DSM-IV에서는 자해 사고와 행동을 하나의 병증으로 개념화하기보다는 단순한 행동으로 개념화하였다. 예를 들어, 경계선 성격장애, 주요 우울장애, 정형적 정동장애(stereotypic movement disorder)에서 나타나는 하나의 증상으로 다루었다. 하지만 다양하게 자살사고와 행동을 하는 사람, 특히 비자살적 자해의 상당수가 경계선 성격장애, 주요 우울장애 등 위의 진단기준에 해당되지 않아 진단이 이루어지기 어려웠다(Favazza, 1989; Favazza & Conterio, 1989; Nock, Joiner, Gordon, Lloyd-Richardson, & Prinstien, 2006). 이에 DSM-5에서 비자살적 자해를 정의하기 전까지는 특별한 장애로 진단하기보다는 충동조절장애로 주로 정의해 왔다.

최근 여러 해에 걸친 자해 사고와 행동을 분류하고 정의하려는 시도를 통해 자해 사고와 행동에 관한 다양한 개념과 구인들이 정리되었다(Nock et al., 2007; Nock et al., 2008; O'Carroll et al., 1996; Posner, Oquendo, Gould, Stanley, & Davies, 2007; Silverman, Berman, Sanddal, O'Carroll, & Joiner, 2007a, 2008b; Simeon & Favazza, 2001). 특히 연구자들은 '자살하려는 의도'에 따라서 자해 사고와 행동을 구분할 수 있고, 자살의도가 있는 '자살시도'와 자살의도가 없는 '자해' 간에는 비율, 원인, 치료 반응이 다름을 보고하였다. 이런 결과를 토대로, Nock(2009a)은 [그림 1-1]과 같이 자해 사고와 행동을 '자살적'과 '비자살적' 자해로 구분하였다.

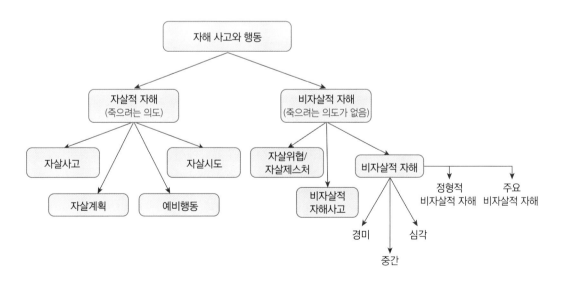

[그림 1-1] 자해 사고와 행동 유형

출처: Nock (2009a), p. 11.

이처럼 자살과 자해가 질적으로 상이한 형태와 기능을 가지는 독립된 개념으로 동기, 행동 및 인지적 특성에서 서로 다르다는 결과가 보고되면서 자해와 자살을 구분하고 있다(Favazza, 1996; Favazza & Conterio, 1989; Gollust, Eisenberger, & Golberstein, 2008). 자해와 자살을 구분하는 가장 큰 특징은 자살의도로(Nock, 2009a), 자살의도의 유무에 따라 자해는 비자살적 자해(non-suicidal self-injury)와 자살적 자해(suicidal self-injury)로 구분된다(Nock & Favazza, 2009; Simeon & Favazza, 2001). 최근 비자살적 자해는 정신장애 진단 및 통계편람 DSM-5(American Psychiatric Association, 2013)에서 자살행동장애(suicidal behavior disorder)와 구분하여 '추가 연구가 필요한 상태(conditions for further study)의 범주'에 추가되었다. 5장에서 비자살적 자해의 DSM-5 진단을 구체적으로 설명할 것이다.

1) 자살적 자해

자살적 자해는 다양하게 분류된다. 즉, 자살적 자해는 자살사고, 자살시도, 자살계획, 예비자살행동(preparatory acts)으로 구분할 수 있다. 구체적으로 살펴보면 자살사고란 의도적으로 삶을 끝내려는 행동을 하고자 하는 생각이다. 이 생각은 죽음에 대해 수동적으로 생각하는 것과는 다르다. 자살계획이란 죽으려는 방법을 구체적으로 생각하는 것이다. 자살사고와 자살계획은 둘 다 행동으로 옮기지 않고 생각에 머물러 있다는 점에서 공통적이지만 뚜렷이 구분할 수 있다. 자살시도란 잠재적으로 죽을 의도가 있는 자해행동이다. 그런데 자살시도를 했다고 보고한 사람 중 상당수가 실제로 반드시 죽어야겠다는 의도가 없는 경우도 있다. 즉, 자살시도자 중 실제로 죽어야겠다는 강한 의지로 자살시도를 하지 않는 경우도 있다. 이런 경우는 비자살적 자해로 구분되어야 한다. 이런 맥락에서 상담자는 내담자가 '자살의도'를 갖고 자해를 했다고 보고해도 실제로 죽으려는 의도가 있었는지 없었는지 '자살의도'에 대한 평가를 객관적으로 할 필요가 있다.

사실 [그림 1-1]에서 자살적 자해를 자살사고, 자살계획, 자살시도라는 범주로 구분하였다 해도 상담장면에서는 이를 정확하게 구분하기 쉽지 않다. 예를 들어, 자살계획을 갖고 자살도구를 산 사람이 있다고 치자. 이런 경우 자살시도를 하려고 했다고 볼 수도 있지만, 정확히 자살시도를 했다고 보기는 어렵다. 이때, 자살

시도로 구분해야 하는지, 아니면 자살사고로 구분해야 하는지, 아니면 자살계획으로 구분해야 하는가? 한편, 예비행동이란 일반적으로 자살시도를 위한 행동은 실제로 옮겼으나 몸에 상처를 내기 직전에 멈춘 경우이다(Posner et al., 2007). 예를 들어, 자살을 시도하려고 준비하였으나 마지막 순간에 멈춘 '실패한 자살시도(aborted suicidal attempts)'에 속한다(Barber, Marzuk, Leon, & Portera, 1998; Marzuk, Tardiff, Leon, Portera, & Weiner, 1997). 또한 비슷하지만 조금 다른 개념으로 '중단된 자살시도(interrupted suicide attempts)'가 있다. 이는 자살을 시도하려고 했으나 마지막 순간에 다른 사람에 의해 중단된 경우이다(Posner et al., 2007). 이렇듯 자살적 자해의 구분조차 상담장면에서 쉽지 않기에 상담자는 지속적이고 체계적으로 평가해야 한다.

2) 비자살적 자해

앞서 설명하였듯이 비자살적 자해와 비슷한 용어로 자상(self-mutilation), 의도적인 자해(deliberate self-harm), 자살극(parasuicide), 자기절개(self-cutting), 자살제스처 등의 용어가 사용되기도 하였다. 하지만 최근 비자살적 자해가 자해의 개념을 표현하는 데 가장 적절하다는 의견이 힘을 얻으면서(Favazza, 1996; Nock & Prinstein, 2004, 2005) 비자살적 자해라는 명칭이 주로 사용되고 있다.

비자살적 자해에 대한 정의는 다양하다. Nock(2009a)은 비자살적 자해(Non-Suicidual Self-Injury: NSSI)란 자살의도 없이 자신의 신체에 의도적으로 직접적인 해를 끼치고 상처를 주는 것이라고 정의하였다(Nock, 2009b, p. 9). The International Society for the Study of Self-Injury(ISSS)에 따르면 비자살적 자해는 의도적으로 자신의 신체를 파괴하는 행동으로 사회적으로 용인되지 않으면서 자살할 의도가 없는 행위이다(ISSS, 2018). 이 정의를 살펴보면 '자살의도 없음' '의도적으로' '신체에 상처를 줌'이라는 단어가 공통적으로 포함된다.

Washburn(2019)은 다음과 같이 비자살적 자해의 특징에 대해서 정리하였다 (p. 3). 이 특징들은 자살적 자해에서는 나타나지 않는다.

① 비자살적 자해는 자신의 몸에 의도적으로 저지른 행동이다. 즉, 우연히 일어

나거나 다른 사람에 의해서 생긴 일이 아니다.

② 비자살적 자해는 신체조직에 직접적으로 상처를 입히는 것이다. 이 점이 바로 섭식장애나 약물남용과 다른 점이다. 섭식장애나 약물남용도 스스로 신체에 해를 끼친다. 그러나 직집적으로 신체조직에 상처를 입히지 않는다는 점에서 섭식장애나 약물남용은 자해라고 볼 수 없다(Germain & Hooley, 2012).

③ 종교적·문화적 이유로 혹은 미용 때문에 몸에 상처를 입히는 것은 비자살적 자해가 아니다. 즉, 미용을 목적으로 한 타투나 피어싱 같은 것은 자해가 아니다(Favazza, 1998).

④ 비자살적 자해는 자살의도가 없다. 이는 가장 중요한 특징으로서 명백하게 자살과 자해를 구분한다. 즉, 자살적 자해는 삶을 끝내겠다는 목적으로 가지고 자해를 한다면, 비자살적 자해는 다른 이유로 자해를 한다.

3. 비자살적 자해와 자살적 자해의 구분

대부분의 연구자 및 상담자는 비자살적 자해와 자살적 자해가 다른 개념이며 상담개입 시 구분되어야 한다는 사실에 동의한다. 상담자는 내담자의 자해가 비자살적 자해인지 자살적인 자해인지를 명료하게 구분하고 상담을 제공해야 하며 비자살적 자해와 자살적 자해의 차이점에 대해서 이해해야 한다.

1) 자살의도 유무: 죽으려는 의도의 유무

비자살적 자해와 자살적 자해를 구분할 수 있는 가장 큰 기준은 '죽으려는 의도'이다. 다음 비자살적 청소년들의 인터뷰 내용(서미 외, 2018)을 살펴보자.

> "자해 같은 거는 죽고 싶어서 했다기보다는 내가 너무 미울 때 많이 했어요. 그러니까 내가 왜 누군가에게 화를 내고 나면은 '왜 이런 화를 내가 냈지? 왜 나는 이 화도 못 참지?' 하면은 내가 너무 미운 거예요."
>
> "어떻게 보면 약간 못됐는데 내가 이만큼 힘들다는 걸 약간 표현하기 위한 수

단? 솔직히 그때 당시 부모님 다툰 것 때문에 그런 게 많아요. 약간 부모님한테 살짝……. 그러니까 이만큼 힘들다는 것, 부모님이 내 상황의 심각성을 좀 알아봐 주시면 좋겠어요."

인터뷰 내용에서 알 수 있듯이 비자살적 자해는 죽고 싶다는 생각을 하지 않는다. 이처럼 자살의도의 유무에 따라 자해는 비자살적 자해와 자살적 자해로 구분된다(Nock & Favazza, 2009; Simeon & Favazza, 2001). 비자살적 자해는 죽으려는 의도가 없고, 자살적 자해는 죽으려는 의도가 있다. 비자살적 자해는 자살하고자 하는 의도를 갖지 않고 자신의 몸에 상처를 입히는 것이다. 따라서 스스로 몸에 상처를 냈을 때 비자살적 자해인지를 판단하기 위해서는 먼저 자살의도가 있었는지를 확인해야 한다. 즉, 비자살적 자해란 죽고 싶다는 의도 없이 완전히 죽으려는 의도가 없다는 증거가 있을 때 자해행동은 비자살적 자해로 분류될 수 있다.

그런데 내담자에게 죽고자 하는 의도가 없다는 것을 평가하는 것은 쉽지 않다. 일반적으로 내담자의 자기보고에 주로 의존하여 자살의도를 판단한다. 이런 측면에서 객관적으로 정확하게 자해를 구분하는 데 어려움이 있다. 예를 들어, 청소년 내담자의 경우 죽고 싶다는 자살사고를 갖고 있지만, 그렇다고 해서 자해를 하는 목적이 반드시 죽기 위해서라고 단정하기 어렵다. 평소 우울해서 죽고 싶다는 생각을 자주 하는 내담자가 죽기 위해서라기보다는 감정이 압도되어 자해를 할 수 있다. 이럴 때 내담자가 이런 감정들을 제대로 표현하기는 쉽지 않다. 이 경우 내담자의 자해는 비자살적 자해에 가깝지만, 상담자는 평소 내담자가 죽고 싶다는 보고를 많이 했기 때문에 자살적 자해로 판단할 수도 있다. 상담자는 자살적 자해의도와 비자살적 자해의도를 구체적으로 이해하고 내담자의 자해의도를 정확히 파악할 필요가 있다.

2) 차이점

자살의도의 유무를 판단하는 데 있어서의 한계점은 비자살적 자해와 자살적 자해의 특징을 비교함으로써 어느 정도 보완될 수 있다. 〈표 1-1〉은 Washburn(2019)과 Walsh(2012)가 제시한 비자살적 자해와 자살적 자해의 차이를 정리한 것이다.

Washburn(2009)은 치명성, 동기, 방법, 즉각적인 결과, 빈도라는 다섯 가지 영역에서 두 행동 간에 차이가 있음을 제시하였다. 또한 Walsh(2012)는 의도, 치사성, 패턴, 방법, 심리적 소통수준, 인지의 수축, 절망감과 무력감, 행동 후 불편감, 수단의 제한, 핵심 문제라는 영역에서 차이를 정리하였다. 〈표 1-1〉은 Washburn(2019)과 Walsh(2012)가 비교한 영역 중 공통적인 영역을 정리한 것이다.

〈표 1-1〉 자살적 자해와 비자살적 자해의 차이점

구분	자살적 자해	비자살적 자해
자해의도	의식의 종결	불쾌한 영향(긴장, 분노, 공허함, 무감각)으로부터 완화
상처 치명성	치명적, 생명의 위험이 있음	심각하지 않음, 생명의 위험이 없음
자해동기	죽기 위해서 행동, 깨지 않고 잠들기 위해, 고통을 끝내고 벗어나기 위해	대처하기 위해, 계속 유지하고 지속하기 위해, 좀 더 좋아지기 위해, 살기 위해
자해방법	권총자살 시도, 목매달기, 약물 복용, 독금물, 뛰어내림, 심한 커팅	약한 커팅, 피부 스크래치, 화상, 머리를 세차게 흔듦
자해방법 다양성	보통 한 가지 방법	대개 시간이 지날수록 하나 이상의 방법
즉각적인 결과	부정적인 영향이 증가함	부정적인 영향이 감소함, 긍정적인 영향이 증가함
자해패턴	드물게	자주
심리적 고통수준	견딜 수 없는, 끊임없이 지속되는	불편한, 간헐적인
인지수축	극도의 수축, 유일한 탈출구로서의 자살, 편협한 시야, 최후의 해결책 추구	약간의 또는 전혀 없는 수축, 다양한 선택지가 있음, 일시적인 해결책의 추구
절망감과 무력감	절망감과 무력감이 핵심적	낙관주의와 약간의 통제력 사이의 기간
수단 제한	중요한 것, 종종 생명을 구함	비현실적, 종종 부주의한 도발이 있음

출처: Washburn (2019)과 Walsh (2012)의 비자살적 자해와 자살적 자해 비교 재구성.

앞서 설명하였듯이 비자살적 자해와 자살적 자해의 큰 차이는, 첫째, 자해의도이다. 구체적으로 자살을 하고 싶어 하는 사람들의 의도는 '의식을 차단하는' 것이다(Shneidman, 1993). 이들은 심리적인 고통을 멈추기 위해, 즉 극심한 고통을 벗어나기 위해 자살하고 싶어 한다. 반면, 자해를 하는 사람은 의식을 차단하는 것이 아니라 의식을 조정하는 것이다. 이들은 고통스러운 감정을 완화시키기 위해 스스로 상처를 입힌다. 압도될 정도로 많은 감정을 완화하기 위해서 이들은 스스로에게 상처를 입힌다(Favazza, 1998; Walsh & Rosen, 1998; Brown, 1998; Brown, Comotois, & Linehan, 2002; Klonsky, 2007, 2009; Nock, 2010). 때론 해리 상태나 매우 경미한 감정을 경감시키기 위해 스스로 상처를 입히기도 한다(Conterio & Lader, 1998; Shapiro & Dominiak, 1992; Simeon & Hollander, 2001). 즉, '공허하고' '좀비와 같고' '죽어 있는 것 같은' 느낌, 이와 같은 감정을 완화시키기 위해 자해를 한다.

둘째, 상처의 치명성을 들 수 있다. 자살적 자해는 생명의 위험이 있을 정도로 치명적인 경우가 많은 반면, 비자살적 자해는 상대적으로 생명의 위험이 없을 정도로 덜 치명적인 방법으로 자해를 한다(Brausch & Gutierrez 2010; Muehlenkamp & Gutierrez, 2004). 사실 이렇게 덜 치명적인 방법으로 자해를 하기 때문에 비자살적 자해를 하는 청소년들은 부모로부터 부정적인 피드백을 갖게 된다. 자살적 자해의 경우 주변 사람들은 치명적이기 때문에 자살로 인해 걱정하고, 적극적으로 내담자를 보호하려고 한다. 반면, 비자살적 자해 청소년의 경우 치명적이지 않은 방법으로 자신의 몸에 상처를 입혔다는 점에서 죽을 용기도 없으면서 쇼를 한 것이라거나 투정 부린 것으로 취급되기도 한다. 주변인들은 비자살적 자해 청소년이 죽으려는 의도가 없다는 점을 알지 못하기 때문에 '자살쇼'를 했다는 식으로 오해를 하는 것이다.

셋째, 자해동기를 들 수 있다. 즉, 자살적 자해를 하는 이유는 삶을 끝내고 싶고, 영원히 깨지 않고 잠들고 싶고, 떠나지 않는 고통을 완전히 끝내기 위해서라는 점이다. 반면, 비자살적 자해를 하는 이유는 스트레스에 대처하고, 내 삶을 유지하고, 살고 싶고, 지금보다는 좀 더 상태가 좋아지기 위해서 비자살적 자해를 한다. 즉, 이들은 지금의 스트레스와 감정상태를 견딜 수가 없기 때문에 이를 벗어나서 더 좋은 상태에서 살기 위해 자해를 한다. 다시 말해, 자살적 자해는 죽기 위해서 자기 몸에 상처를 낸다면, 비자살적 자해는 살기 위해서 자기 몸에 상처를 낸다.

넷째, 자살적 자해를 하는 사람들은 권총자살 시도, 목매달기, 약물 복용, 독극물 섭취, 뛰어내림, 손목 동맥 끊기 등 치명적인 방법을 사용한다. 미국질병관리예방센터(CDD, Center for Disease Control and Prevantion, 2010)의 통계에 따르면 자살 방법으로는 주로 여섯 가지 방법이 활용된다. 총기 사용(50.7%), 목매달기(23.1%),

약물이나 독극물 섭취(18.8%), 높은 곳에서 뛰어내림(1.6%), 날카로운 도구의 사용 (1.7%), 자동차, 기차, 버스와 같은 차량과 관련된 죽음(1.1%)이다(이동훈 역, 2019). 흥미롭게 볼 것은 자해에서 가장 흔하게 나타나는 칼로 베기 또는 날카로운 도구를 사용하는 경우가 1.7%에 불과하다는 것이다. 마찬가지로 미국의 15~24세 연령을 대상으로 살펴보면, 칼로 베기에 의해 사망한 사람의 비율은 0.6%에 해당한다(CDC, 2010). 즉, 자살에 의해 사망하는 청소년의 99.4%는 자해에서 흔히 나타나는 칼로 베기와는 다른 방법을 사용한다. 이처럼 자살적 자해방법은 비자살적 자해방법과 매우 다르다. 비자살적 자해방법을 구체적으로 살펴보면 손이나 팔목 등에 약하게 커터 칼로 상처를 주기, 피부에 스크레칭하기, 피부 태우기, 머리를 세차게 때리기, 머리 찧기, 긁기, 깨물기, 머리카락 잡아당기기 등 다양한 방법으로 상처를 낸다. 이렇게 다양한 방법 중에서 청소년 집단에서 가장 주된 자해방법은 베기, 긁기, 조각하기 등 신체에 상처 내기이다. 주목할 것은 이러한 방법들이 걱정스러운 것은 사실이지만 생명에 위협이 되지는 않는다는 것이다. 자해방법과 관련된 구체적인 비율은 다음 세션에서 구체적으로 살펴본다.

다섯째, 자해방법 다양성과 관련하여 자살적 자해자들은 보통 한 가지 자해방법을 시도하지만 비자살적 자해자들은 두 가지 이상의 방법을 시도한다. 자살을 시도하는 사람들은 동일한 방법을 주로 사용한다(Berman, Jobes, & Silverman, 2006). 이에 반해, 자해하는 사람의 대부분은 한 가지 이상의 방법을 사용한다. 한 연구 (Favazza & Conterio, 1988)에 따르면 응답자 250명 중 78%가 다수의 방법을 사용한다. 또한 소규모이지만 청소년 대상으로 진행한 연구(Walsh & Frost, 2005)에서 70%가 넘는 응답자가 한 가지 이상의 방법을 사용하는 것으로 나타났다.

여섯째, 자해와 자살 이후 결과가 다르다. 자해 후 결과를 살펴보면 자살적 자해를 하고 나면 기분이 나아지지 않고 더 나빠진다. '죽고 싶어서 죽는 것조차 실패하는구나.' '스스로 죽는 것조차 제대로 못 하는구나.'와 같이 자기비판적인 생각을 하기 때문에 깊은 실망감과 절망감을 느낀다. 이들은 '나는 죽을 용기도 없네. 하지만 다음번에는 꼭 성공할 거야.'라는 생각을 한다. 반면, 비자살적 자해는 다소 '매력'으로 느껴지기도 한다. 자해를 하고 나면 죄책감, 분노, 공허감 등 부정적 감정이 즉각적으로 완화되고, 가끔 흥분이나 살아 있는 것 같은 긍정적인 감정이 증가한다. 이러한 비자살적 자해로 인한 일시적이지만 부정적인 감정이 감소하고 긍정적인 감정이 증가함으로 자해는 강화된다. 이것이 비자살적 자해의 재발률이 60% 정도로 높게 나오는 이유이다. 전문가들은 자해가 갖는 '치료적' 효과가 더이상 없을 때 좀 더 주의할 필요가 있다고 강조한다. 정서적 완화를 위해 자해에 의존했던 청소년들은 자해로 더 이상 긍정적인 결과를 느끼지 못할 때 무력감과 절망감을 느끼기 시작하고 고통으로부터 도망칠 수 없다고 느끼고 공항에 빠질 수 있다. 이런 경우처럼 자해자들이 자해를 통해 자신의 고통을 조절한다는 통제감을 잃게 되는 순간에 자살위기로 갈 수 있다. 이런 측면에서 자해가 멈추었을 때 내담자의 감정을 명료화하고 자해를 대체할 수 있는 활동을 수립하는 것이 중요하다.

일곱째, 자해패턴을 들 수 있다. 자살적 자해는 드물게 일어나지만, 비자살적 자해는 자주 일어나고 만성적으로 나타난다는 점이다. 일반적으로 자살적 자해는 삶에서 스트레스가 심한 시기에 한두 번 시도한다(Nock & Kessler, 2006). 위기의 순간에 자살을 시도할 수 있지만, 대부분의 사람은 다시 회복하여 삶을 살아가고 다시 자살을 시도할 가능성이 낮아진다. 그러나 자살을 장기간에 걸쳐 시도하는 사람들도 있다. 이들은 우울증, 양극성 장애, 경계선 성격장애 등 심각하고 만성적인 정신질환을 가지고 있다. 연구 결과에 따르면 자살을 반복적으로 시도하는 사람들은 주로 약물 과다복용의 방법을 주로 사용한다. 그런데 이렇게 만성적으로 자살을 시도하는 사람조차 비자살적 자해자의 자해 빈도보다는 낮다. 비자살적 자해를 하는 사람들의 상당수가 자해를 하는 빈도는 높다. 일례로 한 연구(Walsh & Rosen, 1988)에서 자해하는 내담자에게 의해 보고된 가장 흔한 빈도는 20~100회이기도 했다. 심지어 10대 초반의 청소년은 1년에 20~30회 정도 하는 것으로 나타났다. 흔하지는 않지만 수백 번 자해를 하는 경우도 있다.

여덟째, 심리적 고통수준에 따라 자살적 자해와 비자살적 자해는 차별화될 수 있다. 자살하는 사람들은 매우 고통스럽고 괴로워서 살 수 없을 정도로 견디기 힘들어한다. 이들은 영원히 도피하고 싶을 정도의 극심한 고통을 경험한다. 반면, 상대적으로 비자살적 자해를 하는 사람들은 자살위기 수준까지 고통을 경험하지는 않는다. 이들의 고통은 지속적이기보다는 중단 가능하고 간헐적이다. 물론 이런 차이는 비자살적 자해를 통해 고통을 중단하거나 감소시키기 때문이기도 하다. Muehlenkamp와 Guiterrez(2004)가 자살을 시도한 청소년들과 자해를 시도한 청소년를 비교한 연구에 따르면, 자살을 시도한 경험이 없는 자해시도 청소년들은 자살을 시도한 청소년들에 비해 절망감이 더 낮았고 삶에 대한 발전적인 추론, 강한 미래지향성, 자살에 대한 두려움이 더 강한 것으로 나타났다.

아홉째, 인지수축에서 차이가 있다. 자살을 시도하는 사람들은 '수축' '좁은 시야' '이분법적 생각' 등 인지적으로 다소 유연하지 않고 경직되어 있다. 이들은 삶을 양자택일의 자세로 바라본다. 문제에 직면하면 흑백논리적인 사고로 판단한다. 예를 들어, '나는 이 사람과 이 관계를 맺어야 해. 그렇지 않으면 죽어야 해.' '좋은 대학을 가지 못하면 내 인생은 망해.' '그녀와 헤어지면 내 삶은 너무 비참하고 절망스러워.' 등과 같은 비합리적인 믿음이 있다. 사실 이러한 신념과 자세로 인해 삶이 절망적이고 결국 극단적인 삶을 결정하게 된다. 이에 반해, 자해는 이렇게 이분법적인 사고로 특징지어지지는 않는다. 좀 더 빈번하게, 자해를 하고 있는 개인들의 사고과정은 협소하고 경직되어 있기보다는 혼란스럽다. 자살을 시도하는 사람들이 '삶을 살아가느냐 아니면 끝내는가'라는 양자택일적인 자세로 삶을 결정하려고 한다면, 자해를 시도하는 사람들은 삶에서 선택지가 있고, 그중 하나가 자해라고 보기도 한다. 자살을 하는 사람들은 고통 없는 삶이 살아 있는 동안 존재할 수 없다고 생각하기 때문에 그 삶을 끝내기 위해 자살을 시도한다. 반면, 자해를 하는 사람들은 고통 없는 삶을 살기 위해 고통을 감소시키기 위해 자해를 시도한다.

열번째, 절망감과 무력감을 들 수 있다. 사실 자살연구의 주요한 위험요인은 무력감과 절망감으로 지속적으로 보고되었다(Beck, Rush, Shaw, & Emery, 1979; Seligman, 1992; Milnes, Owens, & Blenkiron, 2002). 무기력한 사람들은 통제감이 상실되어 자신의 삶에서 실제적인 영향력과 통제력이 없다고 믿는다(Seligman, 1992). 절망감을 느끼는 사람들은 자신의 고통이 끝이 없고, 영원할 것이라고 믿는 것이다. 따라서 자살시도를 하는 사람들은 무한하고 통제할 수 없는 것처럼 보여 견딜 수 없는 고통을 느낀다. 반면, 무력감과 절망감이 자해하는 사람들의 특징이라고 단정 짓기 어렵다. 자해를 하는 사람들은 자신의 심리적인 고통에 대해 통제할 수 없다고 생각하지 않는다. 오히려 이들은 자해를 하나의 선택지로서 통제감을 느끼는 경향이 있다. 칼로 베기, 태우기 등 자해를 할 수 있다는 사실이 이들에게 안도감을 준다. 자해가 제공하는 통제감은 절망감과 상반된 개념이다. 이들은 고통이 영원하거나 피할 수 없다고 생각하지 않는다. 이런 차원에서 자해를 하는 사람들은 자살시도를 하는 사람들처럼 고통이 영원하거나 절망을 피할 수 없다고 생각하지 않는다.

마지막으로, 비자살적 자해와 자살적 자해는 수단의 제한에서도 차이가 있다. 자살시도자를 상담하거나 치료할 때는 수단을 제한하는 것이 매우 중요하다. 총기와 알약을 압수하는 것, 다리 위에 보호 장벽을 설치하는 것, 영국에서 난방 연료로 사용되는 석탄가스를 천연가스로 바꾼 것이 포함된다(Kreimtman, 1976). 따라서 자살시도자에 대한 상담이나 치료에서는 자살도구에 어떻게 접근하는지를 알아보고, 자살 도구 접근을 제한하는 것이 매우 효과적인 방법이다. 반대로, 자해도구를 제한하는 것이 자해상담 전략에 효과적인지는 다소 불분명하다. 무엇보다 자해도구를 제한하는 것은 사실상 불가능하다. 때로 내담자가 커터 칼을 집에서 주로 자해하는 데 사용한다면 커터 칼을 치우는 것은 효과적일 수 있다. 하지만 내담자가 자해를 그만두겠다는 결심 없이 커터 칼을 감춘다면 다른 방법으로 자해를 시작할 것이다. 예를 들어, 머리를 벽에 찧기 등의 행동을 할 수 있다. 이 경우 벽을 제거하는 것은 어렵다. 또한 강압적으로 자해도구를 제거하고 관리하는 것은 자해하는 사람들을 때로 도발하기도 한다. 예를 들어, 학교에서 자해 청소년을 발견하기 위해 갑자기 강제로 손목이나 팔목을 검사하는 등의 행위는 오히려 자해 청소년들에게 수치감을 줌으로써 역효과를 일으킨다. 사실 자해는 일종의 스트레스 대처방법이기 때문에 도구를 제거한다고 해도 다른 방식으로 자해가 나타날 수 있다. 따라서 자해도구를 제거할 때는 자해 청소년들이 자해를 멈출 마음이 되었는지를 확인하고, 자해를 다른 대체활동을 내담자와 함께 논의하고 수립해야 한다.

이러한 비교 외에도 최근 몇몇 연구들은 자살과 자해의 차이에 대해서 밝히고 있다. 먼저 자해 전 생각기간, 자해행동의 '사회적 동기' '개인 내적 동기' 등에서 차이가 있는 것으로 나타났다(이동귀, 함경애, 배병훈, 2016). 이동귀 등(2016)의 연구에 따르면, 자살적 자해 청소년은 비자살적 자해 청소년에 비해 가정 분위기가 덜 안정적이고 더 부정적이다. 또한 자해 전에 생각하는 기간이 길고, 시도했던 자해행동이 더 다양하고, 자해행동의 사회적 동기가 더 높고, 개인 내적 동기가 낮은 것으로 보고되었다.

추가적으로, 비자살적 자해를 판단할 때 고려할 것은 자살위협이나 자살제스처와의 차이이다. 다른 사람들로 하여금 죽고 싶다고 믿게 할 목적으로 자해행동을 하는 것이라면 이는 자살위협이나 제스처에 가깝다. 따라서 비자살적 자해를 판단할 때 다른 사람에게 죽고 싶다는 것을 호소할 목적으로 자해를 하는지도 살펴볼 필요가 있다.

4. 비자살적 자해 종류

비자살적 자해는 신체를 칼로 베거나 긋는 행동을 포함하여 화상 입히기, 할퀴기, 신체부위 때리기, 상처난 곳 방치하기, 머리카락 뽑기, 독극물이나 이물질 마시기 등 다양한 유형으로 나타난다(Zila & Kiselica, 2001). 이렇듯 다양한 형태로 나타나는 자해를 Favazza(1996)는 상황에 따라 구분해야 한다고 제안한다. 비자살적 자해가 일어나는 상황에 따라서 충동적 · 삽화적 · 반복적 자해상황으로 구분한다. 충동적 자해상황은 머리 뽑기와 같이 약하면서 의례적으로 일어나는 경우이며, 삽화적 자해상황은 자해에 대해 크게 생각하거나 인식하지 않은 채 자해를 하는데, 자해를 몇 번 했다가 멈춘 청소년들이 해당될 가능성이 많다. 반복적 자해상황은 자해행동을 인식하고 반복적으로 자해를 하는데, 대략 일주일에 한 번 정도 자해를 하는 청소년들이 해당된다.

비자살적 자해방법 중 가장 흔한 방법은 몸에 칼로 흔적을 남기는 것, 즉 커팅이다. 커팅이 가장 흔하다 보니 자해를 하는 사람을 커터(cutter)로 부르기도 한다. Slesinger 등(2019)은 1,267명의 비자살적 자해환자를 대상으로 자해방법, 빈도, 자해 시작 연령을 조사하였다. 〈표 1-2〉는 그 결과를 제시한 것이다. 〈표 1-2〉에서 알 수 있듯이 몸을 커팅하는 것이 91.2%로 가장 높았고, 54.2%가 몸에 스크래치를 하는 것으로 나타났다. 이 두 방법은 가장 흔하기도 하지만, 다른 방법에 비해 자해가 지속되는 기간도 긴 편이다. 그다음으로 때리는 것(30.5%), 고통을 느끼기 위해 몸에 무엇인가를 새기는 것(29.9%), 머리를 흔드는 것(25.0%), 상처를 치료하지 않는 것(23.9%), 피부를 태우는 것(21.6%) 순으로 보고되었으며, 이 외에도 피를 뽑는 것, 무엇인가를 몸에 삽입하는 것 등 다양한 방법이 보고되었다. 이처럼 커팅이 자해의 주요 방법이라 하더라도 다양한 방법으로 자해가 이루어짐을 알 수 있다. 비슷하게 Walsh(2012)가 특수교육 및 주거프로그램에서 집중적으로 치료를 받은 청소년 70명을 대상으로 실시한 연구에서도 커팅이 가장 높은 유형으로 나타났다. 그

다음으로 칼로 베기(82.4%), 신체에 인각 새기기(64.7%), 머리 찧기(64.7%), 딱지 떼기(61.8%), 긁기(50%), 화상 입히기(58.8%), 때리기(58.8%), 스스로 피어싱하기(적절하게 소독된 장식용 피어싱 제외; 52.9%) 순으로 나타났다(Walsh & Frost, 2005).

〈표 1-2〉 비자살적 자해 방법(1,267명 환자 대상)

비자살적 자해	비중(%)	지난 1년간 자해 일수	하루 몇 건	자해 최초 나이
		평균(표준편사)	평균(표준편차)	평균(표준편차)
피부 커팅	91.2	42.2(69.6)	3.2(6.6)	13.5(3.5)
피부 스크래치	54.2	23.1(62.8)	3.1(6.2)	13.4(3.6)
때리기	30.5	9.7(37.5)	3.1(4.7)	13.6(4.5)
새기기	29.9	5.0(24.3)	1.7(3.9)	13.7(3.5)
머리 흔들기	25.0	7.0(33.7)	3.2(5.6)	13.7(4.1)
상처 방치	23.9	10.9(44.1)	3.3(6.7)	13.1(2.9)
피부 태우기	21.6	2.4(13.5)	1.4(1.2)	14.6(8.7)
피 뽑기	11.7	6.5(34.7)	2.1(2.3)	12.9(3.3)
고통을 위해 문신하기	8.4	0.6(10.4)	1.8(5.0)	14.7(4.3)
(무언가를) 삽입	5.6	1.2(15.3)	2.3(2.5)	12.9(3.2)
찌르기	2.3	0.6(10.9)	1.7(1.3)	12.9(4.1)
부러뜨리기	1.1	0.3(10.3)	1.4(1.1)	12.9(5.5)

출처: Washburn (2019), p. 6.

물론 모든 연구에서 커팅이 가장 빈도가 높은 것은 아니다. Whitelock, Eckenrode 와 Silverman(2006)이 대학생 2,800명을 대상으로 한 연구에서는 결과가 다소 다르다. 2,800명 중 17%가 자해를 하는 것으로 나타났고, 이 중에 '손톱이나 도구로 피부에 피가 날 정도로 심각하게 긁거나 꼬집기'(51.6%), '멍든 부위나 피가 나는 부위를 도구나 때리기'(37.6%), '칼로 베기'(33.7%), '멍든 부위나 피가 나는 부위를 주먹으로 때리기'(24.5%), '피부를 찢거나 뜯기'(15.9%), '피부에 단어나 상징을 새기기'(14.9%), '상처의 치료를 방해하기'(13.5%), '화상 입히기'(12.9%), '유리나 날카로운 물체를 피부에 문지르기'(12.0%), '머리카락을 뽑는 데 몰두하기'(11.0%) 순으로 나타났다. 국내 연구 중 이동귀 등(2016)의 연구는 '나 자신을 때린다'(17.1%)가 가장 높았고, '몸에 난 상처를 치료하지 않고 내버려 둔다'(15.4%), '날카로운 물건으로 내 몸에 상처를 낸다'(13.7%), '벽이나 책상 등에 머리를 부딪친다'(13.1%) 등의 순으로 나타나기도 하였다. 하지만 Whitlock 등(2006)의 연구를 보면 칼로 베기와 몸에 인각 새기기 등 '몸에 새로이 상처를 내는 것'이 손톱이나 도구로 피가 날 정도로 심각하게 긁거나 꼬집기보다 높다. 또한 다른 국내 연구에서도 주로 커팅이 가장 높게 나타났기 때문에 일반적으로 커팅이, 그다음은 스크래치나 때리기, 스스로 낸 화상, 머리 찧기가 주요한 자해방법이라고 볼 수 있다.

　흥미로운 것은 특정한 방법에 따라 심각성이 달라지지 않는다는 점이다. Slesinger 등(2019)에 따르면, 1,267명 중 피부를 다소 심하게 커팅한 환자 중 단지 4.3%만 치료를 받은 반면, 물건을 삽입했지만 상처의 정도가 심하지 않은 환자들은 9.3%나 치료를 받았다. 따라서 특정한 방법에 따라서 심각한 정도가 달라지는 것 같지는 않다. 오히려 자해의 심각성은 자해방법의 다양성과 관련이 깊다. 즉, 다양한 방법으로 자해를 할수록 자해 빈도가 높아진다. 따라서 상담자는 자해의 심각성을 판단할 때 얼마나 다양한 방법으로 자해를 하는지를 살펴보는 것이 중요하다.

　또한 자해의 심각성과 관련하여 최초 자해가 이루어진 나이를 살펴보는 것이 필요하다. 자해의 최초 나이가 어릴수록 자살위험이 높고, 자해가 지속될 가능성이 높다(Ammerman, Jacobucci, Kleiman, Uyeji, & McCloskey, 2018; Ammerman, Jacobucci, & McCloskey, 2018; Kiekens et al., 2017; Turner, Layden, Butler, & Chapman, 2013). 따라서 상담자는 내담자의 최초 자해 시기를 살펴보아야 한다. 주목할 것은 국외 연구에 따르면 자해의 최초 시기가 13세 즈음이라는 점이다. 국내 연구에서도 최초 자해를 한 시기는 평균 12.43세로 보고되었다(이동귀 외, 2016). 이처럼 자해는 주로 청소년 중기에 발생한다. 이는 비자살적 자해가 주로 청소년기에 나타나는 문제로서 청소년기 비자살적 자해에 대한 개입이 집중적으로 다루어야 할 문제라는 것을 시사한다.

　한편, 앞서 언급하였던 정형적 비자살적 자해와 주요 비자살적 자해라는 개념도 이해할 필요가 있다. 정형적 비자살적 자해(stereotypic NSSI)는 빈도가 높고(시간에 수천만 번이 되기도 한다), 작은 신체적 손상만을 일으키고, 주로 발달장애나 신경의학적(neuropsychiatric) 장애에서만 발생한다(Nock, 2009a, p. 14). 주요 비자살적 자해(major NSSI)는 빈도가 낮고(일생에 한 번 정도일 수도 있다), 신체적으로 심각한 손

상을 일으키며, 주로 정신병적 장애를 가진 사람들이나 물질·알코올 중독 상태
에서 나타난다. 하지만 일반적으로 비자살적 자해는 정형적이거나 주요 비자살적
자해처럼 장애를 가진 사람보다 정신증적인 문제가 없는 사람들에게서 나타난다
(Nock, 2009a, p. 14).

5. 비자살적 자해 유병률

비자살적 자해에 대한 정확한 통계는 아직 부족한 실정이다. 국내뿐만 아니라 해
외에서도 자해 통계는 없다(Nock, 2009a, p. 14). 그럼에도 불구하고 한정적이기는
하지만 국내외 몇몇 연구를 통해 비자살적 자해 비율을 추정해 볼 수 있다. Nock
등(2009a)은 몇몇 커뮤니티의 일반인들과 임상환자를 대상으로 한 연구를 분석하
여 비자살적 자해 비율을 추정하였다. 구체적으로 살펴보면 사춘기 이전 단계에
서 전체의 7.7% 정도가(Hilt, Nock, Lloyd-Richardson, & Prinstein, 2008), 청소년과 청
년의 13.9~21.4%가(Muehlenkamp & Gutierrez, 2004; Ross & Heath, 2002; Zoroglu et
al., 2003), 성인의 4%가(Briere & Gril, 1998; Klonsky, Oltmanns, & Turkheimer, 2003)
자해경험이 있다고 보고하였다. 나아가 몇몇 연구에서 비자살적 자해가 인생에서
흔하게 나타나는 것 같다고 보고한다(Cerutti, Presaghi, Manca, & Gratz, 2012; Lloyd-
Richardson, Perrine, Dierker, & Kelley, 2007). 이들에 따르면 비자살적 자해의 평생
유병률은 청소년 46.5%, 대학생 38.9%로 나타났다. 하지만 다른 연구에서는 비자
살적 자해의 성인 유병률이 3%에 미치지 못한다고 보고한다(Plener et al., 2016).

자해 유병률의 결과가 다소 엇갈리는 이유는 비자살적 자해연구에서 정의와 방
법이 일관적이지 않기 때문이다. 예를 들어, 한 가지 질문으로 비자살적 자해를 평
가할 때가 비자살적 자해 진단 체크리스트로 평가할 때보다 유병률이 낮게 나타
난다(Muehlenkamp, Claes, Havertape, & Plener, 2012). 이런 문제점을 지적하면서
Muehlenkamp 등(2012)은 27건 연구의 평균을 내서 자해 유병률이 18%라고 결론
내렸다. 물론 이 유병률은 일생에 적어도 한 번 이상의 비자살적 자해를 시도했던
사람들을 대상으로 한 결과이다. 따라서 임상적으로 문제를 가진 사람들의 유병률
을 이해하는 데는 한계가 있다. 예를 들어, 무선할당으로 샘플링한 성인 대상 연구

에서 비자살적 자해를 한 번이라도 시도한 유병률은 5.9%인 반면, 다섯 번 이상 반복적으로 비자살적 자해를 한 사람은 2.7%로 보고된다(Klonsky, 2011). 이러한 양상은 청소년 집단에서 더욱 뚜렷하게 나타난다. 고등학생 7,126명의 대규모 집단 연구에서 청소년의 비자살적 자해 유병률은 24.5%였지만, 빈번하게 나타나는 비자살적 자해 유병률은 5.2%로 하락하였다(Sornberger, Heath, Toste, & McLouth, 2012). 이와 같은 결과를 종합해 보면, 비자살적 자해 유병률은 높지만 비자살적 자해에 대한 상담개입 대상은 적을 수도 있다. 하지만 주로 청소년기 비자살적 자해가 나타난다는 점에서 청소년 자해는 주의 깊게 다루어져야 한다.

또한 비자살적 자해 상담개입과 관련하여 고려할 것은 다른 병증으로 입원 치료를 받는 환자의 비자살적 자해 유병률이 40~60%로(Claes, Vandereyken, & Vertommen, 2007; Kasess et al., 2013) 다른 병증을 가진 경우의 유병률이 일반인 집단보다 높다는 사실이다.

비자살적 자해 비율의 차이점은 여러 연구에서 계속 보고되고 있지만 일관된 결과는 거의 보고되지 않고 있다. 예를 들어, 국가들 간 차이점과 관련하여 일관된 패턴이 아직 밝혀진 바 없다(Muehlenkamp et al., 2012). 또한 성별 유병률 차이조차 아직 명료하지 않다(Brestin & Schoenleber, 2015; Jacobson & Gould, 2007; Kirkcaldy, Richardson-Vejlgaard, & Siefen, 2009).

유병률과 관련된 주요한 질문 중 하나는 최근 비자살적 자해의 유병률이 증가하였는가이다. 최근 자해인증샷 등 SNS상 자해에 대한 게시물들이 증가하고, 상담현장에서도 비자살적 자해 청소년을 이전보다 훨씬 더 많이 만나고 있다고 보고하고 있다. 실제로 자해율이 증가하였다고 체감할 수는 있지만 아직 연구에서 유병률이 증가하였다는 보고가 많지는 않다. 현재로선 비자살적 자해에 대한 종단연구조차 없는 것이 사실이다. 다만, 청소년과 성인 비교 연구를 살펴보면, 유병률이 청소년들 사이에서 세 배나 더 높은 것으로 나타나 최근 자해가 다소 증가했음을 알 수 있다(Klonsky, 2011). 또 하나의 연구 중에서 자해가 증가했다는 설득력 있는 연구가 발표되었다. Wester 등(2017)은 2008년, 2011년, 2015년 대학생 신입생을 대상으로 지금까지 살아오면서 혹은 현재 비자살적 자해를 시도한 적이 있는지 조사하였다. 그 결과, 지금까지 평생 동안 비자살적 자해를 한 경험과 관련해서 2008년 집단에는 16%, 2011년 집단에는 28%, 2015년 집단에는 45%로 나타났고, 최근 90일간 자해를 한 경험과 관련해서 2008년에는 2.6%, 2011년에는 12.6%, 2015년에는 19.5%로 나타났다. 이는 비자살적 자해 비율이 증가하고 있음을 알려 준다. 물론 이 결과가 하나의 대학에 한정되어 있지만 비자살적 자해가 과거보다 현재에 더 흔하다는 것을 지지해 준다.

청소년 자해가 주로 증가하는 이유와 관련하여 몇 가지 추측해 볼 수 있다. 먼저, 학교나 가정에서 청소년들이 스트레스가 많아지고 있다는 점을 들 수 있다. 학교에서의 지나친 경쟁, 맞벌이 가정 및 이혼가정처럼 가정에서의 대화 단절 및 고립감 등으로 정서적으로 불안정해지고 스트레스가 많아지고 있다. 또한 SNS나 유튜브 등에서 자해행위, 상처 혹은 흉터, 자해동영상 등 자해 관련 내용이 범람함으로써 청소년들은 자해를 학습하고 모방한다. 또한 청소년은 일상적으로 강력한 감정을 경험하는 반면, 대처기술이 부족하다. 청소년은 또래와 성인에게 '아주 별난 아웃사이더'로 간주되는 것을 선호하고, 피어싱, 문신, 낙인 및 흉터에 대한 또래 집단의 집단 지지 때문에 자해에 민감해하지 않는 경향이 있다. 이런 이유로 청소년기 주로 자해가 시작되고, 점차 증가한다.

비자살적 자해 유병률과 관련하여 주목할 것은, 자살과 비자살적 자해가 다름에도 불구하고 비자살적 자해경험이 있는 사람들 중 50~75%는 자살시도를 한 적이 있다는 점이다(Favazz & Conterio, 1988; Nock et al., 2006). 이처럼 비자살적 자해와 자살적 자해를 둘 다 경험하는 사람들이 있기에, 상담을 진행할 때 현재 지금 내담자의 행동이 비자살적 자해인지 또는 자살시도인지를 정확히 판단하기 위해 좀 더 명확하고 구체적인 평가가 이루어져야 할 것이다.

비자살적 자해 청소년 유병률

청소년 집단의 비자살적 자해 유병률 중 최초 연구는 캐나다 도시 및 교외 고등학교 440명의 자해학생을 대상으로 실시하였다(Ross & Health, 2002). 이 연구 결과에 따르면 440명 중 61명(13.9%)의 학생들이 자해를 시도하였고, 그중 39명(64%)이 여자였고, 22명(36%)이 남자였다. 이후 다양한 국내외 연구가 있어 특성을 살펴본다면, 최초 비자살적 자해의 발병은 주로 12~14세이다(Nock, 2010). 임상 표본에서 남성보다 더 많은 수의 여성이 자해를 보고한다. 하지만 일반 집단에서는 크게 차이가 없다(Heath, Ross, Toste, Charlebois, & Nedecheva, 2009). 또한 자해는 유럽계 미국인, 게이, 레즈비언, 양성애자, 트랜스젠더 청소년 사이에서 더 흔하게 나타나며 (Hearth et al., 2009), 여성은 자르거나 뽑는 것을 할 가능성이 더 높고 남성은 스스로를 때리거나 벽을 칠 때와 같이 보다 공격적인 방법을 선호하는 경향이 있다(Laye-Gindhu & Schonert-Reichl, 2005). 또한 중·고등학교 시기에 자해를 했던 청소년은 대학생이 되어서 다시 자해를 시작하기도 한다. Favazza와 Rosenthal(1990)에 따르면 대학 연령의 12%가 자해를 한다. Whitlock 등(2006)은 아이비리그 중 코넬과 프린스턴 대학 3,000여 명의 대학생을 대상으로 자해연구를 실시하였다. 그 결과, 17%의 학생들이 자해를 경험하는 것으로 나타났고, 11%는 반복적으로 자해를 하는 것으로 나타났다. 이후 Whitlock, Eells, Cummings와 Purington(2009)은 8개 대학 11,000명의 대학생을 대상으로 연구한 결과, 참여자의 15.3%가 생명을 위협하지 않는 수준의 자해를 하였고, 29.4%가 10회 이상의 자해를 했던 것으로 나타났다. 청소년 자해의 인구통계학적인 분포 등 비율은 4장에서 구체적으로 다룰 것이다.

최근 비자살적 자해 청소년의 특성은 다소 변화하는 것으로 보인다. Walsh(2012)에 따르면 1970년과 1980년에 자해하는 사람들은 외상경험, 특히 성적 또는 신체적 학대의 과거 경험이 있던 사람들이 자신의 신체기관으로부터 고통을 겪으며 몸을 오염시키고 더럽히기 위해서 자해를 하는 경향이 있었다. 하지만 최근에는 자해 청소년의 상당수가 심리적으로 비교적 건강하고 가족 및 학교 등 영역에서 강점을 가지고 있다. 이런 맥락에서 Shaw(2002)가 18~21세 사이 자해경험이 있는 여성 6명을 대상으로 한 연구는 주목할 만하다. 연구 참여자들은 자해와 관련하여 1~5년 동안 경미한 정도에서 심각한 수준으로 자해를 하였다. 이들 중 한 명은 반복적으로 입원했고, 다른 세 명은 외래치료를 받았고 이들 중 두 명은 아무런 치료를 받지 않았다. 이들 모두는 대학생활 환경에 적절하게 기능하였고, 일부는 학문적으로 매우 뛰어난 성과를 내고 있었다. 이들은 상당한 정서적 고통을 경험하고 있는 중이었고 과거에 자해를 반복적으로 했었다. 그럼에도 이들은 상당한 강점을 가지고 있었다. 이처럼 자해를 하는 사람들이 심리적으로 고통을 경험하고 있다 할지라도 현실 생활에 심각하게 적응하지 못하고 기능을 하지 못한다고 단정하기는 어렵다. 최근 연구들을 살펴보면, 자해 청소년들은 6개월 후부터 2년 사이에 자해를 중단하는데 이때 상담이나 치료가 매우 중요한 역할을 한다. 또한 또래의 영향을 통해 자해가 중단되기도 한다. 따라서 자해 청소년들이 상담 및 치료를 적절한 시기에 받고 또래와의 관계를 유지하도록 돕는 것이 중요하다.

6. 비자살적 자해와 임상 집단

비자살적 자해의 특성을 알아보기 위해서는 비자살적 자해가 주로 나타나는 집단을 살펴볼 필요가 있다. 유병률에서 살펴보았듯이 비자살적 자해는 일반인 집단보다 임상 집단에서 유병률이 높고 뚜렷하다. 비자살적 자해와 가장 관련이 있는 장애로는 경계선 인격장애를 들 수 있다(Duit, Fyer, Leon, Brodsky, & Frances, 1994; Nock et al., 2006; Klonsky, May, & Glenn, 2013). 외상 후 스트레스 장애(Briere & Gil, 1998; Bolognini, Plancherel, Laget, & Halfon, 2003), 우울장애(Darche, 1990; Ross & Heath, 2002), 강박-불안장애(Bolongnini et al., 2003), 불안장애(Darche, 1990; Simeon & Favazza, 2001), 섭식장애(Iannaccone et al., 2013), 해리성 장애(Briere & Gil, 1998), 반사회적 성격장애(McKerracher, Longhnane, & Watson, 1968; Virkunen, 1976)와 관련이 있는 것으로 보인다.

또한 자해하는 사람들은 다양한 형태의 주요한 가족 기능 장애를 경험하는 것으로 나타났다. 성적 학대(Walsh & Rosen, 1998; Darche, 1990; Shapiro & Dominiak, 1992; Favazza, 1998; Turell & Armsworth, 2000; Rodriguez-Srednicki, 2002; Paul, Schroeter, Dahme, & Nutzinger, 2002), 신체적 학대(van der Kolk, Perry, & Herman, 1991; van der Kolk, Pelcovitz, Roth, & Mandel, 1996; Briere & Gil, 1998; Low, Jones, MacLeod, Power, & Duggan, 2000), 부모 상실 및 이혼, 가족 폭력, 가족 내 알코올 중독(Walsh & Rosen, 1988; Turell & Armsworth, 2000) 등이 속한다.

7. 비자살적 자해와 신체 변형

마지막으로 비자살적 자해 개념을 정확히 이해하기 위해서 피어싱, 문신 등 신체 변형과 자해 관계를 살펴볼 필요가 있다. 피어싱, 문신 등 신체를 변형하는 것이 비자살적 자해로 여겨질 때가 종종 있다. 신체 변형과 자해를 구분하는 데 있어 고려할 사항들이 몇 가지 있다.

첫째, 사회적 맥락을 고려하여야 한다. 때로 사람들은 사회적 맥락에서 자해행위가 받아들여진다면 자해가 아니라고 보기도 한다. 이들에 따르면 문신과 피어싱은 사회적으로 용인이 되기 때문에 자해가 아니라고 본다. 하지만 사회적으로 수용되고 지지되느냐에 따라서 자해를 판단하는 것은 조심스럽다. 예를 들어, 문신과 피어싱은 현재 매우 자연스럽게 받아들여진다. 하지만 1980년대에 문신과 피어싱은 자연스러운 행위가 아니었다. 만약 이런 사회적 지지를 고려한다면 1980년에는 문신과 피어싱은 자해였지만, 현재는 자해가 아닌 것으로 받아들여질 수 있다. 하지만 자해는 1980년이나 현재나 자해이다. 따라서 사회적 지지에 따라서 자해를 판단하는 것은 적절하지 않다.

둘째, 의도를 살펴보아야 한다. 의도과 관련하여 Walsh(2012)는 문신, 피어싱 등 신체 변형은 일반적으로 자해가 아니지만, 전문가에게 의뢰하지 않은 경우는 살펴볼 필요가 있다고 제안한다. 그는 하나의 사례를 제시하였는데, 집단 수용시설에 살고 있는 나오미의 사례였다. 나오미는 약물 과다복용으로 인한 반복적인 자살시도와 여러 번의 자해 사건(손목, 팔, 다리 긋기)으로 의뢰되었다. 그녀는 다양한 방법으로 자해를 시도하였는데, 그중 하나가 젖꼭지를 바늘로 뚫는 것이었다. 나오미는 피어싱이라고 주장했지만, 전문가가 아닌 자신 스스로 한 피어싱의 의도는 미용이 아니라 고통을 감소시키기 위함이었다. 이런 경우는 피어싱처럼 보여도 자해라고 보아야 한다.

셋째, 자기파괴적 동기를 살펴보아야 한다. 만약 자기파괴적인 동기를 가지고 자해를 했다면, 신체 변형은 자해라고 볼 수 있다. 하지만 단지 문화적인 현상으로 신체예술과 자기표현의 방식으로 신체 변형을 즐겼다면 자해라고 보기는 어렵다. 예를 들어, 귀에 여러 개의 피어싱을 한 소녀가 있다고 가정해 보자. 그녀는 피어싱을 하기 위해 전문가를 찾아가기도 하지만 자신이 스스로 하기도 한다. 특히 그녀는 불쾌한 기분이 들고 화가 날 때마다 피어싱을 통해 감정적으로 안정감을 느꼈다고 보고하였다. 이 경우는 자해라고 볼 수 있다. 반면, 행위예술가가 자신의 예술 활동을 위해 피어싱과 타투로 온몸을 꾸몄다고 하자. 이 경우는 자해라고 할 수 없다. 따라서 상담자는 피어싱이나 문신 등 특정한 신체 변형을 자해인지 아닌지를 규정하기보다는 그 의도를 판단해야 한다. 즉, 피어싱이나 문신이 자해의도로 이루어진다면 자해개입이 이루어져야 한다.

참고문헌

김영지, 김희진, 이민희, 박선영(2015). 한국 아동·청소년 인권실태 연구 V: 총괄보고서. 한국정책연구원.

이동귀, 함경애, 배병훈(2016). 청소년 자해행동: 여중생의 자살적 자해와 비(非)자살적 자해. 한국심리학회지: 상담 및 심리치료, 28(4), 1171-1192.

이동훈 역(2019). 자해치료 실무지침서. 서울: 박영사.

한겨레21(2018. 11.). [단독] 중고생 7만여 명 "자해경험"… 우리 아이는 상관없나요?. Retrieved from http://www.hani.co.kr/arti/society/society_general/869668.html

헤럴드경제(2018. 10. 8.). [벼랑 끝 사람들-① 비극의 시작] 청소년 "자해놀이" 급속확산… "우리 아이는 괜찮나요?". Retrieved from http://biz.heraldcorp.com/view.php?ud=20181008000039

American Psychiatric Association (2013). *Diagnostic and statistical manual of mental disorders* (5th ed.). Washington, DC: American Psychiatric Publishing.

Ammerman, B. A., Jacobucci, R., Kleiman, E. M., Uyeji, L. L., & McCloskey, M. S. (2018). The relationship between nonsuicidal self-injury age of onset and severity of self-harm. *Suicide and Life-Threatening Behavior, 48*(1), 31-37.

Ammerman, B. A., Jacobucci, R., & McCloskey, M. S. (2018). Using exploratory data mining to identify important correlates of nonsuicidal self-injury frequency. *Psychology of Violence, 8*(4), 515.

Angelotta, C. (2015). Defining and refining self-harm: A historical perspective on nonsuicidal self-injury. *The Journal of Nervous and Mental Disease, 203*(2), 75-80.

Barber, M. E., Marzuk, P. M., Leon, A. C., & Portera, L. (1998). Aborted suicide attempts: A new classification of suicidal behavior. *American Journal of Psychiatry, 155*(3), 385-389.

Berman, A. L., Jobes, D. A., & Silverman, M. M. (2006). *Adolescent suicide: Assessment and intervention*. Washington, DC: American Psychological Association.

Bolognini, M., Plancherel, B., Laget, J., & Halfon, O. (2003). Adolescent's suicide attempts: Populations at risk, vulnerability, and substance use. *Substance Use & Misuse, 38*(11-13), 1651-1669.

Brausch, A. M., & Gutierrez, P. M. (2010). Differences in non-suicidal self-injury and suicide attempts in adolescents. *Journal of Youth and Adolescence, 39*(3), 233-242.

Bresin, K., & Schoenleber, M. (2015). Gender differences in the prevalence of nonsuicidal self-injury: A meta-analysis. *Clinical Psychology Review, 38*, 55-64.

Briere, J., & Gil, E. (1998). Self-mutilation in clinical and general population samples: Prevalence, correlates, and functions. *American Journal of Orthopsychiatry, 68*(4), 609-620.

Brown, J. M. (1998). Self-regulation and the addictive behaviors. In *Treating addictive behaviors* (pp. 61-73). New York: Plenum Press.

Brown, M. Z., Comtois, K. A., & Linehan, M. M. (2002). Reasons for suicide attempts and nonsuicidal self-injury in women with borderline personality disorder. *Journal of Abnormal Psychology, 111*(1), 198.

Center for Disease Control and Prevention (2010). *Health, United States, 2010.* Washington, DC: National Center for Health Statistics.

Cerutti, R., Presaghi, F., Manca, M., & Gratz, K. L. (2012). Deliberate self-harm behavior among Italian young adults: Correlations with clinical and nonclinical dimensions of personality. *American Journal of Orthopsychiatry, 82*(3), 298.

Claes, L., Vandereycken, W., & Vertommen, H. (2007). Self-injury in female versus male psychiatric patients: A comparison of characteristics, psychopathology and aggression regulation. *Personality and Individual Differences, 42*(4), 611-621.

Connors, R. E. (2000). *Self-injury.* Northvale, NJ: Aronson.

Conterio, K., & Lader, W. (1998). *Bodily harm: The breakthrough healing program for self-injurers.* New York: Hyperion.

Conterio, K., Lader, W., & Levenkron, S. (1998). Self-injury. *Retrieved on August, 14, 2006.*

Darche, M. A. (1990). Psychological factors differentiating self-mutilating and non-self-mutilating adolescent inpatient females. *Psychiatric Hospital, 21*(1), 31-35.

Dulit, R. A., Fyer, M. R., Leon, A. C., Brodsky, B. S., & Frances, A. J. (1994). Clinical correlates of self-mutilation in borderline personality disorder. *The American Journal of Psychiatry, 151*(9), 1305-1311.

Favazza, A. R. (1989). Why patients mutilate themselves. *Psychiatric Services, 40*(2), 137-145.

Favazza, A. R. (1996). *Bodies under siege: Self-mutilation and body modification in culture and psychiatry.* Baltimore: JHU Press.

Favazza, A. R. (1998). The coming of age of self-mutilation. *The Journal of Nervous and Mental Disease, 186*(5), 259-268.

Favazza, A. R., & Conterio, K. (1988). The plight of chronic self-mutilators. *Community Mental Health Journal, 24*(1), 22-30.

Favazza, A. R., & Conterio, K. (1989). Female habitual self-mutilators. *Acta Psychiatrica Scandinavica, 79*(3), 283-289.

Favazza, A. R., & Favazza, B. (1987). *Bodies under siege: Self-mutilation in Culture and Psychiatry*. Baltimore: Johns Hopkins University Press.

Favazza, A. R., & Rosenthal, R. J. (1990). Varieties of pathological self-mutilation. *Behavioural Neurology, 3*(2), 77-85.

Fisch, M. (1954). The suicidal gesture: A study of 114 military patients hospitalized because of abortive suicide attempts. *American Journal of Psychiatry, 111*(1), 33-36.

Germain, S. A. S., & Hooley, J. M. (2012). Direct and indirect forms of non-suicidal self-injury: Evidence for a distinction. *Psychiatry Research, 197*(1-2), 78-84.

Gollust, S. E., Eisenberg, D., & Golberstein, E. (2008). Prevalence and correlates of self-injury among university students. *Journal of American College Health, 56*(5), 491-498.

Heath, N. L., Ross, S., Toste, J. R., Charlebois, A., & Nedecheva, T. (2009). Retrospective analysis of social factors and nonsuicidal self-injury among young adults. *Canadian Journal of Behavioural Science/Revue Canadienne Des Sciences Du Comportement, 41*(3), 180.

Hilt, L. M., Nock, M. K., Lloyd-Richardson, E. E., & Prinstein, M. J. (2008). Longitudinal study of nonsuicidal self-injury among young adolescents: Rates, correlates, and preliminary test of an interpersonal model. *The Journal of Early Adolescence, 28*(3), 455-469.

Hyman, J. (1999). *Women living with self-injury*. Philadelphia, PA: Temple University Press.

Iannaccone, M., Cella, S., Manzi, S. A., Visconti, L., Manzi, F., & Cotrufo, P. (2013). My body and me: self-injurious behaviors and body modifications in eating disorders—preliminary results. *Eating Disorders, 21*(2), 130-139.

International Society for the Study of Self-Injury (ISSS) (2008, May). What is self-injury? Retrieved from: http://itriples.org/about-self-injury/what-is-self-injury.

Jacobson, C. M., & Gould, M. (2007). The epidemiology and phenomenology of non-suicidal self-injurious behavior among adolescents: A critical review of the literature. *Archives of Suicide Research, 11*(2), 129-147.

Kaess, M., Parzer, P., Mattern, M., Plener, P. L., Bifulco, A., Resch, F., & Brunner, R. (2013). Adverse childhood experiences and their impact on frequency, severity, and the individual function of nonsuicidal self-injury in youth. *Psychiatry Research, 206*(2-

3), 265-272.

Kessel, N. (1965). Self-poisoning. I. *British Medical Journal*, *2*(5473), 1265.

Kiekens, G., Hasking, P., Bruffaerts, R., Claes, L., Baetens, I., Boyes, M., ⋯ Whitlock, J. (2017). What predicts ongoing nonsuicidal self-injury?: A comparison between persistent and ceased self-injury in emerging adults. *The Journal of Nervous and Mental Disease*, *205*(10), 762-770.

Kirkcaldy, B., Richardson-Vejlgaard, R., & Siefen, G. (2009). Birth order: Self-injurious and suicidal behaviour among adolescents. *Psychology, Health & Medicine*, *14*(1), 9-16.

Klonsky, E. (2007). The functions of deliberate self-injury: A review of the evidence. *Clinical Psychology Review*, *27*(2), 226-239.

Klonsky, E. (2009). The functions of self-injury in young adults who cut themselves: Clarifying the evidence for affect-regulation. *Psychiatry Research*, *166*(2-3), 260-268.

Klonsky, E. D. (2011). Non-suicidal self-injury in United States adults: prevalence, sociodemographics, topography and functions. *Psychological Medicine*, *41*(9), 1981-1986.

Klonsky, E. D., May, A. M., & Glenn, C. R. (2013). The relationship between nonsuicidal self-injury and attempted suicide: Converging evidence from four samples. *Journal of Abnormal Psychology*, *122*(1), 231.

Klonsky, E. D., Oltmanns, T. F., & Turkheimer, E. (2003). Deliberate self-harm in a nonclinical population: Prevalence and psychological correlates. *American Journal of Psychiatry*, *160*(8), 1501-1508.

Kreitman, N. (1976). The coal gas story. United Kingdom suicide rates, 1960-71. *Journal of Epidemiology & Community Health*, *30*(2), 86-93.

Kreitman, N., Philip, A. E., Greer, S., & Bagley, C. R. (1969). Parasuicide. *The British Journal of Psychiatry*, *115*(523), 746-747.

Laye-Gindhu, A., & Schonert-Reichl, K. A. (2005). Nonsuicidal self-harm among community adolescents: Understanding the "whats" and "whys" of self-harm. *Journal of Youth and Adolescence*, *34*(5), 447-457.

Lloyd-Richardson, E. E., Perrine, N., Dierker, L., & Kelley, M. L. (2007). Characteristics and functions of non-suicidal self-injury in a community sample of adolescents. *Psychological Medicine*, *37*(8), 1183-1192.

Low, G., Jones, D., MacLeod, A., Power, M., & Duggan, C. (2000). Childhood trauma, dissociation and self-harming behaviour: A pilot study. *British Journal of Medical Psychology*, *73*(2), 269-278.

Martinson, D. (2007). Self-injury: Beyond the myth. *National Self-Injury Awareness Day.*

Marzuk, P. M., Tardiff, K., Leon, A. C., Portera, L., & Weiner, C. (1997). The prevalence of aborted suicide attempts among psychiatric in-patients. *Acta Psychiatrica Scandinavica, 96*(6), 492-496.

McKerracher, D. W., Loughnane, T., & Watson, R. A. (1968). Self-mutilation in female psychopaths. *The British Journal of Psychiatry, 114*(512), 829-832.

Menninger, K. A. (1989). *Man against himself, 1938.* New York: Harcourt Brace & World.

Milnes, D., Owens, D., & Blenkiron, P. (2002). Problems reported by self-harm patients: Perception, hopelessness, and suicidal intent. *Journal of Psychosomatic Research, 53*(3), 819-822.

Morgan, H. G., Burns-Cox, C. J., Pocock, H., & Pottle, S. (1975). Deliberate self-harm: clinical and socio-economic characteristics of 368 patients. *The British Journal of Psychiatry, 127*(6), 564-574.

Muehlenkamp, J. J., Claes, L., Havertape, L., & Plener, P. L. (2012). International prevalence of adolescent non-suicidal self-injury and deliberate self-harm. *Child and Adolescent Psychiatry and Mental Health, 6*(1), 10.

Muehlenkamp, J. J., & Gutierrez, P. M. (2004). An investigation of differences between self-injurious behavior and suicide attempts in a sample of adolescents. *Suicide and Life-Threatening Behavior, 34*(1), 12-23.

Nock, M. K. (2009a). *Understanding nonsuicidal self-injury.* Washington DC: American Psychological Association.

Nock, M. K. (2009b). Why do people hurt themselves? New insights into the nature and functions of self-injury. *Current Directions in Psychological Science, 18*(2), 78-83.

Nock, M. K. (2010). Self-injury. *Annual Review of Clinical Psychology, 6,* 339-363.

Nock, M. K., & Favazza, A. R. (2009). Nonsuicidal self-injury: Definition and classification. In *Understanding nonsuicidal self-injury: Origins, assessment, and treatment* (pp. 9-18). Washington DC: American Psychological Association.

Nock, M. K., Holmberg, E. B., Photos, V. I., & Michel, B. D. (2007). self-injurious thoughts and behaviors interview: Development, reliability, and validity in an adolescent sample. *Psychological Assessment, 19,* 309-317.

Nock, M. K., Joiner Jr, T. E., Gordon, K. H., Lloyd-Richardson, E., & Prinstein, M. J. (2006). Non-suicidal self-injury among adolescents: Diagnostic correlates and relation to suicide attempts. *Psychiatry Research, 144*(1), 65-72.

Nock, M. K., & Kessler, R. C. (2006). Prevalence of and risk factors for suicide attempts versus suicide gestures: Analysis of the National Comorbidity Survey. *Journal of Abnormal Psychology, 115*(3), 616.

Nock, M. K., & Prinstein, M. J. (2004). A functional approach to the assessment of self-mutilative behavior. *Journal of Consulting and Clinical Psychology, 72*(5), 885.

Nock, M. K., & Prinstein, M. J. (2005). Contextual features and behavioral functions of self-mutilation among adolescents. *Journal of Abnormal Psychology, 114*(1), 140.

Nock, M. K., Wedig, M. M., Janis, I. B., & Deliberto, T. L. (2008). Self-injurious thoughts and behaviors. *In A guide to assessments that Work* (pp. 158-177). New York, NY: Oxford University Press.

O'Carroll, P. W., Berman, A. L., Maris, R. W., Moscicki, E. K., Tanney, B. L., & Silverman, M. M. (1996). Beyond the Tower of Babel: A nomenclature for suicidology. *Suicide and Life-Threatening Behavior, 26*(3), 237-252.

Paul, T., Schroeter, K., Dahme, B., & Nutzinger, D. O. (2002). Self-injurious behavior in women with eating disorders. *American Journal of Psychiatry, 159*(3), 408-411.

Philip, A. E., Greer, S., & Bagley, C. R. (1969). Parasuicide. *Brit. J. Psychiat, 115,* 746-747.

Plener, P. L., Allroggen, M., Kapusta, N. D., Brähler, E., Fegert, J. M., & Groschwitz, R. C. (2016). The prevalence of Nonsuicidal Self-Injury (NSSI) in a representative sample of the German population. *BMC Psychiatry, 16*(1), 353.

Posner, K., Oquendo, M. A., Gould, M., Stanley, B., & Davies, M. (2007). Columbia Classification Algorithm of Suicide Assessment (C-CASA): Classification of suicidal events in the FDA's pediatric suicidal risk analysis of antidepressants. *American Journal of Psychiatry, 164*(7), 1035-1043.

Rodriguez-Srednicki, O. (2002). Childhood sexual abuse, dissociation, and adult self-destructive behavior. *Journal of Child Sexual Abuse, 10*(3), 75-89.

Ross, S., & Heath, N. (2002). A study of the frequency of self-mutilation in a community sample of adolescents. *Journal of Youth and Adolescence, 31*(1), 67-77.

Seligman, A. (1992). *The idea of civil society.* New York: The Free Press.

Shapiro, S., & Dominiak, G. M. (1992). *Sexual trauma and psychopathology: Clinical intervention with adult survivors.* New York: Lexington Books.

Shaw, S. N. (2002). Shifting conversations on girls' and women's self-injury: An analysis of the clinical literature in historical context. *Feminism & Psychology, 12*(2), 191-219.

Shneidman, E. S. (1993). Commentary: Suicide as psychache. *Journal of Nervous and Mental Disease, 181*(3), 145-147.

Silverman, M. M., Berman, A. L., Sanddal, N. D., O'Carroll, P. W., & Joiner Jr, T. E. (2007a). Rebuilding the Tower of Babel: A revised nomenclature for the study of suicide and suicidal behaviors part 1: Background, rationale, and methodology. *Suicide and Life-Threatening Behavior, 37*(3), 248-263.

Silverman, M. M., Berman, A. L., Sanddal, N. D., O'Carroll, P. W., & Joiner Jr, T. E. (2007b). Rebuilding the Tower of Babel: A revised nomenclature for the study of suicide and suicidal behaviors part 2: Suicide-related ideations, communications, and behaviors. *Suicide and Life-Threatening Behavior, 37*(3), 264-277.

Simeon, D., & Hollander, E. (2001). *Self-injurious behavior, assessment and treatment*. Washington DC: American Psychiatric Publishing.

Simeon, D., & Favazza, A. R. (2001). Self-injurious behaviors, phenomenology and assessment. In D. Simeon & E. Hollander (Eds.), *Self-injurious behaviors: Assessment and treatment*. Washington DC: American Psychiatric Associetion.

Sornberger, M. J., Heath, N. L., Toste, J. R., & McLouth, R. (2012). Nonsuicidal self-injury and gender: Patterns of prevalence, methods, and locations among adolescents. *Suicide and Life-Threatening Behavior, 42*(3), 266-278.

Tucker, G. J., & Gorman, E. R. (1967). The significance of the suicide gesture in the military. *American Journal of Psychiatry, 123*(7), 854-861.

Turell, S. C., & Armsworth, M. W. (2000). Differentiating incest survivors who self-mutilate. *Child Abuse & Neglect, 24*(2), 237-249.

Turner, B. J., Layden, B. K., Butler, S. M., & Chapman, A. L. (2013). How often, or how many ways: Clarifying the relationship between non-suicidal self-injury and suicidality. *Archives of Suicide Research, 17*(4), 397-415.

Van der Kolk, B. A., Pelcovitz, D., Roth, S., & Mandel, F. S. (1996). Dissociation, somatization, and affect dysregulation. *The American Journal of Psychiatry, 153*(7), 83.

Van der Kolk, B. A., Perry, J. C., & Herman, J. L. (1991). Childhood origins of self-destructive behavior. *American Journal of Psychiatry, 148*(12), 1665-1671. https://doi.org/10.1176/ajp.148.12.1665

Virkkunen, M. (1976). Self-mutilation in antisocial personality (disorder). *Acta Psychiatrica Scandinavica, 54*(5), 347-352.

Walsh, B. W. (2012). *Treating self-injury: A practical guide*. New York, NY: Guilford Press.

Walsh, B. W., & Frost, A. K. (2005). *Attitudes regarding life, death, and body image in poly-self-destructive adolescents*.

Walsh, B. W., & Bosen, P. M. (1998). *Self-mutilation: Theory, research and treatment*. New York, NY: Guilford Press.

Washburn, J. J. (2019). *Nonsuicidal self-injury: Advances in Research and Practice*.

New York: Routledge.

Wester, K., Trepal, H., & King, K. (2018). Nonsuicidal self-injury: Increased Prevalence in Engagement. *Suicide and Life-Threatening Behavior, 48*(6), 690-698.

Wester, K. L., & Trepal, H. C. (2017). *Non-suicidal self-injury.* New York: Routledge.

Whitlock, J., Eckenrode, J., & Silverman, D. (2006). Self-injurious behaviors in a college population. *Pediatrics, 117*(6), 1939-1948.

Whitlock, J., Eells, G., Cummings, N., & Purington, A. (2009). Nonsuicidal self-injury in college populations: Mental health provider assessment of prevalence and need. *Journal of College Student Psychotherapy, 23*(3), 172-183.

Zila, L. M., & Kiselica, M. S. (2001). Understanding and counseling self-mutilation in female adolescents and young adults. *Journal of Counseling & Development, 79*(1), 46-52.

Zoroglu, S. S., Tuzun, U., Sar, V., Tutkun, H., Savaçs, H. A., Ozturk, M., ⋯ Kora, M. E. (2003). Suicide attempt and self-mutilation among Turkish high school students in relation with abuse, neglect and dissociation. *Psychiatry and Clinical Neurosciences, 57*(1), 119-126.

제 2 장
청소년 자해의 원인

국내 자해에 대한 실태조사는 전무하며, 자해의 원인에 대한 연구들도 미비한 실정이다. 최근 청소년 자해에 대한 현상학적 연구를 통해 자해의 원인을 파악하고자 하는 시도가 있었으나 사례 수가 제한적이며 여전히 연구 수가 미비하여 일반화하기 힘든 부분이 있다. 특히 자해 자체가 은밀하고 지극히 개인적으로 이루어지기 때문에 자해 청소년을 대상으로 실증적인 연구를 진행하기가 어려운 점에서 연구가 활성화되기에 어려움이 존재한다. 그러나 갈수록 증가하는 청소년 자해에 적절하게 개입하기 위해서는 청소년 자해의 원인에 대한 이해가 중요하다.

청소년 자해의 원인에 대해서는 이전까지 청소년 자살과 구분하지 않고 그 원인을 함께 밝힌 연구들이 대부분이었다. 그러나 최근 대부분의 연구자들과 임상전문가들은 자해를 자살과 구분되는 독자적인 증상으로 보고 비자살적 자해와 자살을 구분할 필요가 있다는 입장이다. 특히 이들은 자해와 자살이 심리적 요인 등 그 원인이 질적으로 다르다고 주장한다. 실제로 비자살적 자해의 경우 자살행동과 다르게 죽고자 하는 의도 없이 주로 스트레스 상황에 대한 대처방법의 일환으로 자해행동을 하는 경우가 많다는 점에서도 자살행동과 다른 특성을 가진다. 자살의도를 동반하는 자해행동과 자살의도가 없는 자해행동의 경우 질적으로 구분되므로, 비자살적 자해의 경우 자살과 다른 특성과 원인에 대해 이해하고 구분하여 개입할 필요가 있다.

구체적으로 청소년의 비자살적 자해행동은 살고자 하는 의지를 표현하는 하나의 방법으로 이해할 수 있다. 이때 과연 청소년의 자해행동의 기저에 어떠한 원인들이 작용하고 있는지에 대한 파악이 필요하다. 격렬한 분노와 같은 부정적인 정서를 조절할 수 없어 이를 해소하기 위한 하나의 수단으로 자해를 하는 것인지, 자해행동을 통해 불편한 상황에서 벗어날 수 있기 때문에 자해를 하는 것인지 또는 자해행동을 통해 또래 집단에 소속되고 우상시되는 효과가 있기 때문인지 등 개인에 따라 각기 다른 자해 원인을 파악해야 한다. 자해행동의 원인에 대해 알고, 그 원인에 따른 개입을 할 때 청소년의 자해행동을 효과적으로 감소시킬 수 있다. 앞의 예처럼 분노와 같은 정서조절이 적절하게 이루어지지 못한 경우 자해를 하는 경우라면, 부정적인 정서를 적절하게 조절할 수 있는 방법에 대한 개입이 우선시되어야 할 것이다. 이처럼 청소년 자해의 원인을 이해한다는 것은 개인의 자해행동에 대한 전반적인 메커니즘을 이해하는 것과 연결된다는 점에서 중요하다.

이 장에서는 청소년 자해의 원인을 심리적 요인, 생물학적 요인, 사회·환경적 요인으로 나누어 살펴보고자 한다. 더불어 청소년 자해 요인에 대한 대표적인 통합적 모델들과 비자살적 자해의 강력한 동기들에 대해 소개하고자 한다.

1. 청소년 자해 심리적 요인

1) 정서조절

정서조절은 청소년 자해의 원인과 관련하여 가장 주요하게 언급되는 심리적 요인이다. 정서조절이란 정서지능의 하위개념 중 하나로, 자신의 정서를 자각하고 인식하며 정서를 긍정적인 상태로 유지하는 것을 의미한다. 적절한 정서조절 전략은 개인의 정서적 안정에도 영향을 미친다. 자해를 경험한 청소년의 경우, 그렇지 않은 청소년에 비해 분노, 우울과 같은 부정적 정서를 더 많이, 더 심하게 느끼는 경우가 많다. 그리고 이러한 부정적 정서를 조절하고 대처하는 데 어려움을 겪는다.

누구나 부정적 정서를 경험하고 이를 대처하기 위해 여러 가지 방법을 찾는다. 쉬운 예로, 누군가는 큰 슬픔을 느낄 때 친구와 이야기를 나누며 슬픈 마음을 나누고 스스로를 진정시키기도 한다. 누군가는 극도의 스트레스를 경험하는 경우 스트레스를 해소하기 위해 격렬한 운동하기도 한다. 자해도 앞서 언급한 친구와의 대화, 운동과 같이 부정적 정서를 해소하고 대처하기 위한 하나의 방법이 되기도 한다. 실제로 많은 수의 자해 청소년이 부정적 정서를 해소하기 위한 하나의 방법으로 자해를 택하고 자해 후 격렬했던 감정이 일시적으로 해소되는 동시에 차분함과 안정감을 느끼는 것으로 나타나기도 하였다. 그들에게 자해는 가장 쉽고 빠르게 정서조절을 할 수 있는 방편인 것이다.

　자해를 경험한 청소년들은 건강한 방법으로 스트레스 상황에서 부정적 정서를 감소시킬 수 있는 적절한 정서조절 방법에 대해 알지 못하는 경우가 많다. 스트레스 상황에 대처하고, 정서를 조절하기 위해서는 먼저 내가 느끼는 감정을 이해하고 적절하게 표현하는 것이 가장 중요하다. 그러나 자해를 경험한 청소년들은 자신이 느끼는 감정이 무엇인지 정확히 알지 못하는 경우가 많고, 자신이 느끼는 감정에 대해 구체적으로 설명하는 것에 있어서도 어려움을 겪는다. 실제로 자해 청소년은 심각한 스트레스 상황에 처한 경우가 많았고, 언어적 능력과 사회적 기술의 수준이 낮은 청소년이 자해를 하는 경우가 많은 것으로 밝혀지기도 하였다(Burke, Hamilton, Abramson, & Alloy, 2015). 그들은 자신이 느끼는 감정이 무엇인지에 대해

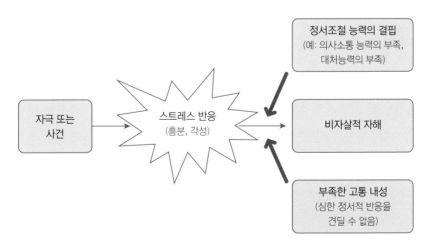

[그림 2-1] 정서조절 모델

출처: Chapman, Gratz, & Brown (2006).

알지 못한 채, 이러한 감정을 불러일으키는 원인을 제거하는 것보다도 이러한 감정으로부터 즉각적으로 벗어나기 위한 하나의 방법으로 자해를 선택한다. 더불어 자해를 경험한 청소년의 경우 그렇지 않은 청소년에 비해 스트레스를 견디는 힘이 상대적으로 부족하다는 연구 결과들도 존재한다. 결론적으로, 청소년 자해의 경우 스트레스 상황으로 인한 부정적 정서가 발생하였을 때 그 정서에 대한 인식이 어렵고 이와 더불어 스트레스를 대처하고 정서를 조절할 적절한 전략의 부재로 인해 자해를 선택하게 되는 경우가 많다. 물론 이는 아동기의 외상경험이나 불안정한 양육으로 인해 적절한 정서조절 전략을 습득하지 못한 것과도 관련이 있을 수 있다. 또한 자해는 이후 스트레스 상황에 대한 자동적인 대처 전략이 될 가능성이 높다.

2) 자기비하

자기비하는 청소년의 자해를 예측하는 또 하나의 심리적 요인이다. 자해를 경험하는 청소년 중 많은 수가 부정적 자기개념, 낮은 자기효능감과 자아존중감을 보고한다. 부정적인 자기개념과 낮은 자존감은 결국 자기 자신에 대한 부정적인 인식을 가져온다(Henwood & Solano, 1994). 그들은 스트레스 상황이나 갈등 상황에서 그 원인을 자신의 능력 부족, 성격과 같은 변화가 힘든 특질 차원으로 인식하게 되는 경우가 많다(Koenig & Abrams, 1999).

결국 앞서 제시한 것과 같이 낮은 자기효능감과 자아존중감으로 인해 자신을 처벌하기 위해서, 또는 자신에 대한 분노를 표출하기 위한 방법으로 자해를 선택할 가능성이 높다. 즉, 자신에 대한 낮은 자기평가와 낮은 자아존중감으로 인한 자기비하가 자해로까지 이어지는 것이다. 자해행동 후, 이들은 스스로에 대한 통제감을 경험하기도 하고 스스로 살아 있음을 확인하기도 한다. 그들은 스스로에 대해 느끼는 무가치감, 세상과 사람들로부터의 소외감을 자해를 통해 느끼는 고통으로 자신의 존재를 확인하고자 한다.

2. 청소년 자해 생물학적 요인

비자살적 자해와 관련된 생물학적 요인에 대한 연구는 현재까지 상당히 제한적이며, 밝혀진 바가 많지 않다. 생물학적 요인과 관련하여 제안되고 있는 내인성 오피오이드(Endogenous Opioids) 시스템과 세로토닌, 그리고 기타 생물학적 요인에 대해 소개하고자 한다.

1) 내인성 오피오이드

비자살적 자해와 관련하여 생물학적 요인으로 내인성 오피오이드 시스템에 대한 가설이 존재한다(Favazza & Conterio, 1988; Richardson & Zaleski, 1986; Sher & Stanley, 2009). 엔도르핀(endorphin)은 내분비 오피오이드로 신체적 부상, 손상에 반응하여 방출되며 자연 진통제 역할을 하고(Willer, Dehen, & Cambier, 1981), 즐겁고 기분이 좋아지는 느낌을 발생시킨다. 비자살적 자해행동에서 발생하는 엔도르핀은 비자살적 자해행동의 두 가지 주요 특징을 설명하는 데 도움이 될 수 있다. 첫째, 비자살적 자해행동은 기분의 향상과 관련이 있다(Klonsky, 2007). 둘째, 자해행동을 하는 대부분의 사람은 비자살적 자해행동을 하는 동안 통증이 최소화되거나 통증을 전혀 느끼지 않는다고 보고한다. 추가적으로 비자살적 자해행동의 내인성 오피오이드 시스템 모델의 가설을 지지하는 증거로 비자살적 자해행동을 하는 사람의 경우, 내인성 오피오이드 시스템이 손상되었다는 연구 결과들이 존재한다(Coid, Allolio, & Rees, 1983). Sher와 Stanley(2009)는 비자살적 자해행동을 하는 사람들의 경우, 여러 가지 생물학적 요인(유전 등)과 환경적 요인(아동기 외상경험 등)으로 인해 내인성 오피오이드의 수준이 낮을 수 있다고 밝혔다. 따라서 비자살적 자해 청소년의 경우, 자해행동을 통해 내인성 오피오이드를 증가시켜 생리적·정서적 항상성을 유지하고자 한다는 것이다.

내인성 오피오이드 시스템을 통해 비자살적 자해를 설명하는 것에 대해 회의적인 견해들도 존재한다. 개념적으로 엔도르핀은 기분 향상과 같은 정적 강화(긍정적 감정을 제공하는 것으로 강화)를 나타내지만 비자살적 자해행동은 부적 강화(부정적인 감정을 제거하는 것으로 강화)를 통해 유지된다는 강력한 증거들이 존재한다 (Klonsky, 2007). 또한 비자살적 자해행동 전후 감정에 대한 구체적인 분석에 따르면, 비자살적 자해행동이 긍정적인 감정을 높이는 것보다 부정적인 감정들을 제거하는 것으로 더 잘 개념화되어 있다(Klonsky, 2009). 반면, 비자살적 자해행동이 엔도르핀과 그로 인한 감정으로 인한 것이라면 내인성 오피오이드 시스템 모델에 따라 비자살적 자해행동은 오히려 중립적인 환경과 긍정적인 분위기에서 더 자주 발생하고 감정을 더 향상시킬 것으로 예측된다. 그뿐만 아니라, 비자살적 자해행동에 대한 내인성 오피오이드 시스템 가설에 의문을 제기하는 경험적 근거들도 존재한다. 따라서 내인성 오피오이드 시스템 모델은 비자살적 자해행동과 관련하여 고통과 부정적 기분을 감소시키는 것을 포함하여 비자살적 자해행동의 여러 측면을 설명할 수 있으나 여러 비판이 존재하기도 한다.

2) 세로토닌

생물학적 요인과 관련하여 세로토닌(serotonin) 전달 장애가 비자살적 자해행동에 중요한 역할을 한다는 연구 결과들이 존재한다(Herpertz et al., 1997; Simeon et al., 1992; Sher & Stanley, 2009). 세로토닌이 잘 전달되지 않는 것은 자살시도를 포함하여 자신 및 다른 사람들에 대한 공격성과 관련이 있는 것으로 나타났다(Stein, Hollander, & Leibowitz, 1993; Simeon et al., 1992). 세로토닌의 감소는 우울, 과도한 예민함 등 비자살적 자해의 정신병리적인 부분들과도 깊은 상관이 있다(Coccaro & Kavoissi, 1991). 또한 세로토닌의 수준을 높일 수 있는 선택적 세로토닌 재흡수 억제제가 BPD를 가진 사람들 중 일부에서 비자살적 자해행동을 감소시켰다는 연구 결과가 존재한다. 흥미롭게도, 동물을 대상으로 한 모델에서는 세로토닌 전달 장애가 자신을 무는 것과 같은 자해행동과 관련이 있으며, 세로토닌의 전달을 증가시키는 약물이 비자살적 자해행동을 감소시키는 데 도움이 될 수 있다고 제안하기도 한다(Tiefenbacher et al., 2005).

3) 기타 생물학적 요인

제한된 생물학적 요인에 대한 연구에도 불구하고 다른 생물학적 요인들도 비자살적 자해행동에 관여하는 것으로 예측되고 있다(Sher & Stanley, 2009). 비자살적 자해행동과 관련된 일부 조건에서 도파민이 감소된 것이 관찰되기도 하였으며, 또 다른 연구에서는 비자살적 자해를 시상 하부 뇌하수체 및 스트레스 반응의 문제와 연관시키기도 하였다. 한편, 유전적 요인들도 비자살적 자해에 취약하게 만들 가능성이 존재하는 것으로 추측하기도 한다. 그러나 아직 경험적·실증적 연구를 통해 이와 같은 생물학적 요인에 대해 구체적으로 밝혀진 바가 없으므로 추측만이 가능한 실정이다.

3. 청소년 자해 사회·환경적 요인

1) 불안정한 애착

청소년 자해의 사회·환경적 요인 중 먼저 생애 초기 주 양육자와 형성한 애착을 들 수 있다. 애착은 생애 초기에 형성된 애정적인 결속, 유대관계로 영유아기뿐만 아니라 청소년기 그리고 성인기에 이르기까지 그 중요성이 지속된다. 초기에 안정적인 애착이 형성된 경우, 다른 사람들과의 관계에서도 신뢰를 형성하며 기능적인 관계를 맺고 유지할 수 있을 가능성이 높다. 반면, 불안정적인 애착이 형성된 경우 다른 사람들과의 관계에서 어려움을 겪을 가능성이 높고 청소년기의 비행, 폭력적인 행동이 예측되기도 한다. Bowlby(1973)의 애착이론에서의 내적작동모델(internal working model)에 의하면 유아기에 형성된 내적작동모델은 유아기 이후 전 생애에 지속되면서 사회적 관계에 지속적이고 중요한 영향을 미친다. 또한 Bartholomew와 Horowitz(1991)에 따르면 내적작동모델은 개인이 자신에 대해 갖는 가치감과 성격 특성을 형성하는 데 중요한 역할을 한다. 최근 애착을 범주화하여 구분된 유형으로 애착 유형에 따라 개인 간 차이를 설명하는 것보다 각 차원에서의 연속적인 개념으로 애착을 보는 경우가 많다.

애착을 차원의 관점에서 보았을 때, 청소년 자해는 애착과 관련된 불안의 차원과 관계가 깊다. 애착의 불안차원은 애착 대상으로부터의 유기나 거부에 대한 두려움의 정도를 이야기한다(Fraley, Waller, & Brennan, 2000). 유기나 거부에 대한 두려움이 높을수록 다른 사람과의 관계에 지나치게 몰입할 가능성이 높고, 누군가에게 버림받거나 거절받을 것에 대한 두려움으로 인해 더 많은 관심과 애정의 욕구를 보이는 특성이 존재할 가능성이 높다(Mikulincer, Shaver, & Pereg, 2003). 어린 시절 부모 등 보호자로부터의 양육에 있어 비난 등 언어적 폭력을 경험하였거나 과보호로 인해 충동조절 능력을 발달하지 못했을 때 자해의 위험성이 증가할 수 있다(구훈정 외, 2015). 국내 김수진(2015)의 연구에서도 자해 및 애착 변인과 관련된 국외 논문 13편 분석 결과, 12편의 연구에서 자해가 애착의 불안차원과 관련이 있는 것으로 나타났다. 또한 국외 연구에서도 애착의 불안과 자해행동 간의 관련성에 대해 언급하였다. 불안 애착으로 인한 버려짐에 대한 두려움이 자해 사고와 행동에 모두 영향을 미치는 것으로 나타났으며, 특히 처음 자해를 시작하게 되는 것과 관련하여 애착의 불안이 가장 큰 영향을 미치는 것으로 나타났다(Gilbert, 2009; Levesque et al., 2010; Stepp et al., 2008; Tatnell et al., 2014). 이와 같이 초기의 애착 불안은, 이후 부적절한 의사소통 방법과 부정적인 감정 표현으로 인해 관계를 형성하고 유지하는 것에 부정적인 영향을 가져올 수 있고 정서적인 측면에서도 우울, 불안, 위축, 공격성 등에 영향을 주어 비자살적 자해행동에 영향을 줄 가능성이 높다.

2) 외상경험

주양육자와의 관계에서 경험한 신체적·성적·정서적 학대 및 방임으로 인한 반복적, 만성적, 장기화된 대인 간 외상인 복합외상 경험이 청소년 자해행동에 영향을 줄 수 있다(Coutois & Ford, 2009). Roth와 Newman(1991)에 따르면 복합외상은 단순외상과 달리 정서적·행동적·관계적 기능 등을 모두 포함하는 개인의 심층적 성격 구조와 관계가 있다. 복합외상은 강렬하고 격렬한 정서 반응을 불러일으킬 뿐만 아니라, 자신과 타인 그리고 자신을 둘러싼 세계에 대해 왜곡된 표상을 갖게 할 수 있으므로 이후 부적응적 행동을 하게 될 가능성이 높다.

특히 비자살적 자해와 가장 관련이 높은 복합외상은 신체적·성적·정서적 학대 등이 있다. 아동기 성적 학대는 여러 학대 유형 중에서도 가장 심각한 정신적 후유증을 유발한다. 신체적인 상해와 정신적 충격, 아동기의 지나친 성적 자극으로 인해 다양한 심리·정서적 어려움을 겪게 될 가능성이 높다. 주로 나타나는 심리·정서적 어려움으로는 우울증, 외상 후 스트레스 장애, 자기조절 능력의 부족 등이 있다(Boyd & Mackey, 2000; Finkelhor, 1990). 청소년의 자해행동과 아동기의 성적 학대와의 관계에 대해 밝힌 연구들이 상당수 존재하며, 특히 가족 내 성적 학대에서 그 관계가 더 강하게 나타났다(Simpson & Porter, 1981). 다음으로 신체적 학대는 성적 학대에 비해 상대적으로 그 관계에 대한 연구가 적은 편이나 신체적 학대 역시 청소년기 비자살적 자해행동과 관계가 있는 것으로 나타나고 있다(Gratz, 2006; Van der kolk et al., 1991). 정서적 학대는 경계선 성격장애의 발병, 외상 후 스트레스 장애, 불안, 우울, 무기력, 대인관계에서의 부적응 문제 등을 초래하며 성인기까지 장기적 영향을 미친다(유재학 외, 2009). Roe Sepowitz(2007)에 따르면 정서적 학대가 자해를 예측하는 것으로 나타났다. 또한 자해행동을 하는 사람들 중 53%가 정서적 학대를 경험한 적이 있으며 자해행동을 지속하는 사람들이 그렇지 않은 사람들에 비해 3.6배 정도 더 정서적 학대를 경험한 것으로 나타났다(Glassman et al., 2007).

아동기의 외상경험은 정서·행동·인지적 측면에 부정적인 영향을 주며(박형원, 2004), 특히 신체적·성적·정서적 학대를 경험한 아동은 상황에서 무기력함을 경험하고 상황에 대해 내적 귀인을 하게 될 가능성이 높다(조미숙, 1999). 문제 상황에 대한 내적귀인은 이후 우울, 위축, 불안과 같은 내재화 문제와도 연결될 가능성이 높다. 또한 문제 상황에서 폭력을 행사하는 것으로 문제를 해결하려는 주양육자의 행동을 학습함으로써 공격적인 행동으로 문제해결을 하려고 할 가능성이 높다. 또한 적절한 문제해결 능력이나 기술을 학습하지 못하였기 때문에 문제해결 능력이 부족하고 다른 사람들에 대한 공감이나 관계에서의 기술 또한 부족할 가능성이 높다. 관계에서의 어려움, 문제해결 능력의 부재, 자신에 대한 부정적인 감정은 청소년기 자해로 이어질 가능성이 높다.

3) 미디어·인터넷의 영향

청소년을 둘러싼 미디어, 인터넷, SNS 등의 환경적 요인이 청소년 자해에 영향을 줄 수 있다. 이미 청소년의 자해행동은 새로운 '유행'으로 여겨질 정도로(Brumber, 2006; Galley, 2003; Welsh, 2004) 청소년 세대의 하나의 문화로 자리 잡은 것으로 볼 수 있다. 영화, TV 프로그램, 유튜브 등과 같은 웹상의 다양한 콘텐츠를 통해 청소년들은 자해행동에 대한 정보를 습득하게 된다. 자해행동은 어떤 것이며, 그 방법과 자해로 인한 결과에 이르기까지에 대한 구체적인 정보를 손쉽게 접할 수 있다. 웹상에 공유되는 콘텐츠들이 자해행동을 유발하고 전파시키기 위한 목적으로 생성된 것은 아닐지라도 웹상의 자해 관련 콘텐츠들은 자연스럽게 자해행동과 관련된 생각과 행동을 유발하는 잠재적 촉발제로 작용할 가능성이 높다. 다시 말해, 한 번도 자해에 대해 생각하거나 경험해 본 적이 없던 청소년들이 이를 접함으로써 자해에 대한 생각이 '점화(priming)'될 수 있다. 즉, 이후 유사한 상황이나 자해행동을 떠올릴 수 있는 자극이나 상황이 촉발되었을 때 자해를 시도하는 것에 대해 생각해 보게끔 할 뿐만 아니라 실제 행동으로 시도해 보게 만든 것에 영향을 미친다.

미디어나 다양한 웹상의 콘텐츠들을 통해 자해행동에 대해 학습하고 시도하는 것 외에도 인터넷과 SNS는 청소년 자해를 더욱 강화시키는 것에도 기여한다. 자해 청소년들은 자신의 자해경험을 영상, 사진, 글, 그림과 같은 다양한 방법으로 웹상에 공유한다. 실제로 페이스북, 인스타그램으로 대표되는 SNS에서 청소년의 '자해'와 관련된 콘텐츠를 손쉽게 찾아볼 수 있으며 그 콘텐츠의 수 또한 점진적으로 증가하고 있는 추세이다. 단순히 자신의 SNS에 영상이나 사진을 게시하는 것 외에도 자해경험이 있거나 혹은 자해에 관심이 있는 청소년들 간 활발한 상호작용과 교류가 일어난다. 그들은 '자해행동'이라는 하나의 공유되는 주제를 통해 하나의 집단을 형성하기도 한다. 더불어 '자해'로 연결된 집단에서 소속감을 경험하고 집단원들의 지지와 관심을 획득함으로써 자해행동이 더욱 강화되기도 한다. 실제로 자해 청소년들은 SNS를 통해 자신의 자해행위를 생중계하기도 하고 자해방법이나 자해 후 치료방법, 자해흔적을 숨기는 방법 등과 같은 정보를 공유하기도 한다. 자해 청소년의 경우 대인관계에서 어려움을 겪고 있는 경우가 상대적으로 많고 사회로부터 고립감이나 소외감을 경험할 가능성이 자해를 하지 않는 청소년에 비해 높다. 이렇듯 자해 청소년의 관계와 관련된 특성도 온라인상으로 자해에 대한 공유를 통해 새로운 관계를 형성하고 소속감을 경험하며 자해행동을 강화시키는 데 영향을 줄 가능성이 높다.

Turner와 Killian(1972)의 수렴이론은 집단을 상호 간 일치하는 욕구, 욕망, 동기감정을 갖는 집합체로 보고 유사한 개인들이 집단을 형성하여 일치된 하나의 방향성으로 수렴함을 제안한다. 같은 맥락에서 Turner와 Killian(1972)의 자생적 규범이론에 따르면 하나의 집단이 하나의 방향성으로 수렴할 수 있는 것은 집단에 속하는 구성원들이 그 집단 내에서 자발적으로 발전시킨 독특한 규범에 동조하기 때문에 가능한 것이다. 이 이론에 따르면 집단의 행동은 구조화되어 있으며 그 규범은 전통적이기보다는 비전통적이고 일시적인 규범에 의해 구조화된다. 인터넷을 통해 청소년들이 자해행동을 공유하고 자해 청소년들이 집단을 형성하는 것도 수렴이론과 자생적 규범이론을 통해 설명이 가능하다. 그들은 자해라는 일치된 하나의 방향성, 자해와 관련된 그들만의 규범을 갖고 집단을 형성하게 된다. 집단을 통해 소속감을 경험하고 동시에 자해행동에 대한 지속적인 자극과 강화, 지지를 경험한다. 또 그들은 타인에게 자해자극을 발생시키는 데 기여하기도 하고 집단 내에서 자해행동을 통해, 예를 들면 더 새롭거나 더 강력한 방법을 통해 집단 내에서 지위를 획득하기도 하면서 자해행동을 더욱 강화시킨다.

Bandura(1977)의 사회학습이론 역시 청소년 자해에 대한 미디어와 인터넷의 영향을 설명하는 데 유용하다. 사회학습이론은 타인의 행동을 관찰함으로써 학습된 이후 행동으로 나타난다는 것으로 특히 아동의 사회발달과정에서의 모델링의 역할에 초점을 두었다. 사회학습이론을 미디어와 인터넷에 적용할 수 있다. 미디어나 인터넷에 포함되어 있는 자해행동을 관찰하는 것이 이후 자해시도와 자해행동에 대한 생각에 영향을 줄 수 있다. 미디어와 인터넷의 발달로 인해 상징적 모델링의 범위는 크게 확장되었다는 점과 무분별하게 공유되고 있는 자해 관련 콘텐츠, 청소년들이 별도의 특별한 제재 없이 자해 관련 콘텐츠에 접근할 수 있는 환경은 청소년 자해에 큰 영향을 미치고 있다.

Freedman(1984)의 비억제이론 또는 표출이론에 따르면, 미디어나 인터넷을 통해 접하는 행위들은 이 행동이 적절한지 또는 적절하지 않은지에 대한 단서를 제공하고 폭력이나 비행행동, 건강하지 않은 행동들에 대한 억제를 약화시켜 행동화를 유발한다. 인터넷상에 만연한 자해행위에 대한 정보는 특히 정서적·인지적으로 불안정한 시기인 청소년들에게 더 큰 영향력을 행사할 가능성이 높다. 자해행동에 대한 정당성을 습득한 청소년들은 더 이상 비억제 심리가 유지되지 못하고 따라서 자해에 대한 생각이 자해행동으로까지 이어질 가능성이 높다. Abelson(1976)의 각 본이론 역시 이와 유사한 방식으로 미디어와 인터넷이 자해행동에 미치는 영향에 대한 설명이 가능하다. 각본이론은 미디어나 인터넷이 복잡한 행위에 대한 학습 자료, 각본을 제공한다고 주장한다. 이미지와 하나의 스토리로 인식된 자해행위에 대한 각본은 개인의 인지에 침투하게 되고 정교화되어 이후 유사한 상황에서 행동으로 발현될 가능성이 증가한다는 것이다.

4. 청소년 자해 기능

Klonsky와 Glenn(2009)의 연구에 따르면 비자살적 자해의 기능은 개인 내적 요인과 사회적 요인으로 구성된다. 개인 내적 요인은 정서조절과 같이 개인에게 초점을 둔 기능을 의미하고, 사회적 요인은 또래관계에서의 유대감 추구와 같이 타인과의 관계에 초점을 둔 기능을 나타낸다.

1) 개인 내적 요인

청소년 비자살적 자해의 개인 내적 요인은 정서조절, 자기처벌, 생물학적 이상, 고통감 표현 등으로 나눌 수 있다(Jacobson & Batejan, 2014; Klonsky, Glenn, 2009). 정서조절이란 자신과 타인의 정서를 자각하고 자신의 정서를 긍정적인 상태로 유지하도록 하는 것을 의미한다(김수진, 2017). 청소년들은 일상적 스트레스를 경험할 때 우울, 불안, 분노 등 여러 가지 부정적인 정서를 동시에 경험한다(김병선, 배성만, 2014). 청소년들은 스트레스 상황에서 유발된 부정적 정서가 개인에게 미치는 영향을 최소화하기 위해 정서조절의 방법을 사용한다(안현의, 이나빈, 주혜선, 2013). 비자살적 자해는 고통스러운 정서적 경험을 조절하기 위한 극단적인 방법에 해당된다(Linehan, 1993). 일반적으로 정서조절을 위해 사용되는 조절의 메커니즘이 개발되지 못하였거나 훼손되었기 때문에 생기는 감정조절의 어려움을 비자살적 자해를 통해 완화시키는 것이다. 실제로 자해집단과 비자해집단 간의 정서조절에 있어 유의한 차이가 있다는 연구 결과가 존재한다(김수진, 2017). 정서를 인식하고 표현하는 것이 명확하지 않고 감정의 표현이 제한적이며 분노가 강하게 억제되어 있고 충동통제가 어려운 경우들도 정서조절의 어려움을 발생시켜 비자살적 자해에 이르게 한다(D'Onofrio, 2007).

자기처벌은 청소년의 비자살적 자해를 예측하는 개인 내적 요인 중 하나이다. 비자살적 자해를 경험하는 청소년의 대다수가 부정적 자기개념, 낮은 자기효능감, 낮은 자아존중감을 보고한다. 부정적인 자기개념과 낮은 자아존중감은 결과적으로 자신에 대한 부정적인 인식을 가져온다(Henwood & Solano, 1994). 비자살적 자해 청소년은 스트레스 상황이나 갈등 상황에서 그 원인을 자신의 능력 부족, 성격과 같이 변화가 힘든 특질 차원으로 인식하고 갈등 상황에서 자기처벌을 위해 자해행동을 하게 되는 경우가 많다(Koenig & Abrams, 1999). 또한 높은 수준의 자기처벌과 자기비하는 역기능적인 대인관계와도 연결된다(Glassman, Weirichh, Holley, Delibetoom, & Nock, 2007).

생물학적 이상과 관련하여 내인성 오피오이드 분비 시스템에 대한 가설이 존재한다(Favazza & Conterio, 1988; Richardson & Zaleski, 1986; Sher & Stanley, 2009). 엔도르핀은 내인성 오피오이드로 신체적 부상, 손상에 반응하여 방출되며 자연 진통제 역할을 한다(Willer, Dehen, & Cambier, 1981). 엔도르핀의 발생과 비자살적 자해행동은 비자살적 자해행동으로 인한 기분 향상과 관련이 있다(Klonsky, 2007). 또한 자해행동을 하는 대부분의 사람은 비자살적 자해행동을 하는 동안 통증이 최소화되어 발생하거나 전혀 발생하지 않는다고 보고한다. 비자살적 자해행동의 내인성 오피오이드 시스템 모델의 가설을 지지하는 증거로 비자살적 자해행동을 하는 사람의 경우 내인성 오피오이드 시스템이 손상되었다는 연구 결과들이 존재한다 (Coid, Allolio, & Rees, 1983; Sher & Stanley, 2009). 즉, 비자살적 자해행동을 하는 청소년의 경우, 자해행동을 통해 내인성 오피오이드를 증가시켜 생리적·정서적 항상성을 유지하고자 한다는 것이다. 내인성 오피오이드 외 세로토닌 전달 장애가 비자살적 자해행동에 중요한 역할을 한다는 연구 결과들이 존재한다(Sher & Stanley, 2009). 세로토닌 전달이 잘 되지 않는 것은 자살시도를 포함하여 자신 및 다른 사람들에 대한 공격성과 관련이 있는 것으로 나타났다(Stein, Hollander, & Leibowitz, 1993). 세로토닌의 감소는 우울, 과도한 예민함 등 비자살적 자해의 정신병리적인 부분들과도 깊은 상관이 있다(Coccaro & Kavoissi, 1991). 이 외 다른 생물학적 요인인 도파민의 감소, 유전적 요인들도 비자살적 자해에 취약하게 만드는 개인 내적 요인들로 추측되고 있다(Sher & Stanley, 2009).

2) 사회적 요인

비자살적 자해의 사회적 요인은 특히 비자살적 자해의 발생과 유지, 강화 원인을 파악할 수 있는 중요한 요인이다. 또한 비자살적 자해를 설명하는 개인 내적 요인적인 측면을 보충하여 설명이 가능하고 개인 내적 요인들과 상호보완적일 수 있다는 점에서 중요성을 갖는다. 최근 비자살적 자해의 사회적 요인이 병리적 문제와 심리·정서적 문제와 같은 개인 내적 요인보다 더 비자살적 자해의 시작과 유지를 예측한다는 연구 결과들이 존재하기도 한다(Adler & Adler, 2007; Hodgson, 2004). 비자살적 자해의 사회적 요인으로는 사회적 기능 손상, 사회적 영향, 사회적 전염, 사회적 기능이 있다(Klonsky, Muehlenkamp, Lewis, & Walsh, 2011).

먼저, 비자살적 자해를 설명하는 사회적 이론에 따르면 청소년의 비자살적 자해는 사회와 문화의 영향으로 인해 시작되며, 다른 사람들과 관계를 맺고 소속되기 위한 수단으로 사용된다. 즉, 비자살적 자해를 시작하는 원인을 사회적인 맥락 속에서 설명하고 있다(Wester & Trepal, 2016). 비자살적 자해를 정신병리학이나 의학적 이론 대신 사회적 이론으로 설명하여야만 하는 네 가지 주요한 이유들이 존재한다. 첫째, 비자살적 자해를 하는 다양한 유형의 사람들이 증가하고 있다. 둘째, 사회적 학습을 포함하여 다양한 방법으로 비자살적 자해방법을 학습하는 개인이 늘어나고 있다. 셋째, 비자살적 자해는 더 이상 충동적인 행동이 아닌 계획적이고 목적을 위한 수단으로 활용된다. 넷째, 비자살적 자해와 관련된 하위문화가 존재한다(Adler & Adler, 2007). 초기 비자살적 자해에 대한 연구들은 비자살적 자해를 하는 사람은 물질 남용 경험이 있었거나 경험 중이고, 성적으로 위험한 행동과 연관되어 있으며, 자신에 대해 비판적이고 죄책감을 느끼고, 낮은 자존감을 보이는 교육수준이 높은 중산층 이상의 여성이며, 청소년 중기에 주로 발생한다는 것이 일반적이었다(Favazza, 1998; Zila & Kiselica, 2001). 그러나 비자살적 자해를 하는 사람들의 유형은 다양한 연령과 성별을 나타내고 있고, 처음 자해를 시작하는 시기도 다양해지고 있다. 과거 아동기 외상경험이 비자살적 자해를 예측한다고 하였으나, 아동기에 외상경험이 없고 '완벽한' 아동기와 가족 내 경험을 한 비자살적 자해 청소년도 증가하고 있다(Adler & Adler, 2007; Walsh, 2006; Wester & McKibben, 2016). 또한 과거의 연구 결과들이 비자살적 자해가 정서조절을 위한 것이라고 보았던 것과 달리 비자살적 자해의 사회적 이론에서는 자해행동을 '사회적 환경에 대처하기 위한 효과적인 수단'으로 명명한다(Hodgson, 2004). 그들은 비자살적 자해 청소년들이 자해행동을 통해 사회적 그룹에 소속되거나 또래와 관계를 맺기 위한 목적을 가지는 것으로 보았다. 청소년의 바자살적 자해가 학교와 같은 사회 집단적 환경에서 주로 발생한다는 사실이 이를 뒷받침한다(Wester & Trepal, 2016).

일반적으로 비자살적 자해를 하는 청소년은 비자살적 자해에 취약성을 증가시키는 다양한 유형의 사회적 기능 손상을 보인다. 특히 선행연구들을 통해 비자살적 자해를 하는 청소년은 사회적 문제해결 능력이 부족한 것으로 밝혀졌다(Hotwat & Davidson, 2002; Kehrer & Linehan, 1996). 나아가 비자살적 자해는 개인이 지각하는 사회적 고립 및 소외감과 상관이 높으며(Castille et al., 2007), 스트레스 상황에 대해 부적응적인 특성을 보인다(Guerry & Prinstein, 2010). Nock과 Mendes(2008)의 비자살적 자해에서의 사회적 기능 손상과 관련된 실험연구에 따르면 비자살적 자해 집단은 사회적 갈등 상황에 대한 시나리오를 제시하였을 때 통제집단에 비해 적응적 해결방안을 찾는 것에 어려움을 겪으며, 적응적인 해결방안을 찾지 못함으로써 자기효능감이 감소하는 결과를 보였다. 사회적 기능 손상은 크게 두 가지 방법으로 비자살적 자해의 위험을 증가시킨다. 먼저, 사회적 어려움은 부정적 정서를 느끼는 빈도와 강도에 영향을 주고, 최종적으로 부정적 정서로 인해 비자살적 자해를 하게 된다. 다음으로, 사회적 관계나 상황에 대응하기 위한 적응적인 전략을 사용하기 어려울 때 비자살적 자해를 수단으로 활용하여 사회적 관계와 상황에 대처한다(Klonsky et al., 2007).

여러 선행연구와 이론은 비자살적 자해에 영향을 미치는 사회적 맥락에 대해 밝히고 있다(Ghaziuddin, Tsai, Naylor, & Ghaziuddin, 1992; Rosen & Walsh, 1989; Taiminen, Kallio-Soukainen, Nokso-Kovisto, Kaljonen, & Helenius, 1998). Rosen과

Walsh(1989)는 비자살적 자해에 영향을 주는 사회적 맥락에 대해 밝힌 초기 연구로, 비자살적 자해를 경험한 청소년들이 하나의 집단을 형성하고 집단 내에서 서로 자해를 권하고 학습하는 등 사회적 전염과 같은 현상에 대해 보고하였다. 최근 연구들은 청소년들이 인터넷을 통해 비자살적 자해의 방법과 같은 정보들을 서로 공유함으로써 청소년들의 비자살적 자해행동의 잠재력을 높인다고 밝혔다(Whitlock, Powers, & Eckenrode, 2006). 관련 연구에서는 청소년 사이의 다른 신체적 위험행동의 전염을 설명하는 이론을 통해 비자살적 자해를 설명할 수 있다고 밝힌다(Prinstein, Guerry, Browne, & Rancourt, 2009). 청소년 사이의 신체적 위험행동의 전염을 설명하는 가장 강력한 예측요인은 가까운 친구나 우상이 되는 또래와 비슷한 행동을 하고자 하는 것이다. 청소년의 사회적 전염의 메커니즘은 두 가지 패턴으로 설명이 가능하다. 한 가지는 선택적 효과로 청소년은 유사한 태도나 행동을 보이는 또래들과 어울릴 가능성이 높다는 것이다. 다른 한 가지는 사회화 효과로 청소년들은 그들이 노출된 또래그룹으로부터 태도나 행동들을 학습한다는 것이다. 청소년들은 다른 또래들의 행동, 특히 또래로부터 우상화되는 행동에 참여할 때 다른 사람들이 자신을 더 호의적으로 보거나 또래집단으로부터 강화를 받을 수 있기 때문에 비자살적 자해행동에 참여할 가능성이 높다(Kandel, 1978; Prinstein & Dodge, 2008).

　비자살적 자해의 기능에 대한 연구들은 주로 부정적인 정서가 발생하였을 때 정서를 조절하기 위한 수단으로 비자살적 자해를 설명하는 개인 내적 요인에 대한 연구가 주를 이루었다(Klonsky, 2007). 특히 높은 불안, 분노와 같은 높은 수준의 부정적 정서를 완화시키기 위해 비자살적 자해를 선택하고 비자살적 자해행동 후 정서가 완화되고 진정시키는 경험에 대한 패턴으로 비자살적 자해에 대해 설명하여 왔다(Klonsky, 2009). 그러나 비자살적 자해의 사회적 기능에 대한 증거들이 존재한다(Klonsky et al., 2007). 비자살적 자해의 사회적 기능에 대한 Klonsky(2007)의 연구에 따르면, 비자살적 자해 청소년들이 비자살적 자해를 하게 되는 이유 중 사회적인 원인이 가장 주요한 것으로 나타났으며, 실제로 비자살적 자해는 여러 가지 사회적 기능이 존재한다(Klonsky & Glenn, 2009). 다른 사람들에게 자신의 정서적 고통을 드러내거나 알리는 것과 같이 '다른 사람들에게 영향을 주기 위해서', 다른 사람들과 유사한 행동을 함으로써 '유대감을 형성하기 위해서', 비자살적 자해행동을 통해

'자극을 추구하기 위해서', 누군가에게 '복수하기 위해서' 등과 같은 사회적 기능이 존재한다. 한편, Nock과 Prinstein(2005)에 따르면 사회적 기능은 사회적 정적 강화와 사회적 부적 강화로 나누어 볼 수 있다. 사회적 정적 강화는 다른 사람들로부터 보살핌을 받는 것과 같이 자신이 원하는 사회적 결과를 얻기 위한 것이 해당된다. 사회적 부적 강화는 사회적 책임을 회피하는 것과 같이 자신이 피하고자 하는 사회적 결과와 관련이 있다. 비자살적 자해의 사회적 기능과 요인에 대한 연구들은 개인 내적 기능과 요인에 대한 연구들에 비해 활발히 이루어지지 않았으나, 비자살적 자해를 하는 개인에게 사회적 기능이 중요한 역할을 하고 있음은 간과할 수 없는 사실이다(Klonsky, 2007; Klonsky & Glenn, 2009; Nock & Prinstein, 2004).

5. 청소년 자해 요인의 통합적 모델

1) 네 가지 기능 모델

Nock과 Prinstein(2004)은 자해를 네 가지 기능 모델로 설명한다. 이 모델에서는 자해행동으로 생리적 변화가 일어나고 부정적인 정서로부터 주의가 전환되면서 자기처벌 등과 같은 기제로 부정적 정서를 회피하도록 한다고 제시한다. 더불어 부정적 정서를 회피하는 과정은 보상의 역할을 함으로써 이후 유사한 스트레스 상황에서 자해행동을 반복하게 된다고 제안한다. 나아가 자해의 기능을 네 가지로 크게 나누어 설명하였는데, 네 가지의 강화 유형에 따라 자해를 선택하고 유지하는 것으로 보았다.

첫 번째 유형은 자동적-부적 강화이다. '자동적(automatic)'의 의미는 개인의 내면에서의 경험을 의미하는 것으로 자해는 개인 내적으로 부정적인 정서나 스트레스 상황을 감소시키거나 제거하기 위한 것을 의미한다. 청소년 자해의 경우 앞서 언급한 정서조절 중 특히 부정적인 정서로부터 벗어나고 대처하기 위한 방법으로 자해를 선택하는 것과 그 맥락을 같이 한다.

두 번째 유형은 자동적-정적 강화이다. 이는 본인이 원하는 긍정적인 정서나 상태를 만들기 위해 자해를 하는 것을 의미한다. 예를 들어, 자해를 통해 쾌감을 느낀다거나 무가치감에서 벗어나 살아 있음을 느끼는 것과 같은 것이 이에 해당될 수 있다.

세 번째 유형은 사회적-부적 강화이다. 사회적 관계, 대인관계에서 원하지 않는 상황에 대해 회피하기 위해, 또는 본인에게 요구되는 무언가로부터 벗어나기 위해 자해를 한다는 것이다. 예를 들어, 학교에 가는 것을 거부하는 청소년의 경우 자해행동을 함으로써 학교에 가지 않을 수 있었던 경우가 있을 수 있다. 또한 부모님에게 혼나는 상황에서 자해를 하였을 때 부모님이 화를 내는 상황이 중단되는 경우도 같은 예가 될 수 있다.

네 번째 유형은 사회적-정적 강화이다. 사회적 관심의 획득과 같은 개인에게 사회적 이익을 가져오는 경우가 해당된다. 예를 들어, 또래집단에서 자해를 함으로써 또래들로부터 인정을 받는다든가 관심의 대상이 된다든가 하는 경우 혹은 무관심했던 가족에 대해 자해를 함으로써 관심과 애정을 유발하게 되는 경우가 해당된다.

Nock과 Prinstein(2004)의 기능모델에서는 생물학적 요인, 환경적 요인에 대해서는 언급하지 않고 있으나, 네 가지 기능 모델을 통해 자해행동을 선택하고 이를 유지시키도록 강화하는 과정에 대한 설명이 가능하다. 또한 심리적 요인과 사회적 요인의 상호작용으로 자해에 대해 설명하고 있다는 점에서 의미가 있다. 그리고 자해의 원인에 대해 파악하고 이를 개입함에 있어 단순히 한 가지 요인의 작용이 아닌, 심리적 요인과 사회적 요인에 대한 동시적인 파악을 통해 자해를 멈추는 데 있어 보다 적절한 개입이 가능할 수 있다. 초기 자해행동의 시작은 개인 내적 요인일 수 있으나 이를 유지시키고 강화시키는 것은 사회적 요인일 수 있다. 이는 자해 청소년에 대한 개입에 있어서도 개인의 내적 측면에만 초점을 두고 개입하기보다 자해 청소년을 둘러싼 사회적인 측면에 대해서도 충분히 고려될 필요가 있음을 시사한다.

Bentley, Nock과 Barlow(2014)는 네 가지 기능별 강화요인이 다른 것에 대한 각각의 치료적 개입을 제안한다. 자동적-부적 강화는 부적절한 정서조절로 인한 것이므로 적응적인 정서조절 전략을 습득하는 것이 중요하다. 구체적으로는 인지적 정서조절 전략을 강화하는 방법이 있을 것이다. 이를 위해 스트레스 요인이 되는 상황에 대해 인식하고 그로 인해 경험하는 정서에 대해 자각하는 것이 중요하다.

더불어 비합리적 신념이나 인지적 왜곡으로 인한 부적응적인 정서조절로 인한 것일 경우에는 비합리적 신념의 변화, 인지적 재구조화가 필요하다. 자동적-정적 강화 역시 비슷한 맥락으로 설명될 수 있다. 자해로 인한 긍정정서의 경험으로 인해 자해행동의 경험이 강화되는 경우로, 자해 이외의 대처방법을 통한 긍정정서의 경험이 중요하다. 자해를 대처할 수 있는 새로운 스트레스 대처방법과 전략을 찾는 것이 중요하다. 사회적-정적 및 부적 강화는 사회적 요인에 좀 더 초점을 둘 필요가 있다. 이에 해당되는 자해 청소년의 경우 자신이 겪는 심리적 고통에 대해 타인에게 표현하는 것에 어려움을 겪는 경우가 많다. 또한 건강하게 관계를 맺는 방법에 대해서도 잘 알지 못하는 경우가 많다. 따라서 자해라는 행동적 표현 대신 개인이 느끼는 감정 또는 개인의 생각에 대해 언어로 표현할 수 있도록 돕는 것이 중요하다. 이때 한 가지 유의할 점은 자해 청소년의 경우 누군가에게 자신의 이야기를 하는 것이 어렵고 언어적으로 표현하는 데 어려움을 갖고 있는 것뿐만 아니라 온전히 자신의 이야기를 들어 주고 공감해 주는 대상이 부재한 경우가 많다는 것이다. 따라서 자해 청소년에게 무조건적으로 어려움에 대해 언어적으로 표현하기를 강요하기에 앞서 온전히 수용받을 수 있을 것이라는 느낌, 그들의 이야기를 경청하고 공감해 주는 것이 우선시되어야 그들이 어려움을 언어로 표현하는 것을 도울 수 있을 것이다. 또한 적절한 사회적 기술을 습득하여 건강한 대인관계를 형성할 수 있도록 도울 필요가 있다.

〈표 2-1〉 네 가지 기능 모델

강화유형	부적(negative)	정적(positive)
자동적(automatic)	부정적인 정서나 인지적 상태를 제거하거나 경감시킴	정서적 혹은 인지적 갈망을 만들어 내거나 증가시킴
사회적(social)	대인관계 요구나 사회적 상황을 회피함	주의를 끌거나 필요/도움 요청 행동을 이끌어 냄

출처: Bentley, Nock, & Barlow (2014), p. 640.

2) 경험 회피 모델

Chapman 등(2006)은 자해의 원인을 원하지 않는 정서적 각성상태를 회피하거나 완화시키기 위한 것으로 설명한다. 경험 회피 모델은 자해의 심리적 요인에서 언급하였던 정서조절에 주목하고 이를 토대로 만들어진 모델이다. 경험 회피 모델에 따르면 자해행동은 격렬한 정서를 일시적으로 완화시키고 긴장을 감소시킨다. 다시 말해, 자신의 몸에 해를 가하는 자해행동을 통해 부정적이고 고통스러운 정서로부터 일시적으로 벗어날 수 있도록 조절한다는 것이다. 그러나 자해행동을 통해 부정적인 정서로부터 벗어나는 효과는 일시적이며 근본적인 문제해결을 위한 대처 전략이 될 수 없다. 스트레스 대처 전략으로서의 정서조절 전략은 순간의 고통스러운 기분을 경감시키는 데 효과적일 수는 있으나 이후 비슷한 상황이 발생하거나 또 다른 스트레스 상황이 닥쳤을 때 다시금 부정적인 정서를 경험할 수밖에 없는 임시방편에 불과하다. 그러나 앞서의 네 가지 기능 모델에서 자동적-부적 강화와 연결해 보았을 때 부정적 정서를 회피할 수 있는 자해행동은 점진적으로 강화되고 만성화될 가능성이 높다. 강화된 회피 전략은 조건화되어 이후 또 다른 자극으로 작용하는 스트레스 상황에서 자해가 반복되는 악순환으로 이어질 수 있다.

경험 회피 모델에서는 부적응적 정서조절을 유발하는 다양한 요인을 통합적으로 제시하고 있다. 스트레스 상황과 같이 부정적인 정서를 유발하는 자극에서 분노와 우울 같은 격렬한 정서적 반응을 경험하게 될 때 이를 회피하는 전략을 취하는 데 있어 미흡한 정서조절 전략, 상대적으로 낮은 수준의 고통에 대한 내성과 같은 요인들이 영향을 미치고 결국 자해행동으로 이어진다는 것이다. 이와 같은 과정에서 자해 청소년은 순간적으로 고통이 완화되고 부정적인 정서가 감소하며 스트레스 상황으로부터 벗어난 것과 같은 경험을 하게 된다. 자해 청소년이 경험한 부정적 정서의 완화경험은 습관화되고 만성화되기 쉽다. 경험 회피 모델에 따르면 자해 청소년은 상대적으로 정서조절 기술과 전략이 부족한 경우가 많다. 따라서 그들에게 자해행동은 가장 간편하고 편리하게 고통스러운 정서로부터 벗어나는 대처방법일 뿐만 아니라 이를 대신할 또 다른 대처전략을 찾는 것에서도 어려움을 겪는다.

최근 심리적 요인으로 정서조절을 통해 부정적 정서를 회피하는 것을 설명하는 것 외에 앞서 생물학적 요인에서 언급한 내인성 진통제의 역할을 함께 제안한다.

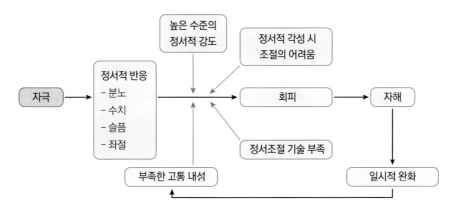

[그림 2-2] 경험 회피 모델

출처: Chapman, Gratz, & Brown (2006).

자해행동을 통해 몸에 해를 가하게 되는 순간 생물학적으로 내인성 진통제가 분비되고 이를 통해 부정적인 정서는 감소하고 긍정적인 정서가 증가될 수 있다는 것이다. Galley(2003)는 자해행동 후 경험하게 되는 정서와 감각의 완화과정은 신체적으로 부상을 당했을 때 진통작용을 하는 엔도르핀이 분비되는 과정과의 유사성을 제안하였다. 이처럼 자해행동을 통해서 고통을 완화시키는 진통제 역할을 하는 엔도르핀이 분비되는 과정이 반복되면서 중독과 유사한 기제가 발생하고 자해행동이 반복된다는 것이다.

종합해 보면, 경험 회피 모델은 생물학적 요인, 심리적 요인과 사회적 요인을 통합적으로 제시하여 부정적인 정서를 회피하기 위한 정서조절 전략의 하나로 자해행동을 설명하고 생물학적 요인과 함께 자해행동의 반복에 대해 설명하고 있다. 실제로 자해행동을 하는 청소년 중 상당수가 자해행동 후 느끼는 정서적 안정감, 격렬한 정서의 한시적 해소, 완화에 대해 언급하는 경우가 많으며, 실제로 최초 자해행동 후 자해행동이 반복적으로 이어지는 경우가 많다는 연구 결과들 역시 경험 회피 모델을 뒷받침할 수 있을 것으로 보인다.

3) 통합적 이론 모델

Nock(2009)은 기존 자해와 관련된 연구들을 전반적으로 통합하여 자해에 대한 통합적 이론 모델을 제시하였다. 통합적 이론 모델에 따르면 유전적 성향, 아동기의 학대경험, 가족배경과 같은 간접적 위험요인이 내적 또는 외적으로 취약성을 자극할 수 있는 스트레스 상황을 경험할 때 유발된 정서적·사회적 상태를 조절하기 위해 자해행동을 하는 것이라 제안한다. 즉, 자해행동을 발생시키는 직접적인 요인이 되지는 않으나 자해행동에 영향을 미치는 원거리 위험요인과 같은 간접적인 위험요인이 작용하여 스트레스 상황에서 정서적으로 각성되고 불안을 느끼게 됨으로써 유발된 부정적 정서와 인지적인 상황을 대처하기 위한 방식으로 자해행동을 선택하게 된다.

자해의 간접적인 원인이 되는 요인에 대해 먼저 살펴보면, 아동기 신체적·성적 학대로 인한 외상경험이 자해를 유발하는 결정적 요인으로 작용한다. 청소년 자해의 사회·환경적 요인에서 언급한 것과 같이 아동기에 경험한 학대와 같은 외상경험은 불안정 애착 형성에 영향을 미치고 사회적 문제해결 기술, 정서조절 전략 기술의 습득을 어렵게 한다. 또한 고립된 자신에 대해 도움을 요청하고 관심을 받기 위한 하나의 방법으로, 또는 타인에게 영향을 주고자 하는 의도 등으로 자해를 선택하는 데 영향을 미친다는 점에서 아동기 학대경험은 자해의 간접적 위험요인으로 작용한다. 더불어 아동기 부모로부터 지속적인 비난과 언어적 폭력을 경험하였거나 과잉보호로 스스로 자신을 돌보거나 문제 상황에 대처할 수 있는 능력을 습득하지 못한 경우에도 낮은 수준의 자기효능감과 높은 수준의 충동성을 보고하며, 정서조절 능력의 부족으로 인해 자해행동을 하게 된다(Kent & Waller, 2000). 마지막 요인은 유전적 성향으로 그중에서도 특히 정서강도와 관련이 있다. 정서강도(affect intensity)는 개인이 경험하는 정서의 수준을 의미한다. 개인에 따라 어떠한 자극이나 상황에 따라 경험하는 정서가 다르고 경험하는 크기, 세기가 다르다. 개인이 경험하는 정서의 수준에 따라 행동에서도 차이가 발생할 것이다. 유전적인 정서강도의 차이로 설명하자면 자해행동을 하는 사람은 자해행동을 하지 않는 사람들에 비해 상대적으로 높은 수준의 정서적·인지적 어려움을 겪거나 혹은 고통이나 부정적인 자극, 상황, 정서를 견디는 힘이 부족한 경우가 많다.

자해의 간접적 위험요인들은 개인 내·외적 취약요인에 영향을 미친다. 상대적으로 부족한 고통에 대한 내성으로 인해 자해 청소년들은 상대적으로 높은 수준의 정서적·인지적 고통을 경험한다. 또 다른 한편으로는 같은 스트레스 상황이나 자극에 대해서도 더 높은 수준의 정서적·인지적 고통을 경험하기 쉽고 스트레스를 경험하는 빈도 또한 상대적으로 높을 가능성이 많다. 개인 외적으로는 미흡한 대인 관계 기술과 사회적 문제해결 능력이 영향을 미친다. 아동기 학대경험이나 안정적 이지 못한 양육환경은 사회적 상황에서 적절한 관계를 맺고 문제를 해결하는 데 부정적인 영향을 준다. 개인 내적으로 경험하는 높은 수준의 스트레스 상황과 이로 인한 정서적 · 인지적 어려움에 대해 스스로 해결하는 방법이 미흡한 한편 동시에 타인과의 관계에서 충분한 지지를 받거나 도움을 요청하는 데 있어서도 어려움을 겪게 될 가능성이 높다. 사회적으로도 도움을 청할 수 없음과 동시에 문제 상황에 대처할 수 있는 자원이 부족하고 개인 내적으로 겪는 높은 수준의 고통이 상호작용 함으로써 스트레스 상황으로 인한 부정적 정서는 더욱 심화될 가능성이 크다.

스트레스 상황이나 부정적인 정서가 발생하였을 때, 일반적으로 스트레스 상황에 대처하기 위한 자신만의 방법들이 있을 것이다. 음악을 듣는다든가 좋아하는 장소에 간다든가 친구들과 시간을 보낸다든가 하는 등 스트레스 상황에서 벗어나거나 혹은 부정적인 정서를 해소할 수 있는 방법으로 대처하는 것이 대부분일 것이다. 그러나 자해 청소년의 경우는 다른 대처방법 대신 자해행동으로 정서를 조절하고자 한다. 통합적 이론 모델에서는 자해를 선택하는 이유에 대한 여섯 가지 가설을 제안한다.

첫째, 사회적 학습 가설로, 자해행동을 타인에 대한 관찰을 통해 습득되는 것으로 본다. 가족이나 주변의 또래와 같이 직접적으로 대면하는 타인 외에도 SNS, 유튜브 등을 통해서도 학습될 수 있다. 실제로 최근 SNS를 통해 자해사진, 자해그림, 자해글귀와 관련된 콘텐츠가 증가하고 있고 이를 공유하고 반응하는 수 또한 증가하고 있다. 자해하는 사진이나 영상을 본 것이 학습되어 스트레스 상황에 처했을 때 이와 같은 행동을 할 수 있다는 것이다. 이와 같이 자해에 대한 간접적인 경험이 청소년 자해에 영향을 미칠 수 있다.

둘째, 자기처벌 가설로, 자신에 대한 처벌로 자해행동을 하게 된다. 이는 아동기의 불안정한 양육경험, 아동기 경험한 학대와도 연결된다. 타인으로부터 경험하였던 학대, 처벌이 결국에는 스스로에 대한 처벌로 이어진다는 것이다. 더불어 타인으로부터 경험하였던 지속적인 자신에 대한 비난, 이로 인한 낮은 자기존중감과 스스로에 대한 무가치감은 자신에 대한 처벌에 영향을 준다. 상황이나 자극으로 인한 분노나 격렬한 감정을 내부로 돌림으로써 자신을 학대하는 하나의 방식으로 자해행동을 택하게 된다.

셋째, 사회적 신호 가설로, 수용적이지 않은 환경이나 적절한 반응이 없는 상황에 대한 대처방식으로 자해를 선택할 수 있다는 것이다. 실제 자해 청소년들을 대상으로 인터뷰한 질적 연구(서미, 김지혜, 이태영, 김은하, 2019)에 따르면 자해 이전에 어려움을 표현하기 위한 다양한 신호를 보냈음에도 불구하고 받아들여지지 않은 경우가 많다. 특히 수용적이지 않은 가정환경이나 비난적인 부모의 태도 등과도 관련성이 깊다. 어려움을 표현하기 위해 자해 이전에 말이나 행동을 취했음에도 불구하고 받아들여지지 않았을 때, 강력한 방법의 일환으로 자해를 선택하게 된다. 스스로를 해하는 자해행동과 같이 강력한 신호를 사용했을 때에만 비로소 어려움이 전달된다고 생각하기 때문이다.

넷째, 실용주의적 가설로, 자해행동이 다른 대처방법들에 비해 비교적 간편하고 편리하며 접근하기 쉬운 방법이라는 것이다. 특히 청소년기 스트레스 대처방법이 미비하고 스스로 감정이나 행동을 조절하기 어려운 경우 자해행동은 더욱더 편리한 대처방법이 되기 쉽다. 실제로 청소년들이 자해를 하는 원인과 관련하여 다른 대처방법들에 대해 인식하고 있고 때때로 다른 대처방법들을 활용하고 있음에도 불구하고 자해행동이 가장 간편하고 즉각적이기 때문에 선택하는 경우가 많다. 실제로 자해행동의 대다수가 칼로 긋는 방법인데, 스트레스 상황에서 간단한 도구로 비교적 짧은 시간에 손쉽게 상황에 대해 대처할 수 있는 방법이 될 수 있다는 점에서 실용주의적 가설이 지지된다.

다섯째, 고통에 대한 상실과 진정의 가설로, 이는 자해행동이 반복되는 경우 자해 시 고통을 거의 느끼지 않는다고 밝힌다. 앞서 경험 회피 모델에서 언급하였듯이, 내인성 진통제가 기능하여 자해행동을 통해 몸에 해를 가하게 되는 순간 생물학적으로 내인성 진통제가 분비되고 이를 통해 부정적인 정서는 감소하고 긍정적인 정서가 증가될 수 있다는 것이다. 또한 자해행동을 통해서 고통을 완화시키는 진통제 역할을 하는 엔도르핀이 분비되는 과정이 반복되면서 중독과 유사한 기제가 발생하고 자해행동이 반복된다는 것이다.

여섯째, 암묵적 동일시 가설로, 자해행동이 과거에 원하는 결과를 가져왔거나, 개인의 이익에 영향을 미쳤을 때 이후 유사한 상황에서 다시 자해행동을 선택할 가능성이 높다는 것이다. 자해를 통해 긍정적인 결과를 경험한 후에는 이후 비슷한 상황에서 자해행동을 우선적으로 떠올리게 되고 선택하게 된다. 자해행동의 반복과 강화로 인해 이러한 경향은 더욱 강해지게 된다.

통합적 이론 모델에서는 간접적인 요인들과 이로 인한 개인 내·외적 취약요인들의 상호작용, 이로 인한 스트레스 상황에 대한 반응에 대한 여섯 가지 가설을 토대로 자해행동을 설명하고 있다. 통합적 이론 모델은 심리요인적, 생물학적, 사회·환경적 요인들을 모두 포함하고 있는 동시에 여러 가지 상호작용적인 부분을 제시하는 것과 더불어 토대가 될 수 있는 가설들을 제시함으로써 비교적 구체적이고 상세하게 자해의 메커니즘에 대해 설명한다.

Nock(2009)의 통합적 모델을 보완하여 Jacobson과 Batejan(2014)이 수정된 통합적 모델을 제시하였다. 이는 이후 경험적이고 실증적인 연구 결과들을 통해 보완되었다. 우선, 이전의 간접적 요인을 환경적 요인과 유전적 요인으로 구분하였다. 그리고 환경적 요인과 유전적 요인이 상호 간에 영향을 미치는 것으로 보았다. 아동기의 학대경험, 불안정한 가정환경은 생물학적 요인에 영향을 미치고 반대로 생물학적으로 높은 정서적 반응 경향성은 학대의 위험성을 높인다는 것이다. 환경적 요인에는 기존의 아동기 학대경험, 가족의 적대성과 비판에 더해 아동기의 분리와 상실을 추가하였다. 아동기에 부모에 대한 상실을 경험한 경우, 가족 내부의 결속력

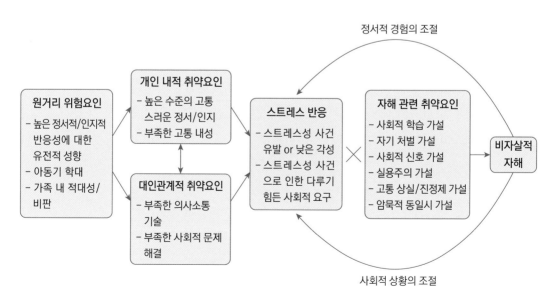

[그림 2-3] 통합적 모델

출처: Nock (2009).

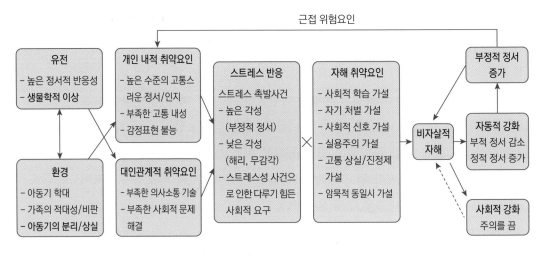

[그림 2-4] 수정된 통합적 모델

출처: Jacobson & Batejan (2014).

이 약화되는데 이처럼 생활사건으로 인한 가족 기능의 변화는 아동의 자해위험성을 높인다. 자해행동 이후에 대한 부분들도 추가되었는데 이는 자동적 강화와 사회적 강화로 나뉜다. 자동적 강화는 자해행동으로 인한 부정적 정서의 감소와 긍정적 정서의 증가가 있으며, 이는 앞서 네 가지 기능 모델에서 언급한 강화 유형을 통해 설명될 수 있다. 다음으로 사회적 강화는 자해행동으로 인해 얻게 되는 사회적 이익에 관한 것으로 타인의 관심이나 주의를 얻게 되는 것이 해당된다. 또한 Jacobson과 Batejan(2014)은 수정된 통합적 모델 이후에도 지속적인 자해행동에 대한 연구를 통한 통합적 모델의 보완에 대해서도 언급하고 있다는 점에서 추후 자해행동의 원인에 대한 지속적인 연구와 실증적인 증거들을 기반으로 통합적 모델은 계속적으로 수정되고 보완될 것이다.

6. 청소년 자해동기

최근 비자살적 자해를 경험한 청소년들을 대상으로 비자살적 자해의 동기를 탐색한 안영신과 송현주(2017)의 연구에 따르면, 비자살적 자해 유경험자 중 17.6%가 '나쁜 기분들을 멈추기 위해서' 그리고 10.8%가 각각 '편안함을 느끼기 위해' '스스로를 처벌하기 위해' '마비감 또는 공허감을 완화하기 위해'라고 대답하였다. 9.5%는 '다른 사람들을 변화시키거나 다르게 행동하게 하기 위해' 등을 비자살적 자해의 동기라고 응답하였다. 실제로 비자살적 자해의 동기와 관련된 많은 선행연구에서도 자해행동을 하는 가장 큰 동기는 부정적인 정서를 감소시키기 위한 것(Bresin & Gordon, 2013)으로 나타났다. 김수진과 김봉환(2015)의 반복적으로 비자살적 자해행동을 하는 청소년들을 대상으로 한 자해행동의 의미 탐색에 관한 연구에서도 자해행동의 의미가 '스스로 고통을 처리하여 화를 진정시키며 자신의 힘든 마음을 위로'하는 것으로 나타나기도 하였다. 청소년 자해동기 중 가장 큰 비율을 차지하는 정서완화, 분리감 감소, 자기처벌, 사회적 관심(Glenn, Franklin, & Nock, 2015)에 대해 살펴보고자 한다.

1) 정서완화

비자살적 자해행동의 가장 강력한 동기로 정서완화가 존재한다. 특히 부정적인 정서와 관련이 높으며 강한 분노, 불안, 좌절감을 경험할 때 정서적 압박이나 부정적인 감정을 감소시키고 스트레스를 다루기 위한 것으로 이해할 수 있다. 정서완화는 비자살적 자해의 기능 중 내적 요인과도 관련이 깊다. 추은정과 이영호(2018)의 Klonsky와 Glenn(2009)의 자해척도(ISAS)에 대한 한국판 타당화 연구에서도 비자살적 자해의 주요 이유가 정서완화와 같은 의미를 갖는 정서조절(참여자의 90.4%, 복수응답)로 나타났다. 정서조절 문항이 '자신을 진정시키려고' '마음속에 쌓인 감정적인 압박감을 완화하려고' '불안, 좌절, 분노 또는 다른 압도적인 정서들을 줄여 보려고'로 구성되어 있는 것은 앞서와 그 맥락을 같이하는 것으로 볼 수 있다. 이와 같이 비자살적 자해행동을 하는 다수의 청소년에게 개인 내적 요인들이 자해의 동기로 작용하게 되는 경우가 많다.

비자살적 자해행동을 하는 많은 청소년은 격렬한 분노, 불안과 같은 부정적인 정서들이 촉발되었을 때 순간적으로 이를 진정시키기 위한 하나의 방편으로 자해행동을 선택한다. 실제로도 자해행동으로 상담을 찾는 많은 청소년이 분노, 불안과 같은 부정적인 감정들로 인한 자해경험에 대해 호소하는 경우가 많다. 그들은 통제할 수 없을 것 같은 격렬한 감정을 신체적 고통으로 대신하면서 스스로에 대한 통제감을 갖는 경험을 하게 되기도 한다. 정서완화를 동기로 자해행동을 하는 청소년의 경우, 특히 분노와 불안 같은 부정적인 정서의 조절이 이루어지지 않는 경우가 많으므로 이러한 청소년이 정서를 적응적으로 조절할 수 있는 방법을 알 수 있도록 돕는 것이 중요할 것이다. 더불어 정서적으로 조절이 어려운 상황에 대해서도 구체적으로 탐색해 볼 필요가 있다.

2) 분리감 감소

분리감 감소란 공허함, 무감각, 비현실감과 같은 느낌을 없애기 위한 것을 의미한다. 자해 청소년은 대인관계에서 어려움을 겪은 경험이 있거나 또는 현재 대인관계에서 어려움을 겪고 있는 경우가 많다. 이는 비자살적 자해행동을 예측하는 사회적 요인인 아동기의 복합외상 경험, 불안정한 애착의 형성, 또래관계에서의 학교폭력 경험 등과 관련되어 있을 가능성이 높다. 가족 또는 또래와 원활한 관계를 맺지 못하여 고립감을 느끼고 있을 가능성 또한 배제할 수 없다. 이들은 사회적 문제해결 기술이 부족하고, 고립되어 있을 가능성이 높고, 스트레스 상황에서 부적응적인 대처를 하는 경우가 많다. 이는 낮은 자기효능감으로 이어지기도 하고, 사회적으로 경험한 어려움으로 인해 부정적 정서를 더 자주, 많이 경험함으로써 이를 조절하기 위한 하나의 방안으로 자해행동을 선택하게 된다. 이와 같이 사회적 고립에서 벗어나기 위한 하나의 방법으로 자해행동을 선택한다. 이 경우 관계 속에서의 고립에서 벗어나기 위해 자해행동을 관계 형성을 위한 하나의 수단으로 활용하기도 한다. 자해행동을 하고 난 후 자해행동을 다른 사람들과 공유하기도 하고 자신과 비슷하게 자해행동을 하는 집단에 소속되기도 한다. 즉, 분리감을 감소시키고 또래집단에 소속되기 위해, 타인과 상호작용하기 위한 하나의 방법으로 비자살적 자해를 하는 경우가 많다.

소속에 대한 욕구뿐만 아니라 사회적으로 고립된 자신에 대한 도움 요청, 관심을 받기 위한 하나의 방법 또는 타인에게 영향을 주고자 하는 의도 등으로 인해 자해를 선택하기도 한다. 이처럼 사회적 고립, 주관적으로 느끼는 세상으로부터의 소외감과 분리감을 감소시키기 위한 하나의 방편으로 자해행동을 선택하게 되는 것이다. 비슷한 맥락에서 평소 자신을 무가치하다고 지각하고 삶에서 존재감을 느끼지 못할 경우 자해행동을 하게 되기도 하는데, 정서적 무가치함이나 무존재감을 실제 적으로 지각할 수 있는 신체적 고통을 통해 해소하기도 한다. 분리감 감소의 동기 로 자해행동을 하는 청소년의 경우, 현재의 삶에서 무가치감, 분리감을 느끼는 이 유가 무엇인지에 대해 구체적으로 파악하고 삶의 의미를 찾는 것, 다른 사람과 의 미 있는 관계를 형성할 수 있도록 돕는 것 등을 도울 필요가 있다.

3) 자기처벌

자기처벌이란 자신에 대해 분노를 느끼고 스스로를 비난하거나 처벌하는 것을 의미한다. 주로 '나 자신을 벌하기 위해서' '쓸모없고 어리석은 나 자신에게 분노를 표현하기 위해서' '나 자신에 대해 불만족스럽고 혐오스러운 마음이 들어서' 등과 같은 이유들이 자기처벌의 동기가 될 수 있을 것이다. 자기처벌적 동기는 비자살 적 자해의 개인 내적 요인인 자기비하와 그 맥락을 함께한다. 비자살적 자해행동을 하는 청소년이 갖고 있는 부정적 자기개념, 낮은 자기효능감과 자아존중감은 자신 에 대한 부정적인 인식과 연결된다(Henwood & Solano, 1994). 자신에 대해 가지고 있는 부정적인 인식은 생활에서 겪게 되는 스트레스 상황에서 그 원인을 자신의 능 력 부족 등으로 내부귀인하게 될 가능성이 높다(Koenig & Abrams, 1999). 또한 높은 수준의 자기비판은 결국 혼란스럽고 역기능적인 대인관계와도 연결된다(Glassman, Weierichh, Holley, Delibettom, & Nock, 2007).

스트레스 상황에 처하게 되어 부정적인 정서를 경험하게 될 때, 모든 원인을 자 신의 탓으로 돌리게 되면 이는 자신에 대한 분노의 감정으로 이어질 가능성이 높 다. 자신에 대한 분노를 표출하게 되는 하나의 방법으로 스스로 자신을 해하고 처 벌하는 자해행동을 하게 되는 것이다. 실제로 자기처벌의 동기로 비자살적 자해행 동을 한 청소년들은 '나는 이런 벌을 받을 만하다'와 같이 내부귀인을 하는 비합리 적 신념을 갖고 있는 경우가 많다. 그들은 자기처벌의 일환으로 자해행동을 함으 로써 스스로에게 느껴지는 분노를 감소시키고 스스로 느끼는 죄책감으로부터 순 간적으로 자유로워지는 경험을 하게 되기도 한다. 자신에 대한 부정적인 정서를 다 른 방법으로 대처하거나 객관적이고 새로운 관점에서 바라보기 어려울 때, 비자살 적 자해행동을 대처방법으로 선택하게 된다. 자기처벌의 동기로 자해행동을 하는 청소년의 경우, 어떠한 상황이나 감정으로 인해 자신을 처벌해야 한다고 느끼는지, 자신을 처벌해야 된다고 생각하는 이유가 무엇인지에 대한 구체적인 탐색을 통해 내담자의 비합리적 신념을 변화시키는 것을 도울 필요가 있다.

4) 사회적 관심

사회적 관심이란 다른 사람들에게 영향을 주고 주의를 끌기 위한 것을 의미한다. 비자살적 자해행동과 관련된 현재까지의 많은 연구는 주로 개인 내적 요인에 초점을 두었다. 주로 비자살적 자해의 기능과 원인을 개인 내적 요인들, 그중에서도 부정적인 정서를 조절하고 완화하기 위한 것으로 보는 연구가 대다수를 차지하였다. 그러나 최근에는 네 가지 기능 모델과 함께 비자살적 자해의 사회적 요인들에 대한 관심이 높아지고 있다. 특히 비자살적 자해행동의 SNS를 통한 공유, 비자살적 자해행동을 함께 하는 청소년 집단의 출현 등이 사회적 관심의 동기와 그 중요성을 보여 주는 단면 중 하나이다. 비자살적 자해의 사회적 요인과 관련해서는 '주변 사람들(또래)과의 유대감을 느끼고 싶어서' '다른 사람과 어울리거나 소속감을 느끼려고' '친구들이나 사랑하는 사람과의 우정이나 유대감을 표시하려고(혹은 우정이나 유대감의 징표를 가지고 싶어서)' '나의 정서적 고통을 다른 사람이 알았으면 해서' '다른 사람들의 도움이나 보살핌을 받고 싶어서' '사랑하는 사람이 나를 떠나거나 버리지 않게 하려고' 등과 같은 이유들이 존재한다.

Nock과 Prinstein(2004)의 자해의 네 가지 기능 모델에 의하면 사회적 관심과 같은 사회적 요인은 특히 자해행동을 유지시키고 강화시키는 데 기여한다. 부모나 또래관계에서 충분한 애정과 관심을 받지 못하는 경우 타인의 관심을 획득하기 위한 수단으로 비자살적 자해행동을 선택할 가능성이 있다. 비자살적 자해행동을 통해 유사한 행동을 하는 또래들과 관계를 형성하고 소속감을 느끼는 경험이 비자살적 자해행동을 지속하고 강화시키는 데 영향을 줄 수 있다. 직접적인 관계 형성 외에도 SNS를 통해 자해행동을 공유하고 서로 댓글을 주고받는 과정을 통해 그들에게 지지를 얻고 집단을 형성하는 것 역시 사회적 관심을 획득하는 과정으로 볼 수 있다. 이와 유사하게 자생적 규범이론(Turner & Killian, 1972)을 통해서도 비자살적 자해행동의 동기로 사회적 관심을 설명할 수 있다. 자생적 규범이론에 따르면 비자살적 자해행동이라는 일치된 방향성을 갖고 집단을 형성하고 집단을 통해 소속 감을 경험하며 자해행동에 대해 지속적인 자극과 강화, 지지를 주고받는 것을 자 해행동을 통한 사회적 관심의 획득으로 볼 수 있다. 또래에 대한 관심을 획득하는 것 외에도 가족의 관심을 획득하기 위한 자해행동 역시 사회적 관심의 동기로 설명 될 수 있다. 평소 나의 힘든 마음이나 정서적 고통에 대해 무관심한 부모에게 나의 어려운 마음, 고통스러움에 대해 드러내는 수단으로 자해행동을 선택하고(서미 외, 2019), 자해행동을 통해 부모의 관심을 획득하는 것이 이에 해당될 것이다. 또한 자 해 청소년의 경우 다른 사람들에게 자신의 감정을 드러내거나 정서적 어려움을 표 현하는 데 어려움을 겪는 경우가 많기 때문에 자신의 어려움을 드러내고 도움을 구 하기 위한 수단으로 언어적인 표현 대신 행동적인 방법의 자해행동을 택하게 될 가 능성이 높다. 사회적 관심을 동기로 자해행동을 하는 청소년의 경우, 가족과 또래 관계가 잘 기능하고 있는지 확인해 볼 필요가 있으며 자해행동을 통해 관심을 얻고 자 하는 대상이 누구인지, 사회적 관심이 자해행동을 어떻게 유지 · 강화시키고 있 는지 확인해야 할 것이다.

참고문헌

공성숙, 이정현, 신미연(2009). 섭식장애 환자의 아동기 외상경험이 자해행동에 미치는 영향 과 부모 간 갈등의 매개효과 분석. 정신간호학회지, 18(1), 31-40.

구훈정, 양은주, 권정혜(2014). 사회불안이 사회자본형성에 미치는 영향: 온-오프라인 자기 불일치와 의사소통유능감의 이중매개효과검증. 한국심리학회지: 학교, 11(2), 377-405.

구훈정, 우성범, 이종선(2015). 외상적 사건과 자해의 관계에서 부적응적 인지조절의 매개 효과와 적응적 인지조절의 조절효과: 성차를 중심으로. *Korean Journal of Clinical Psychology, 34*(1), 173-198.

권혁진(2014). 비자살적 자해에 영향을 미치는 정서적 · 인지적 요인의 탐색. 서울대학교 대 학원 석사학위논문.

권혁진, 권석만(2017). 한국판 자해기능평가지(The Functional Assessment of Self-Mutilation)의 타당화 연구: 대학생을 중심으로. 한국심리학회지: 임상심리 연구와 실제, 3(1), 187-205.

김병선, 배성만(2014). 중년여성의 일상적 스트레스 반응 척도 개발. 대한스트레스학회, 22(2),

87-95.

김수진(2015). 비자살적 자해와 애착 연구 개관: 국외 연구를 중심으로. 인간발달연구, 22(3), 1-24.

김수진(2017). 비자살적 자해의 위험요인과 보호요인 개관. 청소년학연구, 24(9), 31-53.

김수진, 김봉환(2015). 청소년 내담자의 반복적 자해행동의 의미탐색: 고통으로 고통을 견디기. 한국심리학회지: 상담 및 심리치료, 27(2), 231-250.

박형원(2004). 가정폭력 노출 아동의 공격행동 감소 프로그램 개발 연구. 청소년상담연구, 12(1), 41-52.

서미, 김지혜, 이태영, 김은하(2019). 비자살적 자해와 극복과정 경험에 대한 질적 연구: 상담 경험이 있는 청소년을 대상으로. 상담학연구, 20(4), 179-207.

안현의, 이나빈, 주혜선(2013). 한국판 인지적 정서조절전략 척소 (K-CEPQ)의 타당화. 상담학연구, 14(3), 1773-1794.

유재학, 박지선, 박두흠, 유승호, & 하지현(2009). 한국판 아동기 외상 질문지의 타당화: 상담 및 치료적 개입에서의 활용. 한국심리학회지: 건강, 14(3), 563-578.

이동귀, 함경애, 정신영, 함용미(2017). 자해행동 청소년을 위한 단기개입 프로그램 개발 및 효과. 재활심리연구, 24(3), 409-428.

이혜림, 이영호(2015). 청소년의 처벌민감성과 강화민감성이 불안, 우울, 자해행동에 미치는 영향: 스트레스와 통제가능성 귀인의 역할. 청소년학연구, 22(12), 567-593.

임민경, 이지혜, 이한나, 김태동, 최기홍(2013). 근거기반실천과 심리치료. 한국심리학회지: 일반, 32(1), 251-270.

조미숙(1999). 가정폭력 목격이 자녀의 심리, 사회적 부적응에 미치는 영향. 한국가족복지학, 4, 295-326.

추은정, 이영호(2018). 자해 척도(ISAS)의 한국판 타당화 연구. 청소년학연구, 25(11), 95-124.

한국청소년상담복지개발원(2019). EBP 기반 자살·자해 상담클리닉 운영모형 개발.

Abelson, R. P. (1976). Script processing in attitude formation and decision making. In J. S. Carroll & J. W. Payne (Eds.), *Cognition and social behavior*. Lawrence Erlbaum.

Adler, P. A., & Adler, P. (2007). The demedicalization of self-injury: From psychopathology to sociological deviance. *Journal of Contemporary Ethnography, 36*(5), 537-570.

American Psychological Association Presidential Task Force on Evidence Based Practice. (2006). Evidence based practice in psychology. *American Psychologist, 61*(4), 271-285.

Bandura, A. (1977). Self-efficacy toward a unifying theory of behavioral change. *Psychological Review, 84*(2), 191-215.

Bartholomew, K., & Horowitz, L. M. (1991). Attachment Styles Among Young Adults: A Test of a Four-Category Model. *Journal of Personality and Social Psychology, 61*(2), 226-244.

Bentley, K. H., Nock, M. K., & Barlow, D. H. (2014). The four-function model of nonsuicidal self-injury: Key directions for future research. *Clinical Psychological Science, 2*(5), 638-656.

Bowlby, J. (1973). *Attachment and loss, vol. II: Separation.* Basic Books.

Boyd, M. R., & Mackey, M. C. (2000). Alienation from self and others: The psychosocial problem of rural alcoholic women. *Archives of Psychiatric Nursing, 14*(3), 134-141.

Bresin, K., & Gordon, H. (2013). Changes in negative affect following pain (vs. nonpainful) stimulation in individuals with and without a history of nonsuicidal self-injury. *Personality Disorder: Theory, Research, and Treatment, 4*(1), 62-66.

Brumberg, J. J. (2006). Are we facing an epidemic of self-injury? *The Chronicle of Higher Education, 53*(16), 6-13.

Bunclark, J., & Crowe, M. (2000). Repeated self-injury and its management. *International Review of Psychiatry, 12*(1), 48-53.

Burke, T. A., Hamilton, J. L., Abramson, L. Y., & Alloy, L. B. (2015). Non-suicidal self-injury prospectively predicts interpersonal stressful life events and depressive symptoms among adolescent girls. *Psychiatry Research, 228*(3), 416-424.

Castille, K., Prout, M., Marchyk, G., Schmidheiser, M., Yoderm S., & Howlett, B. (2007). The early maladaptive schemas of self-mutilators: Implications for therapy. *Journal of Cognitive Psychotherapy, 21*(1), 58-71.

Chapman, A. L., Gratz, K. L., & Brown, M. (2006). Solving the puzzle of deliberate self-harm: The experiential avoidance model. *Behavior Research & Therapy, 44*(3), 371-394.

Coccaro, E. F., & Kavoissi, R, J. (1991). Biological and pharmacological aspects of borderline personality disorder. *Hospital and Community Psychiatry, 42*(10), 1029-1033,

Coid, J, Allolio, B., & Rees, L. H. (1983). Raised plasma metenkephalin in patients sho habitually mutilate themselves. *The Lancet, 322*(8349), 545-546.

Coutois, C. A., & Ford, J. D. (2009). *Treating complex traumatic stress disorders.* New York: Guildford.

D'Onofrio, A. A. (2007). *Adolescent self-injury: A comprehensive guide for counselors and healthcare professionals.* New York: Springer Publishing.

Favazza, A. R. (1998). The coming of age of self-mutilation. *The Journal of Nervous and Mental Disease, 186*(5), 259-268.

Favazza, A. R., & Conterio, K. (1988). The plight of chronic self-mutilators. *Community Mental Health Journal, 24*(1), 22-30.

Finkelhor, D. (1990). Early and long-term effects of child sexual abuse: An update. *Professional Psychology: Research and Practice, 21*(5), 325-330.

Fraley, R. C., Waller, N. G., & Brennan, K. A. (2000). An item response theory analysis of self-report measures of adult attachment. *Journal of Personality and Social Psychology, 78*(2), 350-365.

Freedman, J. L. (1984). Effect of television violence on aggressiveness. *Psychological bulletin, 96*(2), 227.

Galley, M. (2003). Student self- harm: silent school crisis. *Education Week, 23*(14), 1, 14-15.

Ghaziuddin, M., Tsai, L., Naylor, M., & Ghaziuddin, N. (1992). Mood disorder in a group of self-cutting adolescents. *Acta Paedopsychiatrica, 55*(2), 103-105.

Gilbert, P. (2009). Introducing compassion-focused therapy. *Advances in Psychiatric Treatment, 15*(3), 199-208.

Glassman, L. H., Weierich, M. R., Hooley, J. H., Deliberto, T. L., & Nock, M. K. (2007). Child maltreatment, non-suicidal self-injury, and the mediating role of self-criticism. *Behavior Research and Therapy, 45*(10), 2483-2490.

Glenn, C. R., Franklin, J. C., & Nock, M. K. (2015). Evidence-Based Psychosocial Treatments for Self-Injurious Thoughts and Behaviors in Youth. *Journal of Clinical Child and Adolescent Psychology, 44*(1), 1-29.

Gratz, K. L. (2006). Risk Factors for Deliberate Self-Harm Among Female College Students: The Role and Interaction of Childhood Maltreatment, Emotional Inexpressivity, and Affect Intensity/Reactivity. *American Journal of Orthopsychiatry, 76*(2), 238-250.

Guerry, J. D., & Prinstein, M. J. (2010). Longitudinal prediction of adolescent non-suicidal self-injury: Examination of a cognitive vulnerability-stress model. *Journal of Clinical Child & Adolescent Psychology, 39*(1), 1-13.

Henwood, P. G., & Solano, C. H. (1994). Loneliness in young children and their parents. *The Journal of Genetic Psychology, 155*(1), 33-45.

Herpertz, S., Sass, H., & Favazza, A. (1997). Impulsivity in self-mutilative behavior: psychometric and biological findings. *Journal of Psychiatric Research, 31*(4), 451-465.

Hodgson, S. (2004). Cutting through silence: A sociological sonstruction of self-injury. *Sociological Inquiry, 74*(2), 162-179.

Howat, S., & Davidson, K. (2002). Parasuicidal behavior and interpersonal problem solving performance in older adults. *British Journal of Clinical Psychology, 41*(4),

375-386.

Jacobson, C. M., & Batejan, K. (2014). Comprehensive theoretical models of nonsuicidal self-injury. *The Oxford Handbook of Suicide and Self-Injury*, 308-320.

Kandel, D. B. (1978). Homophily, selection, and socialization in adolescent friendships. *American Journal of Sociology, 84*(2), 427-436.

Kehrer, C. A., & Linehan, M. M. (1996). Interpersonal and emotional problem solving skills and parasuicide among women with vorderling personality disorder. *Journal of Personality Disorders, 10*(2), 153-163.

Kent, A., & Waller, G. (2000). Childhood emotional abuse and eating psychopathology. *Clinical Psychology Review, 20*(7), 887-903.

Klonsky, E. D. (2007). The functions of deliberate self-injury: A review of the evidence. *Clinical Psychology Review, 27*(2), 226-239.

Klonsky, E. D. (2009). The functions of self-injury in young adults sho cut themselves: Clarifying the evidence for affect-regulation. *Psychiatry Research, 166*(2-3), 260-268.

Klonsky, E. D., & Glenn, C. R. (2009). Assessing the functions of non-suicidal self-injury: Psychometric properties of the Inventory of Statements About Self-Injury (ISAS). *Journal of Psychopathology and Behavioral Assessment, 31*(3), 215-219.

Klonsky, E. D., & Muehlenkamp, J. J. (2007). Self-injury: A research review for the practitioner. *Journal of Clinical Psychology: In Session, 63*(11), 1045-1056.

Klonsky, E. D., Muehlenkamp, J. J., Lewis, S. P., & Walsh, B. (2011). Advances in psychotherapy—Evidence-based practice: Vol. 22. *Nonsuicidal self-injury. Cambridge, MA, US: Hogrefe Publishing.*

Koenig, L. J., & Abrams, R. R. (1999). 15 Adolescent Loneliness and Adjustment: A Focus on Gender Differences. *Loneliness in childhood and adolescence*, 296.

Levesque, C., Lafontaine, M. F., Bureau, J. F., Cloutier, P., & Dandurand, C. (2010). The influence of romantic attachment and intimate partner violence on non-suicidal self-injury in young adults. *Journal of youth and adolescence, 39*(5), 474-483.

Linehan, M. M. (1993). *Skills training manual for treating borderline personality disorder*. Guilford Press.

Lloyd, E. E., Kelley, M. L., & Hope, T. (1997). Self-mutilation in a community sample of adolescents: Descriptive characteristics and provisional prevalence rates. *Annual Meeting of the Society for Behavioral Medicine*. New Orleans, LA.

Mikulincer, M., Shaver, P. R., & Pereg, D. (2003). Attachment theory and affect regulation: The dynamics, development, and cognitive consequences of attachment-related strategies. *Motivation and Emotion, 27*(2), 77-102.

Nock, M. K. (2009). Why do people hurt themselves? New insights into the nature and functions of self-injury. *Current Directions in Psychological Science, 18*(2), 78-83.

Nock, M. K., & Mendes, W. B. (2008). Physiological arousal, distress tolerance, and social problem solving deficits among adolescent self-injurers. *Journal of Consulting and Clinical Psychology, 76*(1), 28-38.

Nock, M. K., & Prinstein, M. J. (2004). A functional approach to the assessment of self-mutilative behavior. *Journal of Consulting and Clinical Psychology, 72*(5), 885-890.

Nock, M. K., & Prinstein, M. J. (2005). Contextual features and behavioral functions of self-mutilation among adolescents. *Journal of Abnormal Psychology, 114*(1), 140-146.

Prinstein, M. J., & Dodge, K. A. (2008). *Understanding peer influence if children and adolescents.* Guilford Press.

Prinstein, M. J., Guerry, J. D., Browne, C. B., & Rancourt, D. (2009). Interpersonal models of nonsuicidal self-injury. In M. K. Nock (Ed.), *Understanding nonsuicidal self-injury: Origins, assessment, and treatment* (pp. 79–98). American Psychological Association.

Richardson, J. S., & Zaleski, W. A. (1986). Endogenous opiates and self-mutilation. *American Journal of Psychiatry, 140*(7), 938-939.

Roe-Sepowitz, D. E. (2007). Characteristics and predictors of self-mutilation: a study of incarcerated women. *Criminal Behaviour and Mental Health: CBMH, 17*(5), 312-321.

Rosen, R M., & Walsh, B. W. (1989). Patterns of contagion in self-mutilation epidemics. *American Journal of Psychiatry, 146*(5), 656-658.

Roth, S., & Newman, E. (1991). The process of coping with sexual trauma. *Journal of Traumatic Stress, 4*(2), 279-297.

Sansone, R. A., Wiederman, M. W., & Sansone, L. A. (1998). The Self-Harm Inventory (SHI): Development of a scale for identifying self-destructive behaviors and borderline personality disorder. *Journal of Clinical Psychology, 54*(7), 973-983.

Sher, L & Stanley, B. (2009). Biological models of nonsuicidal self-injury. *Understanding nonsuicidal self-injury: Origins, assessment, and treatment,* 99-116.

Simeon, D., Stanley, B., Frances, A. J., Mann, J. J., Winchel, R., & Stanley, M. (1992). Self-mutilation in personality disorders: psychological and biological correlates. *The American Journal of Psychiatry, 149*(2), 221-226.

Simpson, C. A., & Porter, G. L. (1981). Self-mutilation in children and adolescents. *Bulletin of the Menninger Clinic, 45*(5), 428-438.

Stein, D. J., Hollander, E., & Liebowitz, M. R. (1993). Neurobiology of impulsivity and the impulse control disorders. *The Journal of Neuropsychiatry and Clinical Neurosciences, 5,* 9-17.

Stepp, S. D., Epler, A. J., Jahng, S., & Trull, T. J. (2008). The effect of dialectical behavior therapy skills use on borderline personality disorder features. *Journal of Personality Disorders, 22*(6), 549-563.

Taiminen, T. J., Kallio-Soukainen, K., Nokso-Koivisto, H., Kaljonen, A., & Helenius, H. (1998). Contagion of deliberate self-harm among adolescent inpatients. *Journal of the American Academy of Child and Adolescent Psychiatry, 37*(2), 211-217.

Tatnell, R., Kelada, L., Hasking, P., & Martin, G. (2014). Longitudinal analysis of adolescent NSSI: The role of intrapersonal and interpersonal factors. *Journal of Abnormal Child Psychology, 42*(6), 885-896.

Tiefenbacher, S., Novak, M. A., Lutz, C. K., & Meyer, J. S. (2005). The physiology and neurochemistry of self-injurious behavior: A nonhuman primate model. *Frontiers in Bioscience, 10*(1), 1-11.

Turner, R. H., & Killian, L. M. (1972). The field of collective behavior. Collective *Behavior and Social Movements (USA: Allyn and Bacon, 199*(3), 5-20.

Van der Kolk, B. A., Perry, J. C., & Herman, J. L. (1991). Childhood origins of self-destructive behavior. *American Journal of Psychiatry, 148*(12), 1665-1671.

Walsh, B. (2006). *Treating self-injury: A practical guide.* New York, NY: Guilford Press.

Welsh, P. (2004). *Students' scars point to emotional pain. USA Today,* 28.

Wester, K. L., & McKibben, B. (2016). Participants' experiences of nonsuicidal self-injury: Supporting existing theory and emerging conceptual pathways. *Journal of Mental Health Counseling, 38*(1), 12-27.

Wester, K. L., & Trepal, H. C. (2016). *Non-suicidal self-injury: Wellness perspectives on behaviors, symptoms, and diagnosis.* Routledge.

Whitlock, J., Powers, J. L., & Eckenrode, J. (2006). The virual cutting edge: The internet and adolescent self-injury. *Developmental Psychology, 42*(3), 407-417.

Willer, J. C., Dehen, H., & Cambier, J. (1981). Stress-induced analgesia in humans: endogenous opioids and naloxone-reversible depression of pain reflexes. *Science, 212*(4495), 689-691.

Zila, L. M., & Kiselica, M. S. (2001). Understanding and counseling self-mutilation in female adolescents and young adults. *Journal of Counseling & Development, 79*(1), 46-52.

제3장
자해연구 동향

비자살적 자해는 죽으려는 의도 없이 자신의 신체를 직접적이고 정교하게 파괴하는 행동이다(Favazza, 1996; Nock, 2010). 커팅, 태우기, 스크래칭, 때리기와 같은 행동이 주로 나타나지만(Biere & Gil, 1998; Lay-Gindhu & Schonert-Reichl, 2005; Whitlock, Eckenrode, & Silverman, 2006; Klonsky & Muehlenkamp, 2007), 다양한 방법으로 자해를 한다(Favazza & Conterio, 1988; Favazza, 1992). 이러한 방법 중에서 가장 치명적이고 심각한 것은 무엇일까? 또한 죽으려는 의도도 없는데 왜 자신의 신체에 상처를 주는가? 자해의 동기는 개인 내적 동기와 사회적 동기가 있다고 하는데(Suyemoto, 1998; Nock & Prinstein, 2004; Klonsky, 2007), 정확히 어떻게 구분할 수 있는가? 안타깝게도 현재 자해연구는 이러한 질문에 정확한 답변을 주지 못한다. 그 이유는 아직 자해에 대한 연구는 체계적으로 이루어지지 않았기 때문이다.

사실 자해 현황과 실태조차 아직 정확하게 파악되지 않고 있다. 정확하게 실태가 파악되지 못한 이유로는 자해의 정의가 아직 명료하지 않고 자살과 유사 개념으로 혹은 동일한 개념으로 다루어져 왔기 때문이다. Menninger(1938)가 『자신에게 대항하는 사람』이라는 책에서 처음으로 사용한 자해는 최근에서야 용어와 정의의 통일이 서서히 이루어지고 있다. 자해를 표현하는 용어는 다양하다. 주로 셀프

인주어리(self-injury)로 사용되는 자해라는 용어는 셀프커팅(self-cutting; Pao, 1969), 셀프함(self-harm; Pattison & Kahan, 1983), 셀프와운딩(self-wounding; Tantam & Whittaker, 1993), 셀프머틸레이션(self-mutilation; Favazza & Rosenthal, 1993)과 같이 다양하게 언급되기도 한다. 이렇게 용어와 정의에 대한 일반적인 합의가 없었기 때문에 자해를 이해하는 것은 어렵고 특징이나 현상을 이해하는 데도 어려움이 많다. 그러나 최근 자해가 자살과는 다른 개념으로 다루어져야 한다는 주장이 제기되면서 자해연구가 활발히 이루어지고 있다. 이 장에서는 국내외 비자살적 자해와 관련된 연구동향을 파악하고 국내외 비자살적 자해 관련 개관 및 메타 연구를 전반적으로 살펴보고자 한다.

1. 국외 연구

비자살적 자해의 국외 연구는 특정한 영역이나 방법에 국한되어 있지 않고 다양한 범위로 연구가 이루어지고 있다. 먼저 비자살적 자해행동의 실태와 특성에 대한 현상학적인 연구 방향이 있다. 이 연구들은 비자살적 자해행동의 실태, 유형 및 특성을 밝히고 집단별로 자해행동의 차이에 대해 연구한다. 다음으로 위험요인, 매개 및 중개 요인과 관련된 변인을 탐색하는 연구들이 있다. 이 연구들은 비자살적 자해의 원인과 동기에서부터 자해의 위험요인과 보호요인에 대해 탐색하고 이들 요인들 간의 관계 및 이 관계를 매개하거나 중재하는 변인을 밝히는 데 초점을 둔다. 또한 비자살적 자해행동의 치료개입과 관련된 연구흐름이 있다. 이들은 비자살적 자해를 진단하고 평가하는 도구, 진단기준 등에 대해 밝히고 치료적 개입이나 프로그램의 효과성에 대해 관심을 갖는다. 마지막으로, 자해와 관련하여 다른 장애나 문제와의 연관성을 탐색한 연구들이 있다. 이처럼 광범위하게 연구가 이루어지는 이유는 비자살적 자해연구가 최근에서야 용어가 통일되고 자살과 분리되었기 때문이다. 여기서는 이런 흐름을 대표하는 주요 개관 연구를 통해서 구체적으로 자해연구가 이루어지고 있는 방향과 내용에 대해서 살펴보고자 한다.

1) 비자살적 자해 특성과 실태에 관한 연구 경향

비자살적 자해와 자살의 용어가 구분되지 않고 사용됨으로써 자해에 대한 정확한 실태나 현황, 특성에 대한 연구는 매우 제한적이다. 이러한 맥락에서 Cipriano, Cella와 Cotrufo(2017)의 연구는 주목할 만하다. 이 연구는 기존에 출판된 자살과 자해연구 논문 중에서 비자살적 자해연구를 선별하여 체계적으로 분석하였다. Cipriano 등(2017)은 1998~2016년까지 PubMed와 PsycARTICLES 데이터베이스의 영어로 발행된 논문 중에서 자해(self-harm), 비자살적 자해(nonsuicidal self-injury), NSSI라는 단어로 논문을 검색한 결과, PubMED 데이터베이스에서는 총 6,355개 논문이, PsycARTICLES에서는 총 5,985개 논문이 검색되었다. 이 중에서 경험적인 데이터가 있고, 자해의 정의와 사정 방법이 기술된 논문을 추렸다. 또한 지나치게 샘플링이 포괄적이고 다른 논문에서 이미 동일한 결과가 나왔다거나 논문의 전체 내용을 볼 수 없는 경우는 제외시켰다. 이런 과정을 거쳐 결과적으로 53개의 연구를 추출하여 분석하였다. 〈표 3-1〉은 추출된 연구의 특성을 간단하게 요약한 것이다. 구체적으로 비자살적 자해연구 결과는 다음과 같다.

(1) 진단기준

최근에 발행되는 비자살적 자해장애 논문들은 DSM-5의 진단기준에 따라서 자해를 개념화하고 측정한다. 자해의 개념과 정의가 명료화되지 않은 상태에서 연구가 제한적으로 이루어졌다는 점에서 DSM-5의 판단준거를 활용하는 것은 연구결과들을 체계화하고 통합할 수 있기 때문에 긍정적이다(Glenn & Klonsky, 2013; Washburn, Potthoff, Juzwin, & Styer, 2015). DSM-5 준거를 활용한 연구를 살펴보면, Glenn과 Klonsky(2013)는 DSM-5 기준에 따라 청소년 중 6.7%가 비자살적 자해를 하는 반면, 병원치료를 받는 청소년의 50%가 비자살적 자해를 한다. 비자살적 자해장애의 준거를 충족시키는 청소년 대부분(99.5%)은 개인 내적 어려움과 대인관계상 어려움 모두를 감소시키기 위해서 비자살적 자해를 시도하는 것으로 보고하였다(Zetterqvist et al., 2013). 비자살적 자해를 시도함으로써 환자들의 82%는 부정적인 감정이나 인지적인 상태를 경감시키고, 57.1%는 대인관계 문제를 해결한다(Andover, 2014; Washburn et al., 2015). 비자살적 자해의 DSM-5 준거 관련해서 살펴보면 입원과 외래를 왔다 갔다 하는 심각한 증상의 환자들 중 85.5%는 A라는 준거를 충족시킨다(Washburn et al., 2015). B라는 준거 또한 일반적인 성인뿐만 아니라 임상치료를 받는 성인과 청소년에게 자주 나타난다(Andover, 2014; In-Albon, Ruf, 4 Schmid, 2013; Gratz, Bardeen, Levy, Dixon-Gorden, & Tull, 2015; Zetterqvist, Lundh, Dahlström, & Svedin, 2013). Washburn 등(2015)에 따르면 준거 C를 충족시키지 않고 준거 B를 충족시키는 경우는 드물다.

(2) 유병률

비자살적 자해의 유병률은 7.5~46.5%까지로 폭이 넓은 편인데, 대학생은 38.9%까지, 성인은 4~23%까지이다(Briere & Gil, 1998; Gratz, Conrad, & Roemer, 2002; Whitlock et al., 2006; Lloyd-Richardson, Perrine, Dierker, & Kelley, 2007; Plener, Libal, Keller, Fegert, & Muehlenkamp, 2009; Andover, 2014). 자해가 폭넓게 번지는 현상이라고 해도 데이터의 변화는 폭이 매우 넓다고 할 수 있다. 이는 비자살적 자해와 판단준거가 연구마다 상이하고 대상이 다양하기 때문이다.

비자살적 자해 나이는 주로 초기 청소년기, 즉 12~14세에 주로 발생한다(Nock, Joiner Jr, Gordon, Lloyd-Richardson, & Prinstein, 2006; Muechlenkamp & Gutierrey, 2007; Cerutti, Manca, Presaghi, & Gratz, 2011). 하지만 비자살적 자해행동은 12세 아동에게서 보고되기도 한다. 즉, 일반적으로 자해는 주로 청소년기에 시작되는 것으로 보인다. 성별 자해 유병률을 살펴보면 일반적으로 여성이 남성보다는 자해를 더 많이 하는 것으로 보인다(Ross & Heath, 2002; Laye-Gindhu & Schonert-Reichl, 2005). Bresin과 Shoenleber(2015)의 메타분석에서는 여성이 남성보다 자해를 더 하는 것으로 나타났다. 그러나 때로 비자살적 자해가 남성과 여성에게서 똑같이 나타난다고 보고되기도 한다(Briere & Gil, 1998; Nock et al., 2006; Lloyd-Richardson et al., 2007).

자해의 가장 흔한 방법은 커팅인데 약 70%가 넘는다. 그 뒤로 머리 때리기, 스크래칭, 때리기와 태우기가 흔하게 나타난다(Briere & Gil, 1998; Gratz, 2006; Whitlock et al., 2006). 그러나 비자살적 자해 청소년은 단일한 방법보다는 두 가지 이상의 방법으로 자해를 한다(Whitlock et al., 2011).

남녀별 자해방법을 살펴보면 커팅이 여성들에게 가장 많이 나타나는 반면,

(Sornberger, Heath, Toste, & McLouth, 2012) 때리기, 태우기, 머리 찢기가 남성에게 흔하다(Laye-Gindhu & Schonert-Reichl, 2005; Claes & Vandereycken, 2007).

한편, 다문화 대학생(20.8%)이 일반 백인(16.8%)보다 더 유병률이 높다(Kuentzel, Arble, Boutros, Chugani, & Barnett, 2012). 중국 청소년의 유병률은 24.9~29.2%까지로 나타났고(Wan, Chen, Sun, & Tao, 2015; Tang et al., 2016), 터키 청소년의 유병률은 21.4%이다(Zoroglu et al., 2003).

(3) 비자살적 자해와 다른 장애

비자살적 자해는 심리적 부적응 문제와 관련이 있다. 특히 경계선 성격장애는 비자살적 자해와 매우 관련이 높다(Briere & Gil, 1998; Nock et al., 2006; Glenn & Klonsky, 2013; Gratz et al., 2015). 실제 자해는 경계선 성격장애를 판단하는 기준에 포함되기도 한다. 하지만 경계선 성격장애라고 해서 비자살적 자해가 항상 나타나는 것은 아니다(In-Albon et al., 2013). 비자살적 자해 집단과 경계선 성격장애 집단 간에는 차이점이 있기 때문에 비자살적 자해는 하나의 증후군으로 정의하는 것이 좋다(Selby, Bender, Gordon, Nock, & Joiner Jr, 2012; Turner et al., 2015).

덧붙여 비자살적 자해는 외상 후 스트레스 장애, 강박장애, 간헐적 폭발성 장애, 불안과 정서 장애, 약물남용장애, 해리장애와 같이 다양한 영역의 장애와 관련이 깊다(Briere & Gil, 1998; Nock et al., 2006; Claes & Vandereycken, 2007; Selby et al., 2012; Glenn & Klonsky, 2013; In-Albon et al., 2013; Gratz et al., 2015; Jenkins, McCloskey, Kulper, Berman, & Coccaro, 2015; Turner et al., 2015). 특히 비자살적 장애와 섭식장애는 매우 밀접하게 관련되어 있다(Claes & Vandereycken, & Vertommen, 2001; Iannaccone et al., 2013; Eichen et al., 2016). 자해는 우울과 불안 증상과 관련이 깊고(Muehlenkamp & Gutierrez, 2007; Selby et al., 2012), 외현화된 장애와 내현화된 장애 모두와 관련이 깊다(Nock et al., 2006; Glenn & Klonsky, 2013). 특히 자해 청소년은 약물남용, 성적인 행동, 부적응적 섭식 행동과 같은 건강을 해치는 행동을 자주 보인다(Hilt, Cha, & Nolen-Hoeksema, 2008; Giletta, Scholte, Engels, Ciairano, & Prinstein, 2012). 따라서 자해위기 상담개입 시 관련성이 높은 다른 장애 중심이 있는지 살펴보아야 한다. 마찬가지로 위 장애나 증상을 가진 내담자의 경우 자해 가능성을 체크해 볼 필요가 있다.

(4) 위험요인 및 보호요인

비자살적 자해의 예측요인은 크게 두 가지로 구분된다. 아동기 학대와 같은 환경적 요인과 정서조절장애와 같은 개인적 요인으로 나뉜다. 먼저 환경적 요인을 살펴보면, 청소년과 대학생 자해를 예측하는 주요한 요인으로 아동기 학대를 들 수 있다(Paivio & McCulloch, 2004; Arens, Gaher, & Simons, 2012; Auerbach et al., 2014; Wan et al., 2015). 특히 아동기 성적 학대는 비자살적 자해를 예측하는 강력한 변인으로 보고된다(Briere & Gil, 1998; Gratz, 2006; Gratz & Chapman, 2007; Yates, Tracy, & Luthar, 2008; Auerbach et al., 2014).

개인적 측면에서 자해의 대표적인 예측요인은 정서조절장애이다. 청소년이 자해를 하는 경우는 기본적으로 스트레스 상황에 처했을 때이다. 어린 시절 역경 경험은 자해에 영향을 미친다. 이때 정서조절 능력은 매우 주요한 보호요인이 된다. 예를 들어, 중국 청소년을 대상으로 한 연구에서 역경경험은 자해에 영향을 미친다. 다만, 역경이 있다 해도 정서조절을 잘하는 청소년의 경우 자해는 잘 나타나지 않는다(Tang et al., 2016). 이렇듯 정서조절이 자해에 미치는 영향은 성별에 따라 다소 차이가 있는 것으로 보인다. 남성은 정서조절장애, 즉 정서를 조절하지 못하는 것이 주로 자해에 영향을 미치는 반면, 여성은 정서적으로 표현을 하지 못하는 것이 자해에 영향을 미친다고 보고된다(Gratz, 2006; Gratz & Chapman, 2007). 이처럼 정서조절과 관련된 성별의 차이는 향후 지속적으로 연구될 필요가 있다. 흥미로운 것은 정서조절과 자해 간 관계에 있어, 감정 인식과 표현의 어려움은 아동기 부정적인 경험과 비자살적 자해 간에 관계를 매개하는 것으로 보고된다는 점이다(Paivio & McCulloch, 2004). 즉, 부정적인 경험이 있다고 해서 아동기에 자해를 한다기보다는 부정적인 경험을 한 사람들 중에 감정 인식과 표현이 어려운 경우 자해를 한다고 볼 수 있다. 이 결과는 스트레스가 있는 청소년 중에 감정을 주로 억압하는 경우 자해를 한다는 서미, 김지혜, 이태영과 김은하(2019)의 연구 결과와도 일맥상통한다. 이처럼 감정 인식과 표현은 청소년 자해에 매우 중요한 영향을 끼친다.

또한 개인적 요인과 환경적 요인은 서로 밀접하게 영향을 미치기도 하지만, 함께 자해에 강력하게 영향을 미치기도 한다. 예를 들어, 양육태도는 자해와 밀접한 관련이 있다. 불안정한 애착과 어머니나 아버지로부터의 정서적인 방치는 여성에게 있어서 비자살적 자해에 매우 강력한 예측요인이다. 반면, 남성에게 있어 주로 아버지로부터의 아동기 분리가 자해에 영향을 미친다(Gratz et al., 2002). 주목할 것은 어머니로부터의 거절은 입원치료 환자들에게 있어서 자해의 유일한 예측요인이기도 하다는 점이다.

(5) 자해의 기능 및 결과

자해의 가장 대표적인 기능은 정서조절이다(Nock & Prinstein, 2004; Laye-Gindhu & Schonert-Reichl, 2005; Muehlenkamp, Brausch, Quigley, & Whitlock, 2013). 즉, 자해를 함으로써 분노, 불안, 우울, 외로움과 같은 부정적인 감정이 표현되고, 자해 이후 긍정적인 감정을 갖고 부정적인 감정이 줄게 된다(Laye-Gindhu & Schonert-Reichl, 2005). 이처럼 비자살적 자해의 심리적 기능으로 감정조절과 긴장완화가 있다. 더불어 사회적 기능도 있다(Lloyd-Richardson et al., 2007; Hilt et al., 2008; Turner et al., 2012; Zetterqvist et al., 2013). 사회적 기능은 자해를 통해 부모, 친구, 교사 등 주변 사람으로부터 지지와 공감을 얻는 기능이다. 자해의 또 다른 기능으로는 자기처벌을 들 수 있다(Briere & Gil, 1998; Lloyd-Richardson et al., 2007; Turner et al., 2012; Kaess et al., 2013). 이러한 기능은 성별 간에도 차이가 있는 것으로 보고되기도 한다. 예를 들어, 남성은 사회적 이유로 비자살적 자해에 더 영향을 미치고(Claes & Vandereycken, 2007), 여자는 부정적인 감정과 자기처벌을 경감시킨다고 보고되기도 하였다(Briere & Gil, 1998; Glenn & Klonsky, 2013). 하지만 성별 간 자해 기능에 뚜렷하게 유의미한 차이가 보고된 적은 없어 향후 연구가 필요할 것으로 보인다(Lloyd-Richardson et al., 2007; Calvete, Orue, Aizpuru, & Brotherton, 2015).

〈표 3-1〉 Cipriano, Cella와 Cotrufo(2017)의 비자살적 자해 연구물 목록

연구명	표본 대상	표본수(%)	나이	유병률(%)
Andover, 2014	지역사회	548(46.5)	35.70	23
Arens et al., 2012	대학교	407(65)	20.33	20
Auerbach et al., 2014	병원	194(74.22)	15.53	80.92
Barrocas et al., 2012	중·고등학교	665(55)	11.6	8

Briere & Gil, 1998	지역사회	927(50)	46	4
	병원	390(52)	36	21
	자해자	93(96)	35	100
Calvete et al., 2015	중·고등학교	1,864(51.45)	15.3	55.6
Cerutti et al., 2011	중·고등학교	234(49.1)	16.47	41.9
Cerutti et al., 2012	대학교	365(62.79)	23.34	38.9
Claes et al., 2007	입원치료 환자	399(66.4)	30.8	41.04
Eichen et al., 2016	대학교	508(100)	20.61	13.8
Giletta et al., 2012	중·고등학교	1,862(49)	15.69	24
Glenn & Klonsky, 2013	입원치료 및 통원치료 환자	198(74)	15.13	50
Goldstein et al., 2009	대학교	319(65)	18.89	29.5
Gratz et al., 2002	대학교	133(67)	22.73	38
Gratz, 2006	대학교	249(100)	23.29	37
Gratz et al., 2015	지역사회	107(80)	23.86	38
Gratz & Chapman, 2007	대학교	97(0)	22.67	44
Hilt et al., 2008a	중·고등학교	508(51)	-	7.5
Hilt et al., 2008b	지역사회	94(100)	10~15	56.4
Iannaccone et al., 2013	입원치료 및 통원치료 환자	65(100)	27.46	50.9
In-Albon et al., 2013	입원치료 환자	73(100)	13~18	56.2
Jacobson et al., 2015	대학교	427(73.3)	20.5	6
Jenkins et al., 2015	임상집단 및 통제집단	1,097(53.6)	35.1	18
Kaess et al., 2013	입원치료 환자	125(50.4)	17.1	60
Kichner et al., 2011	중·고등학교	1,171(55.8)	3.96	11.4
Klonsky, 2011	지역사회	439(61)	55.5	5.9
Kuentzel et al., 2012	대학교	5,680(70.12)	22.2	12.8
Laye-Gindhu & Schonert-Reichi, 2005	지역사회	424(55.6)	15.34	15
Lloyd-Richardson et al., 2007	지역사회	633(57)	15.5	46.5

Muehlenkamp & Gutierrez, 2007	중·고등학교	540(62.3)	15.53	23.2
Muehlenkamp et al., 2013	대학교	1,243(59.8)	21.52	14.72
Nock & Prinstein, 2004	입원치료 환자	108(70.37)	14.8	82.4
Nock et al., 2006	입원치료 환자	89(74.15)	14.7	100
Paivio & McCulloch, 2004	대학교	100(100)	21	41
Plener et al., 2009	중·고등학교	665(57.1)	14.8	26
Ross & Heath, 2002	중·고등학교	440(50.2)	-	14.8
Selby et al., 2012	외래환자	571(53)	성인	11.4
Sornberger et al., 2012	중·고등학교	7,126(50.8)	14.92	24.5
Tang et al., 2016	중·고등학교	4,405(49.67)	14.7	29.2
Turner et al., 2012	비자살적 자해	162(100)	22.47	100
Turner et al., 2015	비자살적 자해	100(90)	31.57	100
Turner et al., 2016	비자살적 자해	60(85)	23.25	100
Wan et al., 2015	중·고등학교	14,211(52.8)	5.1	24.9
Whitlock et al., 2006	대학교	2,875(56.3)	18~24	17
Whitlock et al., 2011	대학교	11,529(57.6)	25세 이하	15.3
Yates et al., 2008	지역사회	155(51.61)	26	16.8
Zetterqvist et al., 2013	지역 청소년	3,060(48.8)	15~17	6.7
Zoroglu et al., 2003	중·고등학교	839(61.1)	15.9	21.4

2) 자해상담 개입방안 메타연구

자해상담 개입에 대한 분석은 실제 효과성에 기반하여 체계적으로 이루어질 필요가 있다. 다수의 연구에 따르면 인지행동치료(Cognitive Behavioral Therapy: CBT), 변증법적 치료, 가족기반치료, 부모교육이 자살 및 자해 청소년을 다루는 데 효과적인 것으로 보인다(Donaldson, Spirito & Esposito-Smythers, 2005; Perepletchikova et al., 2011).

대표적인 구조화 프로그램으로 자살위기 청소년 집단상담 프로그램인 CAST (Coping and Suppert Traing), 자해 청소년 집단교육 및 상담 프로그램인 S.A.F.E.

ALTERNATIVES(Self Abuse Finally Ends), 자해 청소년 종사자 대상 교육 프로그램인 Self-Injury and Recovery Research and Resources와 부모회복 프로그램이 있다. 그러나 이 연구들은 각 프로그램에 대한 효과를 분절적으로 분석했다는 한계가 있다.

최근 근거에 기반한 청소년 자해에 대한 치료적 개입에 대한 종합적인 분석을 시도한 연구가 발표되었다. 즉, Glenn, Franklin과 Nock(2015)은 2013년 6월 이전까지 주요 심리학 저널에서 발표된 청소년과 아동의 자해 사고와 행동에 대한 개입과 관련된 연구 29편을 근거기반(Evidence-Based Practice: EBP) 기준으로 분석하였다. 이들은 인지행동치료 등 치료개입 전략을 효과성 검증방법에 근거하며 다섯 가지 수준으로 분류하였다. 구체적으로 1수준은 '안정된(well-established)' 수준에 해당되는 치료방법들, 2수준은 '효과적으로 생각되는(probably efficacious)' 치료방법들, 3수준은 '효과성이 있을 수 있는(possibly efficacious)' 치료방법들, 4수준은 '실험적인(experimental)' 치료방법들, 5수준은 '효과성이 의심되는(questionable efficacy)' 치료방법들로 분류하였다.

효과성 수준을 분류하는 기준으로는 무선할당표집에 가중치를 두었고, 실험집단과 통제집단 간 결과가 일치하지 않는 연구는 제외하였다. 이들은 먼저 연구방법에서 다섯 가지 기준을 정리하였다. 다섯 가지 연구방법 기준으로는 무선할당 집단설계, 치료 매뉴얼이나 논리적 방법으로 개입, 특정한 문제에 초점화된 대상 표집, 개입하려던 문제를 측정하는 결과 평가, 타당한 데이터 분석과 표본 크기이다. 이 다섯 가지 연구방법에 근거하여 5수준으로 분류하였다. 먼저, 1수준인 안정된 수준은 효과성을 증명하기 위해 적어도 2개의 독립적인 연구 세팅과 2개의 조사 팀에서 개입효과성이 증명되어야 하는 수준이다. 이때 다섯 가지 연구방법 모두 적용되어 있어야 하고, 통계적으로 유의미한 결과가 있거나 실험집단들 간 결과에 차이가 없어야 한다. 수준 2인 효과적인 수준도 다섯 가지 연구방법을 모두 적용하였고, 적어도 2개 이상의 실험집단과 1개의 통제집단이 있어야 한다. 수준 3인 효과성이 있을 수 있는 수준은 적어도 하나의 무선할당 통제집단이 있어야 하고 처치되지 않은 통제집단이 있어야 한다. 이때 다섯 가지 연구방법 모두 적용되거나, 효과성이 증명된 2개 이상의 실험집단이 있으면 된다. 수준 4인 실험적인 수준은 수준 3의 기준을 충족하지는 않지만, 1개 이상의 실험집단이 있어야 한다. 또는 무선통제집단은 아니지만 그 외 수준 3을 충족시키면 된다. 수준 5인 효과성이 의심되는 수준은 좋은 연구설계였으나, 실험집단이나 다른 치료집단보다 효과가 더 낮게 나온 경우 이다.

이 수준에 따라서 앞서 언급한 청소년·아동 자해 관련 논문 29편을 분석하였 다. 그 결과 효과성이 있다고 판단되는 1, 2 수준과 연구는 29편 중 불과 5편에 불 과하였다. 특히 1수준에 해당되는 개입방법은 없었으며, 2수준에 해당되는 연구만 5편이었다. '효과적으로 생각되는' 2수준의 치료개입에 해당되는 다섯 가지 연구로 는, 첫 번째, '개인에 대한 CBT + 가족에 대한 CBT + 부모교육'이 있었으며, 이러 한 개입은 자해행동을 유의하게 감소시키는 효과를 보였다. 두 번째, '가족기반 접 근'은 치료과정과 감정에 초점을 두고 가족 간의 관계, 특히 부모-자녀 간의 관계 를 향상시킴으로써 자해생각을 비교적 빠른 속도로 효과적으로 감소시키는 효과 를 보이는 것으로 나타났다. 세 번째, '가족기반 접근에 기반한 부모교육'은 부모교 육 프로그램을 통해 효과적인 양육태도를 가르치고, 가족의 갈등과 스트레스를 감 소하는 데 초점을 두어 결과적으로 청소년의 자해위험을 감소시키는 데 효과성을 보였다. 네 번째, '개인의 대인관계 기반 치료'는 개인 간의 문제를 적절하게 해소시 킬 수 있는 것을 돕는 데 초점을 두어 결과적으로 자해생각을 감소시킬 뿐만 아니 라 우울이나 불안, 무력감을 유의하게 감소시키는 것으로 나타났다. 다섯 번째, '개 인과 가족에 대한 정신역동적 접근'은 내적인 생각과 감정의 상태가 현재의 행동과 어떻게 연관되어 있는지를 알고, 근본적으로 자해를 감소시킬 수 있는 자기조절 능 력을 향상시키는 데 초점을 두었는데 특히 청소년의 자해를 감소시키는 데 효과적 인 것으로 나타났다.

결과적으로, 청소년과 아동의 자해 생각과 행동에 있어 효과적인 치료적 개입들 은 부모와 자녀관계를 비롯하여 관계적인 측면에서의 기능을 향상시키는 것이 중 요한 것으로 나타났다. 더불어 문제해결 능력, 감정조절, 관계 간 효과적인 기술에 대한 부분이 포함되어 있는 것으로 나타났다. Glenn 등(2015)의 연구를 통해서 알 수 있듯이 향후 청소년의 자해 생각과 행동을 감소시킬 수 있는 좀 더 효과적인 치 료법에 대한 연구가 지속적으로 필요한 것으로 보인다. 이때 Glenn 등(2015)이 제 시한 효과성 연구방법의 다섯 가지 기준을 충족시키는 연구 설계를 통해 근거에 기 반하여 치료 및 상담 개입의 효과성을 체계적으로 분석하고 치료적 요인을 확인할 수 있도록 해야 한다. 단순한 통계적 검증 외에 치료적 요인을 확인할 수 있는 보다 과학적인 검증방법의 적용이 필요하다.

3) 기타 자해 메타연구

Valencia-Agudo, Burcher, Ezpeleta와 Kramer(2018)의 문헌고찰 연구는 비임상 군 청소년을 대상으로 비자살적 자해에 영향을 미치는 요인을 탐색하였다. 이들은 사회 인구통계학적 변인과 관련하여 여성이라는 성별이 강한 예측요인이 되고, 환경적 요인에서는 신체적 성적 학대경험이나 또래로부터의 폭력이 비자살적 자해에 강한 예측요인이라고 밝혔다. 또한 심리적 요인으로 우울 및 충동성, 이전 자해경험을 제시하고 자기비난 경향성이나 부정적인 인지양식도 중요한 비자살적 요인으로 확인되었다. 또한 Talyor 등(2018)이 분석한 메타연구에서 비자살적 자해의 동기에는 크게 개인 내적 동기와 개인 간 동기로 구분될 수 있다고 하였다. 구체적으로 개인 내적 동기는 정서조절과 자기처벌적 동기가 있고, 개인 간 동기에는 고통에 대한 표현, 대인관계에 영향을 미치기 위한 동기, 타인에 대한 처벌적인 수단이 있다. 이 밖에도 성소수자의 비자살적 자해를 분석한 연구에서는 성소수자의 비자살적 자해행동 및 사고가 더 만성적이고 심각하다고 보고된다(Smithee, Sumner, & Bean, 2019; Fox et al., 2018)

2. 국내 연구

자해에 관한 국내 연구는 최근 활발하게 이루어지고 있다. 2019년 11월 한국교육학술정보원에 '자해'와 '심리'라는 키워드를 넣고 검색하였을 때 학위논문 99개와 국내 학술지 논문 91개가 검색되었다. 또한 '자해'와 '상담'라는 키워드에 대해서는 총 학위논문 55개와 국내 학술지 논문 47개가 검색되었다. 그러나 이들 논문들은 자해와 자살을 구분하지 않은 것으로 보인다. 이에 한국교육학술정보원에 '비자살적 자해'라는 키워드로 검색하였을 때 학위논문 30개, 학술지 논문 25개가 검색되었는데 이들 논문의 대부분은 2017년부터 최근 3년간 발행되었다.

1) 비자살적 자해연구 흐름

연구에서 비자살적 자해라는 용어를 사용하기 시작한 것은 매우 최근이다. 한국 교육학술정보원에 '비자살적 자해'라는 키워드를 넣고 검색하였을 때 학위논문 30개, 학술지 논문 27개로 총 57개의 논문이 검색되었다.

먼저, 학위논문을 살펴보면 비자살적 자해연구는 2017년부터 점차 활발해지다가 2019년에 급격히 활발해진 것으로 보인다. 구체적으로 박사학위논문은 총 4개가 발행되었는데 1개(2016년)를 제외하고 모두 2019년에 발행되었다. 또한 총 30개의 논문 중 6개의 논문을 제외하고 2017년 이후로 발행되었으며, 30개 중 15개는 2019년 한 해에 발행되었다. 이처럼 비자살적 자해에 대한 연구는 매우 최근 본격적으로 이루어졌다고 볼 수 있다.

〈표 3-2〉 비자살적 자해에 대한 학위논문 목록(2019년까지)

저자명	연도	제목
예덕해	2012(석사)	청소년 우울증에서 비자살적 자해에 영향을 주는 심리사회적 요인
서윤아	2014(석사)	비자살적 자해에 영향을 미치는 복합외상 및 복합 외상증후군의 탐색
권혁진	2014(석사)	비자살적 자해에 영향을 미치는 정서적 · 인지적 요인의 탐색
김란	2014(석사)	우울장애 청소년의 위험행동 유형과 자살 시도의 관계
안영신	2015(석사)	청소년의 비자살적 자해에 관한 연구
김수진	2016(박사)	비자살적 자해의 시작과 중단에 대한 내러티브 탐구
김화정	2017(석사)	청소년의 비자살적 자해와 수치심경향성, 죄책감경향성의 관계
이주연	2017(석사)	경험회피와 비자살적 자해의 관계: 신체적 불편감 감내력 부족의 조절효과
강남호	2017(석사)	초기 부적응 도식과 비자살적 자해의 관계
백보겸	2017(석사)	비자살적 자해와 폭식에 대한 정서홍수모델의 검증: 부정조급성과 정서홍수 유발요인을 중심으로
강민아	2018(석사)	고등학생의 아동기 학대 경험과 비자살적 자해경험 간의 관계: 초기 부적응 도식을 매개로
고정희	2018(석사)	자기체계 손상이 비자살적 자해에 미치는 영향: 자기비난과 고통감 내력의 조절된 매개효과

조은지	2018(석사)	외로움과 비자살적 자해의 관계: 정서조절능력과 문제해결능력의 조절효과
김초롱	2018(석사)	우울증 환자 집단에서 비자살적 자해가 자살 시도에 미치는 영향: 습득된 자살 잠재력과 자살요구의 조절된 매개효과
인선우	2018(석사)	Reducing non-suicidal self injury cravign by negative emotion regulation strategies
강은희	2019(석사)	청소년이 지각한 부모양육태도와 사회적 유능감이 비자살적 자해에 미치는 영향
서아현	2019(석사)	비자살적 자해에 대한 경계선 성격 성향, 통증감내력, 대인관계에서의 정서적 고통의 효과
신성미	2019(석사)	자해 관련 SNS 게시물에 대한 텍스트 네트워크 분석: 인스타그램 게시물을 중심으로
이영지	2019(석사)	20대 청년들의 비자살적 자해와 습득된 자살실행력, 자살행동, 정서조절곤란의 관계: 매개효과 검증
임경희	2019(석사)	대인관계 욕구의 좌절과 비자살적 자해와의 관계: 이차적 분노와 고통감내력의 조절된 매개효과
임호연	2019(석사)	고등학생의 분노억제와 비자살적 자해행동의 관계: 자기위안에 의해 조절된 자기비난의 매개효과
김지윤	2019(박사)	성인의 비자살적 자해 잠재계층 유형의 위험요인과 심리 및 행동문제와의 관계
선민혁	2019(석사)	정서반응성이 비자살적 자해에 미치는 영향: 부정긴급성의 매개효과
이인숙	2019(석사)	성인애착과 비자살적 자해의 관계: 부적응적 정서조절 전략의 매개효과
이수정	2019(석사)	청소년의 정서적 학대경험이 비자살적 자해에 미치는 영향: 초기부적응도식과 정서조절 곤란의 이중매개 효과
김영애	2019(박사)	여자 고등학생의 자살 시도 및 자해경험에 대한 내러티브 탐구
추은정	2019(박사)	부정정서가 비자살적 자해에 미치는 영향: 자해갈망의 매개효과와 인지적 정서조절전략, 감정표현불능증, 의도적 통제의 조절효과를 중심으로
안의홍	2019(석사)	청소년의 애착, 감정표현불능, 충동성, 비자살적 자해의 구조적 관계
양재원	2019(석사)	성별에 따른 대학생의 감정표현불능성향과 비자살적 자해 간 관계에서 충동성의 매개효과
진솔	2019(석사)	중학생의 자기비난과 내면화된 수치심이 비자살적 자해행동에 미치는 영향에서 고통감내력의 조절효과

한편, 비자살적 자해로 검색된 국내학술지 연구는 총 27편이었다. 이들 중 2013년 1편을 시작으로 2015년 2편, 2016년 3편, 2017년 4편, 2018년 4편 등 2015년부터 점차 발행편수가 증가하다가 2019년에만 총 13편이 발행되었다. 이는 학위논문과 마찬가지로 최근 학계에서 비자살적 자해연구가 활발해지고 있음을 시사한다.

이들 연구 동향을 분석해 보면, 비자살적 자해 실태와 현황에 관한 연구, 비자살적 자해 국내외 연구 개관, 비자살적 자해와 다른 변인 간 관계 연구(위험요인, 보호요인, 예측요인), 자해척도 타당화 연구, 비자살적 자해 및 상담에 대한 현상학적 연구로 구분될 수 있다. 구체적으로 가장 많이 출판되고 있는 영역은 비자살적 자해와 다른 변인 간의 관계를 측정하는 연구들로서 총 9편이 출판되었고, 이 중 5편이 2019년에 발행되었다. 이 연구들은 비자살적 자해의 위험요인, 보호요인, 예측요인 등 비자살적 자해에 영향을 미치거나 영향을 받는 변인과의 관계를 탐색한다. 흥미로운 것은 3년 전까지는 비자살적 자해와 자살시도의 관계를 주로 보았다면 2년 이내 발표된 연구들은 자살시도가 아닌 다른 변인들(수치감, 죄책감, 충동성, 사회적지지)과 비자살적 자해 간 관계를 밝히고 있다는 점이다. 그다음으로 많이 출판된 연구들이 비자살적 자해척도 및 도구개발 연구들로서 총 5편 정도가 출판되었다. 한국판 비자살적 자해척도 개발 및 타당화 연구 등 비자살적 자해를 측정하고 평가하는 도구를 개발하는 연구들이 발표되었다. 그다음으로, 비자살적 자해 개관연구는 총 4편 정도인데, 2019년 한 해 2편이 발행되었다. 그 내용으로는 비자살적 자해 위험요인과 보호요인 개관, 비자살적 자해 국내 개관 연구 등 비자살적 자해에 대한 전반적인 연구 동향을 분석한 연구들이다. 특히 2019년에만 2편의 개관연구가 나왔고 최초로 국내 비자살적 자해연구를 개관한 연구도 출판되었다. 또한 비자살적 자해 실태와 현황 관련 연구는 총 4편으로 청소년, 재소자, 성인 등 특정한 대상에 초점화하여 실태와 현황을 조사하는 연구들이 주로 발표되었다. 또한 비자살적 자해 청소년의 극복과정, 자해의 시작과 중단과정, 상담과정에 관한 질적 연구들이 4편 발표되었다.

지금까지 살펴보았듯이 최근 국내에서 비자살적 자해연구들은 비자살적 자해의 위험요인 및 보호요인, 실태와 현황, 도구개발과 같은 양적 연구에서부터 개관연구와 자해 관련 질적 연구까지 다양하다. 이는 비자살적 자해에 대한 용어가 정리되고 비자살적 자해에 초점화되어 연구가 이루어진 것이 최근이기 때문에 다양한 영역에서 연구가 필요하기 때문이다. 예를 들어, 가장 기초가 될 수 있는 비자살적 자해에 관한 실태와 현황를 파악하기 위한 대규모 집단 대상 자해 실태 및 현황 연구조차 매우 부족한 실정이다. 이러한 측면에서 다양한 영역에서의 연구들이 활발히 이루어지기 시작한 것은 매우 반가운 일이다.

〈표 3-3〉 비자살적 자해의 학술논문 목록(2019년까지)

저자명	연도	제목
구민정 등	2019	한국 성인의 비자살적 자해: 자해방법 및 기능에서의 성차를 중심으로
김지윤 이동훈	2019	성인의 비자살적 자해 잠재계층유형의 위험요인과 정서 행동문제의 관계
백보겸 등	2019	자의식적 부정정서가 비자살적 자해에 미치는 영향
이덕희 등	2019	잠재프로파일분석을 활용한 PTSD 증상과 외상 후 성장 수준의 양상: 폭식, 비자살적 자해, 문제성 음주의 차이
김화정 송현주	2019	청소년의 비자살적 자해와 수치심 경향성, 죄책감경향성의 관계
김수진	2019	청소년의 충동성이 자해에 미치는 영향: 사회적 지지의 조절효과를 중심으로
성요안나 등	2019	비자살적 자해에 대한 국내연구 개관: 2000~2018년 연구들을 중심으로
김소정 등	2019	한국판 자해척도(K-SHI) 타당화 연구
권경인 김지영	2019	청소년 비자살적 자해 위기상담 경험에 관한 현상학 연구: 상담자 경험을 중심으로
서미 등	2019	비자살적 자해와 극복과정 경험에 대한 질적 연구: 상담경험이 있는 청소년을 대상으로
김준홍 정남운	2019	자살시도, 비자살적 자해행동의 설명을 위한 암묵적 연합연구에 대한 고찰
김소정	2019	청소년의 비자살적 자해와 SNS
민정향	2019	비자살적 자해와 폭시에 대한 정서홍수모델의 검증: 부정조급성과 정서홍수 유발요인을 중심으로
김초롱 등	2018	우울증 환자 집단에서 비자살적 자해가 자살시도에 미치는 영향
추은정 이영호	2018	자해척도(ISAS)의 한국판 타당화 연구

박민경 송현주	2018	한국 청소년 대상 성찰기능 일차선별 질문지 타당화
김초롱 등	2018	비자살적 자해와 자살 간의 관계에서 습득된 자살 잠재력의 역할: 자살에 대한 대인관계적 심리이론에 기반
김수진 김봉환	2017	존재의 여정에서 경험한 비자살적 자해에 대한 내러티브 탐구
김수진	2017	비자살적 자해의 위험요인과 보호요인 개관
권혁진 권석만	2017	한국판 자해기능평가지
안영신 송현주	2017	청소년의 비자살적 자해행동에 관한 연구
이은진 김정연	2016	유치인과 재소자의 자살과 비자살적 자해에 대한 이해
임선영 이영호	2016	한국판 다차원적 충동성 척도의 준거 타당도 연구
이동귀 등	2016	청소년 자해행동: 여중생의 자살적 자해와 비자살적 자해
김수진 김봉환	2015	청소년 내담자의 반복적 자해행동의 의미탐색
김수진	2015	비자살적 자해와 애착연구 개관: 국외 연구를 중심으로
예덕해 등	2012	청소년 우울증에서 비자살적 자해에 영향을 주는 심리사회적 요인

2) 비자살적 자해 개관 연구

비자살적 자해연구가 최근에서야 활발해졌다는 점에서 아직 체계적으로 연구 경향을 분석하는 데 다소 한계가 있다. 그러나 몇몇 연구에서 최근까지 나온 연구 경향을 분석하려는 시도가 있었다.

먼저, 성요안나, 배우빈과 김소정(2019)은 2000~2018년까지 발행된 비자살적 자해를 체계적으로 분석하였다. 이들은 2000~2018년 사이 국내외에서 발표된 학술지 논문을 대상으로 국가과학기술정보센터(NDSL)과 학술연구정보서비스(RISS), DBPia 학술검색엔진을 활용하여 분석할 논문을 선정하였다. 검색방법은 제목이나 초록에 '자해'라는 단어가 포함되었으나 '전자해'라는 단어는 포함하지 않은 논문을 검색하였다. 또한 영문으로 발표된 한국의 학술지 문헌 자료 수집을 위해 Pubmed

와 Scopus의 검색엔진에서 한국논문을 대상으로 제목이나 초록에 'self-injury' 'parasuicide' 'self-harm' 'self-mutilation'이 삽입된 논문을 선정하였다. 이러한 방식으로 국내 데이터베이스에서 선정된 논문은 총 162편이었고, 해외 데이터베이스에서 검색된 문헌은 총 65편이었다. 이 논문 중에서 '자살의도가 없는 자해행동'으로 정의된 논문을 다시 선정하여 최종 국내 데이터베이스에서 16편의 논문을 선정하고 해외 데이터베이스에서 5편의 논문을 선정하였다. 선정된 논문은 〈표 3-4〉와 같다. 선정된 논문들은 심리학 분야 7편과 정신의학 분야 6편으로 가장 많았고, 그다음으로 청소년 및 학교 관련 분야 4편, 간호학 분야는 3편, 이외 심리치료, 한국위기관리논집, 정서행동장애 분야가 각각 1편이었다. 연도별로 살펴보면 2009년 3개, 2012년 1개, 2014년 2개, 2015년 3개, 2016년 4개, 2017년 7개, 2018년 3개가 출간되었으며, 2009년부터 비자살적 자해연구가 시작된 이후 소수의 연구가 시행되었고, 최근 3년부터 활발해진 것으로 보인다. 그런데 연구 대상자를 살펴보면 비자살적 자해경험이 있는 대상이 명시된 연구는 11편이었고, 그중 비자살적 자해경험이 있는 사람만을 대상을 한 연구는 4편에 불과했다. 즉, 이동귀, 함경애와 배병훈(2016), Jung 등(2018), 추은정과 이영호(2018), 이우경(2017)의 논문이었다. 이는 자살과 구분하여 비자살적 자해에 초점화하여 연구가 이루어진 것이 매우 최근임을 시사한다. 이런 측면에서 자해연구에서 측정도구 연구도 매우 필요하다. 선정된 연구에서 사용된 척도를 살펴보면 대부분의 연구에서는 외국의 척도를 번안해서 사용하였고, 소수(2편)의 연구에서 외국척도를 타당화하여 사용하였고 국내에서 개발된 척도를 사용한 연구는 없었다.

성요안나 등(2019)의 연구가 국내 연구를 체계적으로 분석하였다면, 김수진(2017)은 비자살적 자해의 국내외 연구를 개관하였다는 점에서 살펴볼 필요가 있다. 특히 김수진(2017)은 비자살적 자해의 위험요인과 보호요인을 정리함으로써 향후 비자살적 연구 방향 및 내용에 대한 힌트를 제공하였다. 김수진(2017)의 국내외 선행연구 분석에 따르면 자해의 위험요인과 보호요인을 정리하였다. 그 결과 자해의 위험요인으로는 아동기의 양육환경, 정서조절의 어려움, 부정적인 자기상, 정신의학적 상태, 심리사회적 요인이 있었고, 보호요인으로는 상처에 대한 인식, 삶의 목표, 자기의 회복, 사회적 지지를 들 수 있다. 성요안나 등(2019)과 김수진(2017)의 연구가 비자살적 자해의 국내외 연구를 개관하고 분석하였기에 두 연구 결과를 통해 국내의 비자살적 자해연구 통합 및 향후 연구 방향을 이해하고자 한다.

〈표 3-4〉 비자살적 자해 관련 국내 연구(2000~2018년)

분류	저자	학회지	연도	연구 유형
심리학	Kim, Lee & Chang	Korean Journal of Clinical Psychology	2018	실험연구
	구훈정, 우성범, 이종선	Korean Journal of Clinical Psychology	2015	모형검증
	임선영, 이영호	한국심리학회지: 건강	2017	모형검증
	권혁진, 권석만	한국심리학회지: 임상심리연구와 실제	2017	척도 타당화
	성나경, 강이영	한국심리학회지: 상담 및 심리치료	2016	변인탐색
	이동귀, 함경애, 배병훈	한국심리학회지: 상담 및 심리치료	2016	변인탐색
	이동귀, 함경애, 정신영, 함용미	재활심리연구	2017	치료효과
정신의학	Lee, W. K.	Asian Journal of Psychiatry	2016	변인탐색
	Kang et al.	Comprehensive Psychiatry	2014	변인탐색
	Jung et al.	Journal of Korean Medical Science	2018	행동특성 탐색
	Shin et al.	Journal of Korean Medical Science	2009	종단연구
	탁창훈 등	Mood & Emotion	2017	변인탐색
	예덕해 등	Mood & Emotion	2012	변인탐색
청소년 및 학교	추은정, 이영호	청소년학연구	2018	척도 타당화
	박세란	청소년학연구	2016	변인탐색
	이혜림, 이영호	청소년학연구	2015	변인탐색
	이우경	한국학교보건학회지	2017	치료효과
간호학	공성숙, 이정현, 신미연	정신간호학회지	2009	변인탐색
	Kim & Yu	Journal of Korean Academy of Community Healthy Nursing	2017	변인탐색
	공성숙	Journal of Korean Academy of Nursing	2009	변인탐색
심리치료	구훈정, 조현주, 이종선	인지행동치료	2014	모형검증
기타	이종선	한국위기관리논집	2015	변인탐색
	안영신, 송현주	정서행동장애연구	2017	변인탐색

출처: 성요안나 외(2019).

이 두 연구 결과를 정리하면 다음과 같다.

첫째, 주로 자해행동이 최초로 나타난 시기는 평균 12.43세(표준편차 1.28)로 초등학교 6학년과 중학교 1학년 시기부터 자해행동을 시작한다(이동귀 등, 2016). 유사하게 응급실에 내원한 자해환자를 대상으로 한 연구에 따르면 11세부터 자해행동을 시작한다(Jung et al., 2018). 또한 Kim과 Yu(2017)의 연구에 따르면 청소년의 8.8%가 비자살적 자해를 경험하며, 남자 청소년은 8.0%, 여자 청소년은 9.7%가 자해경험이 있는 것으로 나타났다. 자해시도 후 심리적 상태에 대해서는 '아무 느낌이 없었다' '누군가가 자신의 마음을 알아봐 주기를 바랐다'가 각각 25.7%와 25.1%로 나타나기도 하였다(이동귀 외, 2016). 또한 자해방법으로 자신의 피부를 상처가 날 정도로 물어뜯거나 긁는 방법, 머리카락을 뽑는 방법, 고의로 자신의 머리를 때리거나 박는 방법, 손목을 긋는 것과 같이 날카로운 몸에 상처를 내는 방법, 약물 과다복용 등이 주로 사용된다(추은정, 이영호, 2018; 권혁진, 권석만, 2017; 안영신, 송현주, 2017; 이동귀 등, 2016; 공성숙, 2009; 공성숙, 이정현, 신미연, 2009; Lee, 2016; Kim & Yu, 2017). 이 방법들이 적극적으로 자신의 몸에 상처를 입힌다면, 소극적인 방법으로 자해를 하는 경우도 있다. 즉, 상처를 치료하지 않고 놔두기, 일부러 병을 악화시키기, 자기비하적인 생각으로 스스로를 괴롭히기, 스스로를 해치는 목적으로 굶기 등이 포함된다(추은정, 이영호, 2018; 이동귀 외, 2016; 공성숙, 2009; Kim & Yu, 2017). 이러한 자해방법은 성별에 따라 차이가 있기도 하다. 남자는 주로 자신을 때리거나 벽을 친다면, 여자는 자신의 피부에 상처를 내거나 손목을 긋는다(Lee, 2016).

둘째, 비자살적 자해동기와 관련된 연구 결과에 따르면 자기초점적인 개인 내적 요인과 타인 초점적인 사회적 요인으로 구분된다(추은정, 이영호, 2018; 권혁진, 권석만, 2017; Nock & Prinstein, 2004). 개인 내적 요인으로 스트레스 등 부정적인 정서를 해소하고 정서를 안정시키려는 정서조절이 있으며, 자기처벌적인 요인도 있다(추은정, 이영호, 2018; 권혁진, 권석만, 2017; 안영신, 송현주, 2017; Lee, 2016). 자해 청소년은 자신에 대한 무능감과 신체적 불만족감을 느끼는 경향이 있다(Ross, Health, & Toste, 2009). 또한 낮은 자기효능감(Filege, Lee, Grimm, Klapp, 2009), 높은 수준의 자기비판(Klonsky, 2007; Fliege et al., 2009)과 부정적인 자기평가(Laye-Gindhu & Schoner-Reichl, 2005), 자기를 향한 분노, 자기비하(Klonsky et al., 2013), 자기처벌과 자기혐오(Zila & Kiselica, 2001; Fliege et al., 2009)와 연관이 있다. 이들은 처벌받아

마땅한 자신에게 자해를 통해 스스로 아픔을 주고 처벌한다. 이러한 처벌적인 기능뿐만 아니라 자해는 무능한 자신의 존재를 확인하기 위해 시도되기도 한다. 청소년들은 자해를 통해 치명적인 자살시도와 타인에 대한 공격성을 피함으로써 스스로 통제감을 느끼고(Erin & Miriam, 2009) 자신의 존재를 확인하기도 한다(Sutton, 2007). 이들은 '살아 있음을 느끼기 위해' 혹은 '지루함 때문에' 자해를 하기도 한다(Klonsky & Muenlenkamp, 2007). 자해를 통해서 살아 있다는 감각을 느끼고 자신의 존재를 확인함으로써 무능한 자신에 대해 잊을 수 있다. 또한 사회적 동기로는 하기 싫은 일이나 활동을 회피하거나, 갈등이 야기되는 상황에서 대인관계를 통제하려는 동기가 있다(추은정, 이영호, 2018; 권혁진, 권석만, 2017; 안영신, 송현주, 2017; Jung et al., 2018). 이 밖에도 공허감이나 무감각한 감정을 완화시키거나 자신의 독립성과 강인함을 확인하기 위해 자해를 한다(추은정, 이영호, 2018; 권혁진, 권석만, 2017; 안영신, 송현주, 2017).

셋째, 자해행동과 관련된 위험요인으로 먼저 아동기에 경험한 외상을 들 수 있다(D'Onofrio, 2007). 아동기 외상에는 가정폭력, 부모의 알코올중독 등을 포함한 만성적인 아동학대와 방임, 심각한 질병이나 외과적 수술로 인한 충격적인 신체적·성적 외상, 부모의 이혼이나 분리로 인한 상실경험, 비수인적(invalidating) 양육환경이 포함된다. 자해에 영향을 미치는 비수인적 양육환경에는 신체적·성적 학대 및 정서적 방임 등 양육자와의 불안정한 관계가 있고, 불안정한 애착도 자해에 영향을 미치는 비수인적 양육환경이다(Linehan, 1993b). 불안정한 애착은 정신과에 입원한 환자 샘플에서도 위험요인으로 나타난다(Stepp et al., 2008). 불안정한 애착 아동은 대인관계에 민감하여 쉽게 상처를 받으며 타인의 거절행동에 민감하여 자기감정을 표현하거나 주장을 하지 못한다. 이들은 사회적 기술이 떨어지고 부족하여 자신의 고통을 전달하는 하나의 방법으로 자해를 선택하게 되는 것으로 보인다. 또한 부모의 양육태도(구훈정 외, 2014; 공성숙 외, 2009; Kim & Yu, 2017; Lee, 2016)도 위험요인이었다. 구체적으로 부모의 방임, 과보호 및 통제적 양육과 같은 아동기 정서적 학대 경험은 우울과 불안에 이르는 경로를 통해서 자해에 영향을 미치는 것으로 나타났다(구훈정 외, 2014). 아울러 학대적 양육태도가 자해행동을 예측하는 유의미한 요인이었고(Kim & YU, 2017), 과보호적 양육태도도 비자살적 자해에 영향을 미친다(Lee, 2016). 또한 사회적 위험요인으로는 15세 이전의 성경험, 동성애적 관심, 이전의 자살시도, 어린 나이, 거절, 독거, 부족한 사회적 지원, 가족 갈등, 가족의 자살시도, 가족간의 소통의 부재, 매체를 통한 자살 노출, 학업적응의 실패, 법적 문제, 성적 정체감 혼돈, 학대경험, 집단 괴롭힘 등이 있다(Peterson, Freedenthal, & Coles, 2010; Wichstrom, 2009). 특히 가족요인에서 부모의 비난(Wedig & Nock, 2007), 부모와의 분리 및 사별 등의 생활사건(Jacobson & Gould, 2007) 직면 시 자해가 증가하였다.

넷째, 자해 청소년의 심리적 요인으로 먼저 정서조절의 어려움을 들 수 있다. 정서조절은 자신과 타인의 감정이나 정서를 자각하고 긍정적인 상태로 유지하려는 적응력이다(Salovey & Mayer, 1989). 개인이 정서조절 전략이 적절하다면 심리적 고통이나 스트레스를 해결하고 건강하게 지낼 수 있지만, 정서조절 전략이 부적절하다면 부정적인 감정은 강화될 수 있다. 자해는 불안, 우울, 분노 등의 부정적인 감정과 관련이 깊다(이동귀 외, 2016).

구훈정, 조현주, 이종선(2014)은 대학생 집단을 대상으로 아동기 정서적 학대경험과 정서강도가 자해에 미치는 심리적 기제를 살펴보았다. 그 결과, 우울과 불안이 자해에 영향을 미치는 과정에서 부적응적 인지정서조절을 매개로 할 경우에만 우울, 불안해지고 자해를 하게 되는 간접경로를 확인하였다. 더불어 부모의 방임, 과보호 및 통제적 양육과 같은 아동기의 정서적 학대경험이 부적응적 인지정서 조절에도 직접적인 영향을 미쳐 결국 우울과 불안을 통해 결과적으로 자해에 이르게 한다. 이처럼 우울과 불안이 비자살적 자해를 예측하는 강력한 정서적 예측요인으로 나타났다(Kim & Yu, 2017; 탁창훈 외, 2017; 이동귀 외, 2016; 구훈정 외, 2015; 예덕해 외, 2012; Lee, 2016; Kang et al., 2014).

분노 또한 자해를 유의하게 증시키는 것으로 나타났다(안영신, 송현주, 2017). 권혁진(2014)에 따르면 분노, 불안과 같은 신체적 각성을 동반하는 부정정서가 자해 빈도에 유의미한 영향을 미치며, 특히 분노를 자주 경험하고 분노 수준이 높을수록 자해를 자주 하는 것으로 나타났다. 반면에, 불안을 자주 경험하거나 불안 수준이 높은 경우는 자해를 자주 하지만 경도 수준의 자해로 불안을 감소시키려 하며 중등 수준의 자해로 심각한 결과를 초래하지는 않는다. 남자보다는 여자에게 분노가 자해에 더 영향을 미치는 것으로 나타났다(구훈정 외, 2015).

특히 부정적인 정서가 강한 상태에서 성급하게 행동하는 부정 긴급성은 자해행동을 직접적으로 예측하며, 우울과 불안은 정서조절 곤란을 매개로 자해에 영향을 미치는 것으로 밝혀졌다(임선영, 이영호, 2017). 즉, 부정 긴급성이 낮은 경우 우울이나 분노 수준에 따른 자해행동에는 차이가 나지 않지만, 부정 긴급성이 높은 경우 우울이나 분노 수준이 높아질수록 자해행동이 크게 증가한다. 우울과 불안은 자해행동을 직접적으로 예측하기보다는 정서조절 곤란의 매개를 통해 영향을 미친다. 이처럼 정서적 요인은 인지적 요인과 더불어 자해에 영향을 미치기도 한다. 예를 들어, 우울 및 불안과 같은 정서적 요인은 아동기 부정적인 양육경험과 정서 강도로부터 형성된 부정적 인지양식에 영향을 받는다(구훈정 외, 2014). 또한 자해를 예측하는 문제행동으로 외현화 문제, 내현화 문제, 신체화, 사고문제, 반항행동 문제, 공격행동이 있다(Shin, Chung et al., 2009).

다섯째, 자해의 보호요인으로는 자해 상처에 대한 인식이 있다. 자해 상처가 영구적인 흉터로 남는다거나 건강에 심각한 영향을 미친다는 것을 인식하게 되면 자해는 멈추어진다(Deliberto & Nock, 2008). 자해자들은 심각한 신체 손상에 대해 인식하면서 자해를 중단하고 변화에 대한 필요성을 느끼게 된다(Buser, Pitchko, & Buser, 2014).

다른 보호요인으로 삶의 목표가 있다. 자해 청소년들은 삶에 대한 목표가 생기고 적극적인 삶을 살아가려는 의지가 생기면 자해를 중단하게 된다. 학업이나 직업에서 목표가 생기고 현재 행동이 자신의 미래에 미칠 영향을 생각하게 되면서 자해는 중단된다(Shaw, 2006). 자해를 중단한 청소년들은 새로운 삶의 목표를 가지고 다른 문제해결 방식을 통해 새로운 방식을 모색하고 감정을 직접적으로 표현하거나 신체적 운동, 창의적 활동, 타인과의 사회적 교류를 하는 것으로 나타났다.

다음으로 자기(self)의 회복을 보호요인으로 들 수 있다. 자해를 중단하는 청소년들은 자기수용을 통해 자신에 대한 연민과 긍정적인 태도를 갖게 된다. Shaw(2006)에 따르면 자기주도성이 자해를 중단하고 자기를 회복하는 중요한 보호요인이다. 자기주도성이란 자해 촉발요인을 이해하고 자신의 고유한 가치에 대해 믿음을 갖게 되며, 심리적 고통에 대한 대처 및 도움을 요청하는 행동 등 자기돌봄 행동을 하는 것을 말한다.

또한 자아존중감도 자해중단의 주요 보호요인이다(Kool, van Meijel, & Bosman, 2009). 자해자들은 자아존중감이 향상되면서 자신의 강점과 재능을 발견하게 되고 긍정적인 자아상을 갖게 된다. 자해자들은 더 이상 자기를 비하하지 않으며, 심리적 고통을 자해로 대처하려는 방식을 벗어나게 된다.

다음으로 사회적 지지를 들 수 있다. 다른 사람의 지지와 연결은 자해를 중단시 킨다(Rotolone & Martin, 2012). Rotolne과 Martin(2012)이 106명의 대학생을 대상으로 자해중단에 대한 사회적·개인적 요인을 탐색하였는데 사회적 지지 및 연결이 자해중단에 도움이 되었다.

또한 다른 사람을 실망시키지 않으려는 마음(Shaw, 2006), 다른 사람으로부터의 원치 않는 주의(Deliberto & Nock, 2008), 교정적인 대인관계의 영향(Buser et al., 2014)이 자해중단의 주요 보호요인이었다.

마지막으로 인지적 회피 전략 중 주의분산 전략은 자해빈도의 증가에 영향을 미치며(안영신, 손현주, 2017), 정서표현불능증이 청소년의 자해행동을 예측하는 것으로 나타났다(안영신, 손현주, 2017). 인지적 요인은 보호요인으로도 작용한다. 먼저 지각된 통제가능성은 자해의 보호요인이다. 민감성이 높으나 지각된 통제가능성이 높은 집단은 자해행동 및 불안, 우울을 상대적으로 낮게 보고하는 것으로 나타났다(이혜림, 이영호, 2015). 또한 여성의 경우 적응적 인지조절이 보호작용으로 작용하는데, 불안과 자해에 미치는 영향을 적응적 인지조절이 조절하는 것으로 나타났다(구훈정 외, 2015). 유사하게 일상적인 스트레스 상황에서 적응적 인지적 정서조절 전략, 즉 수용, 해결중심사고, 균형 있게 바라보기, 긍정적 재초점, 긍정적 재평가는 자해행동에 대한 중요한 보호요인으로 작용하는 것으로 나타났다(성나경, 강이영, 2016).

여섯째, 비자살적 자해와 자살행동에 대한 연구 결과들을 살펴보면, 자해행동과 자살과는 밀접한 관련이 있다. 비자살적 자해행동이 자살사고의 심각성을 나타내며(예덕해 외, 2012), 자해행동을 경험한 정신과 내원 환자의 42%가 이전에 자살시도를 했던 것으로 보고되었다(Kim, Lee, & Chang, 2018). 청소년을 대상으로 한 연구에서 자해경험이 있는 청소년의 57.4%는 자살사고가 있으며(탁상훈 외, 2017), 자해청소년의 32%는 자살의도가 있었다고 보고된다(이동귀 외, 2016). 특히 이동귀 등(2016)은 자해경험 청소년 중 자살의도가 있는 경우와 그렇지 않은 경우를 판별해 주는 예측변수를 확인하였다. 그 변수로는 가정 내 분위기, 자해 전 생각 기간, 경험한 자해행동 수, 자해행동의 '사회적 동기' '개인 내적 동기' 등에 따라 자살시도와 비자살적 자해를 구분할 필요가 있다고 하였다. 즉, 자해 전 이에 관해 생각하는 시간이 길수록, 시도한 자해행동이 다양할수록, 자해행동의 사회적 동기가 높을수록, 자해행동의 개인 내적 동기가 낮을수록 자해행동의 자살위험성을 예측한다(이동귀 외, 2016).

일곱째, 자해는 섭식장애, 우울장애, 불안장애, 물질남용, 외상 후 스트레스 장애, 경계선 성격장애 등과 관련이 깊다(Jacobson & Gould, 2007; Klonsky & Muenlenkamp, 2007). 또한 자해는 자살로 이어질 가능성이 많다는 점에서 조기개입이 매우 중요하다. 즉, 자살을 시도한 40~60%는 자해경험이 있다고 보고된다(Hawton, Zahl, & Weatherall, 2003).

마지막으로, 비자살적 자해개입 프로그램 관련 연구들은 많지 않았다. 선정된 연구에서는 단 2편으로서 이우경(2017)과 이동귀, 함경애, 정신영과 함용미(2017)의 연구였다. 이우경(2017)의 연구는 자해행동 이력이 있는 중학생을 대상으로 마음챙김 기반 정서관리 훈련 프로그램을 구성하여 효과를 검증하였다. 총 12회기로 구성된 프로그램은 주 2회 45분씩 실시하였다. 치료집단 30명과 대기집단 30명을 비교하였으며, 결과는 치료집단이 대기집단에 비해 고통감내 능력이 유의하게 높았고, 자살사고 및 자해 빈도가 감소하였다. 또한 긍정적인 재평가 및 긍정초점, 자기비난 점수가 통제집단에 비해 유의한 것으로 나타났다. 이동귀 등(2017)은 상담전문가 표적집단면접법(Focus Gruop Interview)과 자해 청소년 대상 인터뷰를 통해 프로그램을 구성하였다. 총 8회기로 구성된 프로그램은 자기정서 인식 및 이해 단계, 정서조절 단계, 대인관계기술 습득 단계인 총 3단계로 구성되어 있다. 프로그램 실시 결과 참여자들의 자살생각과 공격성이 감소하고, 정서인식, 표현 및 정서조절 능력이 증진되었다. 이처럼 프로그램 효과성 연구는 아직 부족한 실정이며, 이동귀 등(2017)의 연구처럼 대조군이 부재하였던 등 아직은 근거기반 심리치료의 요소가 적절히 확보되지 않았다는 한계가 있다(성요안나 외, 2019). 이런 측면에서 향후 국내 자해개입 연구들이 Glenn 등(2015)의 연구의 기준을 참고할 필요가 있다.

지금까지 연구 결과를 살펴보았듯이 비자살적 자해 관련 국내 연구는 최근에서야 본격적으로 이루어지고 있어 아직까지 부족하고 제한적이다. 따라서 다양한 차원에서 경험적 연구가 축적될 필요가 있다. 특히 국내 실정에 맞는 측정 도구 및 체계적인 개입 프로그램 개발이 이루어질 필요가 있다.

참고문헌

강남호(2017). 초기 부적응 도식과 비자살적 자해의 관계. 충북대학교 대학원 석사학위논문.

강민아(2018). 고등학생의 아동기 학대 경험과 비자살적 자해경험 간의 관계 :초기 부적응 도식을 매개로. 서강대학교 교육대학원 석사학위논문.

강은희(2019). 청소년이 지각한 부모양육태도와 사회적 유능감이 비자살적 자해에 미치는 영향. 건양대학교 대학원 석사학위논문.

강이영, 성나경(2016). 청소년의 일상적 스트레스와 자해행동: 인지적 정서조절전략의 조절효과. 한국심리학회지: 상담 및 심리치료, 28(3), 855-873.

고정희(2018). 자기체계 손상이 비자살적 자해에 미치는 영향 :자기비난과 고통감내력의 조절된 매개효과. 가톨릭대학교 상담심리대학원 석사학위논문.

공성숙(2009). 섭식장애 환자의 섭식장애 증상, 우울, 강박성이 자해행동에 미치는 영향. *Journal of Korean Academy of Nursing, 39*(4), 459-468.

공성숙, 이정현, 신미연(2009). 섭식장애 환자의 아동기 외상경험이 자해행동에 미치는 영향과 부모 간 갈등의 매개효과 분석. 정신간호학회지, 18(1), 31-40.

구민정, 임수정, 김지윤, & 이동훈(2019). 한국 성인의 비자살적 자해: 자해 방법 및 기능에서의 성차를 중심으로. 상담학연구, 20(5), 41-62.

구훈정, 우성범, 이종선(2015). 외상적 사건과 자해의 관계에서 부적응적 인지조절의 매개효과와 적응적 인지조절의 조절효과: 성차를 중심으로. *Korean Journal of Clinical Psychology, 34*(1), 173-198.

구훈정, 조현주, 이종선(2014). 아동기 정서적 학대경험, 정서강도와 자해의 관계에서 부적응적 인지정서조절과 부정정서의 매개효과. 인지행동치료, 14(2), 191-216.

권경인, 김지영(2019). 청소년 비자살적 자해 위기상담 경험에 관한 현상학 연구: 상담자 경험을 중심으로. 상담학연구, 20(3), 369-393.

권혁진(2014). 비자살적 자해에 영향을 미치는 정서적·인지적 요인의 탐색. 서울대학교 대학원 석사학위논문.

권혁진, 권석만(2017). 한국판 자해기능 평가지(The Functional Assessment of Self-Mutilation) 의 타당화 연구: 대학생을 중심으로. 한국심리학회지: 임상심리 연구와 실제, 3(1), 187-205.

김란(2014). 우울장애 청소년의 위험행동 유형과 자살시도의 관계. 가톨릭대학교 대학원 석사학위논문.

김소정(2019). 청소년의 비자살적 자해와 SNS. 한국심리학회 학술대회 자료집, 151.

김소정, 우성범, 구훈정, 이종선(2019). 한국판 자해 척도(K-SHI) 타당화 연구. 인지행동치료, 19(2), 205-228.

김수진(2017). 비자살적 자해의 위험요인과 보호요인 개관. 청소년학연구, 24(9), 31-53.

김수진, 김봉환(2015). 청소년 내담자의 반복적 자해행동의 의미탐색: '고통으로 고통을 견디기'. 한국심리학회지: 상담 및 심리치료, 27(2), 231-250.

김수진, 김봉환(2017). 존재의 여정에서 경험한 비자살적 자해에 대한 내러티브 탐구. 상담학연구, 18(4), 125-148.

김영애(2019). 여자 고등학생의 자살시도 및 자해경험에 대한 내러티브 탐구. 숭실대학교 대학원 박사학위논문.

김준홍, 정남운(2019). 자살 시도, 비자살적 자해행동의 설명을 위한 암묵적 연합 연구에 대한 고찰. 한국심리학회지: 건강, 24(3), 511-546.

김지윤(2019). 성인의 비자살적 자해 잠재계층유형의 위험요인과 심리 및 행동문제와의 관계. 성균관대학교 일반대학원 박사학위논문.

김초롱(2018). 우울증 환자 집단에서 비자살적자해가 자살시도에 미치는 영향 :습득된 자살잠재력과 자살욕구의 조절된 매개효과. 성균관대학교 일반대학원 석사학위논문.

김초롱, 박연수, 장혜인, 이승환(2017). 비자살적자해와 자살 간의 관계에서 습득된 자살잠재력의 역할: 자살에 대한 대인관계적 심리이론에 기반하여. 대한불안의학회지, 13(2), 60-65.

김초롱, 이승환, 장혜인(2018). 우울증 환자 집단에서 비자살적자해가 자살시도에 미치는 영향. *Korean Journal of Clinical Psychology*, 37(4), 465-478.

김화정(2017). 청소년의 비자살적 자해와 수치심경향성, 죄책감경향성의 관계. 서울여자대학교 특수치료전문대학원 석사학위논문.

김화정, 송현주(2019). 청소년의 비자살적 자해와 수치심경향성, 죄책감경향성의 관계. 한국심리치료학회지, 11, 1-20.

민정향(2017). 비자살적 자해와 폭식에 대한 정서홍수모델의 검증: 부정조급성과 정서홍수유발요인을 중심으로. 서울대학교 대학원 석사학위논문.

박민경, 송현주(2018). 한국 청소년 대상 성찰기능 일차선별 질문지 타당화. 정서·행동장애연구, 34(2), 115-131.

백보겸(2017). 자의식적 부정정서가 비자살적 자해에 미치는 영향: 부정적 반추의 매개효과를 중심으로. 전주대학교 일반대학원 석사학위논문.

백보겸, 김지인, 권호인(2019). 자의식적 부정정서가 비자살적 자해에 미치는 영향: 정서조절전략의 매개효과를 중심으로. 한국콘텐츠학회논문지, 19(3), 385-395.

서미, 김지혜, 이태영, 김은하(2019). 비자살적 자해와 극복과정 경험에 대한 질적 연구: 상담경험이 있는 청소년을 대상으로. 상담학연구, 20(4), 179-207.

서아현(2019). 비자살적 자해에 대한 경계선 성격 성향, 통증감내력, 대인관계에서의 정서적 고통의 효과. 동덕여자대학교 대학원 석사학위논문.

서윤아(2014). 비자살적 자해에 영향을 미치는 복합외상 및 복합외상증후군의 탐색. 충북대학교 대학원 석사학위논문.

선민혁(2019). 정서 반응성이 비자살적 자해에 미치는 영향: 부정 긴급성의 매개 효과. 조선

대학교 일반대학원 석사학위논문.

성요안나, 배유빈, 김소정(2019). 비자살적 자해에 대한 국내연구 개관. 인지행동치료, 19(2), 251-280.

신성미(2019). "자해" 관련 SNS게시물에 대한 텍스트 네트워크 분석: 인스타그램 게시물을 중심으로. 광운대학교 대학원 석사학위논문.

안영신, 송현주(2017). 청소년의 비자살적 자해행동에 관한 연구. 정서행동장애연구, 33(4), 257-281.

안의홍(2019). 청소년의 애착, 감정표현불능, 충동성, 비자살적 자해의 구조적 관계. 대구가톨릭대학교 대학원 석사학위논문.

양재원(2019). 성별에 따른 대학생의 감정표현불능성향과 비자살적 자해 간 관계에서 충동성의 매개효과. 홍익대학교 대학원 석사학위논문.

예덕해, 홍현주, 육기환, 최혜인, 이지은, 전진용, 박일호, 구민성, 송정은(2012). 청소년 우울증에서 비자살적 자해에 영향을 주는 심리사회적 요인. *Mood & Emotion, 10*(2), 85-90.

이동귀, 함경애, 배병훈(2016). 청소년 자해행동 : 여중생의 자살적 자해와 비(非)자살적 자해. 한국심리학회지: 상담 및 심리치료, 28(4), 1171-1192.

이동귀, 함경애, 정신영, 함용미(2017). 자해행동 청소년을 위한 단기개입 프로그램 개발 및 효과. 재활심리연구, 24(3), 409-428.

이수정(2019). 청소년의 정서적 학대 경험이 비자살적 자해에 미치는 영향: 초기부적응도식과 정서조절곤란의 이중매개효과. 서울여자대학교 일반대학원 석사학위논문.

이영지(2019). 20대 청년들의 비(非)자살적 자해와 습득된 자살실행력, 자살행동, 정서조절곤란의 관계: 매개효과 검증. 융문상담심리대학원 대학교 석사학위논문.

이우경(2017). 청소년의 자해행동 예방을 위한 마음챙김 기반 정서 관리 훈련 효과. 한국학교보건학회지, 30(3), 295-305.

이은진, 김정연(2016). 유치인과 재소자의 자살과 비자살적 자해에 대한 이해. 한국경찰연구, 15(1), 273-306.

이인숙(2019). 성인애착과 비자살적 자해의 관계: 부적응적 인지적 정서조절 전략의 매개효과. 아주대학교 대학원 석사학위논문.

이주연(2017). 경험회피와 비자살적 자해의 관계: 신체적 불편감 감내력 부족의 조절효과. 충북대학교 대학원 석사학위논문.

이혜림, 이영호(2015). 청소년의 처벌민감성과 강화민감성이 불안, 우울, 자해행동에 미치는 영향: 스트레스와 통제가능성 귀인의 역할. 청소년학연구, 22(12), 567-593.

인선우(2018). Reducing non-suicidal self injury craving by negative emotion regulation strategies. 중앙대학교 대학원 석사학위논문.

임경희(2019). 대인관계 욕구의 좌절과 비자살적 자해와의 관계: 이차적 분노와 고통감내력의 조절된 매개효과. 서울여자대학교 특수치료전문대학원 석사학위논문.

임선영, 이영호(2017). 부정 긴급성, 부정 정서 및 정서조절곤란이 경계선 성격의 자해 행동에 미치는 영향. 한국심리학회지: 건강, 22(3), 565-585.

임호연(2019). 고등학생의 분노억제와 비자살적 자해행동의 관계: 자기위안에 의해 조절된 자기비난의 매개효과. 서강대학교 대학원 석사학위논문.

조은지(2018). 외로움과 비자살적 자해의 관계: 정서조절능력과 문제해결능력의 조절효과. 부산대학교 대학원 석사학위논문.

진솔(2019). 중학생의 자기비난과 내면화된 수치심이 비자살적 자해행동에 미치는 영향에서 고통감내력의 조절효과. 숙명여자대학교 대학원 석사학위논문.

추은정(2019). 부정정서가 비자살적 자해에 미치는 영향: 자해갈망의 매개효과와 인지적 정서조절전략, 감정표현불능증, 의도적 통제의 조절효과를 중심으로. 가톨릭대학교 대학원 박사학위논문.

추은정, 이영호(2018). 자해 척도(ISAS)의 한국판 타당화 연구. 청소년학연구, 25(11), 95-124.

탁창훈, 윤보현, 김경민, 시영화, 정하란, 송제헌, 박수희, 박진형(2017). 청소년에서 자살사고가 동반된 자해행동에 대한 예측인자. *Mood and Emotion, 15*(3), 149-155.

Andover, M. S. (2014). Non-suicidal self-injury disorder in a community sample of adults. *Psychiatry Research*, *219*(2), 305-310.

Arens, A. M., Gaher, R. M., & Simons, J. S. (2012). Child maltreatment and deliberate self-harm among college students: Testing mediation and moderation models for impulsivity. *American Journal of Orthopsychiatry*, *82*(3), 328.

Auerbach, R. P., Kim, J. C., Chango, J. M., Spiro, W. J., Cha, C., Gold, J., ⋯ Nock, M. K. (2014). Adolescent nonsuicidal self-injury: Examining the role of child abuse, comorbidity, and disinhibition. *Psychiatry Research*, *220*(1-2), 579-584.

Bresin, K., & Schoenleber, M. (2015). Gender differences in the prevalence of nonsuicidal self-injury: A meta-analysis. *Clinical Psychology Review*, *38*, 55-64.

Briere, J., & Gil, E. (1998). Self-mutilation in clinical and general population samples: Prevalence, correlates, and functions. *American Journal of Orthopsychiatry*, *68*(4), 609-620.

Buser, T. J., Pitchko, A., & Buser, J. K. (2014). Naturalistic recovery from nonsuicidal self-injury: A phenomenological inquiry. *Journal of Counseling & Development*, *92*(4), 438-446.

Calvete, E., Orue, I., Aizpuru, L., & Brotherton, H. (2015). Prevalence and functions of non-suicidal self-injury in Spanish adolescents. *Psicothema*, *27*(3), 223-228.

Cerutti, R., Manca, M., Presaghi, F., & Gratz, K. L. (2011). Prevalence and clinical correlates of deliberate self-harm among a community sample of Italian adolescents.

Journal of Adolescence, 34(2), 337–347.

Cipriano, A., Cella, S., & Cotrufo, P. (2017a). Nonsuicidal self-injury: a systematic review. *Frontiers in Psychology, 8*, 1946.

Cipriano, A., Cella, S., & Cotrufo, P. (2017b). Nonsuicidal self-injury: A systematic review. *Frontiers in Psychology, 8*(NOV), 1–14. https://doi.org/10.3389/fpsyg.2017.01946

Claes, L., & Vandereycken, W. (2007). Self-injurious behavior: differential diagnosis and functional differentiation. *Comprehensive Psychiatry, 48*(2), 137–144.

Claes, L., Vandereycken, W., & Vertommen, H. (2001). Self-injurious behaviors in eating-disordered patients. *Eat. Behav, 2*, 263–272. doi: 10.1016/S1471-0153(01)00033-2

D'Onofrio, B. M., Van Hulle, C. A., Waldman, I. D., Rodgers, J. L., Rathouz, P. J., & Lahey, B. B. (2007). Causal inferences regarding prenatal alcohol exposure and childhood externalizing problems. *Archives of General Psychiatry, 64*(11), 1296–1304.

Deliberto, T. L., & Nock, M. K. (2008). An exploratory study of correlates, onset, and offset of non-suicidal self-injury. *Archives of Suicide Research, 12*(3), 219–231.

Donaldson, D., Spirito, A., & Esposito-Smythers, C. (2005). Treatment for adolescents following a suicide attempt: results of a pilot trial. *Journal of the American Academy of Child & Adolescent Psychiatry, 44*(2), 113–120.

Eichen, D. M., Kass, A. E., Fitzsimmons-Craft, E. E., Gibbs, E., Trockel, M., … Taylor, B. (2016). Non-suicidal self-injury and suicidal ideation in relation to eating and general psychopathology among college-age women. *Psychiatr. Res, 235*, 77–82. doi: 10.1016/j.psychres.2015.11.046

Erin, P., & Miriam, L. (2009). Exploring the motivations behind self-injury. *Counseling Psychology Quarterly, 22*(2), 233–241.

Favazza, A. R. (1992). Repetitive self-mutilation. *Psychiatric Annals, 22*(2), 60–63.

Favazza, A. R. (1996). *Bodies under siege: Self-mutilation and body modification in culture and psychiatry.* Baltimore: JHU Press.

Favazza, A. R., & Conterio, K. (1988). The plight of chronic self-mutilators. *Community Mental Health Journal, 24*(1), 22–30.

Favazza, A. R., & Rosenthal, R. J. (1993). Diagnostic issues in self-mutilation. *Psychiatric Services, 44*(2), 134–140.

Fliege, H., Lee, J.-R., Grimm, A., & Klapp, B. F. (2009). Risk factors and correlates of deliberate self-harm behavior: A systematic review. *Journal of Psychosomatic Research, 66*(6), 477–493.

Fox, K. R., Ribeiro, J. D., Kleiman, E. M., Hooley, J. M., Nock, M. K., & Franklin, J. C. (2018). Affect toward the self and self-injury stimuli as potential risk factors for nonsuicidal self-injury. *Psychiatry Research*, *260*, 279-285.

Giletta, M., Scholte, R. H. J., Engels, R. C. M. E., Ciairano, S., & Prinstein, M. J. (2012). Adolescent non-suicidal self-injury: A cross-national study of community samples from Italy, the Netherlands and the United States. *Psychiatry Research*, *197*(1-2), 66-72.

Glenn, C. R., Franklin, J. C., & Nock, M. K. (2015). Evidence-based psychosocial treatments for self-injurious thoughts and behaviors in youth. *Journal of Clinical Child & Adolescent Psychology*, *44*(1), 1-29.

Glenn, C. R., & Klonsky, E. D. (2013). Nonsuicidal self-injury disorder: an empirical investigation in adolescent psychiatric patients. *Journal of Clinical Child & Adolescent Psychology*, *42*(4), 496-507.

Gratz, K. L. (2006). Risk factors for deliberate self-harm among female college students: The role and interaction of childhood maltreatment, emotional inexpressivity, and affect intensity/reactivity. *American Journal of Orthopsychiatry*, *76*(2), 238-250.

Gratz, K. L., Bardeen, J. R., Levy, R., Dixon-Gordon, K. L., & Tull, M. T. (2015). Mechanisms of change in an emotion regulation group therapy for deliberate self-harm among women with borderline personality disorder. *Behaviour Research and Therapy*, *65*, 29-35.

Gratz, K. L., & Chapman, A. L. (2007). The role of emotional responding and childhood maltreatment in the development and maintenance of deliberate self-harm among male undergraduates. *Psychology of Men & Masculinity*, *8*(1), 1.

Gratz, K. L., Conrad, S. D., & Roemer, L. (2002). Risk factors for deliberate self-harm among college students. *American Journal of Orthopsychiatry*, *72*(1), 128-140.

Hawton, K., Zahl, D., & Weatherall, R. (2003). Suicide following deliberate self-harm: long-term follow-up of patients who presented to a general hospital. *The British Journal of Psychiatry*, *182*(6), 537-542.

Hilt, L. M., Cha, C. B., & Nolen-Hoeksema, S. (2008). Nonsuicidal self-injury in young adolescent girls: Moderators of the distress-function relationship. *Journal of Consulting and Clinical Psychology*, *76*(1), 63.

Iannaccone, M., Cella, S., Manzi, S. A., Visconti, L., Manzi, F., & Cotrufo, P. (2013). My body and me: self-injurious behaviors and body modifications in eating disorders—preliminary results. *Eating Disorders*, *21*(2), 130-139.

In-Albon, T., Ruf, C., & Schmid, M. (2013). Proposed diagnostic criteria for the DSM-5 of nonsuicidal self-injury in female adolescents: diagnostic and clinical correlates. *Psychiatry Journal*, *2013*, 12.

Jacobson, C. M., & Gould, M. (2007). The epidemiology and phenomenology of non-suicidal self-injurious behavior among adolescents: A critical review of the literature. *Archives of Suicide Research, 11*(2), 129-147.

Jenkins, A. L., McCloskey, M. S., Kulper, D., Berman, M. E., & Coccaro, E. F. (2015). Self-harm behavior among individuals with intermittent explosive disorder and personality disorders. *Journal of Psychiatric Research, 60*, 125-131.

Jung, K. Y., Kim, T., Hwang, S. Y., Lee, T. R., Yoon, H., Shin, T.G., Sim, M.S., Cha, W.C., & Jeon, H. J. (2018). Deliberate self-harm among young people begins to increase at the very early age: A nationwide study. *Journal of Korean Medical Science, 33*(30), e191.

Kaess, M., Parzer, P., Mattern, M., Plener, P. L., Bifulco, A., Resch, F., & Brunner, R. (2013). Adverse childhood experiences and their impact on frequency, severity, and the individual function of nonsuicidal self-injury in youth. *Psychiatry Research, 206*(2-3), 265-272.

Kang, S. G., Lee, Y. J., Kim, S. J., Lim, W., Lee, H.-J., Park, Y.-M., ⋯ Hong, J. P. (2014). Weekend catch-up sleep is independently associated with suicide attempts and self-injury in Korean adolescents. *Comprehensive Psychiatry, 55*(2), 319-325.

Kim, C. L.,, Lee, S. H., & Chang, H. (2018). Influence of non-suicidal self-injury on suicide attempt among depressed patients. *Korean Journal of Clinical Psychology, 37*(4), 465-478.

Kim, M., & Yu, J. (2017). Factors contributing to non-suicidal self injury in korean adolescents. *Journal of Korean Academy of Community Health Nursing, 28*(3), 271-279.

Klonsky, E. D. (2007). The functions of deliberate self-injury: A review of the evidence. *Clinical Psychology Review, 27*(2), 226-239.

Klonsky, E. D., May, A. M., & Glenn, C. R. (2013). The relationship between nonsuicidal self-injury and attempted suicide: Converging evidence from four samples. *Journal of Abnormal Psychology, 122*(1), 231.

Klonsky, E. D., & Muehlenkamp, J. J. (2007). Self-injury: A research review for the practitioner. *Journal of Clinical Psychology, 63*(11), 1045-1056.

Klonsky, E. D., Oltmanns, T. F., & Turkheimer, E. (2003). Deliberate self-harm in a nonclinical population: Prevalence and psychological correlates. *American Journal of Psychiatry, 160*(8), 1501-1508.

Kool, N., van Meijel, B., & Bosman, M. (2009). Behavioral change in patients with severe self-injurious behavior: A patient's perspective. *Archives of Psychiatric Nursing, 23*(1), 25-31.

Kuentzel, J. G., Arble, E., Boutros, N., Chugani, D., & Barnett, D. (2012). Nonsuicidal self-injury in an ethnically diverse college sample. *American Journal of Orthopsychiatry*, *82*(3), 291-297.

Laye-Gindhu, A., & Schonert-Reichl, K. A. (2005). Nonsuicidal self-harm among community adolescents: Understanding the "whats" and "whys" of self-harm. *Journal of Youth and Adolescence*, *34*(5), 447-457.

Lee, W. K. (2016). Psychological characteristics of self-harming behavior in Korean adolescents. *Asian Journal of Psychiatry*, *23*, 119-124.

Linehan, M. M. (1993a). Dialectical behavior therapy for treatment of borderline personality disorder: implications for the treatment of substance abuse. *NIDA Research Monograph*, *137*, 201.

Linehan, M. M. (1993b). *Skills training manual for treating borderline personality disorder.* New York: Guilford Press.

Lloyd-Richardson, E. E., Perrine, N., Dierker, L., & Kelley, M. L. (2007). Characteristics and functions of non-suicidal self-injury in a community sample of adolescents. *Psychological Medicine*, *37*(8), 1183-1192.

Mayer, J. D., & Salovey, P. (1993). The intelligence of emotional intelligence. *Intellieence*, *17*(4), 433-442.

Menninger, K. A. (1989). Man against himself, 1938. *Deutsch: Selbstzerstörung. Psychoanalyse Des Selbstmordes. Frankfurt Am.*

Muehlenkamp, J., Brausch, A., Quigley, K., & Whitlock, J. (2013). Interpersonal features and functions of nonsuicidal self-injury. *Suicide and Life-Threatening Behavior*, *43*(1), 67-80.

Muehlenkamp, J. J., & Gutierrez, P. M. (2007). Risk for suicide attempts among adolescents who engage in non-suicidal self-injury. *Archives of Suicide Research*, *11*(1), 69-82.

Nock, M. K. (2010). Self-injury. *Annual Review of Clinical Psychology*, *6*, 339-363.

Nock, M. K., Joiner Jr, T. E., Gordon, K. H., Lloyd-Richardson, E., & Prinstein, M. J. (2006). Non-suicidal self-injury among adolescents: Diagnostic correlates and relation to suicide attempts. *Psychiatry Research*, *144*(1), 65-72.

Nock, M. K., & Prinstein, M. J. (2004). A functional approach to the assessment of self-mutilative behavior. *Journal of Consulting and Clinical Psychology*, *72*(5), 885-890.

Paivio, S. C., & McCulloch, C. R. (2004). Alexithymia as a mediator between childhood trauma and self-injurious behaviors. *Child Abuse & Neglect*, *28*(3), 339-354.

Pao, P. (1969). The syndrome of delicate self-cutting. *British Journal of Medical Psychology*, *42*(3), 195-206.

Pattison, E. M., & Kahan, J. (1983). The deliberate self-harm syndrome. *The American*

Journal of Psychiatry.

Perepletchikova, F., Axelrod, S. R., Kaufman, J., Rounsaville, B. J., Douglas-Palumberi, H., & Miller, A. L. (2011). Adapting dialectical behaviour therapy for children: Towards a new research agenda for paediatric suicidal and non-suicidal self-injurious behaviours. *Child and Adolescent Mental Health, 16*(2), 116-121.

Peterson, J., Freedenthal, S., & Coles, A. (2010). Adolescents who self-harm: How to protect them from themselves. *Current Psychiatry, 9*(8), 15.

Plener, P. L., Libal, G., Keller, F., Fegert, J. M., & Muehlenkamp, J. J. (2009). An international comparison of adolescent non-suicidal self-injury (NSSI) and suicide attempts: Germany and the USA. *Psychological Medicine, 39*(9), 1549-1558.

Ross, S., & Heath, N. (2002). A study of the frequency of self-mutilation in a community sample of adolescents. *Journal of Youth and Adolescence, 31*(1), 67-77.

Ross, S., Heath, N. L., & Toste, J. R. (2009). Non-suicidal self-injury and eating pathology in high school students. *American Journal of Orthopsychiatry, 79*(1), 83-92.

Rotolone, C., & Martin, G. (2012). Giving up self-injury: A comparison of everyday social and personal resources in past versus current self-injurers. *Archives of Suicide Research, 16*(2), 147-158.

Salovey, P., & Mayer, J. D. (1989-1990). Emotional intelligence. *Imagination, Cognition and Personality, 9*(3), 185-211. https://doi.org/10.2190/DUGG-P24E-52WK-6CDG

Selby, E. A., Bender, T. W., Gordon, K. H., Nock, M. K., & Joiner Jr, T. E. (2012). Non-suicidal self-injury (NSSI) disorder: a preliminary study. *Personality Disorders: Theory, Research, and Treatment, 3*(2), 167.

Shaw, S. N. (2006). Certainty, revision, and ambivalence: A qualitative investigation into women's journeys to stop self-injuring. *Women & Therapy, 29*(1-2), 153-177.

Shin, Y. M., Chung, Y. K., Lim, K. Y., Lee, Y. M., Oh, E. Y., & Cho, S. M. (2009). Childhood predictors of deliberate self-harm behavior and suicide ideation in Korean adolescents: a prospective population-based follow-up study. *Journal of Korean Medical Science, 24*(2), 215-222.

Smithee, L. C., Sumner, B. W., & Bean, R. A. (2019). Non-suicidal self-injury among sexual minority youth: An etiological and treatment overview. *Children and Youth Services Review, 96*, 212-219.

Sornberger, M. J., Heath, N. L., Toste, J. R., & McLouth, R. (2012). Nonsuicidal self-injury and gender: Patterns of prevalence, methods, and locations among adolescents. *Suicide and Life-Threatening Behavior, 42*(3), 266-278.

Stepp, S. D., Morse, J. Q., Yaggi, K. E., Reynolds, S. K., Reed, L. I., & Pilkonis, P. A. (2008). The role of attachment style and interpersonal problems in sucide-related behaviors. *Suicide and Life-Threatening Behavior, 38*(5), 592-607.

Sutton, J. (2007). *Healing the Hurt Within: Understand self-injury and self-harm, and heal the emotional wounds* (3rd ed.). Hachette UK: How to Books.

Suyemoto, K. L. (1998). The functions of self-mutilation. *Clinical Psychology Review, 18*(5), 531-554.

Tang, J., Li, G., Chen, B., Huang, Z., Zhang, Y., Chang, H., ··· Yu, Y. (2018). Prevalence of and risk factors for non-suicidal self-injury in rural China: results from a nationwide survey in China. *Journal of Affective Disorders, 226*, 188-195.

Tang, J., Yang, W., Ahmed, N. I., Ma, Y., Liu, H. Y., Wang, J. J., ··· Yu, Y. Z. (2016). Stressful life events as a predictor for nonsuicidal self-injury in Southern Chinese adolescence: A cross-sectional study. *Medicine, 95*(9), e2637.

Tantam, D., & Whittaker, J. (1993). *Self-wounding and personality disorder.* In P. Tyrer & Stein (Eds.), Personality disorder reviewed (pp. 191-224). London, UK: American Psychiatric Press.

Taylor, P. J., Jomar, K., Dhingra, K., Forrester, R., Shahmalak, U., & Dickson, J. M. (2018). A meta-analysis of the prevalence of different functions of non-suicidal self-injury. *Journal of Affective Disorders, 227*, 759-769.

Turner, B. J., Chapman, A. L., & Layden, B. K. (2012). Intrapersonal and interpersonal functions of non suicidal self-injury: Associations with emotional and social functioning. *Suicide and Life-Threatening Behavior, 42*(1), 36-55.

Turner, B. J., Dixon-Gordon, K. L., Austin, S. B., Rodriguez, M. A., Rosenthal, M. Z., & Chapman, A. L. (2015). Non-suicidal self-injury with and without borderline personality disorder: differences in self-injury and diagnostic comorbidity. *Psychiatry Research, 230*(1), 28-35.

Valencia-Agudo, F., Burcher, G. C., Ezpeleta, L., & Kramer, T. (2018). Nonsuicidal self-injury in community adolescents: A systematic review of prospective predictors, mediators and moderators. *Journal of Adolescence, 65*, 25-38.

Wan, Y., Chen, J., Sun, Y., & Tao, F. (2015). Impact of childhood abuse on the risk of non-suicidal self-injury in mainland Chinese adolescents. *PLoS One, 10*(6), e0131239.

Washburn, j. j., Styer, D., Gebhardt, M., & Aldridge, D. (n.d.). Eating disorders and non-suicidal self-injury: From primary care to inpatient hospitalization. In *Non-suicidal self-injury in eating disorders: Advancements in etiology and treatment* (pp. 319-340). Berlin: Springer-Verlag.

Washburn, J. J., Potthoff, L. M., Juzwin, K. R., & Styer, D. (2015). Assessing DSM-5 nonsuicidal self-injury disorder in a clinical sample. *Psychological Assessment, 27*(1),

31-41.

Wedig, M. M., & Nock, M. K. (2007). Parental expressed emotion and adolescent self-injury. *Journal of the American Academy of Child & Adolescent Psychiatry, 46*(9), 1171-1178.

Whitlock, J., Eckenrode, J., & Silverman, D. (2006). Self-injurious behaviors in a college population. *Pediatrics, 117*(6), 1939-1948.

Whitlock, J., Muehlenkamp, J., Purington, A., Eckenrode, J., Barreira, P., Baral Abrams, G., … Chin, C. (2011). Nonsuicidal self-injury in a college population: General trends and sex differences. *Journal of American College Health, 59*(8), 691-698.

Wichstrom, L. (2009). Predictors of non-suicidal self-injury versus attempted suicide: Similar or different? *Archives of Suicide Research, 13*, 105-122.

Wichstrøm, T., & Wichstrøm, L. (2009). Does sports participation during adolescence prevent later alcohol, tobacco and cannabis use? *Addiction, 104*(1), 138-149.

Yates, T. M., Tracy, A. J., & Luthar, S. S. (2008). Nonsuicidal self-injury among" privileged" youths: Longitudinal and cross-sectional approaches to developmental process. *Journal of Consulting and Clinical Psychology, 76*(1), 52.

Zetterqvist, M., Lundh, L. G., Dahlström, Ö., & Svedin, C. G. (2013). Prevalence and function of non-suicidal self-injury (NSSI) in a community sample of adolescents, using suggested DSM-5 criteria for a potential NSSI disorder. *Journal of Abnormal Child Psychology, 41*(5), 759-773.

Zila, L. M., & Kiselica, M. S. (2001). Understanding and counseling self-mutilation in female adolescents and young adults. *Journal of Counseling & Development, 79*(1), 46-52.

Zoroglu, S. S., Tuzun, U., Sar, V., Tutkun, H., Savaçs, H. A., Ozturk, M., … Kora, M. E. (2003). Suicide attempt and self-mutilation among Turkish high school students in relation with abuse, neglect and dissociation. *Psychiatry and Clinical Neurosciences, 57*(1), 119-126.

제4장
청소년 자살 및 자해 실태·현황

　자해와 자살은 자신의 몸에 위해를 가하고, 치명적인 경우 죽음에 이르게 할 수 있다는 점에서 구분되지 않고 다루어져 왔다. Gameroff, Michalsen과 Mann(2001)은 자해와 자살을 연속선상의 개념으로 자해의 극단적인 형태가 자살로 이어진다고 보았다. 과거의 자해행동은 이후 자살위험성을 증가시키며(Muehlenkamp & Gutierrez, 2007), 자해 청소년 중 70%가 실제로 자살을 시도한다(Nock, Joiner, Gordon, Lloyd-Richardson, & Prinstein, 2006)는 연구 결과가 이를 뒷받침한다.

　실제 청소년의 '자살'과 '자해' 문제를 다루는 데 있어서도 따로 구분하여 개입하는 것이 아니라 자해와 자살을 연속선상의 개념으로 보고 상담개입이 이루어지는 경우가 많았다. 이로 인해 선행연구에서도 자살행동과 자해행동이 연관성이 있다고 보고하고 구분 없이 연구되었다(이동귀, 함경애, 배병훈, 2016). 하지만 최근 청소년 자살 상담개입과 관련하여 자살과 자해를 구분하여 개입이 이루어져야 한다는 의견이 제기되고 있다(이동귀 외, 2016). 자살이 '생명을 끝내고자 하는 소망 혹은 욕구를 가지고 스스로 상처를 입히는 행위'라면, 자해는 '의도적으로 자신의 신체에 상처를 입히는 행동'으로서 넓은 의미에서 자살시도 목적은 없으나 지속적이고 의도적으로 무모하게 스스로에게 상처를 입히는 행위로 볼 수 있다(Conterio & Lader,

1998; Zila & Kiselica, 2001). '자살'과 '자해'의 치사율, 동기, 행동 및 인지적 특성에 있어서 차이점이 있기 때문에(Favazza, 1996; Favazza & Conterio, 1989) '자살'과 '자해' 청소년을 이해하는 데 있어서 개입방법에서부터 이들의 특성, 동기, 실태 및 현황도 구분해서 연구가 진행되어야 할 것이다. 그럼에도 불구하고 아직까지 국내에서는 자해의 발생 비율과 형태에 대한 경험연구는 거의 이루어지고 있지 않는 편이며(이동훈, 양미진, 김수리, 2010), 극히 제한적으로 이루어지고 있는 실정이다.

자해로 고통받는 청소년을 이해하고 적절히 개입하기 위해서는 자해 청소년에 대한 명확한 실태 조사와 현황 파악이 우선적으로 이루어져야 한다. 따라서 이 장에서는 국내 외 청소년 자살 및 자해 현황을 살펴보고, 자살 및 자해에 영향을 미치는 주요 스트레스, 인구통계학적 특성, 청소년 자해방법, 청소년 자해 심각성, 미디어에서의 청소년 자해의 심각성에 대해서 살펴보고자 한다.

1. 국내 청소년 자살 및 자해 현황

1) 자살 및 자해 실태

청소년을 포함한 자살 문제는 전 세계적으로 심각한 문제이며, 한국은 OECD 회원국 중 자살률 1위 국가로 꼽히고 있다(통계청, 2018). 통계청(2018)에 따르면, 2018년 사망원인 통계에서 2018년 우리나라 자살사망자 수는 1만 3,670명으로 2017년 자살사망자인 1만 2,463명보다 1,207명(9.7%) 증가한 것으로 나타났다. 성별로 보면 남성은 38.5명, 여성은 14.8명으로 남성이 2.6배 높았으며, 2017년보다 남성은 10.4%, 여성은 7.4%로 증가한 수치를 나타냈다. 연령별로 살펴보면 15세 미만의 아동 및 청소년의 자살률이 전년대비 41.9%나 증가하여 기하급수적으로 자살률이 증가했음을 알 수 있다. [그림 4-1]과 〈표 4-1〉에는 5년간 전체 자살률 추이와 자살률 관련 주요 통계지표가 제시되어 있다.

그 밖에 2018년 질병 이외의 외부요인에 의한 사망원인을 살펴보면 자살(26.6명), 운수사고(9.1명), 추락사고(5.2명) 순으로 나타났으며, 전년 대비 자살로 인한 사망률이 9.5%로 증가함에 따라 다른 외부사망 원인보다 가장 높은 증가율을 나타냈다.

[그림 4-2]는 2008년과 2018년간 외부사건으로 인한 사망률 추이를 나타낸 것이다. 우리나라 국민의 자살률이 증가한 것도 문제이지만 특히 10대의 자살률이 22.1%로 크게 증가한 것으로 나타났다(통계청, 2018). OECD 31개국 청소년(10~24세)의 자살률이 2000년에 비해 2010년 감소하는 추세를 보인 반면, 한국의 경우 46.9% 증가한 추세를 보인 것은(한국보건사회연구원, 2013), 한국에서의 청소년 자살이 앞으로도 증가할 여지가 높으며, 심각한 사안임을 알 수 있다.

　2017년 청소년 사망 원인 1위는 고의적 자해(자살)가 인구 10만 명당 7.7명으로 가장 많았으며, 이러한 수치는 운수사고로 사망한 청소년이 인구 10만 명당 3.4명인 것과 비교하였을 때 2.3배 높게 나타난 수치이다(통계청, 여성가족부, 2019). [그림 4-3]과 〈표 4-2〉는 청소년의 대표적인 사망 원인인 고의적 자해(자살), 운수사고, 악성신생물(암)을 연도별로 나타낸 것이다. 9~24세 청소년의 사망 원인으로 고의적 자해(자살)가 가장 많고, 다음은 운수사고, 악성신생물(암) 순으로 나타났다.

[그림 4-1] 5년 전체 자살률 추이

출처: 중앙자살예방센터 홈페이지, '한국자살현황', http://spckorea-stat.or.kr

〈표 4-1〉 자살률 관련 주요 통계지표

전국		2018년(명)	전년 대비(%)	10년 전 대비(%)
자살 사망자 수		13,670	9.7▲	11.3▼
자살률	전체	26.6	9.5▲	-14.1▼
	남성	38.5	10.4▲	3.6▼
	여성	14.8	7.4▲	32.9▼
	15세 미만	0.7	41.9▲	-22.8▼
	15~64세	26.9	11.1▲	-13.5▼
	65세 이상	48.6	1.9▲	-38.3▼
연령 표준화 자살률		22.6	9.2▲	-22.3▼

출처: 중앙자살예방센터 홈페이지, '한국자살현황', http://spckorea-stat.or.kr

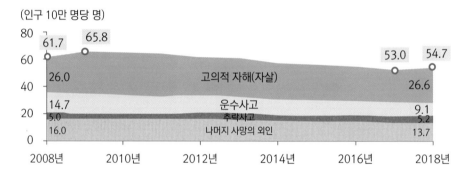

[그림 4-2] 사망의 원인별 사망률 추이(2008~2018)

출처: 통계청(2018).

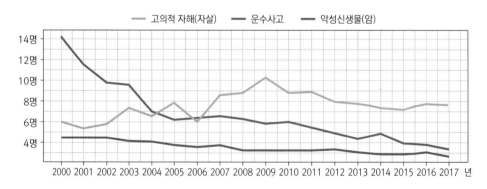

[그림 4-3] 청소년 사망 원인

출처: 통계청, 여성가족부(2019).

〈표 4-2〉 청소년 사망 원인

연도	1위	2위	3위
2000	운수사고 (14.3)	고의적 자해(자살) (6.0)	악성신생물(암) (4.5)
2006	운수사고 (6.4)	고의적 자해(자살) (6.0)	악성신생물(암) (3.6)
2007	고의적 자해(자살) (8.6)	운수사고 (6.6)	악성신생물(암) (3.8)
2010	고의적 자해(자살) (8.8)	운수사고 (6.0)	악성신생물(암) (3.3)
2015	고의적 자해(자살) (7.2)	운수사고 (4.0)	악성신생물(암) (2.9)
2016	고의적 자해(자살) (7.8)	운수사고 (3.8)	악성신생물(암) (3.1)
2017	고의적 자해(자살) (7.7)	운수사고 (3.4)	악성신생물(암) (2.7)

자료: 통계청, 『사망원인통계』, 9~27세 청소년 대상임.
주: (　) 안의 수치는 사망률, 사망률 = (사망자 수/당해연도 연앙인구)*10만 명
출처: 통계청, 여성가족부(2019).

2) 자해 현황

최근 국내에서 자해와 자살을 구분해야 한다는 문제가 제기되면서 자해에 초점화된 연구와 실태가 발표되고 있다. 교육부가 2018년 초에 전국 중·고등학교 학생을 대상으로 한 '학생정서·행동특성검사' 설문조사에 따르면, '자해를 한 적이 있다'라는 질문에 전체 중학생 51만 4,710명 중 4만 505명(7.9%)이 '자해경험이 있다'고 답했다. 고등학생은 45만 2,107명 중 2만 9,026명(6.4%)이 '자해경험이 있다'고 답해 중학생보다는 비율이 낮았다. 자해를 경험한 중학생은 2017년(8.3%)보다 0.4%포인트 줄었고, 고등학생은 같은 기간(5.9%) 대비 0.5%포인트 늘었다(한겨레21, 2018. 11. 10.). 대략 우리나라 중·고등학생 7만여 명이 자해를 하는 것으로 나타났지만 실제로는 자해를 하는 중·고등학생의 수는 더 많을 것으로 보고되고 있다.

전국 청소년상담복지센터에서 취합한 청소년 상담실적 중 자해 관련 상담실적은 2017년 8,352건에서 2018년 27,976건으로 전년대비 3배 이상 급증한 것으로 집계되었다. 이는 자해 문제로 어려움을 호소하는 청소년이 급증함에 따라 청소년 자해 문제가 실제로 심각하다는 것을 알 수 있는 대목이다. 국내의 또 다른 청소년 자해 실태 조사에 따르면 용인시 청소년상담복지센터의 '2013 위기 청소년 포럼'에서 33.2%의 청소년 응답자가 자해경험이 있다고 보고한 것으로 나타났다(강민아, 2018). 자해 청소년들은 자해를 은밀하고 개인적으로 실행하며, 흔적을 감추려는

속성이 있어 치료를 받는 경우가 드물기 때문에(Nock, 2010), 실제로 청소년들의 자해경험 비율은 더 높을 수 있다. 그럼에도 불구하고 우리나라 청소년 자해 실태 및 현황과 관련해서 아직까지 공식적이고 체계적인 현황 파악은 제대로 이루어지고 있지 않은 실정이다. 청소년 자해의 경우 주변 사람이나 가족들에게 알리지 않고 은밀하게 자신의 몸에 상처를 입히는 경우가 많아 정확한 수치를 파악하는 것이 쉽지 않기 때문이다. 또한 국내 통계자료를 살펴보더라도 자살과 자해행동에 대한 구분이 없고(김수진, 김봉환, 2015), 자해에 대한 연구에서도 자살 시도와 자해가 구분되지 않은 경우가 대부분이다(성나경, 강이영, 2016).

아직까지 자살 시도와 자해를 구분하여 진행된 연구가 많지 않음에도 불구하고 최근 5년간 발표된 7개의 국내 논문을 통해 자해 현황을 살펴보고자 한다. 〈표 4-3〉은 국내 연구에서 진행된 청소년 자해 실태 현황을 정리한 표이다. 논문은 자해기능평가지(FASM)을 활용한 논문을 선정하였다. 자해기능평가지는 비자살적 자해의 방법 및 빈도 그리고 자해를 하는 동기를 파악할 수 있도록 하여, 청소년의 자살과 자해를 구분하여 보다 구체적으로 파악하는 데 도움이 될 수 있다. 먼저 진선주(2019)의 연구에서는 자해로 인해 도움을 받고 싶어 하는 청소년 총 66명을 대상으로 하였다. 이 중 남자는 23명(34.8%), 여자는 43명(65.2%)로 여자가 2배 가까이 많았으며, 평균 연령은 17세로 나타났다. 18세와 19세가 각각 22.7%와 24.2%로 전체의 46.9%에 해당하였다. 이수정(2019a)의 연구에서는 자해기능평가지에서 최소 1회 이상 비자살적 자해행동을 하였다고 응답한 132명을 대상으로 연구를 진행하였다. 이 중 남학생이 43명(32.6%), 여학생이 89명(67.4%)이며 중학생은 27명(20.5%), 고등학생은 105명(79.5%)으로 나타났다. 안의홍(2019)의 연구에서는 비자살적 자해를 한 경험이 있는 청소년 125명을 대상으로 하였다. 이 중에서 재학 중인 청소년은 84명(21.2%), 학교 밖 청소년은 9명(2.3%), 소년원에 수감 중인 청소년은 32명(8.1%)으로 나타났다.

김수진(2019)의 연구에서는 한 번 이상의 비자살적 자해경험이 있는 중학교 3학년 114명을 대상으로 연구를 진행하였다. 이 중 여학생이 61명(53.5%), 남학생이 53명(46.5%)로 나타났다. 김경미(2019)의 연구에서는 우울감을 호소하여 대학병원에 내원한 만 12~18세 청소년 중 비자살적 자해경험이 있는 청소년은 47명으로 나타났다. 이 중 여학생은 36명(76.6%), 남학생은 11명(23.4%)으로 나타났다. 이동귀

〈표 4-3〉 국내 자해 청소년 실태 및 현황 연구

연구자	연구명	대상	연령	자해방법	자해동기
진선주 (2019)	자해 청소년의 특성과 관련 변인연구	자해 청소년 N=66 남자(N=23) 여자(N=43)	14~16세(39.4%) 17~19세(60.5%)	• 자해 시작 연령: 15세(19.7%), 14세(16.7%), 13세, 12세(10.6%) • '칼로 피부를 긋거나 피부에 무엇인가를 새겼다'(37.9%), '고의로 자신을 깨물었다'(31.8%), '자신을 깨물었다'(31.8%)	-
이수정 (2019a)	청소년의 정서적 학대경험이 비자살적 자해에 미치는 영향: 초기부적응도식과 정서조절곤란의 이중매개효과	최소 1회 이상 비자살적 자해경험이 있는 중·고등학생 (N=132) 남자(N=43) 여자(N=89)	15~16세(20.5%) 17~18세(79.5%)	• '자신을 깨물었다(예: 입 또는 입술 등)'(63.6%) • '상처가 날 정도로 피부를 긁었다'(47.0%) • '자신의 머리카락을 뽑았다'(42.4%), '고의로 자신을 때렸다'(40.9%) • '몸에 있는 상처를 꼬집었다'(27.3%), '칼로 피부를 긋거나 피부에 무엇인가를 새겼다'(21.2%) • '기타'(7.6%)	• '나쁜 기분들을 멈추기 위해'(25.0%) • '학교, 일 또는 다른 활동을 회피하기 위해' '스스로를 처벌하기 위해' '고통스럽더라도 무언가를 느끼기 위해' 각 16.7% • '마비감 또는 공허감을 완화하기 위해'(15.9%) • '기타'(7.6%)
안의홍 (2019)	청소년의 애착, 감정표현불능, 충동성, 비자살적 자해의 구조적 관계	최소 1회 이상 비자살적 자해경험이 있는 청소년(N=125) 학교 재학(N=84) 학교 밖(N=9) 소년원 수감(N=32)	14~16세(18.7%) 17~19세(81.4%)	• '자신을 깨물기'(60%) • '상처가 날 정도로 피부를 긁기'(45.6%) • '고의로 자신을 때리기'(40%) • '자신의 머리카락을 뽑기' • '칼로 피부를 긋거나 피부에 무엇을 새기기'(32.8%)	• '나쁜 기분을 멈추기 위해'(66.4%) • '편안함을 느끼기 위해'(35.2%) • '고통스럽더라도 무엇인가를 느끼기 위해'(30.4%) • '마비감 또는 공허감을 완화하기 위해'(26.4%) • '스스로를 처벌하기 위해'(21.6%)

저자(연도)	연구주제	대상	연령	자해방법	자해이유
김수진 (2019)	청소년의 충동성이 자해에 미치는 영향: 사회적 지지의 조절효과를 중심으로	최소 1회 이상 비자살적 자해경험이 있는 중학교 3학년 대상(N=114) 남학생(N=53), 여학생(N=61)	—	'자신의 신체(임 또는 입술 등)를 깨물었다'(66.7%), '자신의 머리카락을 뽑았다'(57.9%), '고의로 자신을 때렸다'(45.6%), '상처가 날 정도로 피부를 긁었다'(42.1%), '칼로 피부를 긋거나 피부에 무엇인가를 새겼다'(32.5%)	—
김경미 (2019)	대학병원에 방문한 우울한 청소년에서 비자살적 자해행동의 임상적 특성과 자살시도 예측요인	대학병원에서 우울감을 호소하는 청소년 중 자해경험이 있는 청소년 대상인(N=47) 남학생(N=11), 여학생(N=36)	14~16세(51.6%) 17~19세(48.4%)	'자해행동의 방법으로는 칼로 긋기'(87.5%)와 약물사용(51.5%)	—
이동귀 외 (2016)	청소년 자해행동: 여중생의 자살적 자해와 비자살적 자해	최소 1회 이상 자해를 했다고 응답한 여중생(N=103)	—	'고의로 자신을 때리거나 상처나 병을 방치한다'(62.7%), '날카로운 물건으로 상처를 낸다'(13.7%), '벽이나 책상 등에 머리를 부딪친다'(13.1%), '자살 시도를 한다'(7.7%), 기타(2.8%)	—
안영신, 송현주 (2017)	청소년의 비자살적 자해행동에 관한 연구	비자살적 자해 경험이 있는 중·고등학생(N=155) 남학생(N=69) 여학생(N=86) 비행 청소년(N=38) 일반위 고등학생 청소년(N=117)	14~16세(37.4%) 17~19세(62.6%)	'자신을 깨물었다'(11%), '자신의 머리카락을 뽑았다'(8%), '고의로 자신을 때렸다'(6.5%), '상처가 날 정도로 피부를 긁었다'(5.6%), '몸에 있는 상처를 꼬집었다'(4.4%)	'나쁜 기분을 넘추기 위해서'(17.6%), '편안함을 느끼기 위해서'(10.8%), '스스로를 처벌하기 위해서'(10.8%), '마비감 또는 공허함을 느끼기 위해서'(10.8%), '기타'(50%)

등(2016)의 연구에서는 최소 1회 이상 자해를 했다고 응답한 103명의 여중생을 대상으로 연구를 진행하였다. 안영신과 송현주(2017)의 연구에서는 일반계에 재학 중인 중·고등학생과 비행 청소년교육센터의 중·고등학생을 대상으로 비자살적 자해경험이 있는 155명을 대상으로 연구를 진행하였다. 비행 청소년교육센터의 경우 중학생은 11명(7.1%), 고등학생은 27명(17.4%)이며 인문계 일반학교의 경우 중학생은 47명(30.3%), 고등학생은 70명(45.2%)으로 나타났다. 제한적이지만 국내에서 발표된 자해 관련 논문 7편을 분석한 결과, 대체로 남학생보다는 여학생의 경우 자해 비율이 더 높게 나타났으며, 일반학교에 재학 중인 대상뿐만 아니라 학교밖 청소년, 비행청소년 교육센터, 소년원 등 다양한 상황에 놓여 있는 청소년을 대상으로 연구를 진행한 논문들이 두드러졌다. 향후에 다양한 청소년의 특성을 고려하여 보다 포괄적인 범주에서 자해 현황과 실태에 대한 연구들이 본격적으로 진행될 필요가 있다.

3) 자살 및 자해와 스트레스

청소년건강행태온라인조사(교육부, 보건복지부, 질병관리본부, 2019)에서 중학교 400개교, 고등학교 400개교 총 800개교에서 설문조사에 참여한 57,303명을 대상으로 최근 12개월 동안 자살에 대해 심각하게 생각해 본 적이 있는지 물어본 결과, 생각해 본 적이 있다고 응답한 남학생은 9.4%, 여학생은 17.1%로 나타났다. 학교급에 따라서는 고등학생 남학생의 경우 9.3%, 여학생은 15.3%로 나타났다. 중학생 남학생의 경우 9.4%, 여학생이 19.2%로 나타났다. 최근 12개월 동안 자살하기 위해 구체적인 계획을 세운 적이 있다고 응답한 남학생은 3.1%, 여학생이 5.0%로 나타났다. 자살을 시도해 본 적이 있는 학생은 남학생은 1.9%, 여학생은 4.0%로 나타났다. 한편, 2017년 한국 아동·청소년 인권 실태조사에 따르면 청소년들이 죽고 싶은 이유로는 학업성적이 40.1%로 가장 높은 비율을 차지하였고, 다음으로 가족 간의 갈등이 18.4%, 선후배 혹은 또래와의 갈등이 7.9%, 경제적 어려움이 1.6% 순으로 조사되었다(한국청소년정책연구원, 2017). 최근 12개월 동안 학업성적과 자살생각과의 관련성을 분석하였을 때 학업성적이 높다고 응답한 청소년(11.1%)에 비해 학업성적이 낮다고 응답한 청소년(17.7%)이 자살생각 경험률이 6.6% 높게 나타났다. 가족 경제 상태와 자살생각과의 관련성을 분석한 결과 가족 경제 상태가 높다고 응답한 청소년(11.1%)에 비해 가족 경제 상태가 낮다고 응답한 청소년(27.3%)의 자살생각 경험률이 2.5배 높게 나타났다. 또한 거주형태와 자살생각 경험에 있어서는 가족과 함께 살고 있다고 응답한 청소년(11.9%)에 비해 친척집에서 살고 있다고 응답한 청소년(22.1%), 하숙, 자취, 기숙사 등에서 거주하는 청소년(13.8%), 보육시설(고아원, 사회복지시설, 보육원)에 거주하는 청소년(30.3%)의 자살생각 경험률이 더 높았다(보건복지부/중앙자살예방센터 2019). 이처럼 청소년의 경우 가족 경제 상태와 거주형태의 안정성 여부 등 가족 환경요인이 청소년의 자살사고와 밀접한 관련이 있음을 알 수 있다. 그뿐만 아니라 친구, 선배, 성인에게 폭력 피해 경험으로 인한 병원치료 횟수와 자살생각 경험과의 관련성에서는 폭력으로 인한 병원치료 경험이 없는 청소년의 자살생각 경험률은 11.4%인 반면에, 폭력으로 인한 병원치료 경험이 4번 이상인 청소년은 45.9%로 나타났다. 즉, 자살폭력으로 인한 병원치료 경험 횟수의 증가는 자살생각 경험률의 증가와 관련이 있었다.

교육부에서 제출한 학교 보고기반 심리부검 보고서(2018)에 따르면, 지난해 학생 자살자 144명 중 97명은 주변 문제로 내적갈등을 겪고 있는 것으로 나타났으며, 가족문제(75건), 학업문제(67건), 개인문제(55건), 중독문제(26건), 친구문제(22건) 등이 극단적인 선택을 내리게 된 배경으로 지목되었다. 가족문제가 있었던 학생 절반(48%)은 가정폭력 등 부모 · 자녀 사이 갈등을 겪었으며, 부모 간 갈등(17.3%)과 경제적 어려움(16%)으로 나타났다. 학업문제로는 전공 · 진로부담(28.4%), 성적부진 · 하락 · 경쟁과열(20.9%)이 나타났다(세계일보, 2019. 10. 14.).

2. 국외 청소년 자살 및 자해 현황

국외 청소년 자해 실태 현황을 살펴보면 중 · 고등학생을 대상으로 조사한 결과 지난 1년 동안 자해행동을 해 본 적이 있는 청소년이 15~28%로 보고되었다(Laye-Gindhu & Schonert-Reichl, 2005). 자살의도가 있건 없건 간에 임상집단에서 청소년의 자해는 40~82%에 달하며(Darche, 1990; DiClemente, Ponton, & Hartley, 1991), 일반인구의 약 4%가 비자살적 자해를 경험한다고 보고하였다(Briere & Gil, 1998).

미국의 경우 약 14%가 최소한 한 번 이상 자해경험이 있다고 보고되었고, 영국의 6,020명의 청소년을 대상으로 실시한 연구에서는 이들 중 대략 10% 정도가 자해경험이 있다고 보고하였다(Hawton, Rodham, Evans, & Weatherall, 2002). 또한 대만 고등학교생의 11.3%(Tsai, Chen, Chen, Hsiao, & Chien, 2011), 중국 청소년(12~24세)의 17%(Wan, Hu, Hao, Sun, & Tao, 2011)가 자해행동을 하는 것으로 나타났다. 호주의 경우, 청소년 정신건강 실태조사 결과에 따르면, 1996~1997년, 2005~2006년에 청소년의 자해로 인한 입원율이 10만 명당 138명에서 197명으로 43% 증가하였으며, 특히 15~17세의 여자 청소년의 입원율이 가장 높게 나타났다(Australian Institute of Health and Welfare, 2008). 독일 청소년의 경우 전 생애 동안 25~35%가 적어도 한 번 이상 비자살적 자해를 경험하는데, 이러한 수치는 유럽에서 가장 높은 수치이다 (Brunner, Kaess & Parzer, 2014). 학교 표본에서 독일 청소년의 12.25%가 반복적인 비자살적 자해를 경험하는 것으로 나타났다. 종단연구를 실시하였을 때 비자살적 자해의 유병률은 15, 16세가 가장 높았고, 17세 이후부터는 감소하는 것으로 나타났다(Plener et al., 2018).

3. 청소년 자해 관련 인구통계학적 특성

청소년 자해의 특성, 원인에 대해 논의하기 전에 자해행동과 관련된 인구통계학적인 특성들에 대해서 살펴볼 필요가 있다. 청소년 자해행동을 이해하고 적절한 개입을 위해서는 청소년 자해와 관련한 인구통계학적 특성과 같은 개인의 특성 및 다양한 요인에 대한 이해가 전제되어야 할 것이다. 청소년 자해와 관련한 인구통계학적 특성으로는 연령, 성별, 사회계층/인종에 따라 구분해 볼 수 있다.

1) 연령

많은 선행연구에 따르면 12~16세 사이의 초기, 중기 청소년기 동안에 자해를 시작하는 청소년들이 많다(Muehlenkamp & Gutierrez, 2004; Whitlock, Eckenrode, Silverman., 2006). 특히 자해행동이 처음 시작되는 시점도 비교적 이른 나이인 13세

전후로 발병되는 것으로 알려져 있다(Klonsky & Muehlenkamp, 2007; Muehlenkamp & Gutierrez, 2007). 국내 연구에서는 연구대상이 되었던 대상자들의 최초 자해 시점이 평균 12세로 나타나기도 하였다(이동귀, 함경애, 정신영, 함용미, 2017). 일부는 30대가 시작되는 인생의 후반기에 자해행동을 시작하기도 한다(Wester & McKibben, 2016). 일반적으로 자해행동은 사춘기 초기에 시작하지만, 20대 중반까지 또는 개인이 대학을 졸업한 직후에는 자해행동이 감소하거나 소멸한다고 보았지만 30대, 40대, 50대, 60대들도 자해행동을 한다는 보고가 있다(Adler & Adler, 2007). Klonsky와 Muehlenkamp(2007)는 14~24세, DSM-5에서는 20~29세에 자해로 입원하는 비율이 가장 높다고 보고하였다.

임상집단의 경우 유병률이 성인은 21%, 청소년 및 대학생은 30~40%에 육박하며 (Briere & Gil, 1998; Jacobson & Gould, 2007), 비임상 집단에서도 성인의 4~6%, 중·고등학생 청소년의 15~28%(Laye-Gundhu & Schonert-Reichl, 2005; Lloyd-Richasdson, Perrine, Dierker, & Kelly, 2007), 대학생의 17~28%가 비자살적 자해행동을 하는 것으로 나타났다. 국내의 경우 자해행동의 시작 나이가 15세가 19.7%, 14세가 16.7%로 나타났으며, 12세와 13세는 각각 10.6%인 것으로 나타났다(진선주, 2019). 또 다른 국내 청소년 자해행동에 관한 연구에서는 대상자들의 최초 자해 시점이 평균 12세로 나타났다(이동귀 외, 2016).

2) 성별

초기 자해연구에서는 청소년과 성인을 불문하고 남성보다 주로 여성이 자해행동을 한다는 연구들이 있었다(Darche, 1990; Suyemoto & MacDonald, 1995; Zlotnick, Mattia & Zimmerman, 1999). 더 최근의 연구들은 자해행동에 있어서 성별 간에 차이가 크지 않으며, 또한 성별 간에 유의미한 차이가 없는 것으로 나타났다(Briere & Gil, 1998; Gratz, 2001; Klonsky, Oltmanns, & Turkheimer, 2003; Muelenkamp & Gutierrez, 2004; Stanley, Gameroff, Michalsen, & Mann, 2001). 청소년의 성별 차이를 살펴보았을 때 유의미한 성별 차이는 발견되지 않았으나, 얼마나 자주 자해행동을 하느냐에 대한 빈도를 살펴보았을 때 여자 청소년이 더 자주 자해를 하는 것으로 나타났다(Whitlock et al., 2006). 대학교 신입생 1,325명을 대상으로 자해행동에 대한 성별 차이를 살펴본 연구에서 여학생의 9%가 지난 90일 동안 자해를 했다고 보고한 반면에, 남학생의 3%는 최근에 자해행동을 했다고 보고하였다(Kelly & Heather, 2017). 이처럼 여성의 경우 더 많은 자해행동을 보이는 것을 알 수 있다(Ross & Heath, 2002; Laye-Gindhu & Schonert-Reichl, 2005; Muehlenechamp & Gutierrez, 2007). 국내 연구에서도 평생 한 번 이상 자해를 해 본 적이 있는 청소년 155명 대상으로 한 연구에서 여자가 86명(55.5%), 남자가 69명(44.5%)으로 남자보다는 여자가 더 높은 비율로 나타났다(안영신, 송현주, 2017).

한편, 이동귀 등(2016)은 여중생 500명을 대상으로 자살적 자해와 비자살적 자해 관련 연구를 진행하였는데 자해경험이 있는 대상자 수는 103명으로 나타났으며, 이는 통계적으로 한국 여중생의 1/5가 자해경험을 보고하는 것으로 나타났다. 자해행동은 사회적으로 용인되지 않는 행동을 포함하는데 일부 남성적이고 과격한 행동이 때때로 용인될 수 있기 때문에 자해행동 유형에 포함되지 않을 수 있다. 이러한 성별에 대한 사회문화적인 관점의 차이로 인해 남성보다 여성의 자해행동 빈도가 더 높게 나타낼 수도 있다.

3) 사회계층/인종

대부분의 연구에서 백인집단이 다른 인종집단보다 더 높은 자해행동 비율을 보인다고 보고하고 있다. 청소년에 있어서 백인 청소년 집단보다 아프리카계 백인 청소년 집단의 자해행동의 관련성이 높게 나타났다(Kelly & Heather, 2017). 이는 개인의 상황과 사회 시스템의 체계를 고려하는 것이 중요하며, 가족, 학교 또는 공동체가 청소년 자해에 어떻게 영향을 주는지 고려하는 것이 중요하다는 것을 알 수 있다. 1,069명의 대학생을 대상으로 실시한 연구에서(Wester & Trepal, 2015) 아프리카계/아프리카계 미국인, 그리고 아시안/아시안계 미국인 학생들보다 백인, 다문화, 히스패닉 학생들이 자해행동을 더 많이 하는 경향이 있었다. 그러나 자해방법에 있어서는 인종 간에 차이가 없었다. 앞으로 인종, 성별 및 다른 인구 통계학적 요인들이 어떻게 청소년 자해행동에 영향을 미치는지에 대한 이해가 필요하다.

최근 사회계층 관련 연구에서 성적 소수자(예: 레즈비언, 게이, 양성애자, 동성애자)들이 자해행동을 시도할 위험성이 높은 것으로 나타났다(Kelly & Heather, 2017). 따라서 청소년 자해행동을 다루고 효과적인 치료개입을 하기 위해서 보다 다양한 인구통계학적인 특성에 대한 이해와 연구가 필요할 것이다.

4. 청소년 자해방법

자해를 시도하는 방법은 자신의 신체를 때리는 것부터 시작해서 뾰족한 도구로 자신의 몸을 해하는 것까지 다양한 방법으로 자해를 시도한다. 구체적인 자해방법에는 손목과 팔 등의 피부 긋기, 문지르기, 긁기, 잘라 내기, 부딪치기, 멍들게 하기, 스스로 때리기, 화상 입히기, 피 뽑기(사혈) 등이 있다. 자해를 하는 의도가 죽으려는 의도가 없다고 하더라도 방법의 치명성과 잦은 빈도수는 생명에 영향을 미칠 수 있기 때문에 청소년의 다양한 자해방법에 대한 이해가 필요하다.

자해의 가장 흔한 예는 신체를 날카로운 칼로 베거나 긋는 행동, 화상 입히기, 손톱 할퀴기, 신체부위 때리기, 상처 난 곳 방치하기, 머리카락 뽑기, 독극물이나 이물질 마시기 등이 있다(Skegg, 2005; Zila & Kiselica, 2001). 특히 자해 청소년의 경우 80%가 날카로운 것으로 피부를 베거나 찌르는 행동을 보였다(Conterio & Lader, 1998; Ross & Health, 2002). 자해의 가장 일반적인 방법은 '베기'(70% 이상)였으며, 그다음으로는 머리를 벽에 부딪치거나 몸을 긁고 때리고 몸에 불을 태우는 행위였다(Brier & Gil, 1998; Laye-Gindhu & Schonert-Reichl, 2005; Gratz, 2006; Whitlock et al., 2006).

대부분 두 가지 방법을 이용해서 팔, 다리, 손목 및 배에 자해행동을 하는 경우가 많았다(Whitlock et al., 2006; Lloyd-Richardson et al., 2007; Sornberger, Heath, Toste, McLouth, 2012). 남성과 여성의 자해행동에 있어서도 차이점을 보였는데, 자해방법에 있어서 '베기'는 여성에게서 가장 흔하며, 여성은 일반적으로 피를 수반하는 자해방법을 선택할 가능성이 높다(Sornberger et al., 2012). 또한 자해행동의 하나의 형태로 피부를 벗기는 행동이 잦을 수 있다(Whitlock et al., 2006). 반면에, 때리기, 몸에 불태우기는 남성들 사이에서 가장 흔하다(Laye-Gindhu & Schonert-Reichl, 2005; Claes, Vandereycken & Vertommen, 2007). 남성의 경우 자해행동의 형태로서 주먹으로 물건을 쳐서 스스로 상처를 입히는 경우가 많다. 신체 부위에 있어서도 젊은 성인 남성의 경우 여성보다 손을 더 많이 다치는 경우가 많았고, 젊은 성인 여성의 경우 손목과 허벅지에 상처를 내는 경우가 많았다(Whitlock et al. 2006).

자해행동 경험이 있는 국내 여중생 103명을 대상으로 자해행동 형태의 빈도를 다중응답 분석 방식을 통해 살펴본 결과 '나 자신을 때린다'가 17.1%로 가장 많이 하는 것으로 나타났으며, 그다음으로 '몸에 난 상처를 치료하지 않고 내버려 둔다'(15.4%), '날카로운 물건으로 내 몸에 상처를 낸다'(13.7%), '벽이나 책상 등에 머리를 부딪친다'(13.1%) 순이었다. 즉, 자살시도나 약물 과다복용과 같은 형태의 짧게 해도 치명적일 수 있는 심각한 자해행동보다는 일상적으로 주변에서 많이 할 수 있는 형태의 자해행동을 많이 하고 있음을 알 수 있다. 다음으로 자해시도 후 심리적 상태는 '아무 느낌이 없었다'가 25.7%로 가장 많았으며, '누군가가 자신의 마음을 알아주기를 바랐다'(25.1%), '들키고 싶지 않았다'(22.2%) 등을 주로 보고하였다(이동귀 외, 2016). 또 다른 국내 연구에서 남녀 중·고등학생 680명을 대상으로 설문조사를 실시한 결과 680명 중 22.8%가 자해경험이 있다고 보고하였다.

특히 구체적인 자해행동 유형으로는 '자신을 깨물었다'가 48.4%로 가장 높았고, '자신의 머리카락을 뽑았다'(35.5%), '고의로 자신을 때렸다'(28.4%), '상처가 날 정도로 피부를 긁었다'(24.5%) 순으로 나타났다(안영신, 송현주, 2017). 김경미(2019)의 연구에서는 자해경험이 한 번이라도 있는 133명의 청소년 중 '칼로 긋기'(87.5%)와 '약물 사용'(51.5%)이 가장 높게 나타났다. 자해행동의 경우 그 사실을 주변 사람이 알게 되었을 경우 주변인의 비난이나 비판이 두려워 은밀하게 자신의 몸에 상처를 입히는 경우가 많기 때문에 실제 보고된 자해방법보다 훨씬 더 다양하고 위험한 방법을 택하여 자해를 시도하는 경우가 많을 것으로 볼 수 있다.

자해동기에 있어서, 이수정(2019a)의 연구에서 중·고등학생 132명을 대상으로 자해동기에 대해 물었을 때, '나쁜 기분들을 멈추기 위해'가 25.0%이었고, '학교, 일 또는 다른 활동들을 회피하기 위해' '스스로를 처벌하기 위해' '고통스럽더라도 무언가를 느끼기 위해'가 각각 16.7%, '마비감 또는 공허감을 완화하기 위해'(15.9%), '기타'(7.6%)로 나타났다. 또 다른 연구에서도 마찬가지로 '나쁜 기분을 멈추기 위해'(66.4%)가 가장 높게 나타났으며, 다음으로 '편안함을 느끼기 위해'(35.2%), '고통스럽더라도 무엇인가를 느끼기 위해'(30.4%), '마비감 또는 공허감을 완화하기 위해'(26.4%), '스스로를 처벌하기 위해'(21.6%)로 나타났다(안의홍, 2019). 청소년의 비자살적 자해행동을 연구한 안영신과 송현주(2015)의 연구 결과에서는 '나쁜 기분을 멈추기 위해서'(17.6%), '편안함을 느끼기 위해서'(10.8%), '스스로를 처벌하기 위해서'(10.8%), '마비감 또는 공허함을 느끼기 위해서'(10.8%), '기타'(50%)로 나타나 자해의 동기 중에서 '나쁜 기분을 멈추기 위한' 동기가 가장 높게 나타남을 알 수 있었다.

5. 청소년 자해 심각성

자살과 자해행위가 구별되며, 죽으려는 의도가 없는 자해행동일지라도 자살과 무관하다고 볼 수는 없다. 자해시도 경험은 자살의 위험요인을 파악하는 데 중요한 평가요인이며, 이전에 자해경험이 있다면 자살을 시도할 가능성을 높일 수 있다(Nock et al., 2006). 진선주(2019)의 연구에서는 자해행동이 문제가 되어 학교, 정신보건센터, Wee센터를 통해 의뢰되거나 자발적으로 기관을 방문하여 자해와 관련한 문제에 대해 도움을 받고자 하는 14~19세 청소년 66명을 대상으로 연구를 진행하였다. 자해행동 시 죽고자 하는 의도가 있었는지에 물었을 때 '그렇다'라고 응답한 비율이 40.9%로 나타났으며, '그렇지 않다'라고 응답한 비율이 59.1%로 나타나 비자살적 자해가 더 높게 나타났다.

또한 자해행동을 실행하기 전에 생각을 '하지 않음'이라고 답한 비율이 40.9%를 차지하였으며, 몇 분간 고민했다고 한 청소년의 비율은 30.3%로 나타나 대다수의 많은 청소년이 비계획적이고 충동적으로 자해행동을 하는 것으로 나타났다. 이는 청소년의 자해가 충동적이고 비계획적으로 이루어짐에 따라 의도치 않게 자살로 이어질 가능성이 매우 높다는 것을 알 수 있다. 실제로 자해 청소년 중 70%가 자살시도를 한 경험이 있는 것으로 나타났다(Nock et al., 2006). 또한 자살의도가 없는 중·고등학생 청소년 155명 중 67.1%는 최근 1년 이내에 비자살적 자해를 하였으며, 평균 자해 빈도는 7.13회로 나타났다(안영신, 송현주, 2017). 한 번 이상 자해경험이 있다고 응답한 중학교 3학년 114명을 대상으로 연구를 진행한 김수진(2019)의 연구 결과에서는 남학생의 자해행동의 평균 빈도는 3.99회, 여학생은 4.14회로 나타났다.

2017년 청소년 건강행태 온라인조사에 따르면 '최근 12개월 동안 자살을 시도한

적이 있었습니까?'라는 문항에 대해 2.6%가 실제로 자살을 시도하였다고 응답하였으며, 2016년 조사 결과와 비교했을 때 전체 자살시도 경험률은 0.2%로, 여성 청소년은 0.5% 증가한 것으로 나타났다. 또한 자살을 시도한 청소년 중 17.9%의 청소년이 자살시도로 병원치료를 받은 경험이 있는 것으로 응답하였다(보건복지부, 중앙자살예방센터, 2019).

6. 미디어에서의 청소년 자해

2018년 청소년 통계에 따르면 스마트폰 과의존위험군에 속하는 청소년은 중학생의 34.3%, 고등학생의 28.7%이며, 이들 중 81.6%가 SNS를 주로 이용하는 것으로 나타났다(통계청, 2018). 특히 스마트폰으로 인터넷을 이용하는 청소년의 97.1%가 SNS, 이메일 등과 같은 커뮤니케이션을 주로 사용하고 있다. 청소년의 과도한 스마트폰 사용은 학교적응, 충동, 사회적 철회, 우울과 관련이 있다(이희정, 2009; 이창민, 2014). SNS에서 보이는 타인의 모습을 자기 자신과 비교하고 자신을 비하하며 낮게 평가하면서 왜곡된 자아상을 형성하여 우울해질 수 있다(이소영, 2014). 특히 우울은 청소년의 자해행동과 밀접한 관련이 있는데, 자해행동을 시도한 환자 중 약 72%가 우울증을 동반하고 있으며, 자살경향성과 같은 심리적 문제를 가지고 있었다(이혜림, 이영호, 2015).

청소년의 SNS 중독경향성이 자해행동에 미치는 영향을 살펴본 연구(이수정, 2019b)에서는 SNS 중독경향성 중에서 '조절실패 및 일상생활 장애' '부정정서 회피'가 자해행동에 영향을 미치는 것으로 나타났다. 청소년기의 특성상 주변 환경이나 또래에 의해 많은 영향을 받게 되는데, SNS상에서 자해인증샷이나 자해 관련 글귀, 영상 등을 통해 무분별하게 정보를 습득하고 이용하며 쉽게 모방하는 행동을 보이게 된다. 이러한 현상을 반영하듯 최근 청소년 사이에서 자해인증샷을 SNS에 올리는 일명 '자해놀이' 현상이 일어나는 등 청소년 자해가 급격히 증가하였다. SNS의 하나인 인스타그램에서 해시태그 '자해'로 검색되는 게시물이 2018년 10월까지 3만 8,000여 건에 이르고 자해계정도 넘쳐나고 있다(헤럴드경제, 2018. 10. 8.).

이처럼 SNS상에서 자해 관련 게시물이 증가하고 인증샷을 올리는 이유로는 익명성에 기반하여 비슷한 어려움을 경험하는 또래집단으로부터 관심과 인정을 받고자 하는 욕구가 크다. 특히 인스타그램의 경우 '좋아요' 반응을 통해 서로가 공감을 주고받음에 따라 연대감을 느낄 수 있는 것이다. 이는 실제 자해 콘텐츠 수가 증가하는 추세도 문제이지만 콘텐츠에 대한 청소년들의 반응량이 증가함으로써 문제가 더 심각하다는 것을 알 수 있다. 실제로 인스타그램에서 자해 관련 게시글이나 사진 등의 내용을 서로 공유함으로써 유행처럼 확산하고 있다. 사안이 심각해짐에 따라 최근 청소년 사이에서 SNS에 '자해인증샷'을 올리는 게 유행처럼 번지며 이를 막아 달라는 청원이 올라왔다(국민일보, 2018. 7. 15.).

　보건복지부와 경찰청, 중앙자살예방센터에서 실시한 2018년 '국민참여 자살유해정보 클리닝 활동' 결과에 따르면, 자살유해정보의 내용 중 자살 관련 사진·동영상 게재(8,039건, 46.4%), 자살방법 안내(4,566건, 26.3%), 기타 자살조장(2,471건, 14.3%), 자살동반자 모집(1,462건, 8.4%), 독극물 판매(800건, 4.6%)로 나타났다. 자살유해정보는 주로 SNS(13,416건, 77.3%) 등을 통해 유통되는 것이 가장 많았으며, 다음으로 기타 사이트(1,738건, 10%), 온라인 커뮤니티(1,546건, 8.9%), 포털사이트(638건, 3.6%) 순으로 나타났다. SNS의 자살유해정보는 인스타그램이 압도적으로 많았고 그 중 자해사진이 84%(6,808건)를 차지하였다(연합뉴스, 2018. 8. 23.).

　이처럼 미디어에서의 청소년 자해는 문화 신드롬처럼 청소년들에게 확산되고 있다. 청소년 자해가 더 이상 확산되지 않기 위해서는 온라인 커뮤니티에서 자해 관련 콘텐츠나 게시물이 게재되지 않도록 하기 위한 법적 제제가 필요하다. 이를 위해 자해 조장정보가 정보통신망에서 유통이 금지되도록 관계 부처나 국가적 기구에서 관련법령 개정안에 대한 적극적인 정책방안 마련이 필요하다.

인스타그램, 英소녀 죽음 계기 자해·자살 관련 사진 퇴출하기로

페이스북이 소유한 사진 공유 소셜미디어인 인스타그램이 한 영국 소녀의 죽음을 계기로 자해 및 자살과 관련한 상세한 내용을 보여 주는 사진을 퇴출하기로 했다.

영국에서는 지난 2017년 14세 소녀 몰리 러셀이 스스로 목숨을 끊는 사건이 발생했다. 몰리의 아버지인 이언 러셀은 최근 딸이 죽기 직전에 인스타그램에서 자해 관련 사진 등을 본 것을 발견했다며, 인스타그램이 딸의 죽음에 책임이 있다고 비난해 왔다. 인스타그램과 같은 소셜미디어는 특정 주제를 검색하면 이후 계속해서 관련된 콘텐츠를 보여 주는 알고리즘을 갖고 있다는 것이다.

8일(현지시간) BBC 방송 등에 따르면 애덤 모세리 인스타그램 대표는 전날 자살이나 자해 관련 노골적인 포스팅을 찾아내 제거하겠다고 발표했다. 아울러 자살이나 자해 등을 논의하는 내용 역시 검색에서 나타나지 않도록 하겠다고 밝혔다. 모세리 대표는 "그동안 우리는 자해를 고무하는 내용의 콘텐츠는 금지해 왔지만, 이용자가 자신에 관한 이야기를 할 필요성이 있을 때는 자해 사진 등을 허용했다."면서 "그러나 앞으로는 정책을 바꿔 어떠한 구체적인 자해 사진도 허용하지 않을 것"이라고 말했다. 언제부터 관련 이미지를 제거할 것인지를 묻자 그는 "가능한 한 빨리하겠다."라고 답변했다.

이언 러셀은 인스타그램의 조치를 환영하면서 신속하게 이행되기를 바란다고 밝혔다. 그는 "다른 소셜미디어 플랫폼 역시 젊고 상처받기 쉬운 이용자가 안전할 수 있도록 책임감을 느끼고 행동에 나서야 한다."라고 촉구했다.

맷 행콕 영국 보건부 장관은 "소셜미디어 업체들은 자살과 자해를 조장하는 콘텐츠를 제거하기 위해 더 많은 것들을 해야 한다."면서 "업체들이 행동에 나서도록 요청할 것"이라고 밝혔다.

출처: 연합뉴스, 2019. 2. 8.

참고문헌

강민아(2018). 고등학생의 아동기 학대 경험과 비자살적 자해경험 간의 관계: 초기 부적응 도식을 매개로. 서강대학교 교육대학원 석사학위논문.

국민일보(2018. 7. 15.). 청소년 자해는 '사회적 재난'… "대책 마련 시급". Retrieved from http://news.kmib.co.kr/article/view.asp?arcid=0012702378

육부, 보건복지부, 질병관리본부(2019). 제15차(2019년) 청소년건강행태조사 통계. 교육부,

보건복지부, 질병관리본부.

김경미(2019). 일 대학병원에 방문한 우울한 청소년에서 비자살성 자해행동의 임상적 특성과 자살 시도 예측요인. 정신신체의학, 27(1), 69-76.

김수진(2019). 청소년의 충동성이 자해에 미치는 영향: 사회적 지지의 조절효과를 중심으로. 미래사회복지연구, 10(1), 273-298.

김수진, 김봉환(2015). 청소년 내담자의 반복적 자해행동의 의미 탐색: '고통으로 고통을 견디기'. 한국심리학회지: 상담 및 심리치료, 27(2), 231-250.

성나경, 강이영(2016). 청소년의 일상적 스트레스와 자해행동: 인지적 정서조절전략의 조절효과. 상담 및 심리치료, 28(3), 855-873.

세계일보(2019. 10. 14.). 48% '경고 신호' 보냈는데… 위험 징후 알아채지 못했다. Retrieved from https://news.v.daum.net/v/20191014230233685

안영신, 송현주(2017). 청소년의 비자살적 자해행동에 관한 연구. 정서 · 행동장애연구, 33(4), 257-281.

안의홍(2019). 청소년의 애착, 감정표현불능, 충동성, 비자살적 자해의 구조적 관계. 대구가톨릭대학교 대학원 석사학위논문.

연합뉴스(2019. 2. 8.). 인스타그램, 英소녀 죽음 계기 자해 · 자살 관련 사진 퇴출키로. Retrieved from https://news.v.daum.net/v/20190208192540488

연합뉴스(2018. 8. 23.). 자살유해정보 SNS에 넘쳐난다… 가장 많은건 '인스타그램'. Retrieved from https://www.yna.co.kr/vies/AKR20180823077900017

이동귀, 함경애, 배병훈(2016). 청소년 자해행동: 여중생의 자살적 자해와 비자살적 자해. 한국심리학회지 상담 및 심리치료, 28(4), 1171-1192.

이동귀, 함경애, 정신영, 함용미(2017). 자해행동 청소년을 위한 단기개입 프로그램 개발 및 효과. 재활심리연구, 24(3), 409-428.

이동훈, 양미진, 김수리(2010). 청소년 자해의 이해 및 특성에 대한 고찰. 청소년상담연구, 18(1), 1-24.

이소영(2014). SNS 이용시간에 따른 청소년의 우울 및 충동성 차이. 연세대학교 생활환경대학원 석사학위논문.

이수정(2019a). 청소년의 정서적 학대 경험이 비자살적 자해에 미치는 영향: 초기부적응도식과 정서조절곤란의 이중매개효과. 서울여자대학교 대학원 석사학위논문.

이수정(2019b). 청소년의 SNS 중독경향성이 자해행동에 미치는 영향. 덕성여자대학교 대학원 석사학위논문.

이창민(2014). 청소년의 스마트폰 과다사용이 자살충동에 미치는 영향. 한양대학교 공공정책대학원 석사학위논문.

이혜림, 이영호(2015). 청소년의 처벌민감성과 강화 민감성이 불안, 우울, 자해행동에 미치는 영향: 스트레스와 통제가능성 귀인의 역할. 가톨릭대학교 대학원 석사학위논문.

이희정(2009). 청소년의 인터넷 중독이 학교적응에 미치는 영향: 우울, 충동성의 매개효과를 중심으로. 전북대학교 대학원 석사학위논문.

보건복지부, 중앙자살예방센터(2019). 자살예방백서.

진선주(2019). 자해 청소년의 특성과 관련 변인 연구. 한양대학교 대학원 박사학위논문.

최효숙(2012). 자기조절력이 낮은 청소년들의 심리적 특성. 백석대학교 상담대학원 석사학위논문.

통계청(2018). 2018년 사망원인통계.

통계청(2018). 2018 청소년 통계.

통계청, 여성가족부(2019). 2019 청소년 통계.

한겨레21(2018. 11. 10). 중고생 7만여 명 "자해경험"… 우리 아이는 상관없다고요? Retrieved from http://www.hani.co.kr/arti/society/society_general/869668.html#csidx fca5d9e17386390a0bd5577c268d0ae.

한국보건사회연구원(2013). OECD 국가와 비교한 한국의 인구 집단별 자살률 동향과 정책 제언.

한국청소년정책연구원(2017). 2017 한국 아동·청소년 인권실태.

헤럴드경제(2018. 10. 8.) 청소년 '자해놀이' 급속 확산… "우리 아이는 괜찮나요?" Retrieved from http://biz.heraldcorp.com/view.php?ud=20181008000039

Adler, P. A., & Adler, P. (2007). The demedicalization of self-injury: From psychopathology to sociological deviance. *Journal of Contemporary Ethnography, 36*, 537-570.

Australian Institute of Health and Welfare (2008). Injury among young Australians. Australian Institute of Health and Welfare.

Briere, J., & Gil, E. (1998). Self-mutilation in clinical and general population samples: Prevalence, correlates, and functions. *American Journal of Orthopsychiatry, 68*, 609-620.

Brunner, R., & Kaess, M., & Parzer, P. (2014). Life-time prevalence and psychosocial correlates of adolescent direct self-injurious behavior: A comparative study of findings in 11 European countries. *J Child Psychol Psychiatry, 2014, 55*, 337-348.

Claes, L., Vandereycken, W., & Vertommen, H. (2007). Self-injury in female versus male psychiatric patients: a comparison of characteristics, psychopathology and aggression regulation. *Pers. Indiv. Dif, 42*, 611-621.

Conterio, K., & Lader, W. (1998). *Bodily harm*. New York: Hyperion.

Darche, M. A. (1990). Psychological factors differentiating self-mutilating and non-self mutilating adolescent inpatient females. *The Psychiatric Hospital, 21*, 219-231.

DiClemente, R. J., Ponton, L. E., & Hartley, D. (1991). Prevalence and correlates of cutting behavior: Risk for HIV transmission. J. Am. Acad. Child Adolesc. *Psychiatry 30*, 735-

739.

Favazza, A. R. (1996). *Bodies under siege: Self-mutilation and body modification in culture and psychiatry.* Baltimore, MD: Johns Hopkins University Press.

Favazza, A. R., & Conterio, K. (1989). Female habitual self-multilators. *Acta Psychiatrica Scandinavia, 79*(3), 283-289.

Gameroff, M. J., Michalsen, V., & Mann, J. J. (2001). Are suicide attempters who self-mutilate a unique population? *Am J Psychiatry, 158*(3), 427-432.

Gratz, K. L. (2001). Measurement of deliberate self-harm: Preliminary data on the Deliberate Self-Harm Inventory. *Journal of Psychopathology and Behavioral Assessment, 23*, 253-263.

Gratz, K. L. (2006). Risk factors for deliberate self-harm among female college students: The role and interaction of childhood maltreatment, emotional inexpressivity, and affect intensity/reactivity. *Am. J. Orthopsychiatry 76*, 238-250.

Hawton, K., Rodham, K., Evans, E., & Weatherall, R. (2002). Deliberate self harm in adolescents: Self report survey in schools in England. *British Medical Journal, 325*, 1207-1211.

Jacobson, C. M., & Gould, M. (2007). The epidemiology and phenomenology of nonsuicidal self-injurious behavior among adolescents: A critical review of the literature. *Archieves of Suicide Research, 11*, 129-147.

Kelly, L. W., & Heather, H. C. (2017). *Non-suicidal self-injury: Wellness perspectives on behaviors, symptoms, and diagnosis.* New York, NY: Routledge.

Klonsky, E. D., & Muehlenkamp, J. J. (2007). Selfinjury: A research review for the practitioner. *Journal of Clinical Psychology, 63*(11), 1045-1056.

Klonsky, E. D., Oltmanns, T. F., & Turkheimer, E. (2003). Deliberate self-harm in a non-clinical population: Prevalence and psychological correlates. *American Journal of Psychiatry, 160*, 1501-1508.

Laye-Gindhu, A., & Schonert-Reichl, K. A. (2005). Nonsuicidal self-haum among community adolescents: Understanding the 'whats' and 'whys' of self-harm. *Journal of Youth and Adolescence, 34*, 447-457.

Lloyd-Richasdson, E., Perrine, N., Dierker, L., & Kelley, M. L. (2007). Characteristics and functions of non-suicidal self-injury in a community sample of adolescents. *Psychological Medicine, 37*, 1183-1192.

Muehlenkamp, J. J., & Gutierrez, P. M. (2004). An investigation of differences between self-injurious behavior and suicide attempts in a sample of adolescents. *Suicide and Life Threatening Behavior, 34*, 12-23.

Muehlenkamp, J. J., & Gutierrez, P. M. (2007). Risk for suicide attempts among adolescents who engage in non-suicidal self-injury. *Archives of Suicide Research, 11*(1), 69–82.

Nock, M. K. (2010). Self- Injury. *Annual Review of Clinical Psychology, 6,* 339–363.

Nockk, M. K., Joiner, T. E., Gordon, K. H., Lloyd-Richardson, E., & Prinstein, M. J. (2006). Non-suicidal self-injury among adolescents: Diagnostic correlates and relation to suicide attempts. *Psychiatry Research, 144*(1), 65–72.

OECD. (2016). OECD Health Statistics 2016.

Plener, P. L., Kaess, M., Schmahl, C., Pollak, S., Fegert, J. M., & Brown, R. C. (2018). Nonsuicidal self-injury in adolescents. *Dtsch Arztebl Int, 115,* 23–30.

Ross, S., & Heath, N. (2002). A study of the frequency of self-mutilation in a community sample of adolescents. *J. Youth Adolesc. 31,* 67–77. doi: 10.1023/A:1014089117419.

Skegg, K. (2005). Self-harm. *Lancet, 366,* 1471–1483.

Sornberger, M. J., Heath, N. L., Toste, J. R., & McLouth, R. (2012). Nonsuicidal self-injury and gender: Patterns of prevalence, methods, and locations among adolescents. *Suicide Life Threat. Behav. 42,* 266–278.

Stanley, B., Gameroff, M. J., Michalsen, V., & Mann, J. J. (2001). Are suicide attempters who self-mutilate a unique population? *American Journal of Psychiatry, 158,* 427–432.

Suyemoto, K. L., & MacDonald, M. L. (1995). Self-cutting in female adolescents. *Psychotherapy, 32,* 162–171.

Tsai, M. H., Chen, Y. H., Chen, C. D., Hsiao, C. Y., & Chien, C. H. (2011). Deliberate self harm by Taiwanese adolescents. *Acta Paediatrica, 100*(11), e223–e226.

Wan, Y. H., Hu, C. L., Hao, J. H., Sun, Y., & Tao, F. B. (2011). Deliberate self-harm behaviors in Chinese adolescents and young adults. *European Child & Adolescent Psychiatry, 20*(10), 517.

Wester, K. L., & McKibben, W. B. (2016). Participants' experiences of nonsuicidal self-injury: Supporting existing theory and emerging conceptual pathways. *Journal of Mental Health Counseling, 38,* 12–27.

Wester, K. L., & Trepal, H. C. (2015). Non-suicidal self-injury: Exploring the correlations among race, ethnic identity, and ethnic belonging. *Journal of College Student Development, 56,* 127–139.

Whitlock, J. L., Eckenrode, J., & Silverman, D. (2006). Self-injurious behaviors in a college population. *Pediatrics, 117,* 1939–1948.

Zila, L. M., & Kiselica, M. S. (2001). Understanding and counseling self mutilation in female adolescents and young adults. *Journal of Counseling & Development, 79*(1), 46–52.

Zlotnick, C., Mattia, J. I., & Zimmerman, M. (1999). Clinical correlates of self-mutilation in a sample of general psychiatric patients. *Journal of Nervous and Mental Disease, 187*, 296-301.

중앙자살예방센터 홈페이지, '한국자살현황', http://spckorea-stat.or.kr

제5장
청소년 자해 진단 및 평가

자해 청소년에 대한 정확한 진단과 평가는 자해 청소년을 조기에 발견함으로 써 자해를 예방하고 자해의 심각한 정도에 따라 정확하게 개입을 할 수 있게 한 다. 자해하는 사람들이 급증하고 그들의 특징이 기존 장애(예: 경계선 성격장애, 우 울증)와 차별적 특성을 보이면서 DSM-5에서는 자해를 별도의 장애로 제시하였을 뿐 아니라 추후 연구를 통해 포함되어야 할 장애로 정의 내렸다. DSM-5에서 제 시한 가장 중요한 기준은, 첫째, 고의적 자해이어야 하며, 둘째, 반복적이어야 하 며, 셋째, 자살의도가 없어야 한다는 것이다. 이러한 기준을 바탕으로 실제 현장에 서 사용하기 편리하게 만든 검사로는 자해기능평가지(The Functional Assessment of Self-Mutilation: FASM)와 자해행동척도(Self-Harm Inventory: SHI), 그리고 자해척도 (Inventory of Statements About Self-injury: ISAS) 등이 있다. 이 검사들은 사용 목적에 따라 차별적으로 사용이 가능하며, 이러한 검사를 통해 자해하는 청소년들을 발견 하고, 그들의 자해 정도, 자해 이유, 자해를 촉진·강화하는 요인 등을 알 수 있기 때문에 자해 청소년 개입에 유용하다. 이처럼 이 장에서는 청소년 자해를 진단하고 평가하는 것에 대해 구체적으로 살펴보고자 한다.

1. 청소년 자해 진단

자해는 그동안 독립적인 장애가 아니라 경계선 성격장애나 우울증의 기저 증상으로 간주되어 왔다. 그러면 경계선 성격장애자들과 우울증 환자들만 자해를 하는 것일까? 경계선 성격장애나 우울증이 자해와 관련이 높은 것은 사실이다. 그러나 섭식장애, 외상 후 스트레스 장애, 불안장애 환자들도 자해행동을 할 뿐 아니라 정신장애 증상을 보이지 않은 개인들에게서도 자해행동은 쉽게 관찰된다(Klonsky, 2007). 또한 자해하는 사람들이 보이는 자기혐오적 행동, 자살의지의 부재, 자해충동 조절의 어려움 등의 특징은 기존의 정신장애로만 설명하기는 어렵다. 이러한 이유로 자해를 독립적으로 고려해야 한다는 주장이 끊임없이 제기되어 왔으며, 그 결과 DSM-5에서는 추후 연구를 통해 다음 개정판 때 포함되어야 할 장애(conditions for further study)로 자해를 제시하였다.

DSM-5에서의 제시한 자해의 첫 번째 기준은 ① 고의적 자해, ② 반복성, ③ 비자살의도이다. 먼저 고의적으로 자기 자신에게 출혈, 상처, 고통을 유발하는 자해를 해야 한다. 자해행동이 자신에게 해를 가한다는 위험을 인지하고 있음에도 불구하고, 출혈, 상처, 고통을 유발하기 위해 고의적으로 이루어져야 한다. 다음으로 이러한 자해는 반복적으로 이루어져야 한다. 즉, 자해는 일회성으로 이루어진 것이 아니라 지난 1년간, 5일 또는 그 이상 반복적으로 나타나야 한다. 그리고 이러한 자해는 자살을 하기 위함이 아니어야 한다. 자해는 반복적으로 자신에게 상처, 고통 등을 유발하지만, 그것이 죽음에 이를 정도로 치명적이지는 않아야 한다.

두 번째 기준은 자해하는 사람들은 특정 목적을 달성하기 위해 자해를 한다는 것이다. 그들은 부정적 느낌이 들거나 생각이 드는 상황에서 자해를 통해 안도감을 얻기 위해 또는 대인관계의 어려움을 해결하거나 긍정적인 기분 상태를 유도하기 위해서 자해를 한다. 실제 자해를 하는 사람들은 자해를 하는 중 또는 자해를 한 후에 안도감을 느끼거나 긍정적인 기분을 경험하면서 자신의 목적을 달성하고, 이는 반복적으로 자해행동에 의존하게 만든다.

세 번째 기준은 자해 전 증상과 관련이 있는 것으로 다음 중 한 가지는 해당되어야 한다. 먼저 자해를 하는 많은 사람은 우울, 불안, 분노, 대인관계 갈등과 같은 고

통스러운 경험을 한 직후 자해를 한다. 다음으로 자해에 앞서 자신이 자해하고자 하는 자해행동에 대해 몰두하는 것 그리고 마지막으로는 자해를 하지 않을 때에도 자해에 대한 생각을 자주 한다.

네 번째 기준은 자해를 하려고 하는 행동은 사회적으로 용인되는 행동이 아니어

>>> DSM-5에서 자해의 진단기준

A. 지난 1년간, 5일 또는 그 이상, 신체 표면에 고의적으로 출혈, 상처, 고통을 유발하는 행동(예: 칼로 긋기, 불로 지지기, 자르기, 과도하게 문지르기)을 자신에게 스스로 가하며, 이는 단지 경도 또는 중등도의 신체적 손상을 유발할 수 있는 자해행동을 하려는 의도에 의한 것이다(즉, 자살의도가 없음).

※ 주의점: 자살의도가 없다는 것이 개인에 의해 보고된 적이 있거나, 반복적인 자해행동이 죽음에 이르게 하지는 않을 것이라는 점을 개인이 이미 알고 있었거나 도중에 알게 된다고 추정된다.

B. 개인은 다음 중 하나 또는 그 이상의 기대하에 자해행동을 시도한다.
  1. 부정적 느낌 또는 인지 상태로부터 안도감을 얻기 위하여
  2. 대인관계 어려움을 해결하기 위하여
  3. 긍정적인 기분 상태를 유도하기 위하여

※ 주의점: 개인은 원했던 반응이나 안도감을 자해행동 도중에 또는 직후에 경험하게 되고, 반복적인 자해행동에 대한 의존성을 시사하는 행동 양상을 보일 수 있다.

C. 다음 중 최소한 한 가지와 연관된 고의적인 자해행동을 시도한다.
  1. 우울, 불안, 긴장, 분노, 일반화된 고통, 자기비하와 같은 대인관계 어려움이나 부정적 느낌 또는 생각이 자해행위 바로 직전에 일어남
  2. 자해행위에 앞서, 의도한 행동에 몰두하는 기간이 있고 이를 통제하기 어려움
  3. 자해행위를 하지 않을 때에도 자해에 대한 생각이 빈번하게 일어남

D. 행동은 사회적으로 용인되는 것이 아니며(예: 바디 피어싱, 문신, 종교적 또는 문화적 의례의 일부), 딱지를 뜯거나 손톱을 물어뜯는 것에 제한되지 않는다.

E. 행동 또는 그 결과는 대인관계, 학업 또는 다른 중요한 기능 영역에서 임상적으로 현저한 고통이나 방해를 초래한다.

야 한다는 것이다. 즉, 바디 피어싱이나 문신을 심하게 했다고 해서 자해라고 하지 않는다. 자해는 손목을 긋는 것과 같이 사회적으로 용인되지 않는 방식으로 자기 자신을 위해하는 행동이어야 한다.

마지막 기준은 자해행동으로 인해 대인관계, 학업 또는 다른 중요한 기능 영역에서 임상적으로 현저한 고통이나 방해를 초래해야 한다는 것이다.

2. 청소년 자해 진단 척도

자해 청소년을 정확하게 진단하는 것은 신속하고 효과적인 개입을 위해 중요하다. 이에 많은 연구자가 자해 청소년의 진단 및 평가에 대한 중요성을 인지하고, 자해 청소년을 평가하기 위한 다양한 평가도구들을 개발하였다. 현재 국내에서 많이 사용되고 있는 평가도구로는 자해기능평가지(The Functional Assessment of Self-Mutilation: FASM)와 자해행동척도(Self-Harm Inventory: SHI), 자해척도(Inventory of Statements About Self-injury: ISAS), 그리고 Nixon, Levesque, Preyde, Vanderkooy 와 Cloutier(2015)가 개발한 오타와 자해 검사지(Ottawa Self-Injury Inventory)를 바탕으로 수원시자살예방센터가 개발하고 번안한 자해학생 자기보고식 질문지가 있다. 다양한 자해기능 평가도구 중 가장 많이 사용되고 있는 것은 자해기능평가지(FASM)이지만, 사용 목적에 따라 차별적으로 사용할 필요가 있다. 또한 자해와 관련해서 포함되어야 하는 것으로 알려진 주요 요소 'STOPS FIRE'(p. 147 참고)를 모두 평가하고 있는지, 부족한 부분이 있다면 다른 심리검사나 평가도구 또는 면접 등을 통해 보완해야 한다.

그 외에 구조화된 면접도구로 자해사고 및 행동 인터뷰(Self-Injurious Thoughts and Behaviors Interview: SITBI; Mock et al., 2007)와 자살시도 및 자해 인터뷰(The Suicide Attempt Self-Injury Interview: SASII, Linehan, Comtois, Brown, Heard, & Wagner, 2006)가 있다. 이러한 인터뷰 도구는 구조화된 면접도구로서 자해행동뿐만 아니라 자살시도와 관련된 요인들까지 종합적으로 측정하고 있어 자해동기 등 자해에 대해 심도 깊게 다루지 못하고 있다. 이 절에서는 다양한 청소년 자해평가 도구 중 국내에서 사용되고 있는 대표적인 평가도구를 소개하고자 한다.

>>> STOPS FIRE

① 자해 전, 동안, 후의 자살사고(Suicidal ideation before, during, or after NSSI)

② 몰두한 자해 유형(Types of NSSI engaged in)

③ 자해 발병 시기(Onset of NSSI)

④ 자해한 신체 부위(Place/location of NSSI on the body)

⑤ 자해 심각성(Severity and extent of damage because of NSSI)

⑥ 자해의 기능(Functions served for adolescent by NSSI)

⑦ 자해 강도/빈도(Intensity/frequency of NSSI)

⑧ 자해 반복 정도(Repetition of NSSI)

⑨ 평소 또는 지난 한 주 동안 자해 빈도(Episodic frequency of NSSI in a typical day or week)

1) 한국판 자해기능평가지

자해를 평가하기 위해 가장 많이 사용되고 있는 것 중 하나는 한국판 자해기능평가지(The Korean Version of Functional Assessment of Self-Mutilation: K-FASM)이다. 한국판 자해기능평가지(K-FASM)는 Lloyd-Richardson와 동료들(1997)이 비자살적 자해를 측정하기 위해 개발한 자기보고식 설문지를 권혁진과 권석만(2017)이 한국어로 번안 및 타당화한 것이다. 한국판 자해기능평가지는 자해의 방법, 빈도, 위험성, 치료경험 등 자해와 관련된 요인들을 다차원적인 측면에서 평가함과 동시에 자해의 동기를 파악할 수 있게 함으로써 자해하는 개인들에게 차별적으로 개입할 수 있다는 장점이 있다(권혁진, 권석만, 2017). 그러나 DSM-5에서 제시한 자해기준 중 자해 전 증상, 현재 생활에 미치는 영향 등은 포함되어 있지 않아 종합적으로 평가하는 데에는 한계가 있으며, 다단계 구성으로 객관적인 자해행동을 간편하게 선별하고 평가하기 어렵다(김소정 등, 2019).

한국판 자해기능평가지는 3개 파트로 구성되어 있는데, 첫 번째 파트는 자해방법에 따른 자해경험 유무와 빈도 그리고 관련된 치료경험 유무에 대한 내용으로 구성되어 있다. 자해방법의 경우 자해기능평가지에서는 칼로 피부를 긋거나 피부에 무엇인가를 새기기, 고의적으로 자신을 때리기, 문신하기 등 자해방법 12가지를 제시하였다. 그러나 자해행동 외에 모발 뽑기장애 및 피부 뜯기장애와 중복되는 문항

(각각 3번과 11번)과 사회문화적으로 용인될 수 있는 문신 문항(4번)은 한국판에서는 제외되었다. 그리고 각 자해방법별로 자해경험을 7점 척도로 질문한다. 전혀 없으면 0점이고, 6회 이상이면 6점이다. 그리고 마지막으로 자해경험이 있었을 때 치료를 받았는지에 대해 질문하고 있다. 예를 들면, 민수라는 아이가 칼로 손목을 그은 경험이 3회 있다고 하면, '칼로 피부를 긋거나 피부에 무엇인가를 새겼다'라는 질문에 3에 체크하는 방식이다. 이처럼 첫 번째 파트는 세부적으로 자해방법을 제시함으로써 어떤 방식으로 자해를 했었는지, 이러한 자해행동이 일회성인지 그리고 치료를 받을 정도로 심각했는지 등을 파악할 수 있다.

두 번째 파트는 자해행동의 위험성을 파악하기 위한 질문으로 구성되어 있다. 먼저 자해를 한 시점에 대해 질문하는데, 최근 자해를 경험했는지를 파악하기 위해 '1년 이내' 자해경험의 유무를 작성하게 한다. 이를 통해 최근 1년 동안 자해를 한 경험이 있으면, 그들을 대상으로 자해를 할 때 자살의도 유무, 충동성 정도, 술/약물 복용 유무, 자해의 고통 정도, 최초 자해경험 등을 질문한다. 자살의도가 있었으면 더 이상 자해가 아닌 자살에 대한 개입을 해야 한다. 또한 자해를 할 때 술/약물을 복용하면 더 심한 자해활동을 할 수 있으므로 이에 술/약물을 하지 않게 하거나 술/약물을 할 때 자해의 대처행동을 할 수 있도록 하는 등의 방법을 고려해야 한다. 그 외에 충동성이나 자해고통 정도 등을 파악함으로써 세부적인 개입 전략을 달리할 수 있다.

세 번째 파트는 앞서 평가한 자해행동의 원인을 파악하기 위한 23개 문항으로 구성되어 있다. 23개의 문항은 '학교, 일 또는 다른 활동을 회피하기 위해' '주의를 끌기 위해' 등 자해를 하는 주요 원인 22개와 자유롭게 작성할 수 있는 1개의 기타 문항으로 구성되어 있다. 각 문항은 0~3점으로 평가 가능하며, 0점은 '전혀 그렇지 않다', 3점은 '항상 그렇다'로 각각의 빈도를 평가하도록 되어 있다.

Lioyd 등(1997)이 개발한 자해기능평가지는 Nock와 Prinstein (2004)에 의해 요인 분석되었다. 그 결과 개인적-정적 강화, 개인적-부적 강화, 사회적-정적 강화, 사회적-부적 강화의 4개 요인으로 구분되었다. 그러나 한국판 자해기능평가척도에서는 이질적이거나 중복된 5개의 문항(1, 5, 6, 12, 16번)이 제외되었으며, 그 외의 문항들은 사회적 동기와 개인 내적 동기의 2요인으로 분류되었다. 사회적 동기는 사회적 상황에서 또는 대인관계에서 관심을 받기 위해 또는 책임이나 처벌을 회피하기 위해 등과 관련된 것으로 총 11문항(3, 7, 8, 9, 11, 13, 15, 17, 19, 20, 21번)이며, 개인 내적 동기는 자극을 추구하기 위해 또는 부정적 감정을 완화시키기 위해 등과 관련된 것으로 총 6문항(2, 4, 10, 14, 18, 22번)이다(권혁진, 권석만, 2017). 한국판 자해기능평가지는 이 책의 p. 162에 제시되었다.

2) 자해행동척도

자해행동척도(Self-Harm Inventory: SHI)는 Sansone 등(1998)이 자해행동을 평가하기 위해 개발한 척도이다. Sansone 등(1998)은 자해행동이 경계선 성격장애의 진단적 징후로 보고 경계선 성격장애를 위한 진단 면담(Diagnostic Interview for Borderlines: DIB; Kolb & Gunderson, 1980)과의 상관이 높은 22문항을 선정하였으며, 그 결과 자해행동 평가와 더불어 경계선 성격장애인 사람인지를 감별 가능한 유용한 도구로 증명되었다. 국내에서는 공성숙 등(2009)이 자해행동척도(SHI)를 한국판으로 번안하였으며, 이후 이혜림(2013)이 일부 문항을 수정하였다. 즉, 이혜림(2013)은 우리나라 청소년에게 적합하지 않거나 청소년이 이해하기 어려운 문항의 경우 수정하였으며, 2점 척도(예: 1점, 아니요: 0점)였던 것을 4점 척도(0: 거의 그렇지 않다, 3: 항상 그렇다)로 수정하였다.

그러나 이 역시 심리 측정적 속성에 대한 검증이 충분히 되어 있지 않았을 뿐 아니라 번역의 문제가 여전히 있어 김소정 등(2019)이 한국판 자해행동척도(K-SHI)로 타당화하였다. 김소정 등(2019)은 원척도를 바탕으로 재번역하고, 번역자들 간의 일치율을 확인함으로써 보다 정교한 번역을 하고자 하였으며, 구성요인을 살펴본 결과 한국판 자해척도는 1요인 구조인 것으로 확인되었다. 또한 원척도를 고려하여 다시 2점 척도로 구성하였으며, 척도 이름도 자해척도로 재명명하였다. 이렇게 완성된 척도는 최근 6개월 이내에 실시된 자해행동에 관하여 묻는 것으로 총 20문항으로 구성되었으며, 총점이 높을수록 자해행동의 정도가 더 심하다는 것을 의미한다. 대표적인 문항으로는 '약물을 과다복용한다' '날카로운 물건으로 내 몸에 상처를 낸다' 등이 있다. 문항에서 보듯이 자해행동을 어떻게 하고 있는지 그리고 그 자해행동의 빈도는 어느 정도인지에 대해 파악이 가능하다. 그러나 자해동기, 자해 시점, 과거 자해경험 등에 대한 정보는 없어 자해경험에 대한 최소한의 스크리닝만 가능하다. 한국판 자해행동척도는 이 책의 p. 165에 제시되었다.

3) 자해척도

자해척도(Inventory of Statements About Self-injury: ISAS)는 자해를 평가하기 위해 Klonsky와 Glenn(2009)에 의해 개발되었다. Klonsky와 Glenn(2009)이 개발한 자해척도(ISAS)는 2개의 섹션으로 구분되는데, 첫 번째 섹션은 12개의 자해행동에 대한 기본 질문으로, 두 번째 섹션은 13개의 자해를 하는 주요 기능(이유)에 대한 질문으로 구성되어 있다. 구체적으로 첫 번째 섹션은 긋기, 깨물기, 화상 등의 12개의 자해행동을 평가하고, 자해행동을 한 횟수를 평가하게 하였다. 그리고 그 외에 최초/최근 자해경험한 시기, 자해 중 신체적 고통경험 유무, 자해 단독 수행 여부, 자해 충동과 행동 사이의 시간, 자해를 그만두고 싶은 마음 등 총 6개 영역을 평가한다.

두 번째 섹션은 자해를 하는 주요 기능(이유)에 대한 질문으로 정서조절, 해리방지, 자살방지, 고통감 표현, 자기처벌, 자율성, 대인관계 경계, 대인관계 영향, 동료유대, 복수, 자기돌봄, 자극추구, 강인함 등 13개의 자해기능으로 구성되어 있다. 13개의 주요 자해기능은 각 기능별로 3개의 문항으로 구성되어 있으며, 그 결과 총 39개의 문항으로 구성되었다. 각 문항은 3점 척도(0점-전혀 관계가 없다, 1점-어느 정도 관련이 있다, 2점-매우 관련이 있다)로 되어 있으며, 1개의 기능은 최하 0점, 최고 6점까지 가능하다. 그리고 추가로 표현하고 싶은 사항에 대해 직접 서술식으로 작성할 수 있도록 하였다. 젊은 성인을 대상으로 한 연구에서 신뢰도와 타당도가 국내에서도 추은정, 이영호(2018)가 자해경험이 있는 197명을 대상으로 타당화를 시도하였으며, 그 결과 자해척도(ISAS)가 국내 대학생 및 일반인에게도 타당하고 신뢰 있는 척도임이 증명되었다. 한국판 자해척도(K-ISAS)는 이 책의 p. 166에 제시되었다.

4) 자해학생 자기보고식 평가지

자해학생 자기보고식 평가지는 수원시자살예방센터가 자체 개발한 검사지와 Nixon과 Cloutier(2005)가 함께 개발한 오타와 자해 검사지(Ottawa Self-Injury Inventory)를 종합하여 만든 검사지이다. 자해학생 자기보고식 평가지는 자해의 시도와 빈도, 자해의 심각성, 자해동기를 평가하는 항목으로 구성되어 있다. 먼저 자해의 시도와 빈도 영역은 최근 자해한 경험과 자해를 지속하는 패턴에 대한 문항들로 구성되어 있다. 즉, 자해횟수, 자해동기, 자해장소, 자해방법, 주요하게 상처를 남기는 부위, 자해에 대해 알고 있는 주변인 등을 평가한다.

다음은 자해의 심각성에 대한 문항들로, 자해경험이 병원치료나 심리치료를 받을 정도로 심각했는지, 그리고 자해가 자신이 의도한 정도인지 아니면 약물 등으로 그 이상의 강한 자해경험을 했는지를 평가한다.

마지막 영역은 Nixon과 Cloutier(2005)가 개발한 오타와 자해 검사지를 번안한 것으로 자해를 시작한 동기와 자해를 지속한 동기에 대해 평가한다. 즉, 자해동기는 전체 25개의 동기로 구성되어 있으며, 각 동기들이 자해를 시작한 동기에 속하는지, 자해를 지속한 동기에 속하는지를 평가한다. 따라서 자해를 시작한 동기와 자해를 지속하는 동기를 구분하여 평가할 수 있다는 장점이 있다. 또한 25개의 문항은 4개의 요인, 즉 내적 정서조절(internal emotion regulation), 사회적 영향(social influence), 외적 감정조절(external emotion regulation) 그리고 감각추구 성향(sentaion seeking)으로 구분된다. 내적 정서조절은 8개 문항(4, 6, 9, 14, 16, 17, 18, 19번), 사회적 영향도 8개 문항(3, 5, 8, 10, 11, 13, 15, 21번), 외적 정서조절은 3개 문항(1, 12, 20번), 그리고 감각추구 성향은 5개 문항(2, 7, 22, 23, 24번)으로 되어 있다. 이처럼 각 요인별로 문항이 다르기 때문에 각 요인의 평균 점수를 계산한다. 그러나 해석할 때는 점수가 가장 높은 문항 등을 참고하면 자해 청소년을 이해하는 데 도움이 된다.

이처럼 자해경험에 대해 다각적으로 평가함에도 불구하고, 수원시자살예방센터가 개발한 자해학생 자기보고식 평가지는 자해의 시도와 빈도 영역 그리고 자해동기 영역에서 자해를 하는 동기에 대해 반복해서 질문하는 등 수원시자살예방센터가 자체 개발한 영역과 오타와 자해 검사지를 통합하지 못한 한계가 있다.

3. 청소년 자해 평가

청소년 자해 평가도구들을 통해 자해경험 유무나 자해의 기능을 파악하는 것은 매우 중요하다. 그러나 자해경험 유무나 자해의 기능만 가지고 청소년의 문제가 무엇인지, 향후 어떻게 개입해야 하는지를 정확하게 파악하기는 쉽지 않다. 따라서 자해 청소년의 자해행동에 대한 평가뿐 아니라 다른 장애와의 공병 가능성, 개입 및 적응력 향상을 위한 위험요인/보호요인 파악 등을 함께 파악하여 적절한 개입방안을 마련할 필요가 있다. 또한 적절한 평가 및 이를 바탕으로 한 체계적 개입은 체계적인 시스템 내에서 이루어질 때 가능하다. 따라서 이 절에서는 자해 청소년을 위한 평가 및 개입 시스템을 함께 알아보고자 한다.

1) 자해 청소년 평가 시스템

한국청소년상담복지개발원에서 서미 등(2018)이 개발한 자해 청소년 평가 시스템은 자살과 자해를 차별적으로 평가해야 한다는 취지하에 개발된 평가 시스템이다. 자살과 자해를 구분하는 기준은 자살의도 유무이다. 자살의도가 있으면 자살위험성이 있는 자살적 자해(자살)로 분류하고, 자살의도가 없으면 비자살적 자해(자해)로 구분한다. 자살적 자해(자살)와 비자살적 자해(자해)를 구분을 바탕으로 비자살적 자해(자해)에 대한 추가 평가를 실시한다.

(1) 척도를 통한 평가

척도를 통한 평가는 Lloyd-Richardson와 동료들(1997)이 개발하여 권혁진과 권석만(2017)이 한국어로 번안 및 타당화한 한국판 자해기능평가지를 '자살 및 자해행동척도'라 명명하고 이를 사용하였다. '자살 및 자해행동척도'에서 1번은 칼로 피부를 긋거나 피부에 무엇인가를 새기기, 고의적으로 자신을 때리기, 문신하기 등의 자해행동을 지난 1년 또는 그 이전에 의도적으로 한 경험이 있는지를 묻는 질문이다. 자해방법에 따라 열두 가지 경험을 제시하는데, 이 중 하나라도 '경험이 있다'라고 체크하면 자해 가능성이 있다고 본다. 즉, 총점을 계산하였을 때 1점 이상이면 자해 가능성이 있어 이후의 문항을 계속 체크하도록 한다. 그러나 만약 0점이라면 자해 가능성이 없으므로 더 이상 평가를 할 필요가 없다. 그러나 자해의 위험이 없는 것이지 자살사고를 하고 있을 가능성은 있다. 따라서 자살사고가 의심된다면 자살사고에 대한 평가를 실시해야 한다.

'자살 및 자해행동척도'[1]의 1번 문항에서 1점 이상이면 계속 평가를 진행해야 한다. 충동성 정도, 술/약물 복용 유무, 자해의 고통 정도, 최초 자해경험 등을 평가하는데, 그다음 주목해야 할 것은 8번 문항이다. 8번 문항은 '의도적으로 자신의 신체를 훼손하는 행동을 할 때, 죽으려는 의도가 있었나요?'라는 문항으로 죽으려는 의도가 있으면 자살, 죽으려는 의도가 없었으면 자해로 구분 가능하다. 이를 도식화하면 [그림 5-1]과 같으며, 자해의 심각성을 추가로 평가하고자 할 때는 위기관리기록지(자해)를 실시한다.

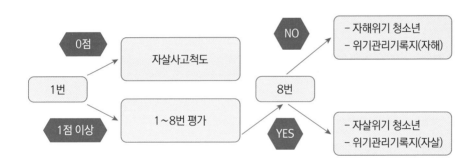

[그림 5-1] 자해 평가 과정

(2) 위기관리기록지를 통한 평가

위기관리기록지는 자해의 심각성을 평가하기 위해 실시한다. '자살 및 자해행동척도'에서도 자해행동의 횟수 등을 평가하지만, 자해행동의 심각성이 어느 정도 수준인지 파악하는 데에는 한계가 있다. 무엇보다 척도를 통한 평가는 자해 청소년을 스크리닝 하는 데에는 유용하지만, 자해 청소년이 왜 자해를 하는지, 어떤 상황에서 자해를 하는지 등 '한 개인의 역사'를 파악하기는 어렵다. 자해와 관련된 개인의

---

1) '자살 및 자해행동척도'에 대한 자세한 사항은 한국판 자해기능평가지(FASM)를 참고.

역사를 파악하려면, 1:1 면접을 통해 가능하다. 이때 사용 가능한 것이 바로 위기관리기록지이다.

위기관리기록지는 크게 3문항으로 구성되어 있다. 첫 번째 문항은 현재의 심리적 상태를 평가하는 것으로 스트레스, 심리적 고통, 그리고 초조감과 흥분 정도를 평가한다. 두 번째 문항은 자해충동, 자해시도, 자살사고, 자살시도의 경험에 대해 평가하며, 마지막 세 번째 문항은 자해를 시도할 때 주로 어떤 행동을 했는지 평가한다. 그러나 이것만으로 충분하지 않기 때문에 자해행동 이유, 자해행동 횟수, 자해도구 등을 추가로 질문함으로써 자해행동 수준을 파악해야 한다. 이 때 유용한 질문은 다음과 같다. 그 외에 앞서 실시한 '자살 및 자해행동척도'에 체크한 것을 보면서 추가로 질문하는 것도 좋은 방법이다.

>>> 자해행동 수준 파악에 유용한 질문

- 구체적으로 자해행동을 어떻게 하나요?
- 얼마나 자주 자해행동을 하나요?
- 자해를 하는 도구가 무엇인가요? 도구는 어디에 있나요?
- 죽고 싶어서 자해행동을 하나요?
- 자해를 하는 장소는 어디인가?
- 자해를 하기 전에 어떤 생각이나 감정이 드나요?
- 언제부터 자해를 했나요?
- 자해를 하고 나면 어떤 기분이 드나요?

(3) 위험요인 및 보호요인 평가하기

위험요인이란 개인의 내·외적 환경 중에서 개인에게 부정적인 영향을 미치는 요인을 말하며, 보호요인이란 개인에게 긍정적인 영향을 주거나 위험요인에 노출되었을 때 위험요인의 영향을 완화시켜 주는 요인을 의미한다. 따라서 개인의 위험요인과 보호요인을 평가하여 위험요인을 낮추고, 보호요인을 강화하는 것은 개인의 심리적 고통을 줄이고 적응력을 향상시킬 수 있다. 자해 청소년의 경우에도 평가를 통해 자해 청소년의 위험요인을 파악하여 위험요인을 낮추고 보호요인을 증가시킨다면 자해위험성을 줄이고 적응력을 향상시킬 수 있다.

자해의 위험요인과 보호요인을 밝히고자 하는 연구들은 많은 연구자에 의해 시행되어 왔으며, 그 결과 위험요인과 보호요인을 다양하게 제시하고 있다. 김수진 (2017)은 그동안 수행되어 왔던 연구들을 분석하여 자해의 위험요인과 보호요인을 정리하였다. 그 결과 자해의 위험요인으로 아동기의 불안정한 양육환경, 특히 불안 정한 애착관계, 정서조절의 어려움, 즉 다양한 감정을 처리하고 표현하는 능력 부족, 자기비하, 정신의학적 증상(예: 섭식장애, 우울), 부모와의 사별, 또래집단의 영향 등 생활사건 등을 들었으며, 보호요인으로는 자해가 주는 부정적 영향에 대한 객관적 인식, 삶의 목표, 자아존중감과 회복탄력성 향상을 통한 자기회복, 사회적 지지를 들었다. 또한 Martinson 등 (2002)은 부모의 정서적 박탈, 분리불안, 자기혐오, 죄의식, 우울감, 감각적인 자극의 필요 등을 위험요인으로 보았다.

이러한 다양한 연구를 바탕으로 한국청소년상담복지개발원의 자해 청소년 평가 시스템(서미, 김은하, 이태영, 김지혜, 2018)에서는 자해의 위험요인 및 보호요인을 파악하기 위해 네 가지 평가 영역(심리상태 위험성 평가, 알코올 및 약물 중독상태 평가, 규범 위반 및 폭력행동 점검, 지지체계 탐색)을 제시하였다. 구체적인 내용은 다음과 같다.

① 심리상태 위험성 평가

자해 청소년의 우울감, 무망감, 절망, 죄책감, 수치감, 분노, 불안 등 부정적인 감정이 어느 정도인지 파악함으로써 심리상태의 위험 정도를 평가한다. 우울감, 분

>>> 심리상태 위험성 평가를 위한 주요 질문

- 최근 들어 이유 없이 눈물이 나거나 삶에 희망이 없다고 느낀 적이 있나요?
- 심하게 내 자신에 대해 수치스럽다고 생각한 적이 있나요?
- 심하게 무망감, 절망감을 느낀 적이 있나요?
- 심하게 내 자신이 너무 싫고 나에게 화가 난 적이 있나요?
- 심하게 내가 쓸모없는 존재라는 생각이 드나요?
- 심하게 화가 나서 자신이나 타인을 해치고 싶다는 생각을 한 적이 있나요?
- 충동조절이 안 된 적이 있나요?

☞ 이러한 질문에 "예"라는 응답이 하나 이상이거나 심리적인 어려움이 있는 것으로 예상되면, MMPI-A 등 심리검사를 실시할 수 있다.

노, 불안 등의 심리상태가 위험할수록 자해 가능성도 높아질 뿐 아니라 동일한 자해를 시도했다고 하더라도 심리상태의 위험성에 따라 자해 심각성에 대한 평가, 향후 개입, 예후 등이 달라진다. 따라서 자해 청소년의 심리상태의 위험 정도를 평가하는 것은 매우 중요하며, 이는 심리상태 위험성 평가를 위한 주요 질문을 통해 일차적 평가가 가능하다. 심리상태 위험성 평가를 위한 주요 질문을 했을 때 심리상태가 심각하다고 판단되면 심리검사(예: MMPI-A, ASEBA)를 추가로 진행하거나 전문 기관에 연계해야 한다.

② 알코올 및 약물 중독상태 평가

한국청소년상담복지개발원의 자해 청소년 평가 시스템(서미 외, 2018)에서 자해의 위험요인 및 보호요인을 파악하기 위한 두 번째 평가는 알코올 및 약물 중독상태 평가이다. 알코올이나 약물은 자살의 원인으로 보나 자해의 원인으로 보지는 않는다. 자해는 극심한 정서적 고통에서 벗어나기 위한 수단이기 때문에 자해가 감소할 경우 정서적 고통을 줄이기 위한 알코올이나 약물 복용이 증가하기도 한다. 반대로, 알코올 및 약물 중독인 경우 더 이상 알코올이나 약물이 고통을 경감시켜 주지 못할 때 자해를 할 가능성이 높다. 즉, 알코올 및 약물 중독이라고 해서 반드시 자해를 많이 하는 것은 아니지만, 취약한 상태에 있기 때문에 자해를 할 가능성이 많으므로 이를 평가할 필요가 있다.

>>> 알코올 및 약물 중독상태 평가를 위한 주요 질문

- 술을 마시거나 담배를 피우나요? (만약 그렇다면 자세히 물어봄. 예를 들어, 하루에 몇 회, 그 양은?)
- 본드, 부탄가스 등을 흡입하거나 기분이 좋아지나 잠이 오지 않게 하는 약 같은 걸 먹고 있나요? (만약 그렇다면 자세히 물어봄. 예를 들어, 어떤 약물, 하루에 몇 회, 그 양은?)
- 술이나 약물을 사용한 후 어떤 행동을 하나요? 통제력을 잃거나 위험한 행동을 한 적이 있나요? (만약 그렇다면 자세히 물어봄)
- 술이나 약물 사용으로 인해 가족이나 학교에서 혹은 경찰과 문제가 된 적이 있나요? (만약 그렇다면 자세히 물어봄)

③ 규범 위반 및 폭력행동 점검

한국청소년상담복지개발원의 자해 청소년 평가 시스템(서미 외, 2018)에서 자해의 위험요인 및 보호요인을 파악하기 위한 세 번째 평가는 규범 위반 및 폭력행동 점검이다. 규범을 자주 위반하거나 폭력행동을 하는 청소년들은 정서조절을 잘 하지 못하고 충동적으로 행동하는 경향이 강하기 때문에 자해 역시 충동적으로 행할 가능성이 있다. 따라서 다음 질문을 통해 학교 규범을 위반하는 정도나 폭력행동 정도를 평가할 필요가 있다.

>>> 규범 위반 및 폭력행동 점검을 위한 주요 질문

- 무단결석 등 학교 규칙을 어긴 적이 있나요?
- 학교에서 징계를 받은 적이 있나요?
- 가출을 한 적이 있나요?
- 다른 사람을 공격하는 행동을 한 적이 있나요?
- 다른 사람의 물건을 부수는 행동을 한 적이 있나요?

☞ 이 질문에서 "예"라고 대답한 경우에는 구체적으로 상황에 대해서 물어 본다.

④ 지지체계 탐색

한국청소년상담복지개발원의 자해 청소년 평가 시스템(서미 외, 2018)에서 자해의 위험요인 및 보호요인을 파악하기 위한 가장 마지막 평가는 지지체계 탐색이다. 지지체계는 심리적 어려움을 경험하고 있는 모든 청소년에게 필요한 보호요인

>>> 지지체계 탐색을 위한 주요 질문

- 누구와 함께 살고 있나요? 그 사람과의 관계는 어떤가요?
- 가족과 친구와의 관계는 어떤가요?
- 힘들거나 속상할 때 마음을 털어놓을 수 있는 사람이 있나요?
- 최근 대인관계로 인해 어려움이나 갈등을 겪은 적이 있나요?

☞ 이러한 질문을 통해 내담자의 지지체계가 약하다고 판단되면, 위기상황(예: 자살 사고가 강해질 때)에서 도움을 청할 수 있는 주위 사람, 비상연락망 등에 대해 논의한다.

이라고 해도 과언은 아니다. 자해 청소년의 경우 응급상황으로 이어질 가능성도 있어 자해 청소년 주변에 심리적으로 지지를 해 줄 사람을 찾아 그들이 버팀목 역할을 해 줄 수 있다면, 그 자체로도 자해 청소년에게 도움이 될 뿐 아니라 응급상황에서 함께 대처할 수 있다. 그러나 자해 청소년의 경우 지지체계가 빈약한 경우가 많다. 따라서 상담자(지도자)는 자해 청소년의 지지체계망을 구축하기 위해 주변관계를 탐색해야 하며, 지지해 줄 사람이 없다면 상담자(지도자)가 지지체계의 구성원으로서 활동할 수도 있다.

2) 학교에서의 자해평가체계

자해 청소년이 급증한 것은 최근의 일이다. 그전까지는 자해보다는 자살에 초점이 가해져 있었기 때문에, 학교에서의 자해 청소년만을 위한 체계적인 평가 서비스는 매우 미흡하다. 학교에서의 자해 청소년에 대한 평가는 자해뿐 아니라 청소년의 전체적인 정서 및 행동 문제를 평가하는 것의 일환으로 이루어지고 있다. 즉, 현재 우리나라 초, 중, 고등학교에서는 초 1, 초 4, 중 1, 고 1 학생을 대상으로 학생정서 · 행동 문제 예방 및 조기발견을 위해 학생정서 · 행동특성검사(초등학생: Child Personality and Mental Health Screening Problems Screening Questionnaire, Second Version: CPSQ-II; 중 · 고등학생: Adolescent Personality and Mental Health Problems Screening Questionnaire, Third Version: AMPQ-III)를 실시하고 있다. 학생정서 · 행동특성검사는 학생용(CPSQ-II, AMPQ-III)과 교사용(CPSQ-II-T, AMPQ-III-T)으로 구분되며, 검사는 개인성격 특성, 위험 문항(학교폭력이나 자살 관련 문항), 정서행동 문제 요인 등으로 구성되어 있다. 학생의 정서 및 행동에 관한 전반적인 특성에 대한 평가이기 때문에 자해 관련 문항도 포함되어 있다. 그러나 자해 관련 문항은 자해 경험을 묻거나 자해의 위험성에 대한 질문밖에 없어 자해에 대한 구체적인 평가는 어렵다. 그럼에도 불구하고 많은 학생을 상대해야 하는 학교 장면에서 자해의 위험이 있는 학생을 스크리닝할 수 있을 뿐 아니라 다른 정서 및 행동 문제도 함께 파악할 수 있다는 점에서는 유용할 수 있다. 따라서 여기에서는 학생정서 · 행동특성검사에서 자해를 어떻게 다루고 있는지 살펴보고자 한다.

학생정서 · 행동특성검사는 실시 후 고위험이라고 판단되면 병원에서 전문치료나 상담을 받도록 하며, 병원에서 치료를 받을 정도는 아니지만 우선적으로 관리해야 할 대상이라고 판단되면 Wee센터나 정신건강증진센터 등의 전문기관에 의뢰된다. 그리고 그 외 담임이나 학교 내 상담자의 상담이 필요하다고 판단되면 학교에서 일반관리를 하게 된다. 자해는 중·고등학생용 학생정서·행동특성검사(AMPQ-Ⅲ) 학생용과 교사용에서 각각 1문항이 있다. 즉, 학생용은 '자해를 한 적이 있다'라는 문항으로 자해경험을 질문하고 있으며, 4점 척도(0=전혀 아니다, 3=매우 그렇다)의 질문을 통해 심각성을 평가한다. 교사용은 '자살이나 자해의 위험성이 있다'로 역시 4점 척도를 통해 자살 또는 자해의 위험성 정도를 평가한다. 2점 이상일 경우 우선관리대상이 되는데, 특히 교사용은 자살이나 자해를 동시에 질문하고 있기 때문에, 자살 관련 면담 기록지를 작성하고 자살위험 대상으로 개입해야 한다.

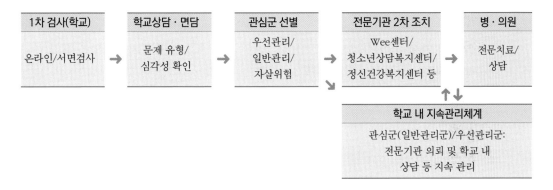

[그림 5-2] 학생정서·행동특성검사를 통한 위기 학생 관리 시스템

출처: 교육부(2019).

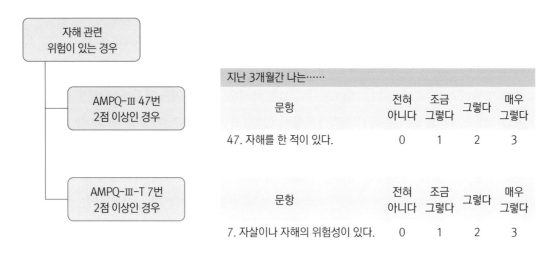

[그림 5-3] 학생정서 · 행동 특성검사(AMPQ-Ⅲ) 중 자해 관련 문항

그러나 자살이 아닌 자해로 인한 것이라면 자살과는 별도로 자해개입을 해야 한다. 궁극적으로는 자살과 자해 문항이 구분되어야 하지만, 현재 평가체제 내에서는 우선관리대상으로 스크리닝 한 후 상담을 통해서 분류하는 것이 바람직하다.

3) 임상적 평가

Rutter는 『아동 · 청소년 정신의학(Child and Adolescent Psychiatry, 6th ed.)』에서 아동 · 청소년의 자살 및 자해행동을 효과적인 치료하기 위해서는 정확한 평가가 중요하다는 것을 언급하면서, Ougrin 등(2011)이 개발한 자해 아동 · 청소년을 위한 심리사회적 평가를 소개하였다. 자해 아동 · 청소년을 위한 심리사회적 평가는 23개의 문항을 평가하는 것으로 구성되어 있으며, 우리나라에서는 최태영(2018)이 번안하였다. 23개의 문항은 크게 2개의 영역으로 구분 가능한데, 하나는 자해와 직접적 관련이 있고, 다른 하나는 자해와 관련된 위험 · 보호 요인과 관련이 있다. 자해와 직접 관련된 문항들은 자해동기나 이유, 이전 자해 시도력, 타인의 자해 및 자살에 대한 노출력 등에 대한 문항들이다. 다음으로 위험요인에 대한 문항들은 폭력, 학대와 같은 관계적 어려움의 유무, 법적인 문제, 정신상태 등에 대한 문항들이며, 보호요인에 대한 문항들은 문제해결 및 적응 능력, 지지의 가능성 등에 대한 문항들이다. Ougrin 등(2011)이 개발한 자해 아동·청소년을 위한 심리사회적 평가는 많은 문항을 제시하지 않고 반드시 평가해야 하는 것만 평가하도록 되어 있다는 점에서 의미가 있다.

〈표 5-1〉 자해기능평가지

☐ 최근의 어려움에 대한 병력	☐ 개인력, 최근의 사회적 관계 및 대인관계
☐ 자해의 구체적인 상황(시도 전/중/후)	– 폭력
☐ 음주상태 여부	– 학대
☐ 자해의 동기나 이유	– 가정폭력
☐ 자살의도가 있었는지	☐ 법적인 문제
☐ 여타 부가적인 동기나 이유가 있는지	☐ 정신상태
☐ 미리 계획한 것인지	☐ 추후 자해/자살의 위험성
☐ 이전의 자해 시도력	– 자살사고
☐ 타인의 자해/자살에 대한 노출력	– 절망
☐ 미디어 노출-인터넷, 페이스북 등	– 위험인자/보호인자
☐ 정신과적 병력	– 자해를 반복할 위험성
☐ 신체적 건강	– 자해 도구에 대한 접근성
☐ 가족력	☐ 아이가 어떠한 도움을 필요로 하는지
☐ 자살/자해를 시도한 다른 가족구성원이 있는지	☐ 지지의 가능성
	☐ 문제해결 및 적응 능력
	☐ 문제 목록
	☐ 추후의 단계 및 후속조치에 대한 아이의 동의

4. 자해 평가지

1) 한국판 자해기능평가지(K-FASM)

다음 질문지는 죽고자 하는 의도 없이 하는 자해인, 비자살적 자해(Non-Suicidal Self-Injury)의 방법 및 빈도, 목적 등에 관해 조사하는 설문지입니다. 개인의 정보가 노출되는 일은 없으므로, 각 문항을 잘 읽고 최대한 솔직하게 답변해 주시기 바랍니다.

Section 1.

A. 지난 1년 또는 그 이전에 의도적으로 자신의 신체를 훼손하기 위해 다음 제시된 바와 같은 행동들을 한 적이 있습니까? 있다면 모두 체크해 주십시오.

자해 방법	전혀 없음 ------ 6회 이상							자료를 받았습니까?
1. 칼로 피부를 긋거나 피부에 무엇인가를 새겼다.	0	1	2	3	4	5	6	1. 예 / 2. 아니요
2. 고의로 자신을 때렸다.	0	1	2	3	4	5	6	1. 예 / 2. 아니요
3. 자신의 머리카락을 뽑았다.	0	1	2	3	4	5	6	1. 예 / 2. 아니요
4. 문신을 하였다.	0	1	2	3	4	5	6	1. 예 / 2. 아니요
5. 몸에 있는 상처를 꼬집었다.	0	1	2	3	4	5	6	1. 예 / 2. 아니요
6. 피부를 불로 지졌다. (담배, 성냥 또는 다른 뜨거운 물체를 이용하여)	0	1	2	3	4	5	6	1. 예 / 2. 아니요
7. 물체를 손톱 밑 또는 피부 속에 찔러 넣었다.	0	1	2	3	4	5	6	1. 예 / 2. 아니요
8. 자신을 깨물었다. (예: 입 또는 입술 등)	0	1	2	3	4	5	6	1. 예 / 2. 아니요
9. 피가 날 때까지 신체 특정 부위를 꼬집었다.	0	1	2	3	4	5	6	1. 예 / 2. 아니요
10. 상처가 날 정도로 피부를 긁었다.	0	1	2	3	4	5	6	1. 예 / 2. 아니요
11. 살갗을 벗겼다.	0	1	2	3	4	5	6	1. 예 / 2. 아니요
12. 기타(그 행동이 무엇입니까? 아래에 기입해 주십시오)	0	1	2	3	4	5	6	1. 예 / 2. 아니요

B. 앞과 같은 행동을 한 적이 1년 이내입니까? 만약 1년 이내가 아니라면, 가장 마지막 자해 시점을 괄호 안에 기입해 주십시오.

    1. 예

    2. 아니요 (세)

Section 2.

만약 지난 1년 동안 또는 그 이전에, 앞과 같은 행동들을 한 적이 있다면 다음의 C~H까지 의 문항에 응답해 주십시오.

C. 앞에 열거된 행동들을 할 때 죽고자 하는 의도가 있었습니까?

    1. 예   2. 아니요

D. 앞에 열거된 행동들을 실행하기 전 앞의 행동을 하는 것에 대해 얼마 동안 생각하셨습 니까?

    1. 생각하지 않음

    2. 몇 분 동안

    3. 한 시간 미만

    4. 한 시간 이상 24시간 미만

    5. 하루 이상 일주일 미만

    6. 일주일 이상

E. 술을 마시거나 약물을 복용하던 중에 앞과 같은 행동을 한 적이 있습니까?

    1. 예   2. 아니요

F. 이런 의도적인 자해행동을 하는 동안 고통을 경험했습니까?

    1. 심한 고통   2. 중간 정도 고통   3. 약한 고통   4. 고통 없음

G. 위와 같은 방식으로 처음 자해를 한 것이 몇 살이었습니까?

    만 (   )세

H. 다음에 제시된 이유 때문에 앞서 제시된 방법들을 사용하여 자해를 한 적이 있습니까?

    (해당되는 이유를 모두 표시해 주십시오.

    0: 거의 그렇지 않다, 1: 가끔 그렇다, 2: 자주 그렇다, 3: 항상 그렇다)

이유	빈도
1. 학교, 일 또는 다른 활동을 회피하기 위해	
2. 마비감 또는 공허감을 완화시키기 위해	
3. 주의를 끌기 위해	
4. 고통스럽더라도 무엇인가를 느끼기 위해	
5. 하기 싫은 불쾌한 어떤 일을 하는 것을 회피하기 위해	
6. 사회적 상황 또는 대인관계를 통제하기 위해	
7. 부정적인 반응이라 하더라도, 누군가로부터 반응을 이끌어 내기 이해	
8. 부모님 또는 친구들로부터 더 많은 관심을 얻기 위해	
9. 사람들과 함께 있는 것을 피하기 위해	
10. 스스로를 처벌하기 위해	
11. 다른 사람들을 변화시키거나 다르게 행동하도록 하기 위해	
12. 존경하는 누군가처럼 되기 위해	
13. 처벌받거나 대가를 치르는 것을 피하기 위해	
14. 나쁜 기분들을 멈추기 위해	
15. 다른 사람들로 하여금 당신이 얼마나 절박한지 알게 하기 위해	
16. 단체의 구성원이라는 기분을 더 느끼기 위해	
17. 부모가 당신을 더 이해하게 하거나 주목하게 만들기 위해	
18. 혼자 있을 때 어떤 자극을 추구하기 위해	
19. 다른 사람과 함께 있을 때 어떤 자극의 추구를 위해	
20. 도움을 얻기 위해	
21. 다른 사람을 화나게 하기 위해	
22. 편안함을 느끼기 위해	
23. 기타	

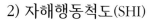

2) 자해행동척도(SHI)

다음 설문지를 읽고 최근 6개월간 또는 현재 자신의 모습과 어느 정도 일치하는지에 대해 표시해 주시기 바랍니다. (1: 거의 그렇지 않다, 2: 가끔 그렇다, 3: 자주 그렇다, 4: 항상 그렇다)

문항	빈도			
1. 약물을 과다복용한다.	1	2	3	4
2. 날카로운 물건으로 내 몸에 상처를 낸다.	1	2	3	4
3. 일부러 내 몸에 화상을 입혔다.	1	2	3	4
4. 내 자신을 때린다.	1	2	3	4
5. 벽이나 책상 등에 머리를 부딪힌다.	1	2	3	4
6. 과음한다.	1	2	3	4
7. 위험하게 운전한다.	1	2	3	4
8. 내 몸을 할퀸다.	1	2	3	4
9. 몸에 난 상처를 치료하지 않고 내버려 둔다.	1	2	3	4
10. 일부러 병을 악화시킨다. (예를 들어, 처방받은 약 먹지 않기)	1	2	3	4
11. 불건전한 성관계를 한다. (예를 들어, 여러 명의 파트너와 관계 맺기)	1	2	3	4
12. 대인관계에서, 일부러 남들로부터 거절당하게끔 행동한다.	1	2	3	4
13. 처방받은 약물을 과다복용한다.	1	2	3	4
14. 스트레스를 심하게 받는 인간관계에 매달린다.	1	2	3	4
15. 나에게 피해를 주는 성적인 관계를 가진다.	1	2	3	4
16. 자살시도를 한다.	1	2	3	4
17. 몸이 상할 정도로 무리하게 운동한다.	1	2	3	4
18. 자기비하적인 생각을 해서 나 자신을 괴롭힌다.	1	2	3	4
19. 몸이 상할 정도로 굶는다.	1	2	3	4
20. 몸이 상할 정도로 변비약, 이뇨제 등을 먹는다.	1	2	3	4

3) 한국판 자해척도(K-ISAS)

Section 1. 행동

이 설문지는 다양한 자해행동에 관해 질문합니다. 의도적이며(즉, 고의로), 자살의도는 없는(즉, 자살의 이유가 아닌) 행동에만 기록해 주세요.

1. 일생 동안 의도적으로(즉, 고의로) 비자살적 자해의 각 유형을 행한 횟수를 추정해 주세요.(예: 0, 10, 100, 500)

> 긋기 _____   심한 정도로 긁기 _____
>
> 깨물기 _____   자신을 세게 치거나 때리기 _____
>
> 화상 _____   상처가 낫는 것을 방해하기(예: 딱지 떼어 내기) _____
>
> 도려내기 _____   거친 표면에 피부를 문지르기 _____
>
> 꼬집기 _____   바늘로 찌르기 _____
>
> 머리카락 당기기 _____   위험한 물질을 삼키기 _____
>
> 기타 _____
>
> ※ 주의: 이 행동 중 하나 이상을 했다면, 이 설문지의 다음 부분을 꼭 작성하세요. 이 행동 중 어떤 행동도 하지 않았다면, 이 특정 설문지는 완료된 것이니 다음으로 넘어가세요.

2. 자해의 주요 유형에 해당하는 행동을 하는 것 같다면, 1번 문항에서 제시한 행동(들) 중 본인이 가지고 있는 자해의 주요 유형이라고 생각되는 것에 동그라미 치세요.

3. 몇 살 때
   처음 자해를 했나요? _____년 ___월 ___일 (대략의 날짜 _____년 ___월 ___일)
   가장 최근 자해를 했나요? _____년 ___월 ___일 (대략의 날짜 _____년 ___월 ___일)

4. 자해 중 신체적 고통을 경험합니까? (선택항에 동그라미 치세요)
   예 / 때때로 / 아니요

5. 자해할 때 혼자 있습니까? (선택항에 동그라미 치세요)
   예 / 때때로 / 아니요

6. 보통, 자해에 대한 충동이 있을 때부터 얼마큼의 시간이 있은 후에 충동을 행사합니까?

(선택항에 동그라미 치세요)

1시간 미만	1~3시간	3~6시간
6~12시간	12~24시간	1일 이상

7. 자해를 멈추고 싶었거나 멈추고 싶습니까? (선택항에 동그라미 치세요)

예 / 아니요

Section 2. 기능

이름: _____

날짜: _____

이 설문지는 자살의도가 없는 자해의 경험을 더 잘 이해하려는 목적으로 작성되었습니다. 다음은 당신의 자해경험과 관련이 있을 수도 있고 없을 수도 있는 진술문 목록입니다.

당신과 가장 관련이 있는 진술문을 확인해 주세요.

만약 진술문이 당신과 전혀 관련 없다면 0에 동그라미 치세요.

만약 진술문이 당신과 다소 관련 있다면 1에 동그라미 치세요.

만약 진술문이 당신과 매우 관련 있다면 2에 동그라미 치세요.

내가 자해를 할 때, 나는……	반응		
1. 나를 진정시키고 있다.	0	1	2
2. 나 자신과 타인 간 경계를 만들고 있다.	0	1	2
3. 나 자신을 처벌하고 있다.	0	1	2
4. 나 자신을 돌보는 방식을 알려 주고 있다. (상처에 주의를 두는 식으로)	0	1	2
5. 마비된 느낌을 멈추고자 고통을 유발하고 있다.	0	1	2
6. 자살을 시도하려는 충동을 피하고 있다.	0	1	2
7. 흥분 혹은 기분전환을 일으키는 일을 하고 있다.	0	1	2
8. 친구들과 함께하고 있다(유대감).	0	1	2
9. 다른 사람들에게 내 감정적 고통 정도를 알려 주고 있다.	0	1	2

10. 내가 고통을 견딜 수 있는지 살피고 있다.	0	1	2
11. 끔찍하게 느껴지는 신체적 표식을 만들고 있다.	0	1	2
12. 누군가에게 복수하고 있다.	0	1	2
13. 자기자족감(자립감, 자기충분감)을 확신한다.	0	1	2
14. 내 안에 쌓인 감정적 압박감을 방출하고 있다.	0	1	2
15. 다른 사람들과 분리되어 있음을 보여 주고 있다.	0	1	2
16. 쓸모없고 멍청한 자신에 대한 분노를 표현하고 있다.	0	1	2
17. 내 감정적 고통보다 더 돌보기 쉬운 신체적 상처를 만들어 내고 있다.	0	1	2
18. 그것이 신체적 고통이라 할지라도 (아무것도 아닌 것과는 반대되는) 뭔가를 느끼려고 노력하고 있다.	0	1	2
19. 실제의 자살시도 없이 자살사고에 반응하고 있다.	0	1	2
20. 뭔가 극단적인 일을 함으로써 자신과 타인을 즐겁게 하고 있다.	0	1	2
21. 다른 사람들과 어울리고 있다.	0	1	2
22. 다른 사람들의 돌봄이나 도움을 구하고 있다.	0	1	2
23. 내가 터프하거나 강하다는 것을 보여 주고 있다.	0	1	2
24. 나의 감정적 고통이 진짜라는 것을 나 자신에게 입증하고 있다.	0	1	2
25. 다른 사람들에게 복수하고 있다.	0	1	2
26. 다른 사람의 도움에 기댈 필요가 없음을 보여 주고 있다.	0	1	2
27. 불안, 좌절감, 분노, 혹은 다른 압도적인 감정을 줄이고 있다.	0	1	2
28. 나 자신과 타인 간의 장벽을 세우고 있다.	0	1	2
29. 나 자신에 대한 불행감 혹은 자신에 대한 혐오감에 반응하고 있다.	0	1	2
30. 상처 치료에 집중하면서 나 스스로를 기쁘게 하거나 만족시킨다.	0	1	2
31. 살아 있다는 것이 실감 나지 않을 때 내가 아직 살아 있는지 확인한다.	0	1	2
32. 자살사고를 멈추려 한다.	0	1	2
33. 스카이다이빙이나 다른 극한 활동과 같은 방식으로 내 한계에 밀어붙인다.	0	1	2
34. 친구나 사랑하는 사람들과의 우정, 친밀감의 표식을 만들고 있다.	0	1	2
35. 사랑하는 사람이 나를 떠나거나 버리지 않도록 한다.	0	1	2
36. 신체적 고통을 감당할 수 있음을 증명하고 있다.	0	1	2
37. 내가 경험하고 있는 감정적 고통을 표현하고 있다 .	0	1	2
38. 나와 가까이 있는 사람을 아프게 하려고 노력하고 있다.	0	1	2
39. 내가 자율적/독립적이라는 것을 확고히 하고 있다.	0	1	2

(필요하다면) 다음 여백에, 앞에서 열거한 것보다 더 정확하다고 생각되는 진술문을 기재하세요.

(필요하다면) 다음 여백에, 본인에게 적용되는 이야기가 아니라 할지라도, 앞의 목록에 추가해야 한다고 생각되는 진술문을 기재하세요.

4) 자해학생 자기보고식 평가지[2]

> 다음의 질문들은 자해에 대해 묻는 질문입니다.
> 이러한 질문들은 이야기하거나 떠올리기 어려운 주제가 될 수 있습니다. 불편하거나 부정적인 감정이 강하게 느껴지기 시작하면 언제든지 그만둘 수 있습니다. 작성한 답변은 여러분을 돕기 위한 정보로 활용할 것이며, 응답한 내용은 철저히 비밀을 지키겠습니다.

Section 1. 최근 자해 시도와 빈도

1. 가장 최근 자해를 한 적은 언제입니까?

① 1주일 이내   ② 1주에서 1개월 사이   ③ 1개월에서 3개월 사이

④ 3개월에서 6개월 사이   ⑤ 6개월에서 1년 사이   ⑥ 1년에서 2년 사이

⑦ 2년 전에   ⑧ 기타 (년   월 정도)

2. 앞으로 자해를 할 가능성은 얼마나 됩니까?

1	-----	2	-----	3	-----	4	-----	5
안 할 것 같다		거의 안 할 것 같다		확실하지 않다		가끔 할 것 같다		매우 높다

3. 처음 자해를 했던 때는 언제입니까?

4. 자해를 했던 총 횟수는 몇 번 입니까?

① 단 한 번   ② 2~3회   ③ 4~5회

④ 6~10회   ⑤ 11~20회   ⑥ 21~50회   ⑦ 50회 이상

5. 다음 문장 중 첫 번째 자해를 하게 되었던 동기를 가장 잘 설명하는 문장은 어떤 것입니까? (해당하는 것에 전부 체크해 주세요)

① 친구의 제안으로 자해를 하였다.

② 인터넷에서 자해에 대해 알게 되었고, 그것을 하기로 결심하였다.

---

2) 경기도 교육청(2017). 자해행동을 보이는 학생을 돕기 위한 교사용 가이드.

③ 책, TV, 영화에서 자해에 대해 읽거나 보고 하기로 결심하였다.

④ 내가 아는 사람이 자해를 하는 것 같다.

⑤ 연예인이 자해를 한다고 들었다.

⑥ 나는 우연히 자해라는 것을 발견하였다(이전에 자해에 대해 보거나 들은 적 없었다).

⑦ 자해는 용기가 생기게 하는 하나의 방법이다.

⑧ 자해를 하는 친구 때문에 시작하였다.

⑨ 나는 어떤 집단에 속하길 바라는 마음에서 자해를 시작하였다.

⑩ 다른 사람에게 상처나 충격을 주길 원해서 시작하였다.

⑪ 나는 화가 난 상태에서 자해를 하기로 결심하였다.

⑫ 다른 사람이 나의 상처나, 나를 돌봐 주기를 바라는 마음에서 자해를 시작하였다.

⑬ 자해를 할 때 느낌이 좋다.

⑭ 다른 사람이나 상황에 화가 난 상태에서 자해를 하였다.

⑮ 나는 내 자신에게 화가 났다.

⑯ 나는 술이나 본드, 수면제 등의 약물을 복용한 상태였다.

⑰ 다른 구체적인 이유가 있다.

⑱ 나는 기억할 수가 없다.

6. 처음 자해를 하였을 때, 어떤 경로를 통해 자해를 생각하게 되었습니까?

① 인터넷 웹사이트를 통해 자해를 알게 되었다.

② 병원이 아닌 다른 곳에서 다른 사람에게 자해에 대해 들었다.

③ 웹 블로그에서 자해에 대해 알았다.

④ 병원에서 다른 사람에게 자해에 대해 들었다.

⑤ 책이나 잡지에서 자해에 대해 읽었다.

⑥ 병원에서 자해를 하는 다른 사람을 보았다.

⑦ 텔레비전과 영화에서 자해를 하는 것을 보았다.

⑧ 자해에 대해 내가 생각했었다.

⑨ 병원이 아닌 다른 곳에서 자해를 하는 사람을 보았다.

⑩ 기타 (　　　　　　　)

7. 처음 자해를 하였던 장소는 어느 곳입니까?

① 자신의 방　② 화장실　③ 공원

④ 골목길　⑤ 친구의 집　⑥ 학교 내　⑦ 기타 다른 장소

8. 처음 자해를 한 방법은 어떤 방법입니까?

　① 손톱으로 꼬집거나 다른 물건으로 피부에 심각한 상처나 출혈이 나도록 하였다.

　② 손목, 팔, 다리, 몸통 혹은 다른 신체 부위에 칼로 그었다.

　③ 피부에 산성물질을 떨어뜨렸다.

　④ 피부에 글자나 상징 같은 것을 새겼다.

　⑤ 부식성 물질이나 날카로운 물질을 삼켰다.

　⑥ 출혈이 발생한 만큼 캐묻거나 피부에 상처를 남겼다.

　⑦ 뼈를 부러뜨리기 위한 시도를 하였다.

　⑧ 뼈를 부러뜨렸다.

　⑨ 피부를 찢거나 뜯어냈다.

　⑩ 손목, 손, 팔, 다리, 몸통 혹은 다른 신체부위를 불태웠다.

　⑪ 피부를 유리로 문지르거나 바늘, 핀, 스테이플러 같은 것으로 피부표면이나 하부를 찔렀다.

　⑫ 어떤 물체로 타박상이나 출혈이 나도록 찌르거나 쳤다.

　⑬ 타박상이나 출혈이 나도록 찌르거나 쳤다.

　⑭ 의도적으로 상처가 치료되는 것을 막았다.

　⑮ 상처를 얻기 위한 의도로 싸움을 하거나 다른 공격적인 행동을 하였다.

9. 자해를 하는 것에 대해 알고 있는 사람이 있습니까?

　① 아무도 모른다　　　② 몇몇의 사람들　　　③ 대부분의 사람

10. 자해를 알고 있는 사람은 누구입니까?

　① 친구　　　　　　　② 심리학자/정신의학자　　　③ 다른 정신건강전문가

　④ 전화상담원　　　　⑤ 가족구성원　　　　　　　⑥ 학교상담사

　⑦ 기타 (　　　　　　　　　　　　　)

11. 자해를 하였던 신체 부위는 어디이며 가장 많이 한 부위는 어디입니까? (해당하는 것을 전부 체크해 주세요.)

　　1순위 _____　2순위 _____　3순위 _____

① 손목	② 손	③ 손가락	④ 종아리 혹은 발목
⑤ 허벅지	⑥ 복부 혹은 흉부	⑦ 등	⑧ 머리
⑨ 발	⑩ 얼굴	⑪ 입술 혹은 혀	⑫ 어깨 혹은 목
⑬ 유방	⑭ 생식기 혹은 직장	⑮ 다른 부위 (　　　　)	

12. 주로 자해를 하였던 장소는 어느 곳입니까?

① 자신의 방	② 화장실	③ 공원	④ 골목길
⑤ 친구의 집	⑥ 학교 내	⑦ 기타 다른 장소	

Section 2. 자해 심각성

13. 생각한 것보다 더 심각하게 자해를 한 적이 있습니까?

    ① 그렇다   ② 아니다

14. 병원치료를 받아야 할 만큼 심각하게 자해를 한 적이 있습니까?

    ① 그렇다   ② 아니다

15. 생각한 것보다 더 심하게 자해를 한 적은 몇 번입니까?

    ① 1회   ② 2~3회   ③ 4~5회

16. 자해로 인해 생겼던 신체적 상처에 대해 의학적인 치료(심리치료가 아닌 것)를 받은 적이 있습니까?

    ① 그렇다   ② 아니다

17. 자해에 대해 심리치료나 상담을 받은 적이 있습니까?

    ① 그렇다   ② 아니다

18. 술이나 본드, 수면제 등 약물의 영향으로 생각했던 것보다 더 심각하게 상처를 낸 적이 있습니까?

    ① 그렇다   ② 아니다

19. 다음의 질문은 자해를 시작한 이유와 지속하는 이유에 대해 묻는 질문입니다. 다음의 진술문 중 자신의 상태를 가장 잘 설명하는 것에 동그라미를 해 주십시오.

어떤 이유로 자해를 하였는지 가장 잘 나타내는 것에 체크해 주십시오. 자해를 했던 이유가 전혀 아니라면 0에, 항상 자해를 하는 이유라면 4에 체크해 주십시오.	자해를 시작한 이유는 무엇입니까?					자해를 지속하고 있는 이유는 무엇입니까?				
	전혀 아니다		보통 이다		항상 그렇다	전혀 아니다		보통 이다		항상 그렇다
1. 극심한 긴장감을 벗어나기 위해	0	1	2	3	4	0	1	2	3	4
2. 술이나 본드, 수면제와 같은 약에 취한 것과 같은 느낌을 경험하기 위해	0	1	2	3	4	0	1	2	3	4
3. 부모님이 나에게 화를 내지 않도록 하기 위해	0	1	2	3	4	0	1	2	3	4
4. 혼자라는 느낌이나 공허함을 느끼는 것을 멈추기 위해	0	1	2	3	4	0	1	2	3	4
5. 다른 사람들의 관심이나 돌봄을 받기 위해서	0	1	2	3	4	0	1	2	3	4
6. 나를 처벌하기 위해	0	1	2	3	4	0	1	2	3	4
7. 아주 신나는 감정과 같은 흥분감을 느끼기 위해	0	1	2	3	4	0	1	2	3	4
8. 문제로부터 벗어나기 위해	0	1	2	3	4	0	1	2	3	4
9. 불쾌한 기억에 대한 주의를 돌리기 위해	0	1	2	3	4	0	1	2	3	4
10. 내 몸에 대한 이미지나 외형을 변화시키기 위해	0	1	2	3	4	0	1	2	3	4
11. 어떤 집단에 속하기 위해	0	1	2	3	4	0	1	2	3	4
12. 분노를 풀기 위해	0	1	2	3	4	0	1	2	3	4
13. 다른 사람들에게 나의 상처를 보여 주기 위해	0	1	2	3	4	0	1	2	3	4
14. 참을 수 없는 통증을 느낄 때 다른 신체 부분의 통증으로 대처하기 위해	0	1	2	3	4	0	1	2	3	4
15. 사람들이 나에 대해 갖는 기대를 멈추기 위해	0	1	2	3	4	0	1	2	3	4
16. 우울한 느낌이나 가라앉은 느낌을 없애기 위해	0	1	2	3	4	0	1	2	3	4
17. 자살하겠다는 생각을 멈추기 위해	0	1	2	3	4	0	1	2	3	4
18. 자살하겠다는 생각이 행동이 되어 가는 것을 막기 위해	0	1	2	3	4	0	1	2	3	4
19. 내가 존재하지 않는다는 생각이 들 때 실제로 존재함을 느끼기 위해	0									
20. 좌절감을 감소시키기 위해	0	1	2	3	4	0	1	2	3	4
21. 원하는 대로 되지 않을 때, 무언가 되고 있다는 느낌을 갖기 위해	0	1	2	3	4	0	1	2	3	4
22. 무엇이든 할 수 있다고 스스로 입증하기 위해	0	1	2	3	4	0	1	2	3	4
23. 성적 흥분을 위해	0	1	2	3	4	0	1	2	3	4
24. 성적 흥분을 감소시키기 위해	0	1	2	3	4	0	1	2	3	4
25. 기타 다른 내용 ( )	0	1	2	3	4	0	1	2	3	4

참고문헌

공성숙, 이정현, 신미연(2009). 섭식장애 환자의 아동기 외상경험이 자해행동에 미치는 영향과 부모 간 갈등의 매개효과 분석. 정신간호학회지, 18(1), 31-40.

권혁진, 권석만(2017). 한국판 자해기능 평가지(The Functional Assessment of Self-Mutilation)의 타당화 연구: 대학생을 중심으로. 한국심리학회지: 임상심리 연구와 실제, 3(1), 187-205.

교육부(2019). 2019 학생정서·행동 특성검사 및 관리 매뉴얼.

김소정, 우성범, 구훈정, 이종선(2019). 한국판 자해 척도(K-SHI) 타당화 연구. 인지행동치료, 19(2), 205-228.

김수진(2017). 비자살적 자해의 위험요인과 보호요인 개관. 청소년학연구, 24(9), 31-53.

이혜림(2013). 청소년의 처벌민감성과 강화민감성이 불안, 우울, 자해행동에 미치는 영향: 스트레스와 통제가능성 귀인의 역할. 가톨릭대학교 대학원 석사학위논문.

추은정, 이영호(2018). 자해 척도(ISAS)의 한국판 타당화 연구. 청소년학연구, 25(11), 95-124.

최태영(2018). 학교 현장에서의 자살 및 자해. 대구광역시교육청지정 대구 가톨릭 wee센터 자료집.

Klonsky, E. D. (2007). The functions of deliberate self-injury: A review of the evidence. *Clinical psychology review, 27*(2), 226-239.

Klonsky, E. D., May, A. M., & Glenn, C. R. (2013). The relationship between nonsuicidal self-injury and attempted suicide: Converging evidence from four samples. *Journal of Abnormal Psychology, 122*(1), 231.

Kolb, J. E., & Gundersn, J. G. (1980). Diagnosing borderline patients with a semistructured Interview. *Arch Gen Psychiatry, 37*(1), 37-41.

Linehan, M. M., Comtois, K. A., Brown, M. Z., Heard, H. L., & Wagner, A. (2006). Suicide Attempt Self-Injury Interview (SAS II): Development, reliability, and validity of a scale to assess suicide attempts and intentional self-injury. *Psychological assessment, 18*(3), 303-312.

Lloyd, E. E., Kelley, M. L., & Hope, T. (1997). *Self-mutilation in a community sample of adolescents: Descriptive characteristics and provisional prevalence rates.* In annual meeting of the Society for Behavioral Medicine, New Orleans, LA.

Martinson, D. (2002). Why do people deliberately injure themselves? Retrieved October 3, 2005, from http://www.palace.net/~llama/psych/injury.html.

Nixon, M. K., and Cloutier, P. F. (2005). Ottawa Self-inventory (version 3.1). Retrieved

March 11, 2009, from Interdiscplinary National Self-Injury In Youth Network (INSYNC): http://www.insync-group.ca/publications/OSI_clinical_October_20051.pdf.

Nixon, M. K., Levesque, C., Preyde, M., Vanderkooy, J., & Cloutier, P.F. (2015). The Ottawa self-injury inventory: evaluation of an assessment measure of nonsuicidal elf-injury in an inpatient sample of adolescents. *Child Adolescent Psychiatry Mental Health, 9,* 26.

Nock, M. K., Holmberg, E. B., Photos, V. I., & Michel, B. D. (2007). The self-injurious thoughts and behaviors interview: Development, reliability, and validity in an adolescent sample. *Psychological Assessment, 19,* 309-317.

Nock, M. K., & Prinstein, M. J.(2004). A functional approach to the assessment of self-mutilative behavior. *Journal of Consulting and Clinical Psychology, 72,* 885-890.

Ougrin, D. et al. (2011). Trial of Terapeutic Assessment in London: Randomised controlled trial of Terapeutic Assessment versusstandard psychosocial assessment in adolescents presenting withsel -harm. *Archives of Disease in Childhood, 96,* 148-153.

Sanson, R. A., Wiederman, W. W., & Sanson, L. A. (1998). The self-Harm Inventory(SHI): Development of a scale for identifying self-destructive behaviors and borderline personality disorder. *Journal of Clinical Psychology, 54*(7), 973-983.

제6장
청소년 자해와 정신장애

    자해는 DSM-IV-TR에서 경계선 성격장애의 다양한 증상 중 하나의 증상으로 간주되었으나 DSM-5에서는 추후 연구를 통해 다음 개정판 때 포함되어야 할 장애(Conditions for Further Study)로 구분되었다. 자해가 경계선 성격장애뿐 아니라 외상 후 스트레스 장애, 섭식장애, 우울증 등 다양한 정신장애에서도 많이 나타나면서 기존 정신장애와는 구별되어야 할 필요성이 대두되었기 때문이다. 이는 자해가 새로운 장애로 분류되지만, 그 배경에는 자해가 여전히 다양한 정신장애와 밀접한 관련이 있다는 것을 의미한다. 일련의 연구 결과에 따르면, 정신과에 입원한 청소년 중 약 82%가 지난 1년 동안 자해행동을 한 적이 있는 것으로 나타났으며(Nock & Prinstein, 2004), 고등학생을 대상으로 한 연구에서는 자해를 한 고등학생이 일반 학생에 비해 우울과 불안 증상이 더 높은 것으로 나타났다(Ross & Heath, 2002). 또한 외상 후 스트레스 장애, 섭식장애, 약물남용, 경계선 성격장애, 우울 및 불안과 관련이 높은 것으로 나타났다(Haw, Hawton, Houston, & Townsend, 2001). 그러나 자살을 시도하는 청소년 중 다수가 정신장애를 경험하고 있지만, 정신장애를 경험하고 있는 청소년이 모두 자살을 시도하는 것이 아니듯 외상 후 스트레스 장애, 섭식장애, 경계선 성격장애, 우울증 등의 문제가 있다고 해서 자해를 하는 것은 아니다.

이 장에서는 섭식장애, 외상 후 스트레스 장애, 경계선 성격장애, 우울증이 청소년
의 자해와 어떤 관련이 있는지 구체적으로 살펴보고자 한다.

1. 섭식장애

1) 섭식장애의 특징

섭식장애는 장기간 동안 섭식과 관련된 행동으로 신체적·정신적 기능이 심각
하게 손상된 장애를 의미한다. 섭식장애는 청소년기에 많이 발병하는데, 한창 성
장해야 할 청소년에게 섭식장애는 신체적 성장을 방해할 뿐 아니라 심할 경우에는
생명까지도 위협한다. 이러한 섭식장애의 대표적인 것으로는 신경성 식욕 부진증
(anorexia nervosa)과 신경성 폭식증(bulimia nervosa)이 있다. 신경성 식욕 부진증은
거식증으로도 불리는데, 정상적인 체중을 거부하고 체중 증가에 대한 두려움 때문
에 왜곡된 인지를 통해 체중 감소에 지나치게 집착하는 것을 의미한다. 즉, 마른 외
모에도 불구하고 자신이 뚱뚱하다고 인지함으로써 이뇨제나 관장약 복용, 자기유
발구토, 지나친 운동 등의 부적절한 행동을 반복적으로 하며 음식 먹는 것을 거부
한다. 이들이 주로 하는 생각은 "나는 완벽해야 해." "날씬해야 사랑받을 수 있어."
등을 들 수 있다. 이러한 왜곡된 생각과 부적응적인 행동으로 자존감이 낮아지며,
우울, 불안 등의 심리적 문제를 수반할 뿐 아니라 무월경, 골밀도 감소, 신진대사
및 전해질의 불균형, 심장 부전 등의 신체적 증상을 경험하게 된다.

반면, 신경성 폭식증은 신경성 식욕 부진증과는 달리 배가 부름에도 불구하고 단
시간 내에 많은 양의 음식을 먹은 후 체중이 증가하는 것에 대한 두려움 때문에 목
구멍에 손가락을 넣어 구토를 하거나 이뇨제, 설사약, 관장약 등을 복용하거나 심
한 운동을 하는 등 부적절한 행동을 반복적으로 하는 것을 의미한다. 이들이 폭식
을 하는 이유는 스트레스나 긴장 상태에서 지내다가 폭식을 통해 충족감을 느끼며
긴장이 완화되는 경험을 하기 때문이다. 그러나 그 후 자신의 행동에 대해 자책을
하고 죄책감에 빠지며 우울감을 경험한다. 그 결과 원 상태로 회복하기 위해 구토
를 하거나 이뇨제 등을 사용하지만 이러한 이뇨제나 설사약, 관장약 등은 배고픔을

더 유발하기 때문에 문제가 더 악화되곤 한다. 대부분 여성에게서 많이 나타나며, 특히 심한 다이어트 후에 많이 나타난다. 신경성 식욕 부진증과 신경성 폭식증은 독립적이고 반대되는 개념으로 지각될 수 있으나 이들은 상당히 밀접한 관련이 있다. 다음은 신경성 식욕 부진증과 신경성 폭식증의 공통점과 차이점이다.

먼저, 신경성 식욕 부진증과 신경성 폭식증의 공통점은 다음과 같다.

① 날씬한 몸매를 원하며, 체중 증가를 극도로 두려워한다.
② 실제는 마른 몸매인데도 불구하고 살이 쪘다고 생각하는 등 자신의 체중과 외모에 대해 왜곡된 인식을 가지고 있다. 실제 주변 사람들은 너무 말랐다는 피드백을 많이 한다.
③ 외모, 체중에 대해 지나치게 몰두해 있다.
④ 우울, 불안, 강박, 완벽주의인 사람들에게서 많이 나타난다.
⑤ 다른 정신질환을 동반하는 경우가 많다.

이와는 달리 신경성 식욕 부진증과 신경성 폭식증은 다음과 같은 차이점이 있다.

① 신경성 식욕 부진증은 신경성 폭식증이 이뇨제 등을 통해 급격한 체중 감량을 하는 것과는 달리 지속적으로 진행된다.
② 신경성 식욕 부진증은 신경성 폭식증에 비해 무월경이 많다.
③ 신경성 폭식증인 사람들은 신경성 식욕 부진증인 사람들에 비해 타인에게 매력적으로 보이려고 노력하며, 성적 경험이 더 많은 경향이 있다.
④ 신경성 폭식증인 사람들은 신경성 식욕 부진증인 사람들에 비해 쉽게 좌절하며, 충동성이 강해 반사회적 성격이 많고, 약물남용이나 자살시도 또한 더 많다.

이러한 특징을 지닌 신경성 식욕 부진증과 신경성 폭식증에 대한 정확한 진단기준은 다음 DSM-5의 진단기준에 제시되어 있다.

>>> DSM-5상 신경성 식욕 부진증의 진단기준

A. 나이와 키에 비해 최소한의 정상범위 내에서 체중을 유지하는 것에 거부감을 느끼고(기대체중의 정상 하한선 미만의 체중),

B. 저체중임에도 불구하고 살찌는 것에 대해 극도의 공포감을 느끼며,

C. 다음 중 한 가지 이상
   1. 체중과 체형에 대한 왜곡된 인식
   2. 체중 및 체형이 자기평가에 미치는 영향이 과도
   3. 현재 저체중 상태의 심각성을 인정치 않음

>>> DSM-5상 신경성 폭식증의 진단기준

A. 폭식삽화가 반복되며(폭식 삽화: 단위시간에 일반인의 식사보다 확실히 많은 양을 섭취하며 식사 중 자제가 불가능),

B. 폭식 후 체중 증가를 막으려는 부적절한 행동이 뒤따른다.

C. 앞의 2가지 행동이 3개월 이상, 주 1회 이상 지속되며,

D. 체중이나 체형이 자기평가에 과도한 영향을 미침

E. 신경성 식욕 부진증을 배제

〈참고〉
진단이 어렵다면, 이럴 때 신경성 폭식증을 의심해 보자!
- 폭식이 절제가 안 되는 경우
- 폭식 후 일부러 구토하거나 하제를 사용하는 경우
- 폭식 후 심리적 우울감이 심한 경우

2) 섭식장애와 자해

섭식장애는 자해와 밀접한 관련이 있는 것으로 알려져 있다. 그렇다면 섭식장애와 자해는 어떤 관련이 있는 것일까? 먼저 Cucchi 등(2016)에 따르면, 섭식장애의 27.3%, 신경성 식욕 부진증의 21.8% 그리고 신경성 폭식증의 32.7%가 자해를 경험하고 있으며, 섭식장애인 사람들이 보이는 폭식행동이나 자기유발구토 등 자체를 자해행동으로 보기도 한다. 또한 섭식장애와 자해 모두 청소년 및 성인 초기에 많이 나타나는 것으로 알려져 있다. 우리나라의 경우에도 중·고등학생의 약 5.1~29.5%가 섭식장애를 경험하고 있는 것으로 나타나고 있으며, 섭식장애 청소년의 자해를 포함한 자살 시도율이 일반 청소년에 비해 약 3~8배 높은 것으로 나타났다. 또한 섭식장애와 자해는 둘 다 남성에 비해 여성에게 많이 나타나는 공통된 특징이 있다. 그러나 섭식장애이면서 자해를 하는 남성은 자해 없이 섭식장애만 있는 남성보다 정서, 대인관계, 충동성 등에서 더 심각한 증상을 보인다(Ernhout, Babington, & Childs, 2015).

또한 섭식장애와 자해는 발생하게 되는 원인 측면에서 많은 공통점이 있다. Claes와 Muehlenkamp(2014)는 섭식장애나 자해를 경험하게 되는 공통요인을 원거리 요인과 촉발요인으로 구분하여 설명하였다. 잠재적인 원인이 되는 원거리 요인은 다시 개인적 요인과 사회적 요인으로 구분된다. 개인적 요인은 높은 정서적 반응이나 불안 민감성 등의 기질적 요인과 충동성, 강박적인 특성, 완벽주의 등이 있으며, 사회적 요인은 낮은 정서지지, 높은 통제에 비해 낮은 유대감을 들 수 있다.

섭식장애와 자해의 보다 직접적인 촉발요인은 정서적 역기능과 인지적 역기능을 들 수 있다. 정서적 역기능은 고통을 감내할 수 있는 능력이 적어서 강한 스트레스 상황에 직면하게 되면 자해나 섭식장애로 이어진다는 것이다. 인지적 역기능은 자기 자신에 대해 비난을 많이 하고 죄책감을 느끼며 자존감이 낮은 것을 말한다. 스트레스 상황에서 어떤 사람들은 타인에게 화를 내고, 자신의 잘못도 타인의 탓으로 돌리는 반면, 이들은 스트레스 상황에서 자기 자신에 대한 비난이 더 활성화되어 자해나 섭식장애를 경험한다. 자해나 섭식장애인 사람들의 가장 큰 특징 중 하나가 자기혐오라는 것을 고려한다면 쉽게 이해할 수 있는 부분이다. 자기 자신에 대한 부정적 인식은 부정적 신체상으로 이어진다. 자신의 신체에 대해 불만족스러워하기 때문에 신경성 식욕 부진증을 경험하기도 하며, 더 강한 스트레스를 받을 경우 자해나 섭식장애를 경험한다. 그 외에 해리 증상을 겪고 있거나 자해나 섭식장애를 경험하고 있는 친구들이 주변에 많을 경우 또는 그런 친구가 친한 친구인 경우, 그리고 기분/불안 장애, PTSD, 물질 관련 장애를 경험하고 있는 경우 자해나 섭식장애의 원인이 된다.

특히 PTSD 중 아동기의 외상경험은 주목해야 할 부분이다. 아동기 외상은 섭식장애와 자해의 주요 원인으로 알려져 있다. 아동기의 신체적 · 성적 폭력뿐 아니라 언어적 폭력 그리고 부모의 갈등을 보고 자라는 간접경험은 아동에게 큰 심리적 상처가 된다. 이러한 상처는 어린 시절에 그치는 것이 아니라 성장하면서 섭식장애를 야기하고 또한 자해로 이어지므로 중요하게 다루어져야 한다.

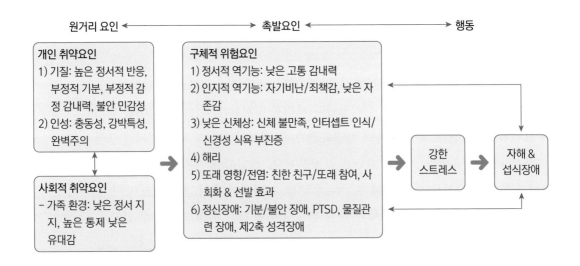

[그림 6-1] 자해와 섭식장애와의 관계

출처: Claes & Muehlenkamp (2014).

3) 개입

섭식장애이면서 자해를 하는 사람들은 문제가 되는 섭식행동을 개선하고, 자해행동을 하지 않도록 하는 것이 중요하다. 따라서 이들의 치료 목표는 정상적으로 음식을 먹고, 체중을 정상으로 회복하여 궁극적으로는 신체적·심리적 건강을 유지하게 하는 것이다.

(1) 입원 여부를 고려해야 한다

자해만 하는 사람들과 달리 섭식장애를 동반한 사람들의 경우 신체적 상태를 점검하고, 신체적 상태에 따라 입원치료를 해야 하는지 고려해야 한다. 만약 신체적 질병이 있다거나 영양상태가 안 좋다면 입원치료를 실시해야 한다. 입원치료를 하는 경우 신체적 질병에 대한 치료와 함께 심리상담도 병행하는 것이 좋으며, 향후 반복적으로 증상이 재발할 가능성을 대비해서 재입원에 대한 안내 및 동의를 받는 것이 바람직하다.

(2) 병원치료를 고려해야 한다

입원을 할 정도의 증상이 아니다 하더라도 비정상적인 섭식행동으로 인해 신체적으로 무리가 되었을 수 있다. 따라서 심리상담과 함께 신체적 점검을 통해 병원치료를 받아야 하는지 결정해야 한다.

(3) 라포를 형성한다

처음 만나 입원 여부를 고려할 때부터 라포를 형성하는 것은 매우 중요하다. 섭식장애이면서 자해를 하는 사람들 또한 그동안 대인관계에서 상처를 받고, 대인관계에 대한 신뢰가 없을 수 있다. 따라서 그들이 비정상적인 섭식행동과 자해행동을 할 수밖에 없는 심리적 고통에 공감해 주면서 라포를 형성한다.

(4) 동기를 강화해야 한다

라포 형성과 함께 중요한 것이 동기 강화이다. 섭식장애이면서 자해를 하는 사람들 대부분은 자신의 문제에 대한 심각성을 인식하지 못하고 있다. 다른 사람들이 보기에는 비정상적으로 마른 체형임에도 불구하고 자신은 체중이 더 감소해야 정상이라고 생각한다. 그 결과 가족이나 상담자와 갈등이 일어나거나 가족이나 상담자에게는 변화에 대한 의지를 보이는 척하면서 몰래 비정상적 섭식행동을 지속하여 문제를 악화시킨다. 따라서 충분한 이해와 공감을 통해 치료에 대한 동기를 강화해야 한다.

이를 위해 동기강화상담을 적용해 볼 수 있다. 동기강화상담은 총 6단계로 구성되어 있는데, 1단계는 고려 전(precontemplation) 단계이다. 이 단계는 자신의 행동에 대한 문제를 인식하기 전 단계로 이들은 비정상적인 섭식행동만이 자신을 행복하게 해 줄 수 있다고 믿는다. 2단계는 고려(contemplation) 단계로 양가감정을 가지게 된다. 비정상적인 섭식행동과 자해행동이 자신에게 필요하고 중요한 행동이라고 지각하면서도, 다른 한편으로는 자신의 삶에 미치는 부정적인 행동에 대해 인식하면서 고민을 하게 된다. 3단계는 준비/결정(preparation/determination) 단계로 이 시기에는 양가감정에서 더 나아가 자신의 삶에 미치는 부정적 영향에 대한 인식이 커지면서 변화에 대한 동기가 생기는 시기이다. 4단계는 실천(action) 단계로 변화를 위한 본격적인 행동을 하게 된다. 마지막 5단계는 유지(maintenance) 단계이다. 동기 강화에서 가장 중요한 것은 2단계와 3단계를 통해 변화하고자 하는 결심을 스스로 말할 수 있도록 하는 것이다. 이를 위해서 상담자는 공감을 기반으로 변화하고자 하는 욕구와 비정상적인 섭식행동을 계속하고자 하는 욕구 간의 불일치를 극복하게 해 주며, 이 과정을 통해 자기효능감을 갖게 해야 한다.

>>> 변화 대화를 위한 주요 기술

1. 유발적 질문하기: "상황이 어떻게 달라지길 바라시나요?" "당신이 변화할 수 있을 것 같다고 생각하게 한 것은 무엇인가요?" 등 직접 질문하기
2. 중요성 척도 사용하기: 내담자가 생각하는 변화 중요성, 자신감 정도를 0~10점으로 표시하기
3. 정교화하기: "어떻게 변화하기로 결심했는지 자세히 이야기해 주시겠어요?" 등 자세히 이야기할 수 있도록 하기
4. 극단적 질문하기: 내담자가 변화를 바라지 않을 때 내담자나 주위 사람이 갖고 있는 가장 심한 걱정/최악의 극단적인 상황/최상의 상황에 대해 상상 또는 이야기하게 하기
5. 과거 회상하기: 현재 문제가 나타나기 이전을 회상하게 하기
6. 목표와 가치관 탐색하기: 내담자의 삶에서 가장 중요한 것 질문하기
7. 결정 저울: 현 상태의 장단점 파악하기

(5) 건강한 식사습관 형성과 합리적인 사고를 하도록 한다

이 단계에서는 상담자가 선호하는 상담이론에 따라 다양한 접근이 가능하다. 예를 들어, 정신역동적 접근을 선호하는 상담자라면 상담에서 내담자의 문제에 대한 해석, 전이 등을 통해 내담자의 문제를 통찰하게 할 수 있다. 일반적으로 인지행동치료가 이들에게 많이 사용된다.

인지행동치료의 첫 번째 단계는 올바른 식사습관을 계획하는 것이다. 지금까지의 식사습관은 이들의 비정상적 섭식행동을 강화하는 것이었다. 따라서 올바른 식사습관을 형성하게 하기 위해 전문가의 도움을 받아 적절한 식단을 계획하고, 이를 어떻게 실행할지 계획을 세워야 한다. 이때 건강한 식사습관을 실행하는 데 방해가 되는 것이 무엇인지 미리 파악하는 것이 중요하다. 예를 들면, 좋아하는 것을 보이는 곳에 놓지 않게 하거나 식탁 위에 음식을 너무 많이 두지 않아야 한다. 또한 실천 가능한 계획을 세워야 한다. 갑자기 싫어하는 음식만 먹게 하거나 한 번에 너무 많은 음식을 먹게 하는 것 등은 좌절감만 갖게 할 수 있다. 따라서 올바른 식사습관에 대한 계획은 내담자와 함께 세워야 한다.

두 번째 단계는 섭식일지 작성 등을 통해 올바른 섭식행동을 하게 하는 것이다. 언제, 어디서, 누구와, 무엇을 먹었는지를 적게 하고, 먹었을 때의 느낌, 그 후의 행동에 대해 간단히 적게 한다. 올바른 섭식행동을 어느 정도 했는지, 어떤 상황에서 실패했는지를 파악하는 데 도움이 된다. 단, 내담자의 실패행동에 초점을 맞추기보다는 작은 성공에도 칭찬을 함으로써, 섭식일지에 대한 부담 때문에 상담에 저항하지 않게 해야 한다. 이를 통해 비정상적인 섭식행동(예: 음식을 토하는 것)을 하지 않아도 불안하지 않으며, 오히려 자신에게 더 도움이 된다는 것을 인식시킨다.

세 번째 단계는 섭식행동 및 자해행동과 관련된 내담자의 왜곡된 사고를 찾아내고 합리적인 사고를 할 수 있도록 도와주는 것이다. 예를 들어, "살이 찌면 아무도 나를 좋아하지 않을 거야."라고 생각하는 사람에게 자신의 사고에 대한 타당성을 검증하게 하고, 이를 통해 살이 쪄도 다른 사람에게 사랑받을 수 있다는 합리적인 사고를 갖게 한다.

마지막 단계는 자존감 향상을 통해 올바른 자아상을 가지게 하는 것이다. 왜곡된 사고를 합리적인 사고로 변화시킴으로써 자존감 향상이 자연스럽게 동반될 수 있다. 그러나 섭식장애와 자해행동을 하는 사람들의 가장 큰 특징은 자기비하를 비롯한 낮은 자존감이다. 따라서 합리적인 사고를 통해 섭식행동이나 자해행동을 더이상 하지 않는다면 칭찬이나 작은 성취감 등을 통해 신체를 비롯한 자아에 대해 긍정적으로 지각하게 하고, 이를 통해 자존감 향상을 촉진해야 한다.

(6) 가족의 지지체계를 확립해야 한다

주변 사람들이 비정상적인 섭식행동을 이해하는 것은 쉽지 않다. 그 결과 상담 중에도 작은 변화에 만족하기보다는 비난을 하거나 올바른 식사습관을 강요하는 경우가 많다. 그러나 이러한 가족의 행동은 오히려 문제를 악화시키게 되므로 가족이 내담자를 적극적으로 수용하고 지지, 격려할 필요가 있다.

4) 사례

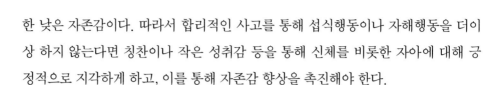

언니는 어려서부터 나중에 미스코리아가 되면 좋겠다는 이야기를 들을 정도로 예뻤어요. 그래서 사람들이 다 좋아했어요. 친척집을 같이 가도 언니에게만 말 걸고, 저에겐 관심들이 없었어요. 반면, 저는 뚱뚱하다고 놀림을 받았죠. "친동생 맞아?" 이런 이야기나 듣고. 그래도 어렸을 때는 공부를 잘해서 부모님이 예뻐해 주셨어요. 그런데 이제는 성적도 보통이에요. 사람들이 다 저한테 "얼굴이 못생기면 공부라도 잘해야지." "저 집 둘째는 누구 닮은 거야? 자매가 어쩜 저렇게 달라?"라며 욕하는 것 같아요. 그때부터 살을 빼야겠다고 생각했어요. 처음 한 달은 조금만 먹었어요. 살이 빠지더라고요. 주변에서 살이 빠지니 예뻐졌다고 하더라고요. 더 빼기 시작했죠. 그런데 어느 순간 더 이상 안 빠지는 거예요. 그래서 그때부터는 거의 하루에 한 끼만 먹었어요. 아침과 점심은 거의 먹지 않고 잘 참을 수 있는데, 이상하게 저녁이 되면 못 참아서 많이 먹어요. 얼마나 많이 먹었는지 그러고 나면 살이 찔까 두려워 구토를 해요. 하제를 먹어야 그나마 안심이 돼요. 그러나 그다음 날 같은 현상이 반복되는 거죠. 마음대로 안 되니 자해도 하고. 하제는 더 이상 먹기 싫어요. 지금 165cm에 45kg인데, 하제 없이 제가 살을 뺄 수 없을까요?

이 사례는 예쁘게 생긴 언니와 비교하여 외모에 대해 콤플렉스를 가진 동생의 사례이다. 내담자는 외모 대신 공부를 통해 인정받고자 했으나 성적이 떨어지면서 외모에 집착을 하게 되었고, 그 집착이 심해져 신경성 폭식증 그리고 자해행동으로 이어진 것으로 보인다. 이러한 신경성 폭식증과 자해행동은 신체에 무리가 되었을 수 있다. 따라서 가장 먼저 해야 하는 것은 병원에 의뢰하여 신체상태를 점검받는 것이다.

그다음에는 내담자가 문제를 인식하고 변화에 대한 동기를 갖게 해야 한다. 165cm에 45kg이면 상당히 마른 체격임에도 불구하고 여전히 살을 빼고자 하는 것은 내담자가 전혀 자신의 문제를 인식하지 못하고 있음을 의미한다. 따라서 살을 빼고자 하는 마음을 충분히 이해해 주면서 지금의 섭식행동과 자해행동이 자신의 삶에 미치는 부정적 영향에 대해 생각할 수 있도록 해야 한다. 내담자는 언니에 비해 뚱뚱한 외모 때문에 사랑을 받지 못했다고 생각하기 때문에 상담자와 가족들이 충분히 내담자를 공감해 주고 이해해 준다면 지금의 섭식행동과 자해행동이 주는 긍정적인 측면 외에 부정적인 측면을 인식할 수 있다.

변화에 대한 동기가 생기면, 올바른 식사습관을 연습하고 왜곡된 사고를 합리적으로 변화시켜 준다. 특히 이때 중요한 것은 살을 빼지 않고도 사랑받을 수 있다는 자신감을 갖게 해 주는 것이다. 변화를 위해 노력하는데 가족이나 친구들과 갈등이 생기거나 소외된다면 "역시 난 살을 빼야 해."라는 생각을 가질 수 있다. 그러므로 가족의 협조를 구하는 것도 좋다. 내담자가 원만한 관계를 가지고 새로운 삶의 목표를 가질 수 있도록 도와줘야 한다. 그러한 차원에서 내담자에게 스트레스 대처방법을 알려 주고 새로운 취미활동을 갖게 하는 것 등도 도움이 될 수 있다.

2. 외상 후 스트레스 장애

1) 외상 후 스트레스 장애의 특징

외상 후 스트레스 장애(Post traumatic Stress Disorder: PTSD)란 전쟁, 테러, 폭행, 강간, 비행기 사고, 아동기의 학대 등 생명을 위협하는 갑작스러운 외상을 경험하였을 때 나타나는 심리적 장애이다. 외상을 경험하면 꿈이나 생각 등을 통해 외상이 침습

>>> DSM-5상 외상 후 스트레스 장애의 진단기준

A. 실제적이거나 위협적인 사망, 심각한 부상, 혹은 성폭력에 다음 중 하나 이상의 방식으로 노출
  1. 외상 사건을 직접 경험
  2. 외상이 타인에게 발생하는 것을 직접 목격
  3. 가까운 가족이나 친구에게 일어난 것을 알게 됨. 가족이나 친구의 친구에게 생긴 실제적이거나 위협적인 죽음은 폭력적이거나 사고에 의한 경우이어야 함
  4. 외상 사건에 대해 반복적이거나 지나치게 자세한 세부사항에 노출
     (주의: 업무적이지 않은 이유로 방송, 영화, 사진 등에 노출되는 경우는 해당하지 않음)

B. 하나 이상의 외상 사건과 관련된 침습 증상이 외상 사건 이후 존재
  1. 의도하지 않게 침습적으로 사건에 대한 고통스러운 기억이 자꾸 떠오름
     (주의: 아동은 외상과 연관이 있는 주제의 놀이를 반복적으로 함)
  2. 사건과 관련된 내용이나 정서의 고통스러운 꿈이 반복
     (주의: 아동은 내용이 인지되지 않는 무서운 꿈을 꿈)
  3. 마치 외상 사건이 재발하고 있는 것 같은 해리 반응을 느낌
  4. 외상적 사건과 유사하거나 상징적인 내적 혹은 외적 단서에 노출되었을 때 나타나는 지속적이고 극심한 심리적 고통
  5. 외상적 사건과 유사하거나 상징적인 내적 혹은 외적 단서에 노출되었을 때 나타나는 지속적이고 극심한 생리적 반응

C. 하나 이상의 외상 사건과 관련된 지속적인 회피 반응
  1. 사건과 관련된 괴로운 기억, 생각, 느낌을 피하려고 노력
  2. 사건을 생각나게 하는 요소들(사람, 장소, 대화, 활동, 물건, 상황)을 피하려고 노력

D. 외상 사건 이후 시작되거나 악화된 인지와 정서의 부정적인 변화가 2개 이상 존재
  1. 외상의 중요한 부분을 회상할 수 없음
     (특징적으로 해리성 기억 장애에 의한 두부외상, 술 혹은 다른 약물에 의한 것이 아님)
  2. 자신, 타인, 주변에 대해 지속적으로 부정적인 믿음
  3. 외상의 원인이나 결과에 대해 왜곡되게 스스로를 혹은 남을 비난하는 식이 지속
  4. 지속적으로 공포나 분노, 죄책감, 수치심과 같은 부정적 감정 상태를 느끼거나 세상에 대해 지속적이고 과장된 부정적 신념 또는 기대가 생김
  5. 중요한 활동에 대한 관심이 현저히 감소하거나, 활동에 대한 참여가 현저하게 감소

    6. 다른 사람과 거리감이 생김

    7. 긍정적인 감정을 느끼기가 어려움

E. 외상 사건 이후 시작되거나 악화된 각성이나 반응성의 뚜렷한 변화가 2개 이상 존재

    1. 과민한 반응이나 분노 폭발(이러한 반응을 유발할 만한 일이 아니거나 아무 유발요인 없이). 다른 사람이나 물체에 대한 언어적 혹은 신체적 공격성

    2. 무분별하거나 자기파괴적인 행동

    3. 지나친 경계

    4. 악화된 놀람반응

    5. 집중의 어려움

    6. 수면장애

F. 증상(진단기준 B, C, D, E)의 기간이 한 달 이상 지속

G. 증상이 임상적으로 중요한 고통을 유발하거나 사회적, 직업적 혹은 다른 중요한 기능 영역에서 장해를 초래

H. 증상은 물질의 직접적인 생리적 영향(예: 약물 남용이나 처방), 혹은 일반의학적 상태(예: 경함 외상성 뇌손상)로 인한 것이 아님

출처: 국가건강정보포털 의학정보.

적으로 떠오르고, 외상과 관련된 생각, 장소 등을 회피하며, 자신과 타인에 대해 부정적으로 생각하고, 분노, 수치심 등의 증상을 경험한다. 심한 경우에는 해리성 증상을 동반하기도 한다(자세한 것은 DSM-5상 외상 후 스트레스 장애의 진단기준 참고).

  이러한 외상은 단순외상(simple trauma)과 복합외상(complex trauma)으로 구분된다. 단순외상은 자연재해 교통사고, 산업재해 등의 갑작스러운 외상을 의미하며, 복합외상은 아동학대, 성매매, 가정폭력처럼 고의성을 바탕으로 장기간에 걸쳐 발생된 외상을 의미한다. 자해는 주로 복합외상과 관련이 있다. 복합외상을 경험한 사람들은 사건 당시 가해자의 절대적 힘에 저항을 하지 못했기 때문에, 자신이 적절한 대처를 하지 못한 것에 대한 죄책감, 피해를 본 자신에 대한 자괴감, 자신 및 타인에 대한 강한 분노, 슬픔 등을 경험한다. 이런 부정적 감정을 적절한 방식으로 표출하는 것은 쉬운 일이 아니다. 그 결과 복합외상을 경험한 많은 사람은 복합외

상으로 인한 부정적 감정을 미해결된 채로 억압하고 있다가 감당하지 못할 경우 다양한 방식으로 표출하는데, 그중 하나가 자해이다.

2) 외상 후 스트레스 장애와 청소년 자해

외상 후 스트레스 장애인 사람들은 외상에 대한 생각에서 벗어나기 힘들다. 수시로 외상과 관련된 기억이 반복적이고 침습적으로 나타나고 외상과 관련된 악몽을 반복적으로 꾸는 등 외상과 관련된 다양한 재경험 증상으로 고통스러워한다. 이처럼 외상과 관련된 기억이 떠오르는 것을 피하기 위해, 그때의 고통에서 벗어나기위해 다양한 행동을 하는데, 대표적인 행동이 자해이다. 앞서 언급하였듯이 자해행동과 관련이 높은 외상은 복합외상이다. 복합외상에는 신체적 학대, 성적 학대, 정서적 학대 등이 있다. 이러한 복합외상은 특히 분노를 조절하지 못하는데, 술, 마약, 폭식 그 외의 자해행동을 통해 정서를 조절하려고 한다.

여러 연구에서 아동기 시절의 신체적 학대나 정서적 학대 그리고 성장 후 남편의 학대가 자해와 관련이 높은 것으로 보고되고 있으나, 일부 연구에서는 상관이 없는 것으로 보고되고 있다(Fillmore & Dell, 2005; Gladstone et al., 2004). 그러나 아동기 시절의 성적 학대는 여러 연구에서 일관되게 자해와 관련이 매우 높은 것으로 알려져 있다. 일반인 집단과 임상집단을 대상으로 한 많은 연구에서 자해의 빈도가 높은 사람일수록 아동기 시절 성적 학대경험이 있는 것으로 나타났으며, 근친상간의 피해자들 가운데 외상 후 스트레스 장애의 진단준거를 충족하는 사례의 25%가 자해행동을 보였다는 것도 이를 지지한다(Albach & Everaerd, 1992; Briere & Gil, 1998). 그러나 아동기 시절 성적 학대를 받은 청소년이 모두 자해를 하는 것은 아니다. 아동기에 친척에게 성적 학대를 받았지만, 그 이후 교사, 친구 등의 따뜻한 지지와 관심 그리고 적절한 치료가 있는 경우 이를 극복하기도 한다. 따라서 아동기 시절 복합외상 경험자에 대한 조기개입이 중요하다.

3) 개입

외상 후 스트레스 장애이면서 자해행동을 하는 사람들에 대해서는 인지행동치료, 변증법적 치료, 안구운동 민감소실 재처리 요법(Eye Movement Desensitization & Reprocessing: EMDR), 정신역동치료 등이 효과가 있는 것으로 알려져 있다.

(1) 초기 개입

관계 형성, 안전 확보 그리고 정서적 안정을 우선적으로 실시해야 한다. 정신적으로 힘들어하는 대부분의 사람과 마찬가지로, 외상 후 스트레스 장애이면서 비자살적 행동을 하는 사람은 타인에 대한 경계가 심하고, 사회적으로 위축되어 있으므로 관계 형성이 중요하다. 따라서 관계를 형성하면서 자해나 자살 등에 대한 안전을 확보하고 동시에 정서적으로 안정될 수 있도록 도와줘야 한다. 특히 이들은 외상에 대한 기억 때문에 불안, 공포가 심하며, 그 결과 호흡곤란, 혈압상승 등이 나타날 수 있다. 따라서 이완훈련 등을 통해 정서적으로 안정될 수 있도록 해야 하며, 우울, 불안, 불면증 등이 심하다면 약물치료도 함께 실시해야 한다.

(2) 중기 개입

중기에는 본격적으로 트라우마에 대한 회피를 줄이고 트라우마에 대한 의미를 재구성할 수 있도록 도와야 한다. 이를 위해 노출치료, EMDR, 인지치료 등이 가능하다. 비자살성 자해행동 자체를 감소시킬 수 있는 개입이 이루어질 수도 있지만, 외상 후 증상과 동반되어 나타나는 행동이기 때문에 외상 후 증상이 감소하면 자해행동 또한 사라질 수 있다.

외상 후 스트레스 장애이면서 자해를 하는 사람들은 외상을 직면하는 것을 두려워하기 때문에 정서적 둔감, 기억상실, 자해행동 등 외상에 대한 회피적 행동을 많이 한다. 그러나 회피행동으로는 문제를 해결할 수 없기 때문에 외상에 대한 노출치료를 실시할 수 있다. 실제 상황 또는 실제 상황과 유사한 상황에 직접 노출시킴으로써 더 이상 외상 사건이 위험하지 않다는 것을 인식하게 한다. 직접 노출이 어렵다면, 외상을 상상하게 하면서 그때의 생각, 감정, 신체 감각 등을 충분히 이야기하게 하고, 가장 중요한 순간에 멈추어서 그 감정에 머물도록 한다. 이러한 과정은 외상에 대한 두려움을 감소시킬 수 있다.

다음으로 EMDR은 외상에 대한 인지, 정서, 신체 감각 등을 평가한 후 외상을 상상하게 한다. 외상을 상상하면서 치료자의 손가락 움직임에 따라 안구운동을 하게 함으로써 이중 인식을 하도록 한다. 28~30번 정도 반복한 후 외상에 대한 새로운 생각이 떠오르면 새로운 생각과 안구운동을 반복한다. 이러한 활동을 반복적으로 하게 함으로써 고통스러운 인지, 정서 등을 중립적 또는 긍정적으로 변화시킨다.

마지막으로 외상 후 스트레스 장애에 유용한 것으로 알려진 인지치료가 있다. 외상 후 스트레스 장애이면서 자해를 하는 사람들은 '세상은 위험하다.' '나는 또 다른 위험을 경험할 것이다.'와 같은 왜곡된 인지를 가지고 있으며, 이러한 왜곡된 인지는 외상 후 증상을 더 악화시킨다. 따라서 논박, 대안적 사고 등을 통해 왜곡된 인지를 합리적으로 사고하게 함으로써 외상에 대한 잘못된 기억, 사고 등을 재구성하도록 한다.

(3) 종결

외상을 재경험하고 외상에 대한 기억, 사고 등을 재구성하고 나면, 사회에 재적응할 수 있도록 돕는다. 또한 치료 후에도 외상 후 증상이 반복되거나 자해행동이 반복될 수 있으므로 추후 문제가 있으면 다시 치료받을 수 있도록 한다.

4) 사례

"

중학교 2학년인 민아는 날씨가 더운데도 늘 긴팔을 입어 담임 선생님과 상담을 하였다. 상담하는 과정에 민아가 칼로 자해를 하고 있다는 것을 알게 되었다. 담임 선생님이 너무 놀라 상담실에 의뢰를 하였다.

상담자가 자해를 하는 이유를 물어보니 "그냥요." "스트레스 받으면 해요." "죽을 생각은 없어요. 그냥 하는 거예요."라고 하였다. 민아는 시간이 지나면서 점차 마음을 열더니 친오빠가 성폭행을 했다는 사실을 이야기하였다. 그리고 그 사실을 엄마에게 이야기했을 때, 엄마는 "입 닥쳐. 다 큰 계집애가 어떻게 처신했기에. 창피한 줄 알란 말이야."라며 따귀를 때렸다고 한다.

민아는 "오빠를 볼 때마다 그때 생각이 나서 무서워요. 꿈에도 자주 나타나고. 혹시라도 또 그런 일이 일어나지 않을까 불안해요. 보통 때는 잊기 위해 음악을 주로 듣는데, 가끔 미칠 것 같으면 나도 모르게 자해를 해요. 어떤 때는 너무 고통스러워서 하고, 어떤 때는

정신을 차리면 자해하고 있는 저를 발견해요. 자살을 하려고 하는 것은 아니에요. 피가 흘
러내리는 것을 보면 무섭기도 한데, 그래도 자해를 하고 나면 숨을 쉴 수 있어요.”

"

이 사례에서 중학교 2학년인 민아는 초등학교 5학년 때 친오빠에게 성폭행을 당
한 이후 수시로 그 장면이 떠오르고 악몽을 꾸는 등 외상 후 스트레스 장애를 경험
하고 있다. 특히 엄마에게 이야기하였을 때 엄마가 이를 수용해 주지 않고, 오히려
민아의 잘못으로 귀인을 하면서 자기 자신에 대한 자괴감이 더 심해졌으며, 그 결
과 자기 자신에 대해 매우 부정적이고 쓸모없는 사람으로 인식하고 있다. 또한 그
이후 사람에 대한 의심이 생기면서 반에서 친한 친구도 없이 늘 혼자 지내는 상태
이다. 즉, 가정과 학교에서 모두 고립되어 있기 때문에 심리적 고통을 누구와도 나
누지 못하고 있으며, 불안, 불면증, 우울 등의 외상 후 스트레스 장애와 함께 비자
살성 자해행동을 하고 있다. 그렇다면 어떻게 개입해야 할 것인가?

민아는 반복적으로 자해행동을 하고 있다. 죽을 의도는 없다고 하였으나 반복적
인 자해행동은 자살시도로 이어질 수도 있기 때문에 자해행동을 멈출 수 있도록 하
는 것이 중요하다. 따라서 자해행동을 하는 상황을 충분히 탐색하고 자해를 하고
싶은 상황에서 대처행동을 할 수 있도록 개입할 필요가 있다. 필요시 약 복용도 권
유해야 한다. 그러나 근본적으로 이 사례는 자해행동의 원인이 되는 오빠의 성폭
행, 그로 인한 학교, 가정에서의 고립 등에 대한 개입 없이는 자해행동이 중단되기
어렵다.

민아는 성폭행을 가한 오빠와 함께 거주하고 있으며, 친족 성폭행의 많은 사례처
럼 민아 역시 피해자임에도 불구하고 피해자로서 대우를 받지 못하고 오히려 성폭
행의 원인을 제공한 죄인 취급을 받고 있다. 따라서 성폭행 사건이 초등학교 5학년
때 끝난 것이 아니라 현재에도 진행되고 있다고 해도 과언이 아니다. 오빠와의 거
주공간 분리나 부모상담이 요구되며, 인지치료를 통해 오빠 및 엄마에 대한 분노를
표출하고, 자기 자신에 대한 왜곡된 생각(예: ‘내 인생은 끝났어.’)을 합리적으로 생각
하게 함으로써 학교에 잘 적응할 수 있도록 도와야 한다. 즉, 현재 문제가 되고 있
는 자해행동 그 자체에 초점을 맞추는 것도 중요하지만, 외상 후 스트레스 개입 프
로세스 중 하나의 개입으로 보는 것이 바람직하다.

3. 경계선 성격장애

1) 경계선 성격장애의 특징

경계선 성격장애는 정서적으로 불안정하고, 자기정체감 문제로 혼란스러워하며, 심한 충동성을 특징으로 한다. 이들 대부분은 어렸을 때 부모의 비일관된 양육태도, 방임, 유기, 신체적·정서적 학대 등의 경험이 있는 경우가 많으며, 그 결과 성장을 한 후에도 타인에 대해 거부당하는 것에 대한 강한 두려움을 가지고 있다. 이러한 두려움은 대인관계에서 두드러지게 나타난다. 관계를 맺는 사람에게 강한 찬사를 보내며 이상화하다가 얼마 지나지 않아 동일한 인물을 평가절하하기 때문에 관계가 불안정하다. 또한 불안정한 특성으로 분노를 극단적으로 표출하고, 표출 후에는 강한 수치심을 경험하며 낮은 자존감을 형성한다. 이러한 낮은 자존감과 불안정한 정서 그리고 충동성은 자기파괴적 행동으로 이어지고 그 결과 이들은 잦은 자해나 자살을 시도한다.

경계선 성격장애의 진단은 성인에게서만 가능하다는 의견이 우세하긴 하나 DSM-IV-TR에서 청소년 시기에 최소 1년 성격장애의 임상양상이 만연되어 나타난다면 청소년 성격장애로 진단이 가능하다고 제시되면서 청소년 경계선 성격장애의 타당성에 대한 주장도 활발해졌다. 따라서 청소년 경계선 성격장애에 대해서도 고려해 볼 필요가 있으며, 이 절에서는 후자의 입장에 근거하여 청소년 경계선 성격장애에 대해 살펴보고자 한다. 청소년 경계선 성격장애는 성인 경계선 성격장애와 매우 유사하다. 즉, 경계선 성격장애인 청소년에게서도 성인 경계선 성격장애자와 마찬가지로 중요한 타인에 대해 이상화하거나 평가절하하는 현상이 반복적으로 나타날 뿐 아니라, 정서적으로 불안정하며, 충동적이고 자기 자신에 대한 부정적인 특성을 보인다. 그러나 성인 경계선 성격장애자의 중요한 특성이 충동성인 반면, 청소년은 정체감의 혼란, 분노, 취약한 정서조절이 중요한 특성이며, 이는 비행, 등교거부, 왕따 등의 부적응적 결과로 나타난다(Becker, Grilo, Edell, & McGlashan, 2002).

>>> DSM-5상의 경계선 성격장애 진단기준

A. 대인관계, 자기상, 정동에서의 불안정성과 심한 충동성이 광범위하게 나타나며 이러한
특징적 양상은 성인기 초기에 시작하여 여러 가지 상황에서 일어난다. 다음 중 다섯 가
지 이상의 항목을 충족시킨다.

1. 실제적이거나 가상적인 유기를 피하기 위한 필사적인 노력: 5번 기준에서 말하는 자
살 또는 자해 행위는 포함되지 않는다.
2. 극단적인 이상화와 평가절하가 교차하여 반복되는 불안정하고 강렬한 대인관계 양식
3. 정체감 혼란: 심각하게 지속적으로 불안정한 자기상 또는 자기 지각
4. 자신에게 손상을 줄 수 있는 충동성이 적어도 2가지 영역에서 나타남(예: 낭비, 성관
계, 물질 남용, 무모한 운전, 폭식)
5. 반복적인 자살행동, 자살시늉, 자살하겠다는 위협, 혹은 자해행동
6. 현저한 기분 변화에 따른 정동의 불안정성(예: 대체로 수 시간 지속되며 드물게는 수
일간 지속되기도 하는 간헐적인 심한 불쾌감, 성마름, 불안)
7. 만성적인 공허감
8. 부적절하고 심한 분노, 혹은 분노 조절의 어려움
9. 스트레스에 따른 일시적인 망상적 사고, 혹은 심한 해리증상

2) 경계선 성격장애와 자해행동

청소년 경계선 성격장애자들의 자해행동에 대한 연구는 많지 않지만, 이들의 특
성은 성인의 특성과 유사하다. 경계선 성격장애자들이 자살시도를 통해 자살에 이
르는 경우는 약 9%에 이르며, 최소 한 번 이상의 자해를 경험한 비율은 70~75%
에 이르는 것으로 나타났다(Linehan, 1993). 자해 중 비자살성 자해도 경계선 성격장
애와 관련이 높다. 이는 경계선 성격장애자들의 가장 큰 특징 중 하나가 정서조절
이 취약하다는 것인데, 이것이 자해와 관련이 높기 때문이다. 이는 Lieb, Zanarini,
Schmahl, Linehan과 Bohus(2004)가 제안한 경계선 성격의 신경행동학적 모형에서
도 증명이 된다. 그에 따르면, 경계선 성격장애자의 경우 유전적 요인과 불운한 아
동기의 경험이 개별적으로 또는 상호작용하여 정서조절 장애와 충동성을 야기하
며, 이는 자해행동이나 자살과 같은 역기능적 행동으로 이어진다고 하였다.

이와 유사하게 Bleiberg(2018)는 경계선 성격장애자들의 자살을 포함한 자해행동

을 다음과 같이 설명하였다. 첫째, 자살을 포함한 자해행동은 신체적으로 버려지는 것을 막고, 다른 사람과의 관계를 재정립하게 하며, 타인에게 요구하기 위한 행동이다. 둘째, 보통 외상은 수동적으로 개인에게 고통을 야기하는 반면, 자해는 오히려 외상을 적극적으로 야기한다. 셋째, 경계선 성격장애이면서 자해를 하는 청소년들은 자신들의 공격성은 드러내지 않은 채 부모를 괴롭히고 공격한다. 넷째, 몇몇 경계선 성격장애 청소년들은 자해행동에 중독된다. 그들은 자해를 하는 동안 엔도르핀이 방출되면서 더 이상 무감각하고 죽은 느낌에서 벗어나 살아 있다는 느낌을 갖게 된다. 그 느낌을 유지하기 위해 자해행동에 중독된다. 다섯째, 자해는 정체감 확립에 있어 매우 중요한 역할을 한다. 정체감 확립은 자기-희생화를 통해 만들어지는데, 그들은 사는 것이 너무 고통스럽기 때문에 세상이 자신들에게 분노와 절망감을 갖게 하였다고 생각하며, 이러한 분노와 절망감을 토대로 부정적 자기 가치감을 창출한다.

정리하면, 경계선 성격장애자들의 자해행동에서 정서조절의 취약함은 매우 중요한 요인이다. 실제 경계선 성격장애자들은 사랑하는 사람과 이별을 하는 것에 대한 강한 두려움, 자기 자신 또는 타인에 대한 강한 분노 등의 감정에 직면하게 되면, 고통을 수용하거나 해결하려고 하는 것이 아니라 충동적으로 자해행동을 한다. 그리고 이러한 자해행동은 경계선 성격장애자들로 하여금 자신이 살아 있음을 느끼게 하고, 자신이 느낄 수 있음을 확인해 주며, 자신의 잘못에 대해 죗값을 치르게

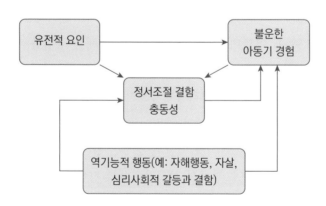

[그림 6-2] 경계선 성격의 신경행동학적 모형

출처: Lieb et al. (2004).

함으로써 스스로에게 위안을 준다(권석만, 2013).

3) 개입

경계선 성격장애이면서 자해를 하는 청소년에게는 변증법적 행동치료(Dialectical Behavior Therapy: DBT)를 통한 개입이 효과적인 것으로 알려져 있다. 경계선 성격장애이면서 자해를 하는 청소년을 치료하기 위한 변증법적 행동치료의 목표는 그들이 자신의 강렬한 정서를 조절할 수 있도록 하는 것이다. 이를 위해 주 1회 개인심리치료, 집단 기술훈련, 전화상담 그리고 동료 자문팀이라고 하는 네 가지 치료양식을 갖춰야 한다. 충분한 공감을 통해 정서적 고통을 수용할 수 있도록 도우며, 정서조절에 필요한 네 가지 기술, 즉 고통감내 능력, 마음챙김 능력, 감정 조절 능력, 효과적인 대인관계 능력을 학습시키도록 한다. 이러한 과정은 보통 주 1회 약 2시간 30분간 진행된다. 그러나 현실적으로 경계선 성격장애이면서 자해를 하는 청소년에게 이 모든 것을 실시하는 것은 우리나라 상황에서 쉽지 않다. 따라서 전통적인 변증법적 행동치료를 실시하는 것이 어렵다면, 내담자의 특성에 맞게 변형하여 일부분만 적용하는 것도 방법일 수 있다.

4) 사례

"

고등학교 1학년인 수민이는 괴롭고 힘들면 커터 칼로 손목을 긋거나 약을 과도하게 복용해서 상담실에 찾아 왔다. 어린 시절부터 수민이의 아버지는 잦은 외도와 어머니를 구타하였으며, 그로 인해 어머니는 수민이에게 지나치게 집착하거나 화를 내는 행동을 반복하였다. 그 결과, 수민이는 부모님의 이혼, 아버지의 폭행, 어머니의 야단을 늘 두려워하면서 자랐다. 대인관계에서는 동성이든 이성이든 좋아하는 사람이 있으면 모든 것을 다 주었으나 얼마 지나지 않아 실망하고 멀어지는 패턴이 반복되었다. 중학교 3학년때는 친했다가 멀어진 아이의 주도로 반에서 왕따를 당해 학교도 자주 결석하였다.

중학교 3학년 때부터 누군가 자신을 무시하거나 화가 나면, 자해를 했다고 한다. 최근 손목을 긋거나 약을 과도하게 복용하는 일이 더 많아졌다. 자해를 하는 이유에 대해서는

"못 견디겠어요, 선생님이 저라면 살 수 있겠어요? 좋아하던 애도 저를 버리고 가고, 무서워요. 또 누군가한테 버림받겠죠. 그런 생각이 들면, 숨이 턱 막히고, 손목을 그어요. 그렇게 하면 그래도 살 수는 있어요. 그래서 하는 거예요."라고 이야기하였다.

"

이 사례는 어려서부터 아버지의 외도 및 폭력 그리고 일관되지 않은 어머님의 양육태도로 언제 혼자가 될지 모른다는 두려움 때문에 늘 불안해하는 수민이의 사례이다. 수민이는 부모뿐 아니라 친구와의 관계에서도 안정되지 못한 태도를 보이고 있다. 가족 내에서 그리고 친구 관계에서 분노가 상당히 쌓여 있는 것으로 보이며, 이러한 분노가 조절되지 못하고 자해행동으로 나타나는 것으로 보인다. 진단 결과 정서/대인관계에서의 불안정성, 정서조절 어려움, 자해행동 등으로 경계선 성격장애가 의심된다고 나타났다.

이러한 경계선 성격장애 청소년의 자해행동을 감소 또는 제거하기 위해 치료 시 고려해야 할 두 가지가 있다. 한 가지는 부모상담을 해야 한다는 것이다. 수민이는 어려서부터 부모에게 일관된 사랑을 받지 못했으며, 이러한 부모의 태도는 현재도 지속되고 있기 때문에 부모와 상담을 해야 한다. 청소년 시기는 그 누구보다 부모의 영향이 크기 때문에, 부모의 협조 없이 수민이의 변화는 쉽지 않다. 부모상담을 통해 부모의 적극적인 협조를 구해야 한다. 다른 한 가지는 이해를 바탕으로 한 상담자의 일관된 태도가 중요하다는 것이다. 그들은 버림받는 것에 대한 두려움 때문에 상담자를 신뢰하는 것이 쉽지 않다. 따라서 상담자는 경계선 성격장애 청소년의 이상화 또는 평가절하에 흔들리지 말고 일관된 태도를 유지해야 한다. 상담자의 이러한 태도는 경계선 성격장애 청소년의 대상 항상성에 도움이 될 수 있다.

이 점을 고려하면서 수민이에게 다음과 같은 변증법적 행동치료를 실시할 수 있다.

① 개인상담을 실시한다. 수민이는 오랫동안 고통스러운 상황에 노출되어 왔고, 이를 통해 무기력하고 절망적인 상태에 있기 때문에 변화를 하고자 하는 동기가 없어 보인다. 따라서 동기를 강화하고 희망을 갖게 할 필요가 있다. 동기를 강화하고 적응적 행동으로 살아갈 수 있도록 개인상담을 실시한다.
② 기술훈련을 시켜야 한다. 먼저 마음챙김 기술훈련이 필요하다. 마음챙김을 통

해 심리적 고통을 회피하지 않고 고통스러운 경험을 자각하고 직면하게 함으로써 의도적으로 관찰하고 이에 반응할 수 있게 해야 한다. 또한 자신의 감정에 압도되지 않고 건강한 방식으로 감정을 조절할 수 있도록 감정조절 기술훈련을 해야 한다. 수민이가 부모 때문에 우울해진다면 활동을 하고, 친구들과 멀어질 것 같아 두렵다면 오히려 다가가는 등 정반대 행동을 통해 감정조절을 할 수 있으며, 동시에 자신감 키우기, 긍정경험 쌓기를 통해 감정조절 취약성을 완화시키는 것도 대표적인 감정조절 기술훈련의 한 방법이다.

이러한 감정조절 기술을 적용할 수 없는데 자해충동이 생길 때 즉각적으로 자해행동을 멈추게 하게 하기 위해 고통감내 기술을 학습시킬 수도 있다. 고통감내 기술에는 주의분산하기, 온전하게 상황을 수용하기, 자기위안하기, 장/단점 비교하기 등이 있다. 수민이의 경우 자해행동을 하고 싶을 때 주의를 분산시킬 것만 한 것을 찾게 하고, 이를 연습시키거나 자해행동의 장/단점을 비교함으로써 현재의 상황이나 고통을 있는 그대로 수용하게 하는 것 등이 가능하다. 또한 수민이에게는 대인관계 기술이 중요하다. 부모와 친구 등 주변 사람들과 관계가 잘 되고 있지 않기 때문에, 자기주장하기, 협상하기, 관계유지하기 등의 기술훈련을 통해 대인관계를 향상시키는 것이 도움이 될 수 있다.

③ 일상생활 및 자해 상황에서 기술을 효과적으로 적용하기 위해 전화상담을 하거나 동료 자문팀을 활용하여 상담 진행을 점검하고 상담자의 한계를 자각시키는 작업 등을 통해 효과적인 치료체계를 구축하는 것도 도움이 된다.

4. 우울증

우울증은 기분장애 중 하나로 인지, 정서, 행동, 신체 등 개인의 전반적인 기능이 낮아지고 에너지가 저하된 상태를 의미한다. 우울증은 마음의 감기라 불릴 정도로 가장 흔하게 나타나는 정신질환으로 알려져 있으며, 기존에는 주로 성인에게서 나타나는 것으로 인식되었으나 최근에는 청소년에게서도 많이 나타나고 있다. 건강보험심사평가원의 자료에 따르면 2018년 19세 이하의 우울증 환자는 총 43,739명으로, 2015년 24,794명에 비해 크게 증가한 것으로 나타났다(국민건강보험공단, 건강보험심사평가원, 2019). 우울증은 이러한 양적 증가만 있는 것이 아니라 심각해질 경우 자해 또는 자살로 이어지기 때문에 그 문제가 더 심각하다 할 수 있다. 이러한 우울증의 주요 특징을 인지, 정서, 행동, 신체로 구분하여 설명하면 다음과 같으며, 진단기준은 DSM-5에 근거하여 제시하였다.

1) 우울증의 특징

(1) 인지적 특성

우울증에 걸리게 되면 나타나는 인지적 특성으로는 부정적 사고, 집중력 저하, 기억력 감퇴 등을 들 수 있다. 그중에서도 가장 대표적인 특징은 부정적 사고인데, Beck은 우울증에 걸린 사람들은 자기 자신, 세상 그리고 미래에 대해 부정적인 생각을 많이 한다고 하였으며, 이를 인지삼제라 명명하였다. 즉, 인지삼제란 나는 능력 없고 쓸모 없는 사람이고, 세상은 살아가기 너무 힘든 곳일 뿐 아니라 미래는 희망이 없다고 지각하는 것을 의미한다.

(2) 정서적 특성

우울증에 걸리는 사람들은 우울한 기분이 지속적으로 나타나며, 무기력, 무가치감, 절망감 등의 부정적 정서를 경험한다. 이러한 부정적 정서는 모든 일에 대한 에너지 저하를 야기한다.

(3) 행동적 특성

우울증인 사람들은 피로가 증가하고 에너지가 저하된다. 아침에 일어나는 것을 힘들어하며 모든 일에 흥미를 잃어 학업 수행이 어려울 뿐 아니라 친구관계도 소원해져 사회적 활동을 거의 하지 않는다.

(4) 신체적 특성

기본적으로 식욕을 잃고, 체중이 감소하며, 성욕 또한 감소하는 것으로 나타났다. 또한 두통이나 근육통 그리고 흉부 압박감, 소화기 장애 등이 나타난다. 경우에 따라서는 우울한 증상보다 소화불량이나 두통 같은 신체적 특성을 먼저 호소하며 관련 병원을 순회하기도 한다.

이러한 우울증은 청소년의 경우에 다소 다른 양상을 나타낸다. 기본적으로 그들은 성인과 마찬가지로 활기가 없고, 피로감을 호소하기도 하며, 좋아하던 활동에 대해 흥미를 잃을 뿐 아니라 친구에 대한 관심도 줄어들어 고립된 생활을 하거나 학업 성적이 떨어지기도 한다. 그러나 청소년은 성인과는 달리 우울감이나 무기력감 등의 감정을 정확하게 인식하고 표현하는 것을 잘 못하기 때문에 슬픔, 짜증, 화 등으로 표현한다. 그들은 쉽게 짜증이나 화를 내고 신경질적이며 가족들과 대화하는 것을 싫어하고 게임에 몰입하기도 하며, 심한 경우 약물남용이나 행동장애 등을 보이기도 하는데, 이러한 증상은 지속적으로 나타나기보다는 반복적으로 나타난다. 이러한 특성은 사춘기의 아이들이 보이는 반항적 특성들과 구분이 어려워 쉽게 발견되지 않는 경우들이 많다. 따라서 분노와 짜증의 정도가 심하다거나 감정조절이 어려워 충동적인 행동을 심하게 하는 경우 또는 자해, 자살의 위험이 보일 때에는 의심을 하고 전문기관에서 정확한 검사를 받아 우울증 여부를 확인해야 한다.

⫸ DSM-5상의 주요 우울증 진단기준

A. 우울증의 필수증상은 적어도 2주 동안 다음 중 하나가 있어야 한다.
1. 거의 하루 종일 우울하다.
2. 거의 매일 모든 것 또는 거의 모든 것, 하루 대부분의 활동에서 흥미가 현저하게 감소되어 있다. (주관적이거나 타인에 의해 관찰됨)

B. 또한 다음 증상에서 네 가지 이상이 있어야 한다.
1. 체중감소나 증가, 식욕의 감퇴나 증가(1개월 동안 체중이 5% 이상 변화)
2. 불면이나 과수면
3. 정신운동성 초조나 지체(좌불안석이나 처진 느낌)
4. 쉽게 피로를 느끼거나 에너지 상실
5. 삶에 대한 무가치감, 부적절한 죄책감
6. 사고력, 기억력, 집중력 감소 또는 우유부단함
7. 반복적인 죽음에 대한 생각 또는 자살 사고나 자살기도 및 계획을 세움

2) 우울증과 자해

자해를 보인 사람들에게서 나타나는 다양한 정신병리 가운데 우울증은 그중에서도 대표적인 것으로 알려져 있다. 그동안 우울증과 자해와 관련된 많은 연구에서 우울증과 자해는 밀접한 관련이 있는 것으로 밝혀졌으며, 이는 청소년에게서도 동일하게 나타난다(Gollust, Eisenberg, & Golberstein, 2008; Odelius & Ramklint, 2014). 특히 Haw 등(2001)에 의하면, 자해를 시도한 환자를 조사한 결과 약 72%가 우울증을 경험하고 있는 것으로 나타났다. 이러한 연구들은 우울증 환자들이 우울증의 증상을 이겨 내지 못하고 자신의 감정을 조절하지 못할 때 자해를 보인다고 하였다.

청소년의 우울증은 다양한 이유로 나타난다. 대학입시나 학교성적, 욕구좌절, 가정폭력, 학교폭력 등은 청소년들에게 강한 스트레스가 되며, 이러한 스트레스에 적절히 대처하지 못할 때 우울증을 경험하기도 한다. 이러한 우울증 증상이 심해지면 청소년들은 스트레스 상황에서의 긴장감을 줄이고, 힘든 정서적 고통 상황을 피하기 위해 자해행동을 하기도 한다. 또한 부모나 친구 등에게 복수를 하거나 죄책감을 갖게 하기 위해 자해를 하기도 하는데, 이는 청소년들에게서 많이 나타나는 특징이다. 그러나 이와는 달리 자해가 우울을 야기한다는 의견도 있다. Burke 등(2018)은 관련된 연구를 메타분석한 결과, 자해는 단기간 동안의 우울과는 관련이 없었지만, 6개월 후 우울을 예측하는 것으로 나타났다. 자해는 고통스러운 감정을 견디지 못하기 때문에 나타나는 경우가 많기 때문에 근본적인 해결책이 되지 못한다. 그 결과 오히려 시간이 지나면 지날수록 자괴감이 커지고 무기력해지며 우울증이 야기된다는 것이다. 자해와 우울증의 전후관계는 알 수 없지만, 자해와 우울증이 밀접한 관련이 있음은 분명하다.

그렇다면 자해경험이 있는 우울집단과 자해경험이 없는 우울집단은 어떤 차이가 있을까? Bennum(1983)은 자해경험이 있는 우울집단과 자해경험이 없는 우울집단을 비교한 결과 우울 정도는 차이가 없었으나 우울 증상에서는 차이가 있는 것으로 보고하였다. 즉, 자해경험이 있는 우울집단은 자해경험이 없는 우울집단에 비해 죄의식, 죄책감, 자기혐오, 자기처벌 정도가 더 높았으며, 울음, 수면장애, 피로, 식욕상실, 신체증상 접촉, 리비도의 상실은 더 낮은 것으로 나타났다.

3) 개입

(1) 비자살성 자해나 자살의 위험수준을 평가한다

우울증은 심할 경우 비자살성 자해나 자살로 이어질 수 있다. 따라서 우울증인 사람을 만나면 자해나 자살의 위험수준을 평가하기 위한 질문을 해야 한다. 이를 위해 6개의 질문을 고려해 볼 수 있다. 6개의 질문은 자살에 대한 구체적 생각, 자살방법, 자살도구 준비, 자살계획 시도, 과거 자살경험, 자해로 인한 일상생활 지속 가능성에 대한 질문으로 자세한 질문 내용은 [그림 6-3]의 자살 및 자해 위험 수준 평가를 참고하도록 한다.

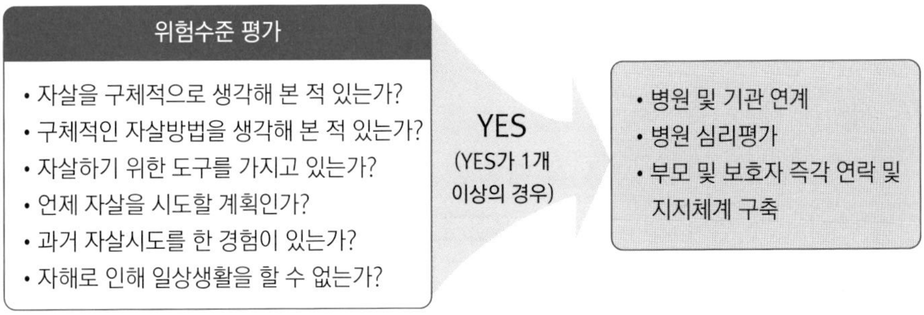

위험수준 평가

- 자살을 구체적으로 생각해 본 적 있는가?
- 구체적인 자살방법을 생각해 본 적 있는가?
- 자살하기 위한 도구를 가지고 있는가?
- 언제 자살을 시도할 계획인가?
- 과거 자살시도를 한 경험이 있는가?
- 자해로 인해 일상생활을 할 수 없는가?

YES
(YES가 1개 이상의 경우)

- 병원 및 기관 연계
- 병원 심리평가
- 부모 및 보호자 즉각 연락 및 지지체계 구축

[그림 6-3] 자살 및 자해 위험 수준 평가

출처: 서미 외(2019).

(2) 병원 연계 여부를 결정한다

비자살성 자해나 자살의 위험성에서 벗어나면 우울증 정도를 평가해야 한다. 우울증 체크리스트(Beck의 우울증 척도; BDI)와 DSM-5 진단기준을 참고하여 우울증이 심각하다고 판단되면 병원에서 약을 복용할 수 있도록 해야 한다.

(3) 경청과 공감을 통해 관계를 형성한다

청소년들은 이미 부모나 선생님과의 부정적 경험으로 인해 상담자에게도 마음의 문을 열지 않을 수 있다. 따라서 관심을 가지고 경청을 통해 그들의 고통을 공감한다면 청소년들과 관계를 형성할 수 있다.

(4) 인지행동치료를 통해 우울증에서 벗어나도록 한다

우울증 청소년들에게 효과적인 개입방법으로 마음챙김 인지치료(Mindfulness-Based Cognitive Therapy: MBCT), 수용전념치료(Acceptance and Commitment Therapy: ACT) 대인관계 정신치료(Interpersonal Psychotherapy: IPT) 등이 있는데, 그중 가장 많이 활용되는 것이 인지행동치료이다. 인지행동치료에서 본 우울증 청소년은 자기 자신, 미래 그리고 세상에 대해 부정적 사고를 가지고 있다. 따라서 부정적인 사고에서 벗어나 합리적이고 적응적인 사고를 할 수 있도록 도와줄 필요가 있다(예: 나는 무능력하다 → 나는 이번 시험을 실패한 것이지 무능력한 것은 아니다). 동시에 무기력한 생활에서 벗어나 규칙적으로 활동하고 재미있는 활동을 찾아 할 수 있도록 해야 한다. 산책이나 운동 등의 야외활동을 하게 하거나 사진 촬영, 요리하기 등 자신이 좋아하는 활동을 찾아 하게 함으로써 삶에 활력을 주어야 한다.

(5) 지지체계를 구축한다.

자살 또는 자해의 위험성이 있을 때 또는 우울증이 심할 때 지지해 줄 수 있는 누군가의 존재는 큰 힘이 된다. 따라서 우울증인 청소년에게 또래 상담자, 친구, 가족 등 그들을 지지해 줄 수 있는 사람을 찾거나 만들어 줄 필요가 있다. 이러한 지지체계는 그 자체로 우울증인 청소년에게 힘이 되어 줄 수 있을 뿐 아니라 자살, 자해와 같은 위험 상황에서 긴급하게 도움을 청할 수 있는 자원이 될 수 있다.

4) 사례

"

고등학생 2학년인 민욱이는 요즘 짜증을 많이 낸다. 중학교 3학년 때까지는 반에서 1, 2등을 했는데, 고등학생이 된 이후 공부에 집중을 못하고 있다. 지난번 중간고사 때는 반에서 10등을 했다. 책상 앞에 앉아는 있는데 공부는 거의 하지 않는다. 그렇다고 다른 것이 하고 싶지도 않다. 그렇게 좋아하던 친구들도 잘 만나지 않는다. 기말고사가 1주일 남은 어제 공부하라는 엄마의 잔소리를 들었다. '나도 죽고 싶을 만큼 힘든데……. 엄마는 모른다. 이번 시험도 못 보면 엄마는 나를 인간 취급도 안 할 것이다. 공부를 안 했으니 이번 시험은 못 볼 것이다. 난 쓸모없는 존재이다.' 이런 생각이 드니 나도 모르게 칼로 손목을 또 그었다. 손목에서 피가 줄줄 흘렀지만, 그래도 살 것 같았다. 죽을 생각은 없지만, 자해를 하지 않고는 견디기가 힘들다.

"

청소년의 우울은 비자살성 자해와도 관련이 높지만, 자살시도와도 관련이 높다. 따라서 우울한 청소년들은 먼저 자살시도의 가능성이 있는지를 변별해야 한다. 민욱이도 죽지는 않을 거라고 말하기는 했으나, 죽고 싶다는 호소도 하였기 때문에 자살시도의 가능성이 있는지 확인해야 한다. 만약 자살의 가능성이 있으면 자살에 대한 위기개입(예: 부모에게 알리기, 안전시스템 구축 등)을 실시해야 하며, 자해의 정도가 심각해 일상생활을 유지하기 힘들다면 병원에서 치료를 받도록 해야 한다.

다음으로는 우울증 정도를 판단해야 한다. 간단한 Beck의 우울증 척도(BDI)와 같은 우울증 검사지나 종합심리검사를 통해 우울증 정도를 평가해야 한다. 검사 결과 우울증 정도가 심한 경우에는 약물치료를 병행할 수 있도록 해야 한다. 그리고 민욱이의 왜곡된 생각('시험을 못 보면 엄마가 나를 인간 취급 안 할 것이다.' '난 쓸모없는 존재이다.')을 합리적으로 생각할 수 있게 해야 하며, 동시에 자해행동을 하고 싶은 순간 할 수 있는 대처행동(예: 목욕하기, 종이를 찢거나 막대기를 반으로 쪼갬)을 습득하게 한다. [그림 6-4] 인지행동치료 시트지는 민욱이의 왜곡된 생각을 합리적으로 변화시키는 활동의 예시로 이러한 인지행동치료는 우울증에 걸린 청소년의 자해행동을 감소시킬 수 있을 뿐 아니라 우울증 감소에도 도움이 된다.

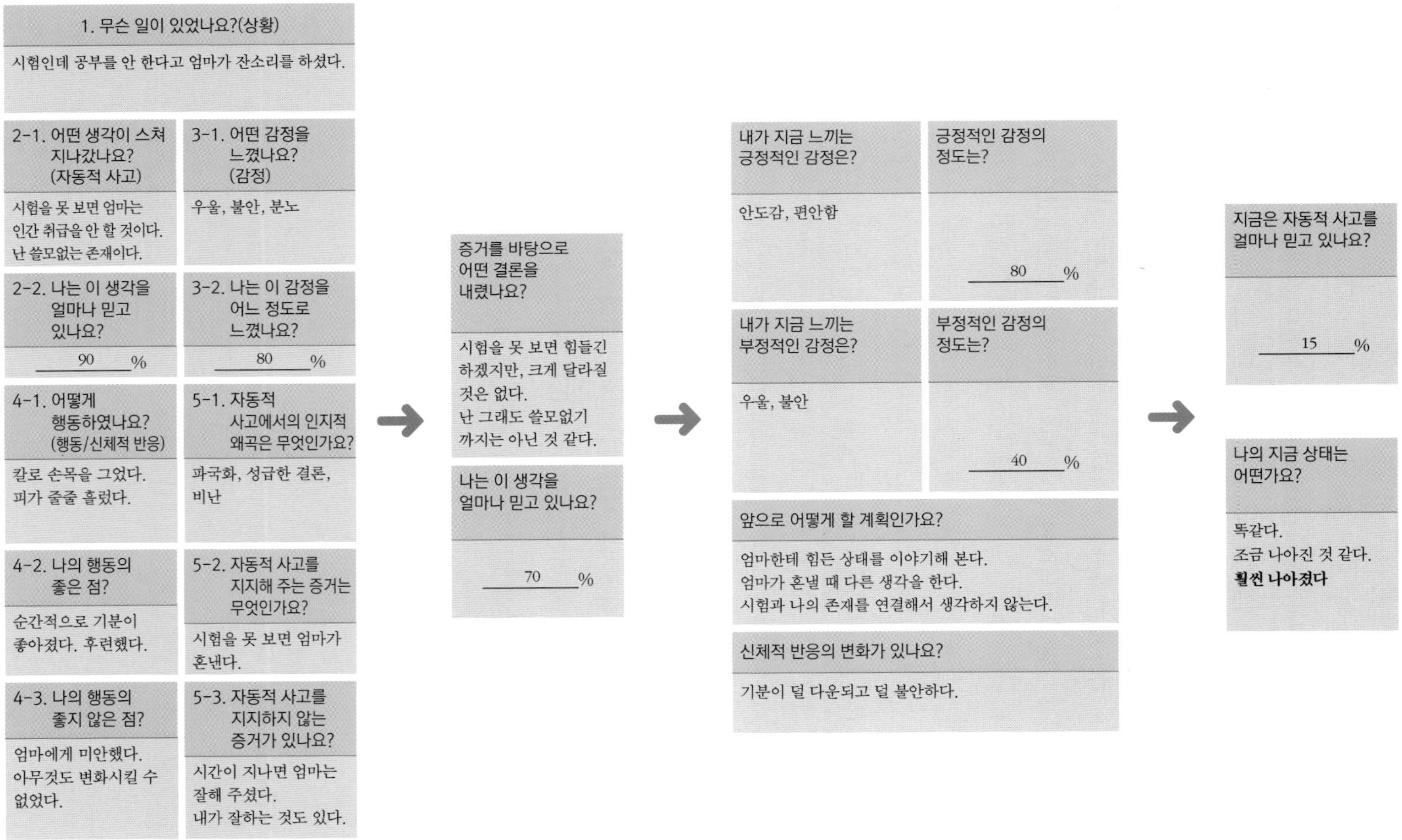

| 1. 무슨 일이 있었나요?(상황) | 3-1. 어떤 감정을 느꼈나요? (감정) | 3-2. 나는 이 감정을 어느 정도로 느꼈나요? | | 증거를 바탕으로 어떤 결론을 내렸나요? | | 내가 지금 느끼는 긍정적인 감정은? | 긍정적인 감정의 정도는? | | 지금은 자동적 사고를 얼마나 믿고 있나요? |
| 시험인데 공부를 안 한다고 엄마가 잔소리를 하셨다. | 우울, 불안, 분노 | ___80 % | | 시험을 못 보면 힘들긴 하겠지만, 크게 달라질 것은 없다. 난 그래도 쓸모없는 것이 아니다. 가치는 아닌 것 같다. | | 안도감, 편안함 | ___80 % | | ___15 % |

[그림 6-4] 인지행동치료 시트지

1. 무슨 일이 있었나요?(상황)
시험인데 공부를 안 한다고 엄마가 잔소리를 하셨다.

2-1. 어떤 생각이 스쳐 지나갔나요? (자동적 사고)
시험을 못 보면 엄마는 인간 취급을 안 할 것이다. 난 쓸모없는 존재이다.

2-2. 나는 이 생각을 얼마나 믿고 있나요? ___90 %

3-1. 어떤 감정을 느꼈나요? (감정)
우울, 불안, 분노

3-2. 나는 이 감정을 어느 정도로 느꼈나요? ___80 %

4-1. 어떻게 행동하였나요? (행동/신체적 반응)
칼로 손목을 그었다. 피가 줄줄 흘렀다.

4-2. 나의 행동의 좋은 점?
순간적으로 기분이 좋아졌다. 후련했다.

4-3. 나의 행동의 좋지 않은 점?
엄마에게 미안했다. 아무것도 변화시킬 수 없었다.

5-1. 자동적 사고에서의 인지적 왜곡은 무엇인가요?
과국화, 성급한 결론, 비난

5-2. 자동적 사고를 지지해 주는 증거는 무엇인가요?
시험을 못 보면 엄마가 혼낸다.

5-3. 자동적 사고를 지지하지 않는 증거가 있나요?
시간이 지나면 엄마는 걱정해 주었다. 내가 철없는 것도 있다.

증거를 바탕으로 어떤 결론을 내렸나요?
시험을 못 보면 힘들긴 하겠지만, 크게 달라질 것은 없다. 난 그래도 쓸모없는 것이 아니다. 가치는 아닌 것 같다.

나는 이 생각을 얼마나 믿고 있나요? ___70 %

내가 지금 느끼는 긍정적인 감정은?
안도감, 편안함

긍정적인 감정의 정도는? ___80 %

내가 지금 느끼는 부정적인 감정은?
우울, 불안

부정적인 감정의 정도는? ___40 %

앞으로 어떻게 할 계획인가요?
엄마한테 힘든 상태를 이야기해 본다. 엄마가 혼낼 때 다르게 생각을 한다. 시험과 나의 존재를 연결해서 생각하지 않는다.

신체적 반응의 변화가 있나요?
기분이 덜 다운되고 덜 불안하다.

지금은 자동적 사고를 얼마나 믿고 있나요? ___15 %

나의 지금 상태는 어떤가요?
불안하다. 조금 나아진 것 같다. **훨씬 나아졌다**

출처: 서미, 김은하, 이태영, 김지혜(2018).

참고문헌

국민건강보험공단, 건강보험심사평가원(2019). 2018 건강보험통계연보.

권석만(2013). 현대 이상심리학(제2판). 서울: 학지사.

서미, 김은하, 이태영, 김지혜 (2018). 고위기 청소년 정신건강 상담개입 매뉴얼: 자살, 자해 편. 한국청소년상담복지개발원.

서미, 소수연, 강유임, 김지혜, 손지아(2019). EBP 기반 자살·자해 청소년 상담클리닉 운영 모형 개발. 한국청소년상담복지개발원.

Albach, F., & Everaerd, W. (1992). Posttraumatic stress symptoms in victims of childhood incest. *Psychotherapy and Psychosomatics, 57*(4), 143-151.

Becker, D. F., Grilo, C. M., Edell, W. S., & McGlashan, T. H. (2002). Diagnostic efficiency of borderline personality disorder criteria in hospitalized adolescents: Comparison with hospitalized adults. *The American Journal of Psychiatry, 159*(12), 2042-2047.

Bennum, I. (1983). Depression and hostility in self-mutilation. *Suicide Life Threat Behavior, 13*(2), 71-84.

Bleiberg, E. (2018). 아동·청소년 성격장애 치료: 관계적 접근. (이문희, 이은진, 유성경 공역). 서울: 학지사.

Briere, J., & Gil, E. (1998). Self-mutilation in clinical and general population samples: Prevalence, correlates, and functions. *American Journal of Orthopsychiatry, 68*, 609-620.

Burke, T.A., Jacobucci, R., Ammerman, B.A., Piccirillo, M., McCloskey, M.S., Heimberg, R. G., Alloy, L.B., 2018. Identifying the relative importance of non-suicidal self-injury features in classifying suicidal ideation, plans, and behavior using exploratory data mining. *Psychiatry. Res, 262*, 175-183.

Claes, L., & Muehlenkamp, J. J. (Eds.). (2014). *Non-suicidal self-injury in eating disorders: Advancement in etiology and treatment*. New York: Springer.

Cucchi, A., Ryan, D., Konstantakopoulos, G., Stroumpa, S., Kaçar, A. Ş., Renshaw, S., et al. (2016). Lifetime prevalence of non-suicidal self-injury in patients with eating disorders: A systematic review and meta-analysis. *Psychological Medicine, 46*, 1345-1358.

Ernhout, C., Babington, P., & Childs, M. (2015). *What's the relationship? Non-suicidal self-injury and eating disorders*. The Information Brief Series, Cornell Research Program on Self-Injury and Recovery. Cornell University, Ithaca, NY.

Fillmore, C., & Dell, C. A. (2000). *Prairie women, violence and self-harm*. Prairie

Women's Health Centre of Excellence.

Fillmore, C. J., & Dell, C. A. (2005). *Community mobilization for women and girls who self-harm*. An Environmental Scan of Manitoba Service Providers: Elizabeth Fry Society of Manitoba.

Gladstone, G. L., Parker, G. B., Mitchell, P. B., Malhi, G. S., Wilhelm, K., & Austin, M. P. (2004). Implications of childhood trauma for depressed women: An analysis of pathways from childhood sexual abuse to deliberate self-harm and revictimization. *Am J Psychiatry, 161*, 1417-1425.

Gollust, S. E., Eisenberg, D., & Golberstein, E.(2008). Prevalence and correlates of self-injury among university students. *Journal of American College Health, 56*, 491-498.

Haw, C., Hawton, K., Houston, K., & Townsend, E. (2001). *Psychiatric and personality disorders in deliberate self-harm patients*. British Journal of Lieb K., Zanarini, M. C., Schmahl, C., Linehan, M. M., & Bohus. (2004). Borderline personality disorder. *The lancet, 364*, 453-461.

Linehan, M. M. (1993). *Cognitive-behavioral treatment of borderline personality disorder*. New York: Guilford Press.

Nock, M. K., & Prinstein, M. J. (2004). A functional approach to the assessment of self-mutilative behavior. *Journal of Consulting and Clinical Psychology, 72*, 885-890.

Odelius, C. B., & Ramklint, M. (2014). Clinical utility of proposed non-suicidal self-injury diagnosis-A pilot study. *Nordic Journal of Psychiatry, 68*, 66-71.

Ross, S., & Heath, N. (2002). A study of the frequency of self-mutilation in a community sample of adolescents. *Journal of Youth and Adolescence, 31*, 67-77.

국가건강정보포털 의학정보 http://health.cdc.go.kr/health/Main.do

제7장
청소년 자해개입 이론

청소년 자해개입 이론과 관련하여 다양한 상담개입 이론이 있다. 일반적으로 자해행동의 치료 목적은 정서조절, 기능성 평가, 그리고 자해를 효과적으로 치료하기 위한 문제해결을 강조한다. 청소년 자해개입에 있어서 인지행동치료, 가족치료, 변증법적 행동치료, 문제해결중심치료, 정신역동치료, 동기강화상담 등의 상담개입 이론 등 다양한 이론이 있다. 물론 청소년 내담자의 자해행동에 대한 사례개념화와 문제 유형에 따라 가장 적합한 상담개입 이론을 찾고 적용하는 것이 중요하지만 많은 연구에서 인지행동치료, 변증법적 행동치료, 가족기반치료가 특히 청소년 자해개입의 효과적인 치료이론으로 알려져 있다(Catherine, Joseph, & Matthew, 2015; Donaldson, Spirito, & Esposito-Smythers, 2005; Perepletchikova et al, 2011). 최근에는 동기강화상담이 청소년 자해 문제를 다루는 데 있어서 효과적인 치료이론으로 대두되고 있으며(Kress & Hoffman, 2008), 집단상담은 자해 청소년의 대인관계 문제나 사회문제해결 기술을 습득하는 데 있어서 효과적인 것으로 나타났다(Gretz & Gunderson, 2006). 따라서 이 장에서는 청소년 자해개입 이론에 효과가 있다고 알려진 인지행동치료, 변증법적 행동치료, 동기강화상담, 가족기반치료, 집단상담을 중심으로 살펴보고자 한다.

1. 인지행동치료

인지행동치료(Cognitive Behavioral Therapy: CBT)는 비합리적인 사고를 합리적인 사고를 교정하여 문제행동을 방지하는 치료법으로 우울증과 자살행동치료에 매우 효과적인 것으로 알려져 있다(Alford & Beck, 1997; Freeman & Reinecke, 1993). 인지 행동치료는 부적응적 인지를 적응적으로 대체하는 인지적 재구성과 다양한 스트레스 상황에 대처하는 대처 기술을 습득하고 문제를 해결하는 치료방법이다(Dobson & Block, 1988). 자해 청소년 상담개입에 있어서 인지행동치료의 목표는 적응적 대처방안 기술을 강화시키고 협력하여 문제를 해결함으로써 비자살적 자해행동을 감소시키는 것이라고 할 수 있다. 대부분의 인지행동치료 프로그램은 가능한 인지왜곡 유형을 탐색하여 회피보다는 적응적인 문제해결 방식을 강화시켜 비자살적 자해행동을 감소시킨다. 인지행동치료는 다른 치료방법과 함께 적용될 때 가장 효과적이라고 알려져 있으며(Slee, Spinhoven, Garnefski, & Arensman, 2008), 이는 의학적인 처치를 포함한 개인치료의 형태가 포함되는 것이다. 실제로 Slee와 동료들은 인지행동치료와 개인치료를 함께 적용한 집단에서 비자살적 자해행동이 감소되었고 마찬가지로 정서조절 능력도 증가하였다고 보고하였다. Slee와 동료들이 제시한 모형을 살펴보면, 첫 번째 단계에서는 비자살적 자해와 관련해서 가장 최근의 사건을 탐색하고 비자살적 자해와 관련된 인지, 정서, 그리고 행동을 구체화시키는 것이다. 일단 구체적인 사건 탐색이 이루어지면, 부적응적인 인지를 수정하고 마음챙김과 감정수용과 같은 정서조절 전략을 이행하여 문제해결 기술들을 이행함으로써 목표를 달성할 수 있다. 〈표 7-1〉은 Slee와 동료들이 제안하는 인지행동치료 과정 모형이다.

〈표 7-1〉 인지행동치료 과정 모형

1. 인지왜곡 명확화
• ABC 모델을 적용하여 인지적 사고 탐색
• 자동적 사고 탐색
• 인지-정서-행동에 이르는 경로 탐색

↓

2. 부적응적인 인지 수정
- 비자살적 자해를 유지시키는 부적응적인 인지 또는 정서를 알아차리기
- "~해야만 한다" vs. "현실적 사고"의 열을 유지하는 사고 흐름도
- 각각의 사고와 상황에 대한 대안적 가능성에 대한 토의

↓

3. 정서조절 전략 실행
- 마음챙김 전략
- 정서 회피가 아닌 정서 수용
- 취할 수 있는 감정 및 인지 반응의 연속성 개발

↓

4. 문제해결 기술 이행
- 회피가 아닌 문제 해결중심에 기반한 행동을 키우는 능력
- 문제의 근본 원인을 이해할 수 있도록 내담자를 돕는 것
- 의사소통 능력
- 인지를 논박하거나 지지할 수 있는 데이터를 모으는 것

출처: Kelly & Heather (2017).

1) 비합리적 신념 탐색

비자살적 자해와 관련하여 내담자의 비합리적 신념을 탐색하기에 앞서 내담자의 비자살적 자해행동에 영향을 미치는 생활사건이나 스트레스를 탐색하는 것이 우선적으로 이루어져야 한다. 가장 낮은 스트레스부터 높은 스트레스 상황까지 단계별로 생활사건과 스트레스를 파악하여 그 상황에서의 자동적 사고에 대해 파악해 본다. 상담자는 내담자가 이야기하는 사건 또는 상황에서 일어나는 부정적 자동적 사고를 통하여 개인의 비합리적 신념에 대해 알 수 있다. 자동적 사고란 개인이 경험하는 구체적인 상황에서 즉시 떠오르는 어떤 생각이나 이미지를 의미한다(Beck, 2011). 자동적 사고의 과정은 개인의 과거 경험들이 추상화되어 축적된 인지적 구조, 즉 인지도식에 의해 영향을 받는다. 개인의 과거 경험이 어떻게 축적되었느냐에 따라서 인지도식이 긍정적일 수도 있고 부정적일 수도 있다. 만약에 긍정적으로 축적되었다면 큰 어려움을 겪지 않을 수 있지만 과거 경험들이 부정적인 내용들로

구성되었다면 심리적 문제에 매우 취약하게 된다. 축적된 과거의 경험들은 개인의 핵심 신념을 형성시키고 개인의 핵심 신념은 자동적 사고에 영향을 준다. 자동적 사고의 유형은 개인의 의식 밖에서 일어나기 때문에 습관적이고 익숙하게 떠오르게 된다. 자동적 사고의 일반적인 예를 든다면 우리가 횡단보도를 건널 때 "나는 신호등이 파란불일 때 건너야 한다."라고 자동적으로 떠올리는 것과 같다고 볼 수 있다. 중재적 신념은 개인의 태도, 규범, 가정으로 구성되어 있다(Beck, 2011). 중재적 신념은 자동적 사고와 핵심 신념을 연결하는 것으로 설명할 수 있다. 중재적 신념의 예를 들면 우리가 횡단보도를 건널 때 "항상 차를 조심해야 한다."는 규범과 관련되어 있다. 그리고 가정은 "만약에 내가 차를 조심한다면 나는 차와 부딪치는 사고가 일어나지 않을 것이다."이다. 핵심 신념은 가장 근본적이고 대단히 영향력 있는 사고방식이다. 핵심 신념은 확고하며 쉽게 바뀌지 않고 지나치게 일반화되는 경향이 있다(Beck, 2011). 핵심 신념은 종종 자신, 세계, 그리고 미래의 인지적 세 가지에 대한 근본적인 신념이다. Beck(2011)은 비생산적인 핵심 신념을 '무능감'(예: '나는 멍청해, 패배자야.')과 '무가치성'(예: '나는 친구가 없어, 사랑받을 가치가 없어.')으로 구분하였고 사람은 대체로 두 가지 기본 범주에 속하는 경향이 있다고 제안하였다. 다음 대화 예시는 상담자가 내담자의 자동적 사고를 탐색해 나가는 과정이다.

상담자: 최근에 가장 스트레스가 되었던 사건이 있었나요?

내담자: 학교에서 체육시간이 끝나고 교실로 들어가는데 친구들이 나한테 웃으면서 인사를 했어요.

상담자: 그 사건이 왜 스트레스가 되었나요?

내담자: 왜냐하면 친구들이 나한테 웃으면서 인사를 했는데 나를 놀린다는 생각이 들었어요.

상담자: 음…… 친구들이 웃으면서 인사했는데 놀린다는 생각이 먼저 들었나 봐요?

내담자: 저는 사람들이 저를 보고 웃으면 나를 놀리거나 무시한다는 생각이 들어요.

상담자: ○○ 님은 왜 사람들이 나를 보고 웃으면 나를 놀리거나 무시한다는 생각이 들까요?

내담자: 어릴 때 부모님은 제가 실수하거나 뭔가를 잘 해내지 못할 때 저를 보고 웃곤 하셨어요. 그래서 저는 항상 '실수하면 안 된다.' '잘 해내지 못하면 안 된

다.'라는 신념을 가지고 있는 것 같아요. 그날도 체육시간에 피구를 하다가 실수를 했거든요. 그래서 저는 친구들이 저의 실수에 대해 놀리고 나를 무시한다는 생각이 들었어요.

상담자: ○○ 님의 이야기를 들으니, 다른 상황에서도 실수를 하거나 적절히 무언가를 잘 해내지 못했다라고 느낄 때 사람들이 ○○ 님에게 다가와 친밀하게 다가와서 웃거나 미소를 지으면 아, 저 사람이 나를 놀리거나 무시한다는 생각이 들 수 있을 것 같아요.

내담자: 네……. 그럴 때 저는 항상 패배자 같고 스스로 멍청하다라고 생각을 하는 것 같아요. 그래서 사람들이 나에게 웃으면서 다가오면 쉽게 나를 놀린다고 생각을 하는 것 같아요.

상담자: 사람들이 나를 놀리거나 무시한다는 생각이 들 때 어떤 감정이 드나요?

내담자: 내가 가치가 없는 사람처럼 느껴져서 우울하고 화가 나요.

상담자: 그럴 때 ○○ 님은 어떻게 행동하나요?

내담자: 칼로 손목을 긋고 자해를 주로 하는 것 같아요.

상담자-내담자의 대화 예시에서 볼 수 있듯이, 내담자의 자동적 사고를 탐색하는 데 있어서 구체적인 상황을 토대로 내담자의 자동적 사고를 탐색할 수 있다. 그러한 과정에서 내담자의 자동적 사고에 중요하게 영향을 미치는 중재 신념('나는 실수하면 안 된다.')과 핵심 신념('나는 멍청이야.' '패배자야.')을 함께 탐색해 볼 수 있다. 또한 내담자의 자동적 사고로 인한 감정이 비자살적 자해행동과 밀접한 관련이 있을 수 있다. 따라서 자동적 사고를 탐색하는 것에서 그치는 것이 아니라 내담자의 자동적 사고로 인한 감정을 탐색해 보는 것이 중요하다.

2) 개입방안

인지행동치료에서 전형적인 개입방법은 인지행동분석을 수행하거나 또는 선행사건을 탐색하거나 내담자의 상황에 대한 행동과 결과를 탐색하는 것이다. 특히 비자살적 자해 청소년 내담자의 인지왜곡을 명확화하기 위해 워크시트지를 활용할 수도 있다. 비자살적 자해행동이나 충동은 워크시트에서 행동박스에 정리한 이후에 비자살적 자해와 관련된 결과와 마찬가지로 선행사건 또는 촉발하는 사건에 대해 탐색할 수 있다. [그림 7-1]은 비자살적 자해와 관련된 사건, 행동, 결과에 이르기까지의 과정에 대한 예시이다.

　작성한 시트지를 활용하여 상담자는 내담자에게 비자살적 자해행동에 이르게 하는 정서와 구체적인 상황에서의 자동적 사고에 대한 탐색을 위해 몇 가지 질문을 던짐으로써 내담자를 도울 수 있다. 이러한 작업을 통해 상담자는 내담자가 비자살적 자해에 이르게 된 이유와 상황에 대해 심도 있게 작업할 수 있다. CBT 다음 단계는 전형적으로 논박하거나 인지를 재구조화하는 것이다. 전형적인 인지행동치료는 인지행동분석을 수행하거나 선행사건 탐색, 상황에 대한 행동과 결과를 분석하는 것이다. 내담자에게 "당신의 신념을 뒷받침할 만한 증거는 무엇인가요?" 또는 "구체적인 그 생각이 진실임을 증명하기 위해 무엇을 도와드릴까요?"와 같이 몇 가지 질문을 해 볼 수 있다. 그뿐만 아니라 "이러한 생각을 지지하지 않는 증거는 무엇인가요?" "일어난 일에 대해서 다른 대안의 설명은 없나요? 그리고 다른 대안의 설명을 지지해 줄 만한 증거가 있나요?"와 같이 내담자에게 대안적인 사고를 심어 줄 수 있다. 사고를 기록하는 것은 비합리적 신념에 대한 구체적인 증거를 수립하는 데 도움을 줄 수 있다. 〈표 7-2〉는 자동적 사고를 분석하여 대안적 사고에 이르는 과정에 대한 예시이다. 내담자의 자동적 사고를 탐색하였다면 이에 대한 비합리적 신념과 인지적 왜곡 유형을 탐색해 볼 수 있다. 인지적 왜곡이란 현실을 비현실적인 방법으로 해석하는 부적응적인 사고습관이다. 인지적 왜곡 유형에는 이분법적 사고(흑백논리), 파국화, 긍정적인 증거 축소화, 감정적 추론, 라벨링, 확대/축소, 선택적 추상화, 마음 읽기, 일반화, 개인화, '반드시 해야 한다', 성급한 결론, 비난, '만약에?' 사고, 부당한 비교 등이 있으며, 내담자의 자동적 사고에 있어서 인지적 왜곡 유형에 해당되는 부분이 있는지 확인해 볼 수 있다. 친구들이 나를 보고 웃으면 나를 놀리거나 무시한다고 생각하는 자동적 사고의 경우를 예로 들면, '마음 읽기' '일반화' '성급한 결론'에 해당될 수 있다.

　내담자의 자동적 사고를 탐색하고 이에 대한 인지적 왜곡 유형까지 탐색하는 과정을 거쳤다면 비합리적 신념을 변화시킬 수 있다. 내담자의 비자살적 자해에 영향을 미치는 구체적인 생활사건이나 스트레스를 탐색하여 그러한 상황에서 내담자가 믿고 있는 자동적 사고나 비합리적 신념을 탐색하고 다루어 줌으로써 비자살적 자해행동을 감소시킬 수 있다. 또한 상담자는 비자살적 자해와 직접적인 관련이 있는 비합리적 신념에 대해 탐색할 수 있다. 많은 내담자의 경우 비자살적 자해행동에 대해 각자가 가지고 있는 신념이 있으며 이는 비자살적 자해의 동기와 목적과도 밀접한 관련이 있다고 볼 수 있다. 다음은 비자살적 자해행동을 지지하는 내담자의 비합리적인 신념이 제시되어 있다.

>>> 비자살적 자해행동과 관련한 내담자의 비합리적 신념

- "자해행동을 하면 모든 것을 통제할 수 있고 대처할 수 있음을 느낀다."
  → 내담자의 무력감, 낮은 자아효능감 그리고 정서조절의 어려움과 관련이 있다.
    (Chapman, Specht, & Cellucci, 2005)
- "만약에 자해를 하지 않는다면, 나는 정말로 폭발하거나 미쳐 버릴 것이다."
  → 자해가 그들의 분노를 가라앉히는 것에 대한 작은 대가라고 믿는 것과 관련이 있다.
    (Brown, Comtois, & Linehan, 2002)
- "나는 나의 몸이 싫고 나의 적은 나 자신이다."
  → 자신에 신체에 대한 부정적인 바디이미지와 내적 소외감과 관련이 있다.
    (Alderman, 2007)
- "어느 누구도 내가 자해행동을 할 때 얼마나 최악의 상태일지 알지 못한다."
  → 극적이고 해로운 행동을 하지 않는 한 다른 사람들이 자신을 이해하지 못하고 타인과 의사소통하는 데 있어서 무력감을 경험하는 것과 관련이 있다.
    (Nock & Prinstein, 2004)
- "나는 일반적으로 공허하고 속이 비어 있지만 자해행동은 내가 실재하고 어떤 것을 느낄 수 있음을 알게 해 준다."
  → 이러한 신념은 분열을 일으키고 특히 과거 트라우마와 관련이 있을 수 있다.
    (Nock & Prinstein, 2005)

출처: Nock (2009).

상담자는 내담자가 비자살적 자해와 관련해서 어떠한 신념을 유지하고 있는지 확인할 필요가 있으며, 직접적인 피드백을 줄 수 있다. 또한 개인이 가지는 신념이 그들의 삶에 미치는 영향력에 대해 교육할 수 있으며, 평가과정에서 협력하여 신념들에 대해 기록하고 정리할 수 있다. 일반적으로 내담자들이 가지고 있는 비자살적 자해와 관련한 신념들이 어떻게 형성되었고 현재까지 유지되고 있는지 탐색하는

과정에서 내담자의 신념에 대해 처음부터 이의를 제기하는 것은 도움이 되지 않는다. 대신 상담자는 내담자가 가지고 있는 비자살적 자해와 관련한 신념에 대해 우선적으로 공감해 주면서 그들의 삶에 어떠한 역할을 하고 영향을 미치고 있는지에 대해 인식시켜 주는 것이 필요하다. 상담자는 내담자의 비자살적 자해 관련 비합리적 신념을 탐색하고 공감하는 과정에서 비자살적 자해에 대한 잘못된 가정을 가지지 않도록 해야 한다. 이를 위해 상담자들은 내담자들이 비자살적 자해행동이 내담자의 삶에 어떤 역할을 하고 있는지 열린 마음으로 이해하고 접근하려는 노력이 필요하다. 만약에 상담자 개인이 가지는 가치관이나 생각을 주입시키려고 한다면 내담자와의 동맹관계가 깨질 가능성이 높다. 이러한 점을 고려해서 상담자는 비자살적 자해 내담자를 상담하는 것에 대한 상담자 자신의 잘못된 신념을 먼저 인식해야 한다.

3) 비자살적 자해행동에 대한 상담자의 잘못된 신념

자해를 하는 내담자를 대하는 데 있어서 상담자들은 자해행동은 해롭기 때문에 반드시 멈춰야 한다고 생각한다. 많은 내담자는 비자살적 자해행동에 대해 모순적인 태도를 가지고 있다. 그들은 자해행동이 자신에게 해가 된다고 생각하면서도 자해가 자신의 삶에 도움을 준다고 생각한다. 그들은 자해를 하지 않으면 고조된 감정을 조절하거나 대처할 수 없다고 느끼게 되어 더 높은 수준의 스트레스와 무력감을 경험할 수 있다. 따라서 치료자는 내담자의 자해행동을 무조건 멈추게 하기보다는 자해동기를 우선적으로 이해하고 공감하려는 노력이 필요하다.

이번 주에 자해를 했다면 내담자는 상담장면에서 자해와 관련된 주제를 가져올 것이다. 충동성, 수치심 등과 관련된 문제들과 마찬가지로 자해행동은 내담자가 피하기 쉬운 주제일 수 있다. 상담자는 내담자가 자발적으로 자해 문제를 상담에서 먼저 이야기할 것이라고 생각해서는 안 된다. 상담자는 매주 내담자의 자해와 관련된 에피소드를 물어보아야 한다.

내담자는 상담장면에서 자해와 관련해서 보고하는 것에 대해 상담자에게 꾸중을 듣거나, 거부당하거나, 통제당하거나, 버림받는 것을 두려워할 수도 있다. 따라서 상담자는 내담자의 보고에만 의존하는 것이 아니라 "자해충동이 있었느냐?" 또는 "자해충동이 일어나지 않았다면 그러한 이유는 무엇인가?" 등 구체적으로 자해행동에 대해 물어볼 수 있다.

　비록 일부 내담자들은 타인의 관심을 추구하고 통제력을 행사하기 위해 자해행동을 하기도 하지만 모든 내담자가 그러한 것은 아니다. 만약에 상담자가 모든 자해 내담자에 대해 이러한 가정을 가지고 있다면 상담과정에서 내담자의 자해행동이 나아지고 있지 않아 좌절감을 경험하게 될 것이다.

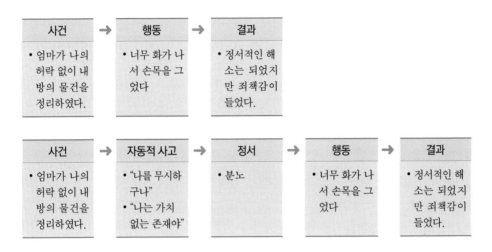

[그림 7-1] 인지행동분석 예시

〈표 7-2〉 자동적 사고 분석 예시

상황	엄마가 나의 허락 없이 내 방의 물건을 정리하였다.
자동적 사고	• "나를 무시하는구나." • "나는 가치 없는 존재구나."
자동적 사고를 뒷받침해 주는 증거	• 나를 존중했더라면 나에게 물어보고 방을 정리했을 텐데 의견을 물어보지 않고 방을 정리하였다.
자동적 사고를 뒷받침하지 않는 증거	• 엄마가 매번 나의 의견을 물어보지 않는 것은 아니다.
가능한 대안적 사고	• 엄마가 요새 자주 깜빡하시는데 나에게 물어본다는 것을 깜빡하셨을 것이다. • 엄마가 생각했을 때 별로 중요한 사안이 아니라고 판단을 하고 나에게 물어보지 않았을 것이다.

4) 자해 대신의 대안적인 행동 활용

궁극적인 상담의 목표는 자해행동을 하지 않는 것이지만, '자해'가 오랜 기간에 걸쳐 만성적이고 습관적으로 이루어져 왔기 때문에 자해행동을 완전히 그만두게 하는 데는 시간이 필요하므로 자해행동을 완전히 포기하기까지 해가 되지 않는 다른 대안적인 방법을 사용하도록 한다. 이는 주관적인 고통을 주지만 신체 조직에 거의 또는 전혀 손상을 주지 않는 행동으로 이행하는 것이며, 또 다른 방법은 자해를 하고 싶을 때 실제로 고통이나 피해를 주지는 않는 제스처를 사용하는 것이다. 전자의 예로는, 자해행동을 하고 싶을 때 자해 대신에 신체에 해가 되지 않지만 자극을 줄 수 있는 다른 행동을 하는 것이다. 대표적으로 아이스 큐브 방식은 자신에게 고통을 주고자 할 때 얼음 조각이 녹을 때까지 손에 꽉 쥐고 있는 것이다(Layden et al., 1993). 또 다른 방법으로는 손목에 고무줄을 튕기는 방법도 있다. 이것은 육체적인 고통을 주지만 신체에 아무런 손상도 주지 않는다. 자신의 신체에 해를 가할 때 피가 뿜어져 나오는 것을 표현하기 위해 수용성 붉은색 마커로 자신의 신체 부위에 표시를 하는 방법도 있다(Haines, Williams, Brian, & Wilson, 1995). 이러한 개입의 목적은 자해행동으로부터 벗어나도록 돕는 것이다.

5) 생산적인 대체활동 찾기

자해를 유지하는 내담자들은 자신을 처벌하기 위해서 자해를 하는 경우가 많다(예: '나는 고통을 받을 만해'). 자해의 대체활동을 찾기 위해 일반적으로 건강하고 생산적인 방식의 다른 활동들에 대한 리스트를 내담자에게 작성해 보도록 한다. 예컨대, 운동 늘리기, 금연하기, 집안 정리하기, 청구서 지불하기 등이 있다. 이러한 행동들은 내담자의 자기효능감을 증가시켜 줄 수 있는 활동이다. 또한 자해를 했던 장소에서 내담자가 좋아하는 다른 행동을 하는 것도 좋은 방법이다. 상담자는 내담자에게 주로 자해를 한 장소를 떠올리라고 하여, 그곳에서 할 수 있는 대체활동을 브레인스토밍하여 계획을 세우도록 할 수 있다.

다음은 자해를 대체할 수 있는 생산적인 대체활동의 예시이다.

- 다른 것에 집중하도록 노력함(예: 낱말 맞추기, 조각 그림 맞추기). 특히 지적 자극을 주는 과제들이 도움이 됨
- 실제 자해를 하는 대신에 자해계획을 기록함
- 기분을 좋게 할 수 있는 다른 신체활동을 함
- 색칠하기, 그림 그리기 등 예술작업을 통해 자신의 감정을 표현함
- 자해를 유발하는 내면화된 동기(예: 생각, 감정)를 기록함
- 중요한 사람들을 만나 향후 얼마 동안은 자해행동을 하지 않겠다는 '안전 서약'을 함. 서약서에 약속을 지켰을 때와 보상 및 지키지 않았을 때의 결과들을 포함시키는 것이 좋음
- 기분이 나쁘지 않을 때 왜 자해를 하지 말아야 하는지에 대한 이유를 적어 봄. 그리고 나중에 다시 자해하고 싶어지면 이미 작성했던 이유들을 다시 보면서 한두 가지 이유들을 더 추가해 봄
- 그동안 살면서 자신이 잘 했던 일(예: 다른 사람을 도와줌)을 적어 보고 자해하고 싶은 욕구가 들 때마다 그 목록을 보고, 스스로에게 '나는 이렇게 좋은 일을 많이 했어. 나는 좋은 사람이야. 더 이상 고통받을 이유가 없어.'라고 상기시킴
- 자해한 후에 자신의 강점과 타인의 강한 반응을 살펴봄. 미칠 것 같은 느낌, 수치심, 미안함, 두려움, 죄책감 등 자해 이후 느끼는 감정과 타인의 반응은 자해를 멈추게 하는 이유가 되기도 함

출처: 서미, 김은하, 이태영, 김지혜(2017).

2. 변증법적 행동치료

변증법적 행동치료(Dialectical Behavior Therapy: DBT)는 정서조절 문제 완화에 초점을 맞추고 있으며(Linehan, 1993), 복잡하고 다루기 힘든 경계선 성격장애를 위한 통합적 인지행동치료 방법이다. 특히 자해는 격렬하고 부정적인 감정으로 유발되는 심리적 고통을 해소하기 위한 정서조절의 수단과 고통스러운 기억을 차단하기 위해 사용되므로(Ross & Heath, 2003), 변증법적 행동치료는 자해행동과 같은 충동적 행동을 치료하는 데 효과적임을 알 수 있다. 이처럼 변증법적 행동치료는 자해와 같이 회피적이고 해로운 대처전략을 대신해서 의사소통 패턴과 대인관계 기술을 강화시킴으로써 개인의 정서조절을 돕는 것이 목표이다. 이러한 목표 달성을

위해 구체적인 목표행동들이 포함된다. 자해와 삶을 위협하는 행동 감소, 비동맹과 같이 치료를 방해하는 행동 감소, 삶의 질을 향상시키는 것과 반대되는 행동 감소(예: 고위험 행동, 약물 중독, 섭식장애, 우울, 불안), 그리고 정서조절 전략 학습, 마음챙기기, 대인관계 기술과 같은 행동기술을 증가시키는 것들이 포함된다. DBT 메타분석 연구에서 변증법적 치료는 분노, 자해행동, 정신건강 문제에서 높은 효과 크기를 나타내며(Stoffers et al., 2012), 자살 및 자해행동을 완화시켜 주는 것으로 나타났다(Panos, Jackson, Hasan, & Panos, 2013). 자살의도가 있는 혹은 없는 자해행동을 목표로 DBT 프로그램을 검증한 결과 일반집단에 비해 DBT 집단의 자해행동이 유의하게 감소되었다(Linehan, 1993). 그 밖의 다른 DBT의 효과연구들을 살펴보면, DBT가 자살시도를 비롯한 자살 관련 행동의 감소, 입원환자의 입원기간 감소, 분노 감소에 효과적이고, 사회적 적응력 향상, 치료 탈락률의 감소에도 효과적인 것으로 검증되고 있다(Linehan, Armstrong, Suarez, Allmon, & Heard, 1991; Linehan et al., 1998; Koons et al., 1998).

　DBT에서 주요 핵심 훈련은 내담자에게 마음챙김, 고통감내, 감정조절 및 대인관계 향상 기술이다(Linehan, 1993c). 마음챙김이란 "현재 이 순간에 일어나고 있는 경험에 대해 어떠한 판단도 하지 않은 채 의도적으로 주의를 집중하는 것"이다. 마음챙김을 통해 우리가 자신의 생각이나 정서, 행동 등을 살펴보게 하여 객관적인 사고와 적절한 행동을 할 수 있도록 돕는다. 마음챙김을 통한 명상연습은 '무엇인가'를 바꾸려는 어떤 노력이나 판단 없이, 현재 자신의 정서와 감각을 온전히 체험할 수 있도록 한다. 자해 내담자에 있어서, 명상연습은 과거 경험의 상처로 인하여 자아를 향한 부정적인 감정을 버리는 것을 배울 수 있는 수단을 제공한다. 마찬가지로, 현재 순간의 중요성을 강조함에 있어서, 과거의 경험이나 실수는 덜 위협적으로 받아들이게 된다. 고통감내 훈련은 내담자에게 혐오적인 상황, 감정 또는 생각을 견딜 수 있는 능력을 향상시키고, 위기에서 살아남아 그들이 바꿀 수 없는 것을 근본적으로 받아들일 수 있도록 다양한 구체적인 방법을 제공하는 것을 목표로 한다. 감정조절 훈련은 경험하는 감정을 식별하고, 감정이 정당하고 합리적인지 여부를 함께 논의하고 결정한다. 또한 내담자가 원하는 감정조절 방법을 개발하고 훈련해 볼 수 있도록 한다. 마지막으로, 대인관계 향상 훈련은 그들의 개인적 가치와 자존감을 동시에 유지하면서 다른 사람들과의 관계 향상을 돕기 위해 고안되었다.

〈표 7-3〉 변증법적 행동치료(DBT) 기술 훈련 순서

자기조절장애
마음챙김의 핵심 기술은 지금 현재를 자각하는 것을 높이는 것을 포함하여 자신의 감정을 무비판적으로 관찰하고 수용하는 기술, 있는 그대로의 경험을 묘사할 수 있는 능력을 학습하는 것이다.

↓

대인관계장애
일관된 관계 유지(동료, 가족 등)를 수반하는 데 어려움이 있는 내담자에게 효과적인 기술은 다른 사람과 효과적인 경계 두기, 관계 형성의 갈등요소 해결, 자기존중감 향상, 적절한 의사소통 기술을 향상하는 것이다.

↓

행동조절장애
고통감내 기술은 내담자 스스로 상황을 악화시키기 전에 위기를 다룰 수 있는 거리 두기, 고통스러운 감정을 인내하는 방법과 같은 효과적인 기술을 배우는 것이다.

↓

정서조절장애
감정규제 기술은 내담자 스스로 감정을 이해하고 문제해결 전략에 기반하여 본인 감정을 명명화할 수 있는 능력, 사전예방행동 기술을 습득하는 것이다.

↓

인지조절장애
중간 경로 걷기(walking the middle path)는 내담자 본인의 감정과 행동의 연속선상을 이해하고 정반대의 행동을 선택할 수 있기에 자기검증 기술을 습득하는 것이다.

출처: Kelly & Heather (2017).

1) 마음챙김

마음챙김 훈련은 DBT에서 핵심적인 기술이다(Marra, 2005). 마음챙김은 관찰되는 대상이 아닌 주의초점을 조절하는 법을 배우는 것을 포함하며, 유용하지 않는 것에 대한 집중을 피할 수 있는 능력을 향상시킴으로써 감정경험을 조절하는 데 도움을 줄 수 있다(Lynch, Chapman, Rosenthal, Kuo, & Linehan, 2006). 예를 들면, 내가 불쾌한 상황에 처해 있을 때 그 상황이 나에게 유발하는 불쾌한 정서에 집중하기보다 나에게 유용한 자극에 주의초점을 할 수 있게 한다. 실제로 정서적 자극에서 벗어날 수 있다는 것은 부정적인 영향을 경험하는 경향을 감소시킬 수 있다는 것을 보여 준다(Ellenbogen, Schwartzman, Stewart, & Walker, 2002). 따라서 과거에 감정이나 자해 충동을 유발한 자극으로부터 주의를 딴 데로 돌릴 수 있다. 또한 내가 주의 집중하는 것이 반드시 진실일 필요는 없으며 '단지 생각'으로 관찰하도록 가르친다(Lynch et al., 2006). 또는 과거에 사건에 대한 유효한 해석으로 여겨졌던 자해와 관련된 인식에 대한 문자 그대로의 믿음을 제거할 수도 있다(예: '나는 처벌받을 자격이 있다'). 또한 명상은 나에게 주어진 상황에 대해 자동적으로 반응하기보다는 감정적

관찰하기(외부)	관찰하기(내부)
• 무엇을 보고 있나요?/보았나요? • 무엇을 듣고 있나요?/들었나요? • 무엇을 맛보고 있나요?/맛보았나요? • 무슨 냄새를 맡나요?/맡았나요? • 무엇을 느끼나요?/느꼈나요?	• 당신의 생각에 대해 무엇을 알아차렸나요? • 당신의 신체에서 무엇을 경험하였나요? • 당신의 감정에 대해 무엇을 알아차렸나요? • 무엇을 하고 싶었나요?
• 위의 관찰 리스트를 작성하거나 이야기해 보기	관찰 내용을 토대로 작성해 보고 • 당신은 지금 무엇을 할 수 있나요? • 어떤 것이 좋은 행동일까요? • (이미 반응을 했다면) 어떤 행동이었나요? • 당신은 무엇을 했나요? • 당신이 원하는 응답을 받았나요?

[그림 7-2] DBT: 마음챙김 관찰, 묘사, 실행

출처: Wester & Trepal (2017).

행동 충동이나 반응 경향을 판단하지 않고 있는 그대로 관찰하도록 가르침으로써 계급적으로 조건화된 연관성을 변화시킬 수 있다(공포심은 탈출의 행동 충동을 이끌어 내고, 분노는 공격하고 싶은 행동을 이끌어 낸다). 충동과 관련된 반응 경향을 변경함으로써 새로운 연관성을 획득한다. 반복적인 연습으로, 이러한 새로운 연관성은 점점 더 우세해지고, 개인은 감정이나 자해와 관련된 모든 행동의 격렬함이나 반응 경향에 대응할 필요가 없다는 것을 알게 된다. 마음챙김을 반복적으로 실천함으로써 심리적 고통을 중립적으로 인식하게 되고 결과적으로 자해를 통해 자신의 존재를 확인하고자 하는 욕구가 줄어든다.

2) 고통감내

마음챙김이 자신의 감정을 받아들이는 법을 배우는 것이라면, 고통감내는 자해하려는 충동으로부터 시간을 지연시키는 것을 배우는 것이다. 그러므로 치료의 목표는 내담자가 경험하고 있는 감정이나 고통스러운 고통을 즉시 피하고자 하는 것이 아니라 그 감정을 조절하는 것을 배우는 것이다. 자해행동의 일반적인 목표가 고통스러운 감정을 완전히 제거하는 것이라면 고통을 감내하는 것은 고통스러운 감정을 완전히 제거하는 것이 아니라 감정을 조절하고, 내담자가 적절하게 대처할 수 있도록 그것을 관리 가능한 수준으로 다시 조절하는 것이다. 인간은 고통을 완전히 피하거나 제거할 수 없고, 현실을 있는 그대로 받아들이려고 하지 않으면 고통은 오히려 가중된다(Linehan, 2015). 하지만 고통을 감내하는 것은 감정을 피함으로써 일어나는 위기나 감정을 악화시키지 않고 오히려 불편한 감정을 수용하는 것이다. 고통감내 기술은 마음챙김 기술의 연장선상에서 진보된 형태라고 볼 수 있다.

고통감내는 즉시 자해충동으로부터 주의를 분산시키는 것이다. 내담자는 ACCEPTS 활동을 통해 현재 상황이나 감정을 다른 사람, 감정 또는 이전 상황과 비교하고, 감정과 반대되는 행동을 선택하고, 다른 행동들을 경험할 수 있도록 하는 것이다(Wester & Trepal, 2017). 자기주장에 대한 감각적인 욕구와 자해행동에 대한 실제 참여, 그들은 다른 적응적이고 문제해결 중심의 계략을 스스로 완화하거나 실행하는 것을 배울 수 있다. 〈표 7-4〉는 고통감내 활동을 정리한 것이다.

〈표 7-4〉 고통감내 활동

Activities (활동)	• 스포츠 또는 운동 • 영화 감상 • 해변, 공원, 동물원 가기 • 다른 사람들과 어울리기 • 취미활동
Contributing (기여)	• 자원봉사 • 이메일 또는 편지 쓰기 • 누군가를 위해 베이커리 또는 요리하기 • 다른 사람 돕기
Comparisons (비교)	• 당신보다 상황이 더 나쁜 다른 사람을 고려하기 • 당신이 최악이었던 다른 시기 또는 상황 이해하기
Opposite Emotions (정반대의 감정)	• 감정에 대해 가능한 행동을 고려하고, 반대행동을 선택하기 • 화가 난다면, 코미디 영화를 보거나 웃기 • 슬프다면, 운동을 하거나 신나는 음악을 듣기
Pushing Away (밀어내기)	• 나중에 처리할 수 있을 때까지 감정을 밀어내기 • "선반에" 두는 것 • "박스에" 두는 것 • "볼륨을 낮추기"
Thoughts (사고)	• 노래 가사로 생각 변화시키기 • 복음화법 • 식료품 리스트 계획하기 • 다음 휴가 목적지 정하기
Sensations (감각)	• 찬물샤워 • 얼음 잡고 있기 • 누군가를 껴안기 • 편안한 옷으로 갈아입기 • 애완동물을 위로하거나 안아 주기

출처: Wester & Trepal (2017).

3) 정서조절 및 대인관계 향상 기술

자해 내담자의 경우 정서적으로 긴장되어 있고 불안정하기 때문에 자주 화를 내고 극도의 좌절감을 느끼기도 하며 우울해하거나 불안해한다. DBT 관점에서 자해행동은 고통스러운 감정을 조절하기 어렵기 때문에 자해행동을 통해 고통스러운 정서를 해소하고자 하는 것이다. 정서를 조절하기 위해서 현재의 힘든 감정을 파악하고 그 감정의 이름을 명명화하는 작업을 할 수 있다. 이는 경험하고 있는 감정을 있는 그대로 파악하는 것으로 마음챙김 기술을 적용하여 내가 경험하는 감정을 판단하는 것이 아니라 있는 그대로 느껴 보는 것이다. 이러한 방법은 고통스러운 감정과 고군분투하거나 회피하는 방법 대신에 그대로 지나가게 한다. 또 다른 방법으로 감정상태를 변화시키는 장애요인을 파악해 보는 것이다. 감정상태를 변화시키는 장애요인으로 상황적 요인, 신체적 요인, 생활습관 등의 요인이 있을 수 있다. 예를 들어, 신체적인 질환을 앓고 있거나 몸의 상태가 좋지 않을 때 우리는 쉽게 부정적인 정서에 빠질 수 있게 된다. 따라서 나의 신체적인 상태를 먼저 파악해서 치료가 필요한 부분은 치료를 받는 것이 필요하며, 균형 있는 식사와 규칙적인 생활습관도 정서에 영향을 미치는 중요한 요인일 수 있다. 또한 긍정적 감정을 일으키는 일의 목록을 만들어서 증가시킬 수 있도록 한다. 마지막으로, 현재의 감정 상태와 정반대되는 행동을 통해 감정을 변화시키는 방법이 있다. 예를 들면, 두려움이 크다면 내가 두려워하는 것을 피하는 것이 아니라 두려워하는 것을 직접 해 본다거나 화가 난다면 주의를 분산시켜 나에게 좋은 어떤 활동을 해 본다.

대인관계 향상 기술은 정서조절 기술과 함께 내담자의 변화를 이끌어낼 수 있으며, 자기주장 훈련이나 사회기술 훈련 등이 포함될 수 있다. 대인관계 향상 기술 훈련의 대표적인 방법으로 Describe(기술하기), Express(표현하기), Assert(주장하기), Reinforce(보상하기), Mindfully(마음챙김을 유지하기), Appear confident(대담한 태도 가지기), Negotiate(협상가능성을 열어 두기) 등의 다양한 기술을 대인관계에서 적절히 사용하여 대인관계에서 발생할 수 있는 문제행동을 해결할 수 있다(Linehan, 1993a).

3. 동기강화상담

동기강화상담은 자해행동을 치료하는 데 효과적이다(Kress & Hoffman, 2008). 동기강화상담은 치료적 관계 형성, 기능적인 평가, 행동 변화, 그리고 자아효능감을 높여주는 데 유용하다. 게다가 동기강화상담은 약물과 알코올 중독과 같은 문제행동을 다루는 데 강력하고 효과적인 치료법이다(Burke, Arkowitz, & Menchola, 2003). 자해상담 과정에서 상담자가 내담자에게 자해행동을 중지해야 한다고 할수록 내담자는 거부감을 느끼고 자해행동이 자신에게 얼마나 도움이 되는지에 대한 이유를 설명할 것이다. 따라서 상담자는 자해행동의 이점을 탐구하고, 변화의 준비, 욕구, 능력을 향상시키기 위해 고안된 안전하고 공감적인 환경을 제공해야 한다(Miller & Rollnick, 2002).

동기강화상담의 단계적 변화는 다음과 같다. 동기강화상담에서는 행동 변화를 단일사건으로 보지 않을뿐더러 연속적인 사건의 과정에서 일어난다고 본다. 따라서 동기강화상담의 목표는 치료적인 맥락 안에서 변화의 단계를 통해 개입하는 것이다. 첫 번째 단계는 사전 포섭단계이다. 내담자는 변화를 위한 준비가 되어 있지 않고 변화에 대한 열망과 변화할 수 있을 것이라는 자신감도 부족한 상태이다. 예를 들면, 내담자는 자해행동이 사소한 결점인 반면에, 강력한 이점이 있다고 생각하고 변화에 대한 갈망이 낮다. 여기서 강력한 이점이란 부정적으로 압도되는 감정에 대한 빠른 회복이다. 더욱이 내담자는 정서적으로 압도될 때 대처할 수 있는 효과적인 방법으로 자해행동을 멈춘다는 것을 상상하지 못한다. 두 번째 단계는 포섭단계이다. 내담자들은 변화에 대해서 생각하기 시작하지만 여전히 태도는 모호할 수 있다. 내담자들은 자해행동을 멈추는 것에 대해서 득과 실을 보려고 한다. 따라서 동기강화상담에서는 자해행동에 대한 내담자의 이중적 태도를 비판단적인 태도로 안전하게 도와주는 역할을 한다. 세 번째 단계는 준비단계이다. 내담자는 변화에 대한 결심을 하기 시작하고 변화를 필요로 한다. 그리고 상담자의 역할은 변화에 도움이 될 수 있도록 전략을 발전시키고 지지해 주는 역할을 한다. 이때 상담자들은 '전문가'로서의 조언하는 역할보다는 내담자와 협력하여 그들의 이야기를 잘 들어 주고 그들에게 맞는 전략을 고안해 주는 것이 필요하다. 마지막 단계는 행동과 유지 단계이다. 내담자는 변화를 위한 조치를 취하기 시작한다. 변화의 단계이기는 하지만 때에 따라서 저항이 일어나기도 하고 이전의 상황으로 후퇴되어 갈 수도 있다. 이것은 당연한 것이며 상담자는 내담자에게 변화의 단계에서 얼마든지 이전의 상황으로 되돌아갈 수도 있음에 대해 설명하여 변화가 잘 이루어지지 않을 때 내담자가 느낄 수 있는 좌절감에 대해서 정상화 작업을 해 주는 것이 필요하다.

동기강화상담 과정에서 상담원리는 공감 표현하기, 논쟁 피하기, 저항 다루기, 자기효능감 지지하기, 불일치 다루기와 같이 총 5개의 원리가 있다(Miller & Rollnick, 2002). 첫 번째 원리인 공감 표현하기는 적극적인 반영적 경청으로 상담자는 자신의 의견과 조언을 중단하고 내담자가 호소하는 이야기를 듣는 것에 집중하는 것이다. 상담자가 내담자의 자해행동에 판단하여 반대하는 주장을 하는 것은 내담자로 하여금 자해행동이 유용한 이유에 초점을 두게 한다. 상담자는 내담자가 자해행동을 하는 이유가 압도적으로 부정적인 감정을 완화시키는 매우 효율적인 수단이라는 것을 기억해야 한다. 상담자가 내담자의 자해행동이 얼마나 유해한 행동인지에 대해 조언하기 시작하면 내담자는 자신의 행동을 변화시키기보다는 자해행동을 적극적으로 유지하고자 할 것이다. 두 번째 원리는 논쟁을 피하는 것이다. 대신 상담자는 내담자와 협력적인 관계를 위해 노력하고, 변화를 위한 선택은 내담자에게 있으며, 그 가능성에 진정으로 열려 있어야 한다고 강조한다. 세 번째 원리는 저항을 다루는 것이다. 내담자가 변화를 거부하면, 오히려 상담자는 변화에 대한 저항을 가지고 치료에 활용한다. 예를 들어, "당신의 자기주장을 위한 선택은 자신의 선택이며, 그것은 다른 사람을 해치지 않으며, 사실 당신은 자해행동을 매우 유용하다고 생각할 수 있다."라고 이야기해 줄 수 있다. 네 번째 원칙은 자기효능감을 지지하는 것이다. 일차적인 초점은 변화할 수 있다고 느낄 수 있도록 하는 것이다. 상담자는 내담자의 특별한 경험, 환경, 목표에 적합한 전략을 개발하고 자신감을 쌓는 것을 목적으로 내담자를 지원하는 것이 매우 중요하다. 다섯 번째 원칙은 자해행동에 대한 내담자의 불일치를 발전시키는 것이다. 내담자의 현재 상황과 이상 사이에 거리가 있다는 것을 스스로 깨닫도록 도울 수 있다. 예를 들어, 상담자는 내담자에게 만약 자해행동이 무한히 지속된다면 삶이 어떻게 될 것인지 전망해 보고, 그리고/또는 그 행동이 중단될 경우 삶이 어떻게 될 것인지를 생각하여 이야기해 보도록 할 수 있다.

4. 가족기반치료

청소년의 자해행동은 사회문화적 맥락과 가족, 또래집단의 영향을 많이 받는다. 특히 가족요인이 청소년 자해행동에 밀접한 영향을 미친다(Hawton & Harriss, 2006).

따라서 상담자는 가능한 가족치료를 할 때 가족을 포함하는 것이 치료에 유용하다. 일반적인 가족환경뿐만 아니라 가족구성원 간의 상호작용 유형에 따라 청소년 자해행동의 위험 또는 보호 요인으로 작용한다(Yates, 2009). 이는 자해행동을 이해하고 치료할 때 가족 간의 연결과 기능이 중요하다는 것을 보여 준다. 예를 들어, 부모의 적개심과 비판성이 높은 경우 그렇지 않은 경우보다 자해행동을 보고한 청소년이 훨씬 많았다(Wedig & Nock, 2007). Muelenkamp와 Gutierrez(2007)는 가족과 긍정적인 소통을 하는 경우 보호요인으로 작용하여 자해를 하지 않는 청소년이 더 많았다고 말했다. 특히 지지적인 부모는 자해 청소년의 긴장과 스트레스를 직면하는 것을 돕는 데에 매우 중요한 역할을 한다. 따라서 상담자는 자해 전후로 부모와의 상호작용이 잘 이루어지도록 촉진하여 자해 청소년의 좌절, 분노, 긴장, 공허 등의 감정을 부모와 원활하게 소통하게 할 수 있도록 해야 한다(Yip, Ngam, & Lam, 2002). 반대로, 부모와 의사소통에 문제가 있다고 느끼는 경우에 자해위험성이 증가되는 경향이 있었다(Evans, Evans, Morgan, Hayward, & Gunnell, 2005).

이처럼 가족의 응집력과 친밀도는 청소년 자녀의 자해행동에 대한 잠재적 보호요소로 확인되었다(Rubenstein, Halton, Kasten, Rubin, & Stechler, 1998). 그러나 자해 청소년 가족구성원들 간에는 서로 단절되어 있는 경우가 많으며 부모로부터 감정적인 지원을 받지 않으려는 경향이 있다(Martin, Bureau, Clutier, & Lafonaine, 2011). 가족이 내담자의 스트레스나 긴장감의 주된 원인이 될 수 있기 때문에 청소년 내담자에게 자해의 원인과 촉발 요인에 대해 이야기할 때 주의 깊게 듣고 평가해야 한다. 가족을 치료에 포함시키는 것은 무수히 많은 방법으로 진행될 수 있다. 특히 청소년 내담자에게 현재의 문제나 갈등을 해결하는 데 도움이 되는 간단한 기술 훈련을 제공할 수 있도록 한다. 또한 가족치료 세션을 병행하여 가족기술 훈련 그룹을 포괄적인 치료 패키지로 통합하는 것이다. 가족치료에 있어서 청소년 내담자의 자해 목적이 통제를 획득하는 것이라면 부모는 자해 청소년을 대하는 데 있어서 '해야 하거나 하지 말아야 할 것들'에 대해 말해 주는 것보다는 먼저 상황과 감정을 질문하여 표현하도록 하는 것이 효과적이다(Martinson, 2002). 가족기반치료는 가족의 기능을 강화시킴으로써 청소년의 자살·자해 문제를 다루며 정신역동, 의사소통 훈련, 그리고 문제해결 기술과 같은 구성요소로 구성되어 있다. 또한 애착, 생태학적 문제해결 또는 위기상황 개입을 포함한다. 애착기반가족치료는 자살·자해를 감소시키는 목적으로 가족관계와 부모-자녀 관계를 다루는 것으로, 3개월 동안 일주일에 한 번 애착의 질을 강화하기 위한 인지행동 기술을 습득할 수 있도록 돕는다. 66명의 청소년을 대상으로 애착기반가족치료를 받게 하였을 때 자살사고가 유의미하게 감소되었다(Dimond, Shehan Poole, & Yardi, 2010). 이처럼 자해 청소년 내담자를 상담하는 것뿐만 아니라 가족들도 함께 치료에 개입하는 것은 매우 유용하므로(Trepal, Wester, & MacDonald 2006), 자해 청소년 내담자의 가족 역동을 탐색하는 것은 중요하다. 가족치료를 시행하기 위해서 심리교육, 가족치료, 내담자 지원방법의 세 가지 축으로 정리해 볼 수 있다. 다음 〈표 7-5〉는 가족치료 목표를 제시한 것이다.

〈표 7-5〉 가족치료 목표

심리교육	• 자해행동에 대한 일반적인 기능들, 그리고 자살과의 차이점 • 위험행동 경고 신호, 그리고 자살행동 경고 신호 • 비판단적으로 자해행동에 반응하는 방법 • 상담에 대한 현실적인 기대 설정
가족치료	• 의사소통 기술, 상호작용 유형, 연결성 증진 • 자녀에게 도움이 되는 기술 증진(양육행동, 정서조절 등) • 청소년 자녀의 자율성, 신뢰성에 관한 설정 및 이슈 제한 • 가족 스트레스원 또는 위험요인 감소 • 가족 강점과 보호요인 강화 및 증진
내담자 지원방법	• 자해 유발요인에 대한 신속한 대처 기술 사용 조력 • 모델 스킬 사용 및 실습 • 치료 목표 성공을 위한 긍정적인 강화물 제공

출처: Klonsky, Muehlenkamp, Lewis, & Walsh (2011).

>>> 자해 청소년 가족상담 TIP

• 모든 가정이 즉시 치료를 시작할 수 있는 것은 아니라는 것을 이해하라. 폭발적 정서장애가 있는 가정은 가족치료에 대비하기 위해 DBT와 같은 중재가 우선적으로 필요할 수 있다.
• 가족치료는 자해행동의 기능에 대한 검증, 평가, 그리고 교육에서 시작된다.
• 가족치료는 명확하게 정의되고 상호 합의된 행동 목표를 가지고 체계화되어야 한다.
• 각 세션은 의제에서 작동해야 한다. DBT 대상과 같은 형식을 사용하는 것이 좋다.

- 가족치료는 심리치료의 가장 큰 자극제가 될 수 있다. 내담자의 문제행동에 한해서 확장된 논의의 초점이 되라고 요구하는 것은 내담자에게 많은 것을 요구하는 것이고 엄청나게 규제할 수 있기 때문이다.
- 상담자는 일관되게 모든 가족구성원을 검증하고 편을 드는 것을 피하며, 각 구성원의 관점에서 지혜를 강조해야 한다.

출처: Walsh (2012).

>>> 자녀의 자해행동에 대한 감정, 생각 반응에 대한 질문

- 자녀가 자해한 것을 언제 처음 알게 되었나요?
- 자녀가 자해한 것을 알게 되었을 때 어떤 감정이 들었나요?
- 자녀가 자해한 것을 알게 되었을 때 어떤 생각이 들었나요?
- 자녀가 자해한 것을 알고 어떻게 반응하였나요?
- 자녀와 자해에 대해 이야기해 본 적이 있나요?

1) 평가

청소년 자녀의 자해행동에 영향을 주는(예: 학대, 무시, 방임, 갈등 등) 가족구성원이 있을 경우, 상담자는 초기 평가에 자해행동과 관련이 있는 가족구성원을 포함시킬 수 있다(Teag-Palmieri & Gutierrez, 2016). 상담자는 가계도를 그리게 하거나 각 가족구성원이 내담자의 자해행동과 관련하여 다양한 형태의 평가에 참여하도록 요청할 것이다(Trepal et al., 2006). 특히 상담자는 부모-자녀 관계와 의사소통을 평가하는 것이 중요하며, 구체적으로 자녀의 자해행동과 관련해서 어떻게 반응을 하고 있는지 살펴볼 필요가 있다.

2) 심리사회 교육

가족구성원들은 내담자의 자해행동에 대한 이해가 낮을 수 있기 때문에 심리사회 교육은 가족치료의 매우 중요한 요소이다(Teague-Palmieri & Gutierrez, 2016). 상담자는 심리사회 교육을 통해 청소년 자해에 대한 이해와 더불어 가족들이 내담자

의 자해행동 그 자체에 의미를 두기 보다는 자해행동 이면의 감정과 동기를 이해할 수 있도록 안내하는 것이 필요하다(YIp, 2006).

>>> 청소년 자해에 대한 이해

- 청소년 자해는 일상생활에서의 스트레스나 심리적 고통과 관련된 정서적 표현의 어려움을 표현하는 방법 중 하나이다.
- 주로 죄책감, 우울감, 자기혐오, 무가치감, 분노 등과 같은 부정적인 감정과 관련되어 있을 가능성이 높다.
- 자해를 통해 순간적인 안정과 긴장감이 완화되는 경우가 많아 처음에는 일시적인 긴장완화 방법으로 자해를 하다가 점차 장기적인 습관으로 이어지는 경우가 많다.
- 만약 자녀의 자해행동을 알게 되었다면, 자해라는 '행동'이 아닌 자해행동을 하게 된 '감정'에 먼저 초점을 두고 이야기해야 한다.

출처: 서미, 김은하, 이태영, 김지혜(2017).

또한 내담자의 자해행동을 처음 접했을 때 가족구성원은 놀람과 당황스러움, 분노 등과 같은 감정을 경험하므로 상담자는 가족구성원들이 내담자의 자해행동을 이해하는 과정에서 공감과 배려로 잘 경청할 수 있도록 지지하고 격려해 주는 것이 필요하다. 다음은 자해 청소년 자녀를 대하는 데 있어서 유용하지 않은 반응들(Chapman & Dixon-Gordon, 2007; Levenkron, 1998; Toprak, Cetin, Guven, Can, Demircan, 2011; Yip, Ngan, & Lam, 2003)과 유용한 반응들(Chapman & Dixon-Gordon, 2007; Toprak et al., 2011; Yip et al., 2003)을 정리한 것이다.

>>> 유용하지 않은 반응들

- 자해를 하기 위해 사용했던 물건들을 억지로 빼앗으려고 하는 행동
- 혐오 또는 부정적인 감정을 보여 주는 것
- 자녀의 행동에 대해 비난하거나 무시하는 태도
- 자녀에게 안전한 환경을 제공하지 않는 것
- 강제로 상처를 확인하려는 행동
- 자해행동을 하는 자녀 앞에서 배우자나 다른 가족구성원을 비난하는 것

>>> 유용한 반응들

- 자녀의 염려와 걱정에 대해서 말할 수 있도록 하는 것
- 자해행동에 대해 자녀와 함께 이야기하는 것
- 판단하지 않고 자녀의 이야기를 들어주는 것
- 실질적으로 자녀를 지원하고 도와주는 것(예: 상처를 치료하기)
- 자녀와 함께 병원이나 상담실을 방문하는 것
- 비자살적 자해에 대해서 스스로 공부하는 것
- 갈등 해결의 긍정적인 역할 모델이 되고 감정을 다루는 것

5. 집단상담

청소년 자해 문제에 개입하는 데 있어서 집단상담은 일반적으로 개인상담과 함께 병행해서 진행되는 경우가 많이 있지만 자해 문제를 해결하는 데 있어서 독립적으로 집단상담치료를 적용할 수 있다(Gratz & Gunderson, 2006). 특히 대상이 청소년일 경우에 가족이 함께 참여할 수 있도록 한다. 개인상담이 자해행동을 줄이기 위한 대처방안과 사회적 기술과 같은 적응에 도움이 될 수 있는 기술을 습득하는 데 도움을 준다면 가족이 함께 참여하는 집단상담에서는 가족의 응집력을 강화할 수 있는 방법들을 배울 수 있다(Miller, Rathus, & Linehan., 2007). 집단치료가 개별치료와 결합하여 독자적으로 이용되든 상관없이, 심리사회 교육과 기술훈련에 중점을 두는 것이 좋다. 대부분의 집단상담은 자해 문제로 겪는 어려움을 해결해 주는 기본적인 기술을 가르치는 데 초점을 맞추고 있다. 따라서 집단상담의 주 내용은 감정조절 전략, 정서적 불편함이나 고통을 감내하는 기술, 의사소통 및 문제해결 찾기 기술, 문제해결을 포함한다. 또한 집단상담을 통해 대인관계를 잘 유지하고 관계를 구축하는 데 도움을 줄 수 있도록 한다(Hollander, 2008; Linehan, 1993; Miller et al., 2007). 집단상담을 진행하는 데 있어서 집단 내에서 지켜야 할 행동과 내용에 관련된 특정 지침과 기본 규칙을 설정하는 것이 중요하다.

>>> 집단 내 자해 감염을 예방하는 전략

- 비자살적 자해행동에 대한 토론을 제한하거나 금지하기(자해행동에 대한 이야기는 개인 상담에서 다룰 수 있도록 한다)
- 자해행동에 대해 세부 정보를 공유하지 않도록 교육하기(집단원에게 자극이 되고 해가 될 수 있음을 안내)
- 집단 응집력과 결속을 창조하기 위해 적응적인 방법을 찾을 수 있도록 돕기
- 집단상담은 문제해결 기술을 훈련시키는 것에 초점을 두기
- 집단 규범으로 건강한 행동 설정하기

출처: Walsh (2006).

참고문헌

서미, 김은하, 이태영, 김지혜(2017). 자해 위기 청소년 상담 매뉴얼. 부산: 한국청소년상담복지개발원.

Alderman, T. (1997). *The scarred soul: Understanding and ending self-inflicted violence*. Oakland, CA: New Harbinger.

Alford, B. A., & Beck, A. T. (1997). *The integrative power of cognitive therapy*. New York, NY: Guilford Press.

Beck, A. T. (1987). Cognitive models of depression. *Journal of Cognitive Psychotherapy, 1*(1), 5-37.

Beck, J. S. (2011). *Cognitive behavior therapy: Basics and beyond* (2nd ed.). New York, NY: Guilford Press.

Brown, M. Z., Comtois, K. A., & Linehan, M. M. (2002). Reasons for suicide attempts and non-suicidal self-injury in women with borderline personality disorder. *Journal of Personality Disorder, 18*, 257-271.

Bruke, B. L., Arkowitz, H., & Menchola, M. (2003). The efficacy of motivational interviewing: A meta-analysis of controlled clinical trials. *Journal of Clinical and Consulting Psychology, 71*, 843-861.

Catherine. R. G., Joseph. C. F., & Matthew. K. N. (2015). Evidence-based psychosocial treatments for self-injurious thoughts and behaviors in youth. *Journal of Clinical Child & Adolescent Psychology, 44*(1), 1-29.

Chapman, A. L., & Dixon-Gordon, K. L. (2007). Emotional antecedents and consequences of deliberate self-harm and suicide attempts. *Suicide and Life-Threatening Behavior, 37*, 543-552.

Chapman, A. L., Specht, M. W., & Cellucci, T. (2005). Borderline personality disorder and deliberate self-harm: Does experiential avoidance play a role? *Suicide and Life-Treatening Behavior, 35*, 388-399.

Dimond, J. P., Shehan Poole, E., & Yardi, S. (2010. November). *The effects of life disruptions on home technology routines.* In Proceedings of the 16th ACM international conference on supporting group work (pp. 85-88). ACM.

Dobson, K. S., & Block, L. (1988). Historical and philosophical bases of the cognitive-behavioral therapies. In k. S. Dobson (Ed.), *Handbook of cognitive-behavioral therapies.* New York, NY: Guilford Press.

Donaldson, D., Spirito, A., & Esposito-Smythers, C. (2005). Treatment for adolescents following a suicide attempt: Results of a pilot trial. *Journal of the American Academy of Child & Adolescent Psychiatry, 44*(2), 113-120.

Ellenbogen, M. A., Schwartzmann, A. E., Stewart, J., & Walker, C. D. (2002). Stress and selective attention: The interplay of mood, cortisol levels, and emotion information processing. *Psyhophysiology, 39*, 723-732.

Evans, J., Evans, M., Morgan, H. G., Hayward, A., & Gunnell, D. (2005). Crisis card following self-harm: 12 month follow-up of a randomized controlled trial. *British Journal of Psychiatry, 187*, 186-187.

Freeman, A., & Reinecke, M. A. (1993). *Springer series on death and suicide, Vol. 12. Cognitive therapy of suicidal behavior: A manual for treatment.* New York: Springer Publishing Co.

Gratz, K. L., & Chapman, A. L. (2006). Preliminary data on an acceptance-based emotion regulation group intervention for deliberate self-harm among women with borderline personality disorder. *Behavior Therapy, 37*, 25-35.

Gratz, K. L., & Gunderson, J. G. (2006). Freedom from self-harm: Overcoming self-injury. *Journal of Clinical Psychology, 63*, 1091-1103.

Haines, J., Williams, C. L., Brian, K. L., & Wilson, G. V. (1995). The psycho-physiology of self-mutilation. *Journal of Abnormal Psychology, 104*, 471-489.

Hawton, K., & Harriss, L. (2006). Deliberate self-harm in people aged 60 years and over: Characteristics and outcome of a 20-year cohort. *International Journal of Geriatric Psychiatry, 21*, 572-581.

Hollander, M. (2008). *Helping teens who cut: Understanding and ending self-injury.* New York, NY: Guilford Press.

Kelly, L. W., & Heather, H. C. (2017). *Non suicidal self-injury: Wellness perspectives on behaviors, symptoms, and diagnosis*. New York, NY: Routledge.

Klonsky, E. D., Muehlenkamp, J. J., Lewis, S. P., & Walsh, B. (2011). *Nonsuicidal self-injury*. Cambridge, MA: Hogrefe Publishing.

Koons, C. R., Robins, C. J., Bishop, G. K., Morse, J. Q., Tweed, J. L., Lynch, T. R., & Bastian, L. A. (1998). *Efficacy of dialectical behavior therapy with borderline women veterans: A randomized controlled trial*. In annual meeting of the Association for the Advancement of Behavior Therapy, Washington, DC.

Kress, V. E., & Hoffman, R. A. (2008). Non-suicidal self-injury and motivational interviewing: enhancing readiness for change. *Journal of Mental Health Counseling, 30*, 311-329.

Layden, M. A., Newman, C. F., Freeman, A., & Morse, S. B. (1993). *Cognitive therapy of borderline personality disorder*. Needham Heights, MA: Allyn & Bacon.

Levenkron, S. (1998). *Cutting: Understanding and over-coming self-mutilation*. New York, NY: W. W. Norton & Compay.

Linehan, M. M. (1993a). *Cognitive-behavioral treatment of borderline personality disorder*. New York, NY: Guildford Press.

Linehan M. M. (1993b). *Skills training manual for treating borderline personality disorder*. New York, NY: Guilford Press.

Linehan M. M. (1993c). Dialectical behavior therapy for treatment of boderline personality disorder: Implications for the treatment of subtance abuse (Monograph). *National Institute for Drug Abuse Research Monographs, 137*, 201-216.

Linehan M. M. (2015). *DBT Skills training manual* (2nd ed.). New York, NY: Guilford Press.

Linehan, M. M., Armstrong, H. E., Suarez, A., Allmon, D., & Heard, H. L. (1991). Cognitive-behavioral treatment of chronically parasuicidal borderline patients. *Archives of general psychiatry, 48*(12), 1060-1064.

Linehan, M. M., Comtois, K. A., Koerner, K., Bown, M., Dimeff, L. A., Tutek, D., & Mar, C. (1998, November). *University of Washington study of dialectical behavior therapy: A preliminary report*. In annual meeting of the Association for the Advancement of Behavior Therapy, Washington, DC.

Lynch, T. R., Chapman, A. L., Rosenthal, Z. M., Kuo, J. R., & Linehan, M. M. (2006). Mechanisms of change in dialectical behavior therapy: Theoretical and empirical observations. *Journal of Clinical Psychology, 62*, 459-480.

Marra, T. (2005). Dialectical behavior therapy in private practice: A practical and comprehensive guide. Oakland, CA: New Harbinger Publications.

Martin, J., Bureau J. F., Cloutier, P., & Lafontaine, M. F. (2011). A comparison of invalidating family environment characteristics between university students engaging in self-injurious thoughts and actions and non-self-injuring university students. *Journal of Youth and Adolescence, 40*, 1477-1488.

Martinson, D. (2002). Why do people deliberately injure themselves? Retrieved October 3, 2005, from http://www.palace.net/~llamam/psych/injury.html.

Miller, A. L., Rathus, J. H., & Linehan, M. M. (2007). *Dialectical behavior therapy with suicidal adolescents.* New York, NY: Guilford Press.

Miller, W. R., & Rollnick, S. (2002). *Motivational interviewing: Preparing people for change* (2nd ed.). New York, NY: Guilford Press.

Muehlenkamp, J. J., & Gutierrez, P. M. (2007). Risk for suicide attempts among adolescents who engage in non-suicidal self-injury. *Archives of Suicide Research, 11*, 69-82.

Nock, M. K. (2009). *Understanding nonsuicidal self-injury: Origins, assessement, and treatment.* Washington, DC: American Psychological Association.

Nock, M. K., & Prinstein, M. J. (2004). A functional approach to the assessment of self-mutilative behavior. *Journal of Consulting and clinical psychology, 72*, 885-890.

Nock, M. K., & Prinstein, M. J. (2005). Contextual features and behavioral functions of self-mutilation among adolescents. *Journal of Abnormal Psychology, 114*, 140-146.

Panos, T., Jackson, J., Hasan, O., & Panos, A. (2013). Meta-analysis and systematic review assessing the efficacy of Dialectical Behavior Therapy (DBT). *Research on Social Work Practice, 24,* 213-223.

Perepletchikova, F., Axelrod, S. R., Kaufman, J., Rounsaville, B. J., Douglas-Palumberi, H., & Miller, A. L. (2011). Adapting dialectical behaviour therapy for children: Towards a new research agenda for paediatric suicidal and non-suicidal self-injurious behaviours. *Child and adolescent mental health, 16*(2), 116-121.

Ross, S., & Heath, N. L. (2003). Two models of adolescent self-mutilation. *Suicide and Life-Threatening Behavior, 33*(3), 277-287.

Rubenstein, J. L., Halton, A., Kasten, L., Rubin, C., & Stechler, G. (1998). Suicidal behavior in adolescents: stress and protection indifferent family contexts. *American Journal of Orthopsychiatry, 68*, 274-284.

Selekman, M. D. (2009). *The adolescent & young adult self-harming treatment manual: A collaborative strengths-based brief therapy approach.* New York: W. W. Norton & Company.

Slee, N., Spinhoven, P., Garnefski, N., & Arensman, E. (2008). Emotion regulation as mediator of treatment outcome in therapy for deliberate self-harm. *Clinical*

Psychology and Psychotherapy, 15, 205-216.

Stoffers, J. M., Völlm, B. A., Rücker, G., Timmer, A., Huband, N., & Lieb, K. (2012). Psychological therapies for people with borderline personality disorder. *Cochrance Database of Systematic Reviews, 8*. Art. No.: CD005652. doi: 10.1002/14651858. CD005652.

Taegue-Palmiere, E. B., & Gutierrez, D. (2016). Healing together: Family therapy resources and strategies for increasing attachment security in individuals engaging in nonsuicidal self-injury. *Counseling and Therapy for Couples and Families, 24*(2), 157-163. doi: 10.1177/1066480716628629.

Toprak, S., Cetin, I., Guven, T., Can, G., & Demircan, C. (2011). self-harm, suicidal ideation and suicide attempts among college students. *Psychiatry Research, 187*(1-2), 140-144.

Trepal, H., Wester, K., & MacDonald, C. (2006). Self-injury and postvention: Responding to the family in crisis. *Counseling and Therapy for Couples and Families, 14*, 342-348.

Walsh, B. (2006). *Treating self-injury:A practical guide.* New York, NY: Guilford Press.

Wedig, M. M., & Nock, M. K. (2007). Parental expressed emotion and adolescent self-injury. *Journal of the American Academy of Child and Adolescent Psychiatry, 46*, 1171-1178.

Wester, K., & Trepal, H. (2017). *Non-suicidal self-injury: A wellness and developmental approach.* New York, NY: Taylor & Francis Press.

Yates, T. M. (2009). Developmental pathways from child maltreatment to nonsuicidal self-injury. In M. K. Nock (Ed.), *Understanding non-suicidal self-injury: Origins, assessment, and treatment.* Washington, DC: American Psychological Association.

Yip, K. (2005). A multi-dimensional perspective of adolescents' self-cutting. *Child and Adolescent Mental Health, 10*, 80-86.

Yip, K., Ngam, M., & Lam, I. (2002). An explorative study of peer influence and response to adolescent self-cutting behavior in Hong Kong. *Smith Studies in Social Work, 72*, 379-401.

Yip, K., Ngam, M., & Lam, I. (2003). A qualitative study of parental influence on and response to adolescents' self-cutting in Hong Kong. *Family in society, 84*(3), 405-416.

제8장
청소년 자해개입 전략

청소년 자해상담은 크게 초기, 중기, 후기 세 가지 단계로 나누어 개입할 수 있다. 이 장에서는 각 단계에서 중점적으로 다루어야 할 목표와 내용들에 대해 제시하고자 한다. 한국청소년상담복지개발원의 2018년 연구인 '청소년 정신건강 상담 개입 매뉴얼: 자살·자해편'에서 제시한 자해 청소년 상담개입에 관한 내용을 기반으로 자해 청소년 단계별 상담개입 전략을 제시하고자 한다. '청소년 정신건강 상담개입 매뉴얼: 자살·자해편'은 문헌연구와 과거 자해를 경험하고 상담을 통해 자해행동을 멈추게 된 청소년 7명, 자해 청소년을 상담한 경험이 있는 경력 3년 이상의 상담자 10명을 인터뷰하고 각각 질적 분석한 결과를 통해 구성되었다.

1. 자해 청소년 단계별 상담개입 전략

1) 초기단계

자해 청소년 상담의 초기단계의 핵심은 자해위험 수준 평가와 상담 구조화, 라포 형성, 내담자의 안전 확보에 있다. 그중에서도 초기단계에서 내담자의 위험수준을 정확하고 면밀하게 진단하는 것이 중요하다. 자해의 방법과 빈도, 자해를 처음 시작하게 된 시기, 자살에 대한 생각 등을 평가해야 한다. 동시에 자해의 위험요인이 될 수 있는 분노, 불안, 정서조절 정도 등을 함께 측정할 필요가 있다.

(1) 자해위험 수준 평가

국내에서 널리 쓰이고 있는 청소년 자해 측정 척도로 자해행동척도와 자해 기능평가지가 있다. 먼저, 자해행동척도(Self-Harm Inventory: SHI)는 Sanson, Wiederman과 Sanson(1998)이 개발하고, 공성숙, 이정현과 신미연(2009)이 한국어로 번안하여 이혜림과 이영호(2013)가 국내 청소년에게 맞게 수정한 것이다. 최근 6개월 내의 경험을 기준으로 하며 총 20문항, 4점 리커트 척도로 구성되었다. 해당 점수가 높을수록 더 많은 자해행동을 하고 있는 것으로 볼 수 있다. 다음으로, 한국판 자해기능평가지(The Functional Assessment of Self-Mutilation: FASM)는 Lloyd, Kelley와 Hope(1997)가 개발한 것을 권혁진과 권석만(2017)이 한국어로 번안 및 타당화한 것이다. 이 척도는 죽으려는 의도 없이 자신의 신체를 고의적으로 훼손하는 비자살적 자해를 측정하기 위한 것으로 자해를 하는 방법과 빈도, 자해 시작 시기, 자해를 하는 목적(개인 내적 동기와 사회적 동기)에 대해 파악할 수 있다.

두 가지 척도를 사용하는 방법 외에도 초기단계에 상담자가 내담자에게 직접 질문을 하는 방법을 통해서도 자해 청소년의 위험수준을 평가할 수 있다. 예를 들어, "얼마나 자주 자해를 하나요?" "언제부터 자해를 시작했나요?" "자해행동이 일상생활에 방해를 주는 수준인가요?" "자해와 함께 자살에 대해 구체적으로 생각해 본 적이 있나요?" "과거 자살을 시도해 본 경험이 있나요?" 등과 같은 질문이 있다.

앞의 두 가지 척도 또는 해당 질문에서 자해를 하는 빈도나 그 수준이 매우 높거나 자해가 오랜 시간 지속되어 만성화되어 있다거나, 일상생활에 방해가 되는 수준이라면 상담자는 내담자를 고위험군으로 판단할 수 있다. 또한 구체적으로 자살에 대한 생각이 있으면서 동시에 자해를 하고 있거나, 과거 자살을 시도해 본 경험이 있는 내담자 역시 고위험군으로 판단이 가능하다. 고위험군에 해당되는 내담자의 경우, 병원 또는 관련 기관에 즉각적인 연계를 요청해야 한다. 더불어 부모 및 보호자에게 해당 사실을 알리는 등의 즉각적인 연락과 보호체계 마련이 필요하다. 고위험군에 해당됨에도 불구하고 상담자가 병원이나 부모 및 보호자에 대한 연계를 하지 않고 상담을 진행하는 것은 상담자의 복지를 해치는 행위일 수 있으며 상담자로서 비윤리적인 행동일 수 있음을 유의하여야 한다. 고위험군에 해당되는 내담자의 경우, 스스로 죽고자 하는 의도가 없는 비자살적 자해에 해당될지라도 자해행동의 강도와 빈도가 높다면 생명에 위협을 줄 수 있다. 따라서 상담을 진행하기보다는 앞서 적절한 병원치료를 통해 상담이 가능한 수준으로 기능수준을 높일 필요가 있다. 상담자는 고위험군에 해당되는 내담자를 신속하게 병원에 연계하고, 동시에 가정에서 부모가 안전하게 내담자를 보호할 수 있도록 도와야 한다.

고위험군에 해당되지 않고 보다 낮은 수준의 위험수준을 보이는 경우에는 상담을 통한 개입이 가능하다. 초기단계에서 위험수준을 판단하는 것 외에 일반적인 상담과 동일하게 상담에 대한 구조화가 필요하다. 내담자에게 상담의 횟수와 비용, 상담의 과정과 상담을 통해 일어날 수 있는 결과 및 비밀보장과 그 예외사항에 대해 안내해야 한다. 더불어 내담자와 함께 상담의 목표를 수립하여야 한다.

(2) 상담 구조화

자해 청소년의 경우, 부모상담이 함께 이루어지는 경우가 많고 자해 청소년 상담에 있어 부모상담과 부모를 포함하는 가족상담이 효과적이다. 자해 청소년의 부모상담이 함께 이루어지거나 부모와의 면담이 진행될 때, 상담자는 부모와도 자해 청소년 상담에 대한 구조화를 명확히 할 필요가 있다. 기본적으로 내담자가 상담에서 이야기하는 내용들은 비밀보장이 되며 부모와 공유가 어렵다는 사실을 사전에 안내해야 한다. 더불어 내담자와의 상담에서 비밀보장의 예외사항에 대해 안내함으로써, 필요한 경우 내담자와 합의하여 내담자의 안전 확보를 위해 부모의 협조를 구하여야 한다. 부모상담을 통해 가정에서 내담자의 행동을 모니터링하고 가능한 경우 부모와 자해 청소년과 함께 안전계획을 수립할 수 있다. 한편, 자녀의 자해행동과 이로 인한 결과에 대해 무관심하거나 방관하는 부모가 있을 수 있다. 이러한 경우 부모에게 자해의 위험성과 자해행동이 지속되었을 때 자살로까지 이어질 수 있는 등 자녀의 자해행동에 대한 사실적이고 객관적인 정보를 제공하고 협조를 구해야 한다.

(3) 라포 형성

초기단계에서는 상담자와 내담자 간의 라포 형성이 중요하다. 물론 일반적으로 상담에서 상담자와 내담자 간의 라포 형성이 기본이 되며 라포가 형성되지 않으면 효과적인 상담이 이루어지기 어렵다. 자해 청소년 상담에서도 라포 형성이 기본이 되어야 할 뿐만 아니라 라포를 형성하는 것 자체가 매우 중요하다. 이는 자해 청소년의 특성 중 하나인 감정표현이 어렵다는 점과 자해에 있어 강력한 보호요인으로 사회적 지지가 있다는 점에서 비롯된다. 자해 청소년은 이전에 다른 누군가에게 자신의 부정적인 정서나 일상생활에서 겪는 어려움, 감정에 대해 표현해 본 경험이 비교적 적다. 자신의 감정을 어떻게 표현해야 하는지 잘 모르는 경우가 많기도 하고, 누구에게 어떻게 자신의 감정을 이야기해야 하는지를 잘 모르는 경우도 많다. 그리고 이전에 자신의 감정에 대해 다른 사람들에게 표현해 본 경험이 적거나 없기 때문에, 또는 누군가에게 자신의 감정을 이야기했지만 적절한 지지를 받지 못했기 때문에 계속해서 자신의 감정을 표현하지 못하고 누군가로부터 지지받는 경험을 하지 못하는 악순환이 반복될 가능성이 높다. 앞서 청소년 자해에 영향을 줄 수 있는 과거 경험 중 가정폭력, 학대, 학교폭력 등도 관련이 깊다. 이와 같은 과거의 경험 역시 내담자가 다른 사람과의 관계에서 신뢰나 안전함을 느끼기에 어려운 요소들로 작용하기도 한다. 자해 청소년의 경우 상담자와의 관계에서도 신뢰 있는 관계를 형성하는 데 있어 다른 내담자들에 비해 더 오랜 시간이 소요될 수 있고 그 과정에 많은 어려움이 존재할 수 있다. 그러나 앞서 언급했던 것과 같이 타인과 신뢰 있고 안전한 관계를 형성해 본 경험이 적은 자해 청소년의 경우 상담자와 라포를 형성하는 것은 내담자에게 굉장히 중요한 경험이며 꼭 필요한 부분이라 할 수 있다.

상담자는 이를 위해, 먼저 스스로 청소년 자해에 갖고 있는 선입견이 존재하지 않는지 확인해 볼 필요가 있다. 이를 위해 상담자는 청소년 자해에 대한 기본적인

지식을 숙지해야 한다. 청소년 자해에 대한 기본적인 지식과 함께 자해 청소년에게 그들의 행동을 멈추길 강요한다거나, 막연한 위로를 한다거나, 그들의 사고를 논박한다거나 하는 행동들과 같이 자해 청소년에게 하지 않아야 될 행동들에 대해서도 충분히 숙지할 필요가 있다. 실제 자해 청소년들을 대상으로 진행한 인터뷰 결과에 따르면 그들이 상담에서 가장 원했던 것은 '누군가에게 원 없이 나의 이야기를 하는 것'이었다. 상담자는 자해 청소년에게 안전한 그 '누군가'가 되어야 한다. 자해 청소년들이 자신의 자해경험과 자해를 하게 된 이유들에 대해 털어놓기 시작한다면, 이미 그때부터 내담자에게 상담으로 인한 효과가 나타날 가능성이 높다. 이처럼 초기단계에서는 내담자와 라포 형성이 우선되어야 한다.

(4) 내담자의 안전 확보

초기단계에서는 내담자의 안전 확보가 중요하다. 내담자가 지속적이고 높은 빈도로 자해를 하고 있는 경우, 내담자의 주변인들을 중심으로 지지체계를 구축하고 내담자 주변환경에서의 안전성을 확보해야 한다. 초기에 내담자의 보호요인이 될 수 있는 주변인들에 대한 탐색을 우선으로 하여 위기상황에서 내담자가 도움을 요청할 수 있는 사람들에 대해 파악해야 한다. 또한 필요한 경우 내담자와 자해 관련 서약서를 작성하여 내담자가 긴급하게 도움이 필요한 경우 연락할 수 있는 기관이나 주변사람들의 연락처를 확보하고 구체적으로 도움을 구할 수 있는 방법까지 계획하는 것이 좋다.

부모상담이 함께 이루어지고 부모의 지지와 협력이 가능한 경우에는 내담자와 함께 합의하여 안전체계를 구축할 수 있다. 예를 들면, 내담자가 주로 사용하는 자해도구가 칼이라면 내담자의 집에서 위험도구인 칼을 없애는 방법이 있을 수 있다. 내담자가 주로 가족이 모두 잠든 새벽시간에 혼자 방에서 자해를 한다면, 내담자가 혼자 자는 것을 방지하거나 새벽시간에 부모의 모니터링을 강화하는 방법을 사용할 수 있다. 이처럼 내담자가 환경적으로 자해를 시도하기 어려운 환경이 조성된다면 내담자가 자해를 시도하고자 하는 충동이 생겼을 때 이를 지연시킬 수 있고, 이렇게 지연되는 과정에서 내담자가 자해행동을 실행하는 것을 숙고할 수 있는 기회를 가질 수 있다는 점에서 효과적이다. 환경적으로 내담자가 자해를 하게 어렵게 만드는 것 외에 내담자를 위해 가족과 주변 사람들이 적극적으로 내담자의 안전을 위해 노력하고 지지하는 모습 역시 내담자에게 심리적 안정감을 줄 수 있다.

2) 중기단계

자해 청소년 상담 중기단계의 핵심은 자해위험에 대한 지속적인 평가, 자해동기에 대한 구체적인 탐색, 내담자의 자해동기 인식, 비합리적 신념 및 행동의 변화에 있다. 핵심적인 개입요소에 대해 설명하기 전, 중기단계에서 효과적인 상담의 진행을 위해서는 앞서 초기단계의 핵심적인 부분들에 대한 개입이 원활하게 이루어지는 것이 전제가 되어야 한다. 초기단계에서 위험수준을 평가하여 내담자에 대한 상담개입이 이루어져야 하고, 상담에 대한 명확한 구조화가 이루어진 상태에서 상담이 진행되어야 한다. 또한 내담자와의 라포 형성과 안전체계 구축을 통해 내담자가 자해로 인해 생명을 위협받는 것에서부터 안전이 확보된 상태여야 한다. 계속해서 강조하였듯이 라포 형성이 충분히 이루어진 상태에서 중기단계의 개입이 가능하다. 초기단계를 포함하여 각 상담단계를 정해진 회기 수나 기간으로 정확하게 구분하기는 어렵다. 따라서 상담자의 판단에 의해 초기단계에서 필수적으로 개입되어야 할 부분들이 이루어졌다면, 중기단계 개입으로 넘어갈 수 있다.

(1) 자해위험에 대한 지속적인 평가

초기단계에서 내담자의 자해위험 수준을 평가한 이후부터 매 회기 내담자의 자해위험성을 지속적으로 평가해야 하므로, 자해위험성에 대한 평가는 중기단계에서도 지속된다. 이때 매 회기 내담자의 자해행동에 대한 간단한 질문 또는 간이척도 등을 활용할 수 있다. 평가에는 자해행동 여부, 자해행동의 빈도, 자해행동 시 사용한 도구, 자해행동을 한 상황에 관한 내용이 포함되어야 한다. 더불어 내담자가 상담이 진행되는 과정에서 자해행동을 지속하고 있는지, 지속하고 있다면 그 수준은 어떻게 변화되고 있는지를 상담과정에서 계속적으로 파악하여야 한다. 지속적인 평가를 통해 내담자의 변화수준을 확인할 수 있고 무엇보다도 내담자의 안전을 확보할 수 있다.

내담자에 따라 초기단계에서 자해행동이 급격히 감소하거나 더 이상 자해행동을 하지 않을 수 있고 또 다른 경우에는 중기단계에 이르러서야 자해행동이 감소하게 되는 경우도 존재한다. 이때 상담자는 내담자의 자해행동에 대해 버텨 주는 태도를 유지할 필요가 있다. 상담과정에서 자해행동이 지속되더라도 내담자에게 상담자의 불안이나 부담으로 인한 반응을 보이는 것은 효과적이지 않다. 현장의 많은 상담자는 자해 청소년과의 상담에서 상담이 진행되고 있음에도 불구하고 계속되는 내담자의 자해행동에 대해 불안을 느낀다. 지금하고 있는 상담에 대한 효과에 대해 스스로 의심을 갖게 되기도 하고, 매 회기 상담자의 반응과 개입에 대해 확신을 갖기 어려워질 수 있다. 그리고 내담자의 자해행동을 정말 감소시킬 수 있을까에 대해 스스로 의문을 갖게 되기도 한다. 그러나 상담 중에 내담자가 보이는 자해행동은 지극히 자연스럽고 당연한 행동일 수 있음을 기억해야 한다. 내담자에게는 자해행동이 굉장히 간편하고 효과적인 대처방법이기 때문에 이것을 대신할 다른 대처방법이 생기기 이전에, 그리고 자해 대신 다른 대처방법을 생각해 볼 수 있게 되는 단계가 되기 이전에는 스트레스 상황에서 자해행동을 지속할 수밖에 없다. 상담자는 내담자의 행동에 초점을 두기보다는 내담자가 자해행동을 지속하고 있는 원인에 대해 다뤄주어야 한다.

한편, 초기에 내담자의 자해행동이 멈췄다고 해도 이는 중기단계나 후기단계에서 언제든 다시 재발할 수 있다. 앞서 언급한 것처럼 내담자에게 자해행동은 가장 손쉽고 효과적으로 스트레스를 대처하는 방법이었기 때문에 자해행동을 멈춘 이후에도 유사한 스트레스 상황을 직면했을 때 다시 자해행동을 선택할 가능성이 있다. 내담자가 멈추었던 자해행동을 다시 하였다고 해서 그 원인을 상담과정에서의 문제로 인한 것으로 보는 것 역시 상담자와 내담자 모두에게 도움이 되지 않는다. 상담자는 내담자가 멈추었던 자해행동을 다시 하는 것을 자연스러운 현상과 과정으로 받아들여야 한다. 그리고 내담자의 행동과 더불어 다시 자해를 하게 된 그 상황과 마음에 대해 버텨 주어야 한다. 앞서 언급한 것과 같이 이와 같은 상황에서 현장의 상담자들이 토로하는 것은 '혹시 이전 상담시간에서 상담자의 개입이나 반응에서 잘못된 것이 있어서 내담자의 자해행동이 재발한 것은 아닐까?'와 같은 상담자 스스로에 대한 자책이다. 많은 상담자가 자해 청소년을 상담할 때 같은 과정을 겪고 있고, 비슷한 마음을 토로하고 있다. 중요한 것은 상담자가 자해 내담자에 대해 처음부터 끝까지 지속적으로 버텨 주는 것이다.

(2) 자해동기에 대한 구체적인 탐색

초기단계에서는 자해위험성을 평가하고 내담자의 자해행동과 관련된 사건들에 대한 전반적인 탐색이 이루어진 상태이다. 중기단계에서는 보다 구체적으로 자해 동기에 대해 탐색해야 한다. 자해 청소년의 자해동기는 크게 네 가지로 부정적 정서의 완화, 자기처벌, 존재감의 확인, 사회적 관심으로 나뉜다. 대부분의 자해 청소년은 제시한 네 가지 동기 중 하나에 해당될 가능성이 높다. 상담자는 내담자가 제시된 동기 중 어떤 것에 해당하는지를 파악하여야 한다. 내담자의 자해동기를 파악하는 것이 중요한 이유는 내담자의 동기 유형에 따라 해당 유형에 초점을 둔 깊이 있는 탐색과 상담을 통해 내담자의 자해를 멈추는 데 보다 효과적으로 개입할 수 있기 때문이다.

상담을 찾는 자해 청소년의 경우 자신의 자해동기에 대해 정확하게 인식하지 못하고 있는 경우가 많다. 그들은 상담에서 자해행동을 했던 사건들을 단순히 나열하는 것과 같이 자신의 자해행동에 대해 단편적으로 이해하고 있는 경우가 대부분이다. 상담자는 상담의 초기단계에서 중기단계에 이르기까지의 과정을 통해 내담자가 단편적으로 이야기하는 자해행동과 관련된 사건들을 종합하여 내담자의 자해동기를 구체적으로 파악하여야 한다. 예를 들어, 내담자가 상담에서 "저는 부모님과 싸운 날 칼로 손목을 긋는 자해를 했어요." "친구들과 말다툼을 하고 나서 화장실로 뛰어가서 자해를 했어요." "중간고사 후 성적을 확인했는데 제가 생각했던 것보다 성적이 잘 나오지 않아서 그날 집에 돌아가서 자해를 했어요."와 같이 자신의 자해 행동에 대해 이야기하였을 때, 상담자는 각각의 사건에서 내담자가 느꼈던 감정은 어떠했는지, 각각의 사건 후 내담자가 자해를 하는 데 이르기까지의 구체적인 경험들은 어떠했는지를 자세하게 탐색할 필요가 있다. 부모님과 싸운 날, 내담자가 부모님이 자신의 의견을 존중해 주지 않아서 화가 난 상태에서 자해를 하였고, 친구들이 자신을 오해해서 말다툼을 한 이후, 친구들에게 이해받지 못한다는 것이 화가 나서 자해를 하게 되었으며, 열심히 시험공부를 했음에도 불구하고 원하던 만큼의 성적이 나오지 않아 자신에게 화가 나는 마음에 자해를 했던 것임을 파악하게 된다면 내담자의 자해동기는 하나로 좁혀질 수 있을 것이다. 내담자가 비록 단편적인 사건들에 대해 이야기하였지만, 종합해 보았을 때 내담자는 여러 상황 속에서 분노와 같은 부정적인 정서를 완화하기 위해 자해를 했을 가능성이 크다. 이처럼 내담자가 자해를 하는 동기가 부정적인 정서를 완화하기 위한 것임을 파악하게 되었다면, 상담자는 내담자와 상담을 진행하는 과정에서 내담자가 느끼는 부정적인 정서, 특히 내담자가 주로 경험하는 분노라는 정서와 적절한 방법으로 정서를 조절하고 있지 못하는 부분에 대해 초점을 둘 수 있다. 상담자가 내담자의 동기를 완전히 인식한 후, 상담자는 내담자가 스스로 자신의 자해동기에 대해 인식하도록 도와야 한다.

상담자는 내담자가 자신의 자해동기를 인식할 수 있도록 하기 위해 내담자가 이야기하는 사건들 속에서 내담자가 표현하는 감정들에 대해 질문할 수 있다. 앞의 예시와 같은 상황에서 상담자는 다음과 같은 질문들로 내담자의 인식을 촉진할 수 있을 것이다. "부모님과 싸웠을 때 어떤 감정이 들었나요?" "화가 난 상태에서 자해를 하고 난 후, 어떤 부분이 도움이 되었나요?"와 같은 질문을 통해 내담자가 자해를 하기 전 겪었던 상황에서 분노라는 감정을 느꼈고 그 감정을 완화하기 위해 자해를 하였음을 스스로 인식시킬 수 있다. 또한 이러한 작업을 여러 번 반복한 후에 내담자가 스스로 자신이 분노와 같은 부정적인 정서를 대처하기 위해 자해를 했다는 사실을 인식할 수 있을 것이다. 스스로 통합하여 인식하기 어려운 경우에도 상담자는 내담자의 인식을 촉진할 수 있는 질문을 통해 내담자의 통합적인 인식을 도울 수 있을 것이다. 예를 들어, "부모님과 싸웠을 때, 친구들과 다퉜을 때 그리고 시험성적이 잘 나오지 않았을 때 자해를 했다고 이야기하는군요. 각각의 사건에서 모두 화가 났다고 표현했는데 여기에 대해서는 어떻게 생각하나요?"와 같이 상담을 진행하는 과정에서 상담자가 탐색하였던 내담자의 상담동기를 내담자에게 질문을 통해 돌려주고 내담자 스스로 생각해 볼 수 있도록 할 수 있을 것이다. 내담자 역시 자신의 자해동기를 인식함으로써 그 동기를 대체할 수 있는 다른 방법에 대해 생각해 볼 수 있게 될 것이다. 부정적인 정서를 완화시키는 것이 동기였다면 부정적인 정서가 생겼을 때 다른 방법으로 이를 조절하거나 대체할 수 있는 방법을 찾기 위해 노력할 수 있을 것이다. 또 다른 동기를 예로 들어 사회적 관심을 동기로 자해를 한다면, 자해를 통해서만 타인의 관심을 얻을 수 있는 것은 아니라는 것에 대해 더 깊게 다루어 볼 수 있을 것이다. 더불어 내담자가 자해를 통해 다른 사람들의 관심을 받고자 하는 이유에 대해서도 구체적인 탐색이 이루어져야 할 것이다. 상담자와 내담자 모두 자해동기를 구체적으로 탐색하고 인식하는 과정을 통해 이후 자해를 대신할 수 있는 효과적인 대체방법을 찾는 단계로 나아갈 수 있을 것이다. 더불어 내담자가 자해를 멈추기 위한 적절한 중재 전략을 함께 사용할 필요가 있다. 이는 '3. 중재 전략을 통한 자해 멈추기(p. 261 참조)'에 좀 더 구체적인 과정과 방법이 제시되어 있다.

(3) 비합리적 신념 및 행동의 변화

중기단계에서는 내담자의 비합리적인 신념을 탐색하고 변화시켜야 한다. 상담과정에서 내담자가 자해를 하게 되는 스트레스 상황이나 사건에서 내담자의 자동적 사고를 파악하고 스스로 인식할 수 있는 작업을 반복하여야 한다. 자동적 사고란 어떠한 상황이나 사건을 접했을 때 자동적으로 떠올리게 되는 생각을 의미한다. 자동적 사고는 개인의 과거 경험들이 추상화되어 축적된 인지도식에 영향을 받는 것으로 부정적인 내용들이 축적되었을 경우 심리적 문제에 취약해질 가능성이 높다. 비합리적 인지도식, 즉 비합리적 신념은 부정적 자동적 사고에 영향을 준다. 매 순간 떠오르는 부정적 자동적 사고를 통해 개인이 가진 비합리적 신념을 알 수 있다. 자해 내담자의 자동적 사고를 파악하기 위해서는 내담자가 자해행동을 하게 되는 동기와 관련이 있는 상황들을 순차적으로 제시하고 그 속에서 일어나는 내담자의 부정적 자동적 사고를 탐색해야 한다. 상담자는 결과적으로 내담자가 일련의 상황들에서 반복되고 공통적으로 발생하는 자동적 사고를 인식할 수 있도록 도와야 한다.

상담자는 내담자가 가진 자동적 사고를 내담자가 알아차릴 수 있도록 돕는 질문들을 제시할 수 있다. 예를 들어, 과거 친구관계에서 경험했던 부정적인 사건으로 인해 이후 친구관계에서 지속적으로 불안을 느끼고 그 불안수준이 매우 높아졌을 때 자해를 한 내담자가 있다. 상담이 중기 정도 진행된 상황이라면 상담자가 내담자가 주로 친구관계에서 어려움을 호소하고 관계로 인한 불안으로 인해 자해를 하게 된다는 사실을 인식한 상태일 것이다. 그동안의 상담과정을 바탕으로 내담자의 자해와 관련된 친구관계에서의 구체적인 상황에 대해 단계적으로 가정해 볼 수 있을 것이다. 내담자의 부정적 자동적 사고를 찾기 위해 먼저 상황을 제시한다. 첫 번째 단계로 친구가 나에게 웃으면서 말을 거는 상황을 제시한다면, 상황을 생각했을 때 떠오르는 감정에 대해서 먼저 물어본다. 내담자가 '의심스럽다'거나 '당황한다'라는 감정을 이야기하면, 다음으로 감정으로 인한 행동이나 반응에 대해 질문한다.

내담자가 의심스럽고 당황스러운 감정 때문에 친구들이 왜 웃으면서 말을 걸었는지 확인하는 행동을 하거나 자리를 피하려는 행동을 했다고 답한다면 끝으로 내담자가 그 상황에서 앞서 언급한 감정을 느끼는 것에 영향을 준 자동적 사고는 무엇일지에 대해 질문한다. 자동적 사고란 내담자가 감정을 느끼고 행동하게 이르는 데 무의식적이고 자동적으로 떠오른 생각으로, 내담자는 과거 친구관계에서 부정적인 경험으로 인해 '나를 놀리려고 말을 거는 걸까?' '나를 괴롭히려고 말을 거는 건가?' '웃으면서 말을 거는 게 진심인가?'와 같은 생각을 떠올렸을 수 있다. 상담자는 자동적 사고를 생각해 볼 수 있는 상황을 이와 같이 낮은 수준의 단계에서 내담자가 실제로 자해를 했던 유사한 상황까지 단계적으로 제시한다. 반복되는 작업을 통해 내담자 스스로도 상황에서 자신이 떠올리게 되는 부정적 자동적 사고에 대해 인식할 수 있게 되고 더 나아가 상황을 객관적으로 인식할 수 있게 된다.

내담자와 부정적 자동적 사고를 인식하는 반복작업 이후에는 내담자의 근본적인 비합리적 신념에 대한 작업을 통해 비합리적 신념의 변화를 도와야 한다. 내담자의 비합리적 신념으로 인한 인지적 왜곡은 지속적으로 내담자가 삶에서 어려움을 겪게 만들기도 하고 자해행동을 하는 데 영향을 주기도 한다. 내담자가 기존에 갖고 있던 신념을 단번에 완벽하게 변화시키는 것은 어렵다. 내담자가 오랜 기간 세상을 보는 틀, 자신에게 안전하다고 생각하던 인지적 구조를 변화시키고자 하는 것은 내담자에게 위협적으로 느껴질 수 있기 때문이다. 이때 상담자는 내담자가 자신의 비합리적 신념을 인식하고 변화시켰을 때 안전함을 인식할 수 있도록 도와야 한다. 따라서 상담에서 계속적으로 내담자의 비합리적 신념에 반대되는 증거들을 내담자가 스스로 찾을 수 있도록 질문할 수 있고 내담자가 고수하던 신념을 변화시키고 행동하였을 때 어떠한 변화가 일어날지, 타인의 반응은 어떠할지에 대해 알 수 있도록 도와야 한다. 그리고 비합리적 신념을 인식하고 변화시키기 위한 작업 전, 상담자는 내담자에게 상담에서 하는 활동이 내담자가 갖고 있는 비합리적 신념과 인지왜곡을 찾고 이를 변화시키는 과정임을 미리 안내하는 방법도 고려해 볼 수 있다.

비합리적 신념 인식과 변화를 돕는 작업을 위해 제시된 양식과 예시를 참고할 수 있다. 먼저, 해당 양식을 직접 작성하는 방식으로 활용하는 방법이 있다. 해당 양식을 작성하기 위해서는 내담자에게 먼저 인지왜곡의 유형에 대해 안내해야 한다. 인

1. 무슨 일이 있었나요?(상황)		
2-1. 어떤 생각이 스쳐 지나갔나요? (자동적 사고)	3-1. 어떤 감정을 느꼈나요? (감정)	
2-2. 나는 이 생각을 얼마나 믿고 있나요? _____%	3-2. 나는 이 감정을 어느 정도로 느꼈나요? _____	
4-1. 어떻게 행동하셨나요? (행동/신체적 반응)	5-1. 자동적 사고에서의 인지적 왜곡은 무엇인가요?	
4-2. 나의 행동의 좋은 점?	5-2. 자동적 사고를 지지해 주는 증거는 무엇인가요?	
4-3. 나의 행동의 좋지 않은 점?	5-3. 자동적 사고를 지지하지 않는 증거가 있나요?	

⬆

증거를 바탕으로 어떤 결론을 내렸나요?	
나는 이 생각을 얼마나 믿고 있나요? _____%	

⬆

내가 지금 느끼는 긍정적인 감정은?	긍정적인 감정의 정도는? _____%
내가 지금 느끼는 부정적인 감정은?	부정적인 감정의 정도는? _____%
앞으로 어떻게 할 계획인가요?	
신체적 반응의 변화가 있나요?	

⬆

지금은 자동적 사고를 얼마나 믿고 있나요?	

나의 지금 상태는 어떤가요?	
똑같다.	
조금 나아진 것 같다.	
훨씬 나아졌다.	

[그림 8-1] 비합리적 신념 변화를 위한 양식

1. 무슨 일이 있었나요?(상황)
부모님이 거실에서 큰소리를 내며 싸우는 소리를 들었다.

2-1. 어떤 생각이 스쳐 지나갔나요? (자동적 사고)
내가 잘못해서, 나 때문에 또 부모님이 싸우시는구나.

| 2-2. 나는 이 생각을 얼마나 믿고 있나요? | 90 % |

3-1. 어떤 감정을 느꼈나요? (감정)
불안, 초조, 우울

| 3-2. 나는 이 감정을 어느 정도로 느꼈나요? | 80 % |

4-1. 어떻게 행동하였나요? (행동/신체적 반응)
친구 손목을 그었다. 피가 나고 진정이 되는거 같았다.

4-2. 나의 행동의 좋은 점?
순간적으로 약간 안심이 되었다.

4-3. 나의 행동의 좋지 않은 점?
후회가 되었다. 죄책감이 느껴졌다. 아무것도 변화시킬 수 없었다.

5-1. 자동적 사고에서 인지적 왜곡은 무엇인가요?
마음읽기, 성급한 결론, 비난

5-2. 자동적 사고를 지지해 주는 증거는 무엇인가요?
없는 것 같다.

5-3. 자동적 사고를 지지하지 않는 증거가 있나요?
나는 그럴 잘못한 일이 없다. 큰소리의 내용은 듣지 못했다.

↑

증거를 바탕으로 어떤 결론을 내렸나요?
부모님이 싸우는 이유가 항상 나 때문만은 아닌 것 같다.

| 나는 이 생각을 얼마나 믿고 있나요? | 70 % |

↑

내가 지금 느끼는 긍정적인 감정은?
안도감, 편안함

| 긍정적인 감정의 정도는? | 80 % |

내가 지금 느끼는 부정적인 감정은?
불안함

| 부정적인 감정의 정도는? | 20 % |

앞으로 어떻게 할 계획인가요?
부모님이 싸울 때 무조건 내 탓이라고 생각하지 않고 싶을 들어 보거나 부모님께 직접 물어볼 것이다.

신체적 반응의 변화가 있나요?
덜 두근거리고 진정이 된다.

↑

| 지금은 자동적 사고를 얼마나 믿고 있나요? | 15 % |

나의 지금 상태는 어떤가요?
똑같다. 조금 나아진 것 같다. **훨씬 나아졌다**

[그림 8-2] 비합리적 신념 변화를 위한 양식 예시

지왜곡의 유형으로는 이분법적 사고, 파국화, 긍정적인 증거 축소화, 감정적 추론, 라벨링, 선택적 추상화, 마음 읽기, 일반화, 개인화, 성급한 결론 등이 있다. 인지왜곡의 유형에 대해 제시하고 상담시간에 내담자와 함께 해당 양식을 작성할 수 있다. 이때 내담자의 자해행동과 관련된 상황, 되도록 최근의 사건으로 양식을 완성시키는 것, 자해를 했던 여러 상황을 차례로 제시하고 하나씩 작성해 보는 것 역시 효과적일 수 있다. 해당 양식을 활용한다면, 제시된 번호 순서에 따라 해당 부분을 채워 넣는 방법으로 진행하면 된다. 단순히 양식을 작성하는 것뿐만 아니라 작성한 부분과 과정에 대해 내담자와 충분한 대화를 나누는 것이 중요하다. 내담자가 양식에 익숙해진다면 상담 외의 시간에 해당 양식을 작성해 오는 것을 과제로도 제시할 수 있다. 해당 양식을 활용할 때, 특히 내담자의 자동적 사고를 지지하지 않는 증거에 대한 부분에 중점을 두어야 한다. 지지하지 않는 증거를 찾는 지속적인 작업을 통해 내담자는 좀 더 객관적이고 다양한 시각으로 상황을 인식할 수 있게 된다. 상담시간이나 과제로 해당 양식을 직접 활용하는 것 외에도 상담자가 해당 양식을 숙지하고 상담과정에서 그 흐름에 따라 적절한 질문을 통해 비합리적 신념 인식과 변화를 도울 수 있다. 내담자의 비합리적 신념을 인식하고 변화시키는 일련의 과정을 거친 후에 상담자는 내담자가 생활에서 구체적인 행동을 계획하고 실천할 수 있도록 행동에 대한 구체적인 계획을 세우는 것까지도 함께할 수 있다.

3) 후기단계

자해 청소년 상담의 후기단계는 생활관리, 구체적인 대처방안 계획 및 실행, 긍정성 및 잠재력 강화가 중요하다. 후기단계는 초기부터 후기까지 상담자와 내담자의 라포가 충분히 형성되고 내담자가 스스로 자해동기에 대해 인식하였으며, 비합리적 신념의 인식과 변화 과정을 통해 내담자의 자해행동이 거의 발생하지 않거나 처음에 비해 많이 감소한 상태임을 전제로 한다. 물론 후기단계에서도 초기와 중기단계에서와 마찬가지로 내담자의 자해위험에 대한 지속적인 평가는 필수적으로 이루어져야 한다. 내담자의 자해행동과 실제로 행동하지는 않았더라도 자해에 대한 생각을 체크할 필요가 있다.

(1) 생활관리

후기단계에서는 내담자가 상담이 종결된 이후에도 스스로 적응적인 생활을 할 수 있도록 돕는 것에 초점을 두어야 한다. 내담자의 현재 전반적인 생활에 대해 함께 객관화하여 분석하고 내담자가 생활 속에서 추구하고자 하는 의미나 목표를 함께 설정한다. 내담자가 자신의 삶에 대한 통제감과 자율성을 가지는 것이 중요하다. 예를 들어, 내담자에게 일주일의 생활을 시간 단위로 기록할 수 있는 양식을 제시하고 작성할 수 있도록 하는 방법이 있다. 이때 내담자가 최대한 자세히 자신의 생활에 대해 작성할 수 있도록 해야 한다. 또한 내담자가 작성한 부분에서 구체적인 활동이 드러나지 않았다면 더욱 구체화하여 작성할 것을 요청할 수 있다. 내담자가 작성을 마친 후, 자신이 기록한 생활 전반에 대해 어떤 느낌이나 생각이 드는지 먼저 질문할 수 있다. 내담자의 느낌이나 생각을 구체화하기 위해 작성한 부분에서 마음에 드는 활동과 마음에 들지 않는 활동은 어떤 것들이 있는지, 각 요일이나 시간에서 내담자가 가장 힘든 때는 언제인지, 가장 마음이 편안하다고 느끼는 때는 언제인지 등과 같은 질문들이 가능하다. 지금은 하고 있지 않지만 추가하고 싶은 활동은 어떤 것들이 있는지, 작성한 활동들이 매주 규칙적으로 이루어지고 있는지 아니라면 매주 변동되는 것들인지, 주 단위 외에 내담자가 주기적으로 하는 활동들은 어떤 것들이 있는지에 대해서도 함께 나누는 과정이 필요하다.

생활을 분석하는 과정 중에서도 내담자가 마음에 들어 하지 않는 활동, 내담자의 마음이 힘든 시간과 활동을 중심으로 탐색하는 것이 중요하다. 이 부분에 해당하는 시간이나 활동은 내담자를 분노하게 하거나 불안하게 하거나 불편하게 만들어 결과적으로 자해에 대한 취약성을 높일 수 있는 상황일 가능성이 높다. 예를 들어, 잠에 들지 못하고 혼자 음악을 듣는 새벽시간이라든가 방과 후 학원에서 원치 않는 친구들과 시간을 보내야 하는 시간 등이 해당될 수 있다. 잠들지 못하고 혼자 음악을 듣는 시간과 같이 내담자가 조절이 가능한 범위인 시간의 경우, 잠에 일찍 들 수 있도록 하는 다른 활동을 추가한다거나 하는 대안들을 내담자와 찾을 수 있다. 내담자가 조절할 수 없는 부분, 즉, 다니고 있는 학원을 당장 그만둘 수 없다거나 내담자가 원치 않는 친구들을 피할 수 없는 경우라면 이 상황에서 내담자가 보다 덜 불편해할 수 있는 대처방안에 대해 함께 생각해 볼 수 있을 것이다.

내담자의 동의를 전제로 하여, 부모의 협력을 통해 내담자의 환경을 변화시켜 줄 수 있는 방법 역시 존재한다. 상담자는 이때 내담자가 비록 불편해하고 부정적이라 생각하는 활동이라 할지라도 내담자가 원하지 않거나 변화의 의지가 없다면 억지로 내담자를 설득해서 내담자의 현재 생활을 바꾸려고 하는 것, 상담자가 구체적인 대안을 제시해 주는 것이 내담자에게 도움이 되지 않을 수 있다는 것을 유의해야 한다. 내담자는 이미 그 불편한 시간과 원치 않는 시간을 스스로 효과적이라고 생각하는 여러 가지 방법—그 상황에서 아무것도 하지 않고 그냥 버텨 내는 것도 포함된다—을 통해 삶을 지속해 오고 있었고 여러 어려움을 버텨 왔기 때문에 상담자가 생각하는 효과적인 방법을 제시해 주는 것은 도움이 되지 않을 수 있다. 상담자가 내담자 스스로 변화의 의지를 가지게 하도록 돕는 것이 더 중요할 수 있으며, 내담자가 여러 생활 속에서 존재했던 어려움들에도 불구하고 잘 버텨 온 것에 대해 지지해 줄 필요가 있다. 내담자가 스스로 상황이나 자신의 행동을 변화시키고자 하는 생각이 있다는 것을 표현하거나, 변화의 필요성에 대해 인식한다면 상담자는 스트레스 상황과 문제 상황에서 대처하고 해결해 나갈 수 있는 능력을 향상시켜 주는 것에 대해 함께 이야기할 수 있다.

(2) 구체적인 대처방안 계획 및 실행

후기단계에서는 내담자가 상담을 통해 자해행동이 감소한 것 외에 이후 내담자가 스트레스 상황에서 어떻게 문제를 해결하고 대안을 찾을 수 있을지에 대해 다룬다. 이를 위해 내담자가 기존에 자해를 비롯하여 스트레스 상황에서 사용한 대처방법에 대해 탐색한다. 상담자는 내담자와 함께 내담자가 주요 스트레스 대처방법인 문제해결중심 대처와 정서중심 대처 중 주로 어떤 대처방법을 사용하고 있는지 구분해 볼 수 있다. 문제해결중심 대처란 스트레스 상황에서 스트레스의 원인을 찾고 그 원인을 감소시키거나 제거하는 방법을 의미한다. 예를 들어, 시험성적이 자신이 기대한 것에 비해 낮게 나온 경우 스트레스 상황이 될 수 있다. 이때 시험성적이 낮은 것을 스트레스의 원인이라고 인식한다면 다음 시험에서는 낮은 시험성적을 받지 않는 방법에 대해 생각해 보게 될 것이다. 다음 시험에서는 더 시간을 많이 투자하여 공부를 한다거나, 이전과 다른 공부방법을 선택한다거나 하는 근본적인 원인을 해결하는 대처방법을 사용할 수 있을 것이다. 반면, 같은 상황에서 정서중심 대처를 사용할 수 있다. 정서중심 대처는 스트레스 상황에서 부정적인 감정을 제거하거나 감소시키는 것에 초점을 둔 방법이다. 낮은 시험성적으로 화가 나고 우울한 감정에서 벗어나기 위해 친구들과 노래방에 간다거나 이야기를 한다거나, '다음 시험은 잘 보면 되지'와 같은 생각을 통해 부정적인 감정에서 벗어나고자 한다거나 하는 방법이 정서중심 대처에 해당될 것이다. 두 가지 대처방법 중 어떤 것이 옳고 그르다거나 좋고 나쁘다고 판단할 수는 없다. 단, 상황에 맞게 적절한 대처방법을 사용하여 스트레스 상황을 대처하는 것이 중요하다.

내담자가 모든 상황에서 문제해결중심 대처만을 사용하였다거나 반대로 정서중심 대처만을 사용한 경우에도 보다 구체적인 탐색이 필요하다. 필요하다면 여러 가지 예시를 제시하는 방법을 통해 각각의 상황에서 어떤 스트레스 대처방법을 선택할지에 대해 이야기를 나누고 각각의 장점과 단점에 대해 알아볼 수도 있다. 내담자는 각 상황에서 다양한 스트레스 대처방법이 존재하고 각 대처방법에 따라 어떤 결과가 초래될지에 대해 생각해 볼 수 있다. 스트레스 상황에 따라 다양한 대처방법을 사용하는 능력은 결국 문제해결 능력의 향상을 가져온다. 문제해결 능력이란 스트레스 상황을 포함하여 여러 가지 문제 상황에 대처하기 위해 다양한 대안을 찾고 여러 가지 대안 중에서 가장 효과적인 대안을 선택할 수 있는 가능성을 증가시키는 능력이다. 내담자가 겪을 수 있는 일반적인 수준의 생활 스트레스에 대한 대처방법의 탐색 외에도 현재 내담자가 자해를 통해 스트레스를 대처하는 것을 멈추고 다른 방법들을 시도하는 것에 대해서도 함께 다루어 볼 수 있다. 예를 들어, 최근 자해충동을 느낀 적이 있는지, 있다면 어떻게 행동하였는지, 그리고 그렇게 행동한 것에 대해 만족하는지, 그 이유는 무엇인지에 대해 질문할 수 있을 것이다. 질문과 내담자가 새롭게 선택하여 대처하고 있는 기능적인 방법들에 대해 지지해 주는 과정을 통해 내담자는 각 상황에서 다양한 대안을 찾고 실행하는 것에 효능감을 느낄 수 있다.

(3) 긍정성 및 잠재력 강화

후기단계의 마지막은 내담자의 긍정성 및 잠재력 강화에 있다. 내담자는 후기단계에서 자신의 강점과 함께 삶의 의미와 목표에 대해 인식하여야 한다. 또한 단순히 인식하는 것뿐만 아니라 삶의 의미와 목표를 갖고 구체적인 삶의 계획을 세우는 것에 대해서도 생각하는 과정이 필요하다. 내담자는 이미 자해를 선택할 수밖에 없었던 죽을 만큼 고통스러웠던 상황에서 스스로 자해행동을 멈추고 변화한 것만으로 힘을 갖게 되었다고 할 수 있다. 상담자는 내담자의 긍정적인 변화에 대해 상담자가 직접 이야기해 주고 정리해 주기보다는 내담자가 스스로 자신의 변화와 자신의 강점에 대해 인식하고 말할 수 있도록 도와야 한다. 내담자의 언어로 자신의 변화와 강점에 대해 이야기하는 것은 내담자에게 더 큰 통찰을 가져올 수 있기 때문이다.

상담자는 종결에 앞서 내담자에게 자해행동을 멈추게 된 것과 관련한 내담자의 감정이나 생각에 대해 질문할 수 있다. 이때 내담자가 자해를 멈추게 된 상황과 그 결과로 느낀 감정이나 생각을 구체적으로 표현할 수 있는 탐색적인 질문을 하는 것이 중요하다. 내담자가 다시 자해를 했던 순간과 그럴 수밖에 없었던 당시 자신이 느꼈던 생각과 감정에 대해 이야기하는 과정에서 감정적인 불편함을 호소할 수도 있다. 그러나 내담자가 그럼에도 불구하고 그 상황을 변화시킨 힘, 그 과정에서 느낀 자신에 대한 긍정적인 생각과 감정에 대해 더 초점을 맞추어 다룰 필요가 있다. 상담자는 내담자가 스스로 깨닫게 된 자신의 강점을 내담자에게 다시 돌려주는 과정을 통해 그 강점을 더 강화시켜 줄 수 있다. 상담자 역시 상담과정을 통해 내담자가 변화해 온 과정과 그 과정 속에서 느꼈던 내담자의 강점에 대한 생각과 느낌에 대해 진술하게 표현할 수 있다. 자해행동을 멈추고 다른 행동을 하게 된 구체적인 상황을 중심으로 하여 내담자가 갖고 있는 강점에 대해서도 함께 이야기해 볼 수 있다. 이러한 과정은 내담자 스스로 자신에 대해 긍정적인 인식을 갖도록 도울 수 있고 이후 또 다른 스트레스 상황이나 역경이 닥쳤을 때 내담자가 자신의 강점을 발휘할 수 있도록 도울 수 있을 것이다.

끝으로 내담자가 자신의 삶의 의미와 목표에 대해 생각해 보고 구체적인 삶의 계획을 세우는 것이 중요하다. 다른 위기 유형의 청소년 상담에서와 마찬가지로 상담이 종결된 이후에도 내담자가 기능적인 삶을 유지하고 지속시켜 나가기 위해서는 근본적으로 자신의 삶에서 의미와 가치를 찾고 구체적인 목표를 세우는 것이 중요하다. 내담자에게 먼저 자신의 삶의 의미와 목표에 대해 생각해 본 적이 있는지, 있다면 구체적으로 내담자의 삶의 의미와 목표는 무엇인지에 대해 질문할 수 있다. 삶의 의미, 가치가 내담자가 느끼기에 다소 추상적으로 느낀다면 내담자의 의미나 가치가 생활에서 드러날 수 있는 부분에 대해 구체적으로 질문하는 것이 도움이 될 수 있다. 내담자가 하고 싶은 것, 원하는 삶은 무엇인지, 현재 삶은 내담자가 하고 싶은 것을 하고 원하는 것이 반영된 삶인지에 대한 질문에서부터 시작하여 내담자의 의미나 가치가 실현된다면 생활에서 어떤 부분이 변화할 수 있을지, 구체적으로 내담자의 삶의 의미나 목표가 이루어진 삶은 어떻게 상상할 수 있는지에 대해 질문할 수 있다. 내담자가 자신의 삶의 의미나 가치에 대해 떠올리기 어려울 때에는 내담자가 이상적으로 생각하는 삶을 살고 있는 주변 사람이 있는지에 대해 질문하는 것에서부터 시작할 수 있다. 또는 상담자가 여러 가지 예시나 삶에서 추구할 수 있는 다양한 가치에 대해 제시해 주는 것을 통해 내담자가 선택해 보는 것에서부터 삶의 의미나 목표를 찾기 위한 작업을 시작할 수 있다. 내담자가 삶의 의미와 가치의 중요성과 필요성에 대해 인식하고 자신에게 중요한 가치나 의미를 찾게 된다면 이후 삶에서의 만족도를 높일 뿐만 아니라 역경을 겪게 되었을 때도 자신의 가치나 의미를 추구하는 것이 역경을 이겨 나가는 동력으로 발현될 수 있을 것이다.

내담자와 미래의 모습에 대해 생각하고 구체화시켜 보는 것도 도움이 될 수 있다. 내담자에게 자신이 원하는 미래의 모습을 상상하고 그 모습이 된 것을 가정하여 여러 가지 질문을 해 볼 수 있다. 그리고 미래의 모습과 현재의 모습과의 관계에 대해서도 함께 연결하여 이야기해 볼 수 있다. 원하는 미래의 모습을 실현시키기 위해 지금 할 수 있는 일은 무엇인지, 미래의 모습을 상상했을 때 현재 내가 가진 장점은 무엇인지, 구체적으로 현재부터 할 수 있는 노력과 현재 내가 가진 자원에서 어떤 부분들을 향상시키는 것이 좋을지에 대해 생각해 볼 수 있다.

상담자는 후기단계에서 내담자가 원하는 미래와 앞으로 추구하고자 하는 삶의 의미와 가치 그리고 구체적인 계획에 대해 충분히 다룸으로써 종결을 준비하고 내담자가 상담 이후의 삶에 대해서 스스로 삶을 계획하고 행동할 수 있도록 도울 수 있다. 상담자는 미래의 삶에 대해 준비하는 것과 더불어 내담자와 상담의 종결에 대해서도 나누어야 한다. 상담과정에서 느낀 점과 상담을 종결할 때 걱정되는 부분들에 대해 나누고 종결한 이후에도 내담자가 어려움이 발생하거나 다시 상담이 필요하다고 느낄 때 언제든 도움을 요청할 수 있다는 사실에 대해 알려 주어야 한다.

2. 자해와 관련된 감정 다루기

청소년 자해는 분노, 자기혐오, 수치심, 우울과 같은 감정들과 관련이 높은 것으로 밝혀져 왔다. 그중에서도 청소년 자해 중 위험수준이 높은 자해와 관련이 있는 주요한 감정은 분노와 불안이다(권혁진, 2014; 이동귀, 함경애, 정신영, 함용미, 2017). 자해 청소년들은 심각한 스트레스 상황에 놓여 있는 경우가 많으나 언어적 능력이나 사회적 기술, 스트레스 대처 능력이 부족한 경우가 많고(Burke, Hamilton, Abramson & Alloy, 2015), 자신의 감정을 인식하고 표현하는 것이 어렵다(서미, 김지혜, 이태영, 김은하, 2019). 그렇기 때문에 내담자는 자해를 하게 되는 상황에서 일어나는 분노나 불안과 같은 격렬하고 폭발적인 부정적 감정을 조절하고 적절한 방법으로 표현하는 것에 대해 어려움을 겪는다. 따라서 상담자는 내담자가 자신의 부정적 감정 및 정서에 압도되지 않고, 강점을 통제하고 조절하는 인지적 정서조절 전략을 활용할 수 있도록 도와야 한다.

청소년기의 분노는 통제가 어렵고 폭력적이거나 공격적인 행동으로 표출되는 경향이 많다. 비자살적 자해의 행동 빈도에 있어서도 분노가 영향을 준다(권혁진, 2014). 불안 역시 청소년 자해와 관련된 주요한 정서로 밝혀져 있으며, 청소년들은 자해를 통해 불안수준을 감소시키고 긴장을 이완하고자 자해행동을 하는 경우가 많다(Bunclark & Crowe, 2000). 상담자는 청소년 자해의 위험요인인 부정적 정서 중 불안과 분노가 가장 큰 영향을 준다는 사실을 숙지하는 것이 중요하다. 내담자가 보고하는 여러 가지 단편적인 에피소드와 명확하지 않은 감정에 대해서 분노와 불안을 찾아내고 내담자 스스로도 인식할 수 있도록 돕는 것이 중요하다. 또한 내담자가 분노나 불안을 호소할 때 이러한 감정이 일어나게 되기까지의 과정을 추적하고 면밀히 이해하여야 한다.

내담자의 자해행동에 영향을 미치는 주요한 정서 및 감정을 다루기 이전에 내담자의 상태를 확인하는 것이 우선되어야 한다. 내담자가 부정적 정서의 수준이 매우 높고 감정적으로 안정되어 있지 않다면 곧바로 부정적인 감정에 대해 다루기보다 내담자를 정서적으로 안정시키는 것이 중요하다. 호흡법과 이완법이 내담자의 불안정하고 높은 수준의 부정적 정서를 완화시키는 데 도움이 된다. 내담자가 격렬한 부정적 정서를 경험할 때 호흡법을 통해 이완시킬 수 있다. 점진적 근육이완법 역시 내담자의 정서를 안정화시키고 이완시키는 데 도움이 될 수 있다. 내담자의 정서가 일정 수준으로 안정화된 이후 내담자의 주요 정서를 다루는 것을 시작할 수 있다. 내담자가 최근 일상생활에서 가장 많이 느낀 감정에 대해 탐색하는 것에서부터 시작할 수 있다. 최근 가장 많이 느꼈던 감정은 무엇이며 그때의 상황이나 생각은 어떠했는지, 이전에도 비슷한 감정을 자주 느꼈었는지 탐색해 볼 수 있다. 내담자가 표현하는 일상에서 느꼈던 여러 감정 중에서도 자해와 관련되어 있었던 주요 정서를 찾을 수 있도록 하여야 한다. 내담자가 자신의 감정을 표현하는 것이 익숙하지 않고 어려울 수 있기 때문에 상담자는 내담자의 감정을 구체화하는 질문들을 지속적으로 활용하여야 한다.

내담자의 자해행동과 관련된 주요 정서가 무엇인지 인식하게 되면 내담자가 자신의 주요 정서를 적절한 방식으로 표현할 수 있도록 도와야 한다. 즉, 내담자가 자신의 주요 정서가 무엇인지 알게 되면 각 상황에서 느꼈던 해당 정서의 강도와 강도에 따른 대처방법을 연결하여 생각할 수 있게 도와야 한다. 감정을 객관적인 수치로 표현하여 내담자과 자해와 관련된 주요 정서에 대해 다루는 것도 도움이 된다. 감정은 눈에 보이지 않고 객관화하기 어려운 주관적인 영역이므로 상담에서 추상적으로 다루어지는 것에 그칠 가능성이 높기 때문이다. 상담에서 자주 사용하는 정서온도계와 같이 내담자가 느끼는 감정과 정서를 0~100도로 수치화하여 정리해 볼 수 있다. 내담자가 인식한 자해행동과 관련된 주요 정서가 '분노'라고 한다면, 분노수준이 20도일 때, 40도일 때, 60도일 때, 80도일 때는 각각 어떤 상황이 적용될 수 있을지 이야기해 볼 수 있다. 각 수준에서 나타나는 신체적인 증상이 있는지, 각 상황에서 내담자가 자신의 감정을 자각할 수 있는지 질문할 수 있다. 내담자가 각 상황에서 어떤 방법으로 대처하는가와 더불어 그 방법이 효과적이라고 생각하는지, 어떤 부분에서 도움이 되고 어떤 부분에서는 도움이 되지 않는지에 대해서도 질문해 볼 수 있다. 내담자가 분노수준이 어느 정도일 때 자해행동을 하는지, 자해행동을 할 정도의 분노수준에 해당하는 상황은 언제인지, 구체적으로 해당 상황에서 어떠한 과정을 거쳐 내담자가 자해행동을 하게 될 정도의 분노가 유발되는지 확인하여야 한다.

내담자가 자해행동을 하기 전에 느끼는 정서와 그 수준에 대해 충분히 탐색하고 다룬 다음에는 내담자가 느끼는 부정적 정서를 자해행동이 아닌 다른 적절한 방식으로 표현할 수 있도록 해야 한다. 내담자가 행동적인 측면에서 대처방식을 찾는 것 이전에 행동이 아닌 언어로 자신의 부정적인 정서를 표현할 수 있도록 도와야 한다. 내담자가 이미 자신의 정서를 인식하는 작업을 거친 단계이므로 상담에서 인식한 감정들이 생겼을 때 누구에게, 어떻게 표현할 수 있을지에 대해 생각해 볼 수 있게 하는 것도 중요하다. 상담에서 내담자가 평소에 느꼈던 감정들과 자해행동을 하게 만드는 감정들에 대해서도 충분히 다룬 상태이고 상담에서 내담자가 평소에 느껴 왔으나 표현하지 못했던 감정들에 대해서 언어로 충분히 표현하는 연습을 한 상태이다. 따라서 다음 작업으로 상담자 외 다른 사람들과도 내담자가 느끼는 감정에 대해 충분히 표현할 수 있도록 도와야 한다. 내담자는 자신이 그동안 표현하지 못하고 혼자 어렴풋이 알고 있었던 감정들을 명확하게 인식하고 표현하게 된 것만으로도 감정을 해소하는 긍정적인 경험을 하게 된다. 언어로 자신의 감정을 표현할 수 있게 되면 자해라는 행동적인 표현방식은 자연스럽게 감소하는 양상을 보일 가능성이 높다.

상담자는 내담자가 부정적인 정서에 지나치게 몰입하지 않도록 주의를 분산시키는 방법에 대해서도 함께 생각해 볼 수 있다. 부정적인 정서나 감정을 경험하였을 때 내담자가 긍정적인 정서나 감정을 떠올릴 수 있게 하는 상황을 상상할 수 있게 하는 것이 내담자의 주의를 분산시킬 수 있는 간단한 방법이 될 수 있다. 먼저, 부정적인 감정이 올라왔을 때 어떤 생각을 하면 기분이 좋아질 수 있을지, 마음이 편안해질 수 있는지, 내담자가 마음이 편안해지는 장소나 상황은 어떤 것들이 있을지 탐색한다. 부정적인 감정을 분산시킬 수 있는 상황이나 장소, 물건에 대해 상상해 보게 하고 상담시간 외 부정적인 감정을 느낄 때 상담에서 떠올리고 연습했던 상황을 떠올릴 수 있도록 한다. 상담과정이 충분히 진행되어 내담자가 자해와 관련된 감정을 인식하게 되고 인지적으로 비합리적 신념과 부정적 자동적 사고를 변화시키는 과정까지 이르게 되면 부정적인 정서가 올라왔을 때, 자해행동을 대신할 수 있는 구체적인 대처방법을 실행할 수 있는 단계로 나아갈 수 있을 것이다.

3. 중재 전략을 통한 자해 멈추기

　자해행동을 멈추기 위해서는 자해를 멈출 준비가 되어 있는지, 멈추고자 하는 의지가 있는지에 대해 점검하는 과정이 우선이다. 청소년의 자해행동은 일종의 습관이나 중독의 기제와 유사한 부분이 존재한다. 자해 청소년이 자해를 그만두고 싶다는 생각이 들었을지라도 습관화되어 있다면 그만두는 것이 쉽지 않을 수 있다. 자해 청소년이 가장 많이 하는 자해행동의 유형으로는 칼로 긋는 방법이 있는데, 칼로 긋는 것과 같이 간편하고 효과적으로 스트레스나 부정적인 정서를 대처할 수 있는 방법을 그만두기란 쉽지 않을 수 있다. 시간이 많이 소요되지 않고, 비용이 많이 들지 않으며 즉각적으로 긴장이 이완되고 부정적인 정서가 해소되는 효과를 주는 자해행동보다 효과적이고 간편한 대처방법을 찾기란 쉽지 않을 것이기 때문이다. 그럼에도 불구하고 자해 청소년들이 자해를 멈추고자 하는 마음을 가지는 것은 자해행동이 가져오는 부정적인 결과들이 자해로 인한 긍정적인 결과보다 더 크게 다가왔을 때일 것이다. 결과적으로 자해 청소년이 자해행동을 대신하는 대처방법을 찾고 자해행동 대신 다른 방법을 선택하게 하기 위해서는 자해행동이 주는 부정적인 결과들을 인식하는 것이 중요하다. 자해행동이 가져오는 부정적인 결과들에 대해 인식함으로써 자해보다 덜 간편하고 시간이나 비용이 비교적 더 소요되기는 하지만 부정적인 결과들을 초래하지 않는 다른 대처방법들을 선택하게 될 수 있다.

　상담 초기단계부터 내담자가 어느 정도 자해를 멈출 준비가 되어 있는지 파악할 필요가 있다. 자해를 그만두고 싶다면 그 마음은 어느 정도인지(1~10점 척도와 같이 수치화하여 표현하게 하는 것이 도움이 될 수 있다), 자신에게 상처를 주는 자해행동을 그만하고 싶은 마음이 있는지 등과 같은 질문들을 활용할 수 있다. 직접적으로 자해를 멈추고자 하는 정도를 파악하는 것 외에 내담자가 자해를 멈춤으로 해서 얻을 수 있는 삶의 변화에 대해서도 탐색해 보아야 한다. 상담자는 내담자가 자해를 멈추고자 하는 준비도를 지속적으로 파악하는 것과 함께 내담자에게 자해로 인한 결과들이 어떤 것들이 있는지 탐색해야 한다. 특히 내담자가 자해를 한 후 느끼는 감정에 대해 탐색이 필요한데 많은 자해 청소년이 자해를 하고 난 직후 부정적 감정이 해소된다거나 불안수준이 낮아지는 것을 느끼는 것과 동시에 죄책감이나 수치심, 허무함 등을 함께 느끼는 경우가 많기 때문이다. 자해행동 자체가 긍정적인 결과를 가져옴과 동시에 부정적인 감정을 동반하므로 부정적인 감정들로 인해 자해행동을 멈추는 것에 대해 생각해 볼 수 있다. 내담자에게 자해행동 직후 느껴지는 부정적인 감정들에 대해 구체적이고 반복적으로 탐색해야 한다. 어떠한 부정적인 감정들을 느끼는지, 그 수준은 어느 정도인지 부정적인 감정들은 어떤 것들로부터 비롯되는지와 같이 내담자가 정확하게 느끼지 못했던 부정적인 결과들에 대해 집중적으로 탐색할 필요가 있다.

내담자가 자해를 멈추기 어려운 이유들에 대한 탐색도 필요하다. 자해를 그만두고 싶지 않은 이유는 무엇인지, 어떤 부분에서 어렵다고 생각하는지, 자해를 그만둔다고 생각했을 때 어떤 문제가 있을 것 같은지에 대해 질문할 수 있다. 반대로, 자해를 멈추게 되면 좋은 점은 어떤 것들이 있을지, 과거에 나쁜 습관이나 행동을 그만둔 경험이 있는지, 있다면 어떻게 그만둘 수 있었는지에 대해서도 질문할 수 있을 것이다. 내담자는 상담과정에서 자해를 멈추고자 하는 생각에 대한 반복적인 질문에 대해 답하는 과정을 통해 스스로 자해를 멈추는 것에 대해 생각해 볼 수 있는 기회를 가질 수 있다는 점에서 생각을 전환하는 데 도움이 될 수 있다.

자해 청소년이 자해를 지속하는 이유에 대한 몇 가지 가설들이 존재한다. 먼저, 행동주의적 관점에서 강화에 의해 자해가 지속된다는 것이다. 스스로 자신을 처벌하면서 느끼는 쾌감이나 회피하고 싶은 상황으로부터 벗어날 수 있다거나 부정적인 감정이 해소되는 것 또는 타인으로부터 주의를 끌 수 있다는 점 등이 정적 혹은 부적 강화로 작용하여 자해를 지속하는 데 영향을 줄 수 있다. 생물학적 요인에서 의해서도 자해행동이 지속될 수 있다. 자해행동 자체가 도파민의 분배를 촉진해 기분을 좋아지게 하기 때문에 계속해서 자해행동을 지속하는 것이라는 가설이 존재하기도 한다. 상담자는 내담자와 함께 자해를 지속하게 되는 이유들에 대해 함께 이야기해 보고 자해를 멈추었을 때의 이득과 손실에 대해서 함께 정리해 볼 수 있다. 내담자와 자해행동의 이득과 손실을 비교하는 과정에서 내담자가 자해로 인해 겪게 되는 손실에 대해 명확하게 인식할 수 있도록 하여, 결과적으로 자해행동을 멈출 수 있도록 도와야 한다.

4. 자해 청소년 상담개입 모형

죽고자 하는 의도가 없는 비자살적 자해의 경우에도 내담자의 의도와 상관없이 내담자의 생명에 위협을 줄 수 있고 자해가 장기화되면 결국에는 자살에 이르게 될 가능성이 높다. 또한 자해는 내담자 스스로 자신의 몸에 해를 가하는 가시적인 행동으로 상담자가 자해 청소년을 상담할 때 느끼는 불안감과 부담감이 상당히 클 수 있다. 실제로 현장의 많은 상담자가 자해 청소년을 상담하는 것에 대한 부담감과 불안, 어려움을 호소하고 있고 상담과정에서 일어나는 자해행동과 결과에 대해 강한 책임을 느낀다. 상담자 개인이 자해 청소년 상담에 대해 온전히 책임을 지고 독자적으로 상담을 진행하는 것은 굉장히 어려운 일이며, 상담자가 소진을 느끼기 쉽다.

사설 센터 등에서 독자적으로 상담을 진행하고 관리하는 것을 제외하고 청소년 상담 관련 기관, 학교, 단체 등에 소속되어 상담을 진행한다거나 또는 기관, 학교, 단체 등을 운영하고 있는 경우 자해 청소년 상담에 대한 보다 체계적인 개입과 관리가 필요하다. 현장에서 효과적인 상담개입을 위해서는 각 기관의 특성과 장면에 적합한 효과적인 운영모형이 전제되어야 한다. 이를 위해 과학적 근거를 토대로 효과적인 치료 및 상담 방법을 제시하는 근거기반 자해 청소년 상담개입 모형을 소개하고자 한다. 근거기반 상담개입 모형은 심리평가, 사례개념화, 치료관계 등 보다 넓은 치료적 활동들을 모두 포함하는 경험적으로 지지된 치료를 모두 포괄하는 개념으로 볼 수 있다(임민경, 이지혜, 이한나, 김태동, 최기홍, 2013). 즉, APA(2016)에서 제시한 것과 같이 근거기반 상담모형은 다양한 연구방법을 통해 도출된 심리치료 방법을 지지하는 근거들을 치료개입하는 과정에 통합하여 적용하는 의사결정 과정을 의미한다. APA(2006)의 근거기반실천위원회의 가이드라인에서도 근거기반실천이란 다양한 유형의 연구를 통해 여러 가지 근거에 대한 강점 및 한계를 파악하여 이를 토대로 프로그램과 모형을 개발하는 것이라고 하였다. 상담개입 모형에는 관련 연구와 프로그램에 대한 지원, 상담인력에 대한 교육, 관련 자료의 지원을 포함하는 대규모 지원체계가 포함된다. 자해 청소년 상담개입 모형과 관련하여, 국내 연구 중 유일하게 자해 청소년 상담개입 모형을 제시한 한국청소년상담복지개발원

(2019)의 EBP 기반 자살·자해 상담클리닉 운영모형을 제시하고자 한다. 모형의 적용은 각 기관의 시간과 비용, 기관 내 의사결정 체계 및 업무분담에 대한 인식, 상담인력의 숙련 정도 등에 따라 달리될 수 있다.

한국청소년상담복지개발원(2019)의 모형은 관련 문헌연구와 요구분석으로 구성된 모형 초안의 시범운영 후 전문가 자문과 효과성 분석을 통해 도출되었다. 해당 모형은 표준화된 자해 청소년 상담개입 매뉴얼로 자해 내담자에게 개인상담을 제공하는 것 외에 기관 차원에서 사례를 관리하고 평가하는 구체적인 방안에 대해 제시하고 있다. 모형은 크게 긴급대응 단계와 상담개입 단계, 추수관리 단계로 구분된다. 긴급대응 단계는 자해 청소년이 처음 의뢰되었을 때로 첫 상담 이전의 단계, 접수면접과 사례평가를 포함하는 단계이다. 상담개입 단계는 첫 상담이 시작된 때부터 시작하여 종결 이전까지를 포함한다. 추수관리 단계는 종결부터 추수상담까지를 포함하는 단계이다. 각 단계는 다시 Management(위기관리), Intervention(상담), Assessment(평가)의 기능으로 구분된다.

자해 청소년은 내담자의 생명에 직접적인 위협을 줄 수 있다는 점에서 그 위기수준이 높고 상담개입에 있어 내담자의 저항이 크며, 위기상담에 대한 상담자의 불안과 부담감 등으로 고도의 상황판단 능력과 상담자의 전문성이 요구된다. 상담자 개인의 상담개입뿐만 아니라 팀이나 기관 전체적인 차원에서의 지속적인 개입과 관리가 필요하다. 즉, 상담자의 개인적인 개입으로만 가능하기보다는 보다 숙련된 상담자와 상급자의 관리와 지도와 함께 팀 전체가 함께 위기개입을 하는 것이 필요하다는 것이 본 상담 모형에서 강조하고 있는 부분이다. 각 기능 중 Management는 위기관리팀을 구성하여 상담자가 자해 청소년에게 보다 효과적인 상담개입을 할 수 있도록 방향을 제시해 주고 안전체계를 형성해 주는 것을 의미한다. Intervention은 위기관리팀의 지원과 관리하에 상담자의 내담자에 대한 상담개입을 의미한다. Assesment는 자해 청소년의 초기 위기수준 평가와 위기수준 변화에 대한 객관적인 평가와 상담개입의 효과성을 평가하는 것을 의미한다.

한국청소년상담복지개발원(2019)의 모형에서는 해당 기관에서 개발한 표준화된 상담개입 매뉴얼에 따른 개입을 제시하고 있다. 구체적인 단계 및 기능에 대해 살펴보면 가장 먼저 의뢰되거나 내방한 자해 청소년에 대한 접수면접과 사례평가가 진행된다. 이때 위기관리팀을 구성하고 사례회의를 통해 내담자에 대한 지원방안을 결정하게 된다. 접수면접에서 내담자의 위기수준이 매우 높아 고위험군에 해당되다면, 상담보다는 병원으로 연계되어 약물치료나 입원치료를 받는 것에 대해 우선적으로 결정하여야 한다. 객관적인 평가를 위해 관련 검사 및 척도를 활용하여 내담자의 자해 수준 및 유형과 심리상태를 평가하여야 한다. 상담개입 단계는 즉각적인 약물치료나 입원치료가 필요한 위기수준에 해당되지 않는 상담개입이 가능한 내담자를 대상으로 진행된다. 상담개입 단계에서는 내담자와의 상담 외에 부모상담 및 교육이 함께 이루어져야 한다. 더불어 상담개입 외 내담자에게 약물치료 병행을 위한 병원 및 타 기관과의 연계도 지속적으로 이루어져야 한다.

상담개입 단계는 상담자의 역량과 전문성에 영향을 가장 많이 받는 단계이다. 상담자가 내담자와 지속적으로 상담을 진행하는 것과 함께 위기관리팀 차원에서 상담자에게 자문과 슈퍼비전을 제공하여야 한다. 먼저, 초기 상담이 진행된 후 위기관리팀에서 초기사례에 대한 자문 및 슈퍼비전을 제공해 주어야 한다. 해당 자문 및 슈퍼비전에서는 사례개념화와 상담목표 및 전략, 방향을 설정하는 것과 같이 초기 개입 단계에 필수적인 요소들에 대해 중점적으로 피드백을 제공해 주어야 한다. 중기상담이 진행되는 과정에서도 상담자의 필요에 따라 자문 및 슈퍼비전이 진행될 수 있다. 위기관리팀에서는 상담자의 요청과는 별개로 지속적으로 사례에 대한 모니터링을 진행하여야 한다. 중기 사례자문 및 슈퍼비전에서는 상담자가 진행하고 있는 사례에 대한 개입방안과 함께 상담자가 경험할 수 있는 불안과 소진에 대해서도 관리해 주어야 한다. 사례에 따라 자문과 슈퍼비전 내용은 상이할 수 있으나 위기관리팀에서는 자해 청소년 상담의 각 단계별 주요내용을 토대로 사례에 대해 지속적으로 점검해 주어야 한다.

위기관리팀과 상담자의 직접적인 상담개입과 함께 사례에 대한 지속적인 평가도 함께 이루어진다. 이때 내담자의 위기수준을 지속적으로 평가하는 부분이 필수적으로 이루어져야 하며 필요에 따라 내담자의 자해 수준과 정도를 파악하는 척도를 활용할 수 있다. 추수관리 단계는 상담이 종결되는 시기 전후를 의미하는데, 이때 위기관리팀에서는 상담자가 사례를 종결하는 것에 있어 내담자의 위기수준이 변화하였는지, 미해결과제는 없는지, 추수관리는 어떻게 진행될지에 대한 내용으로 종결 사례회의를 진행하게 된다. 이때 위기관리팀은 내담자의 변화와 내담자의 위기수준 변화과정과 결과를 상담자에게 제시해 줌으로써 상담자가 상담의 성과와 효과를 인식하고 정리하도록 돕는 것이 중요하다. 상담자는 내담자와의 상담종결에 있어 우려되는 부분과 상담을 통해 내담자의 위기수준 변화에 대해 위기관리팀과 함께 논의할 수 있으며, 상담이 종결된 이후 연계가 필요한 경우 도움을 요청할 수 있다. 상담종결과 더불어 종결평가가 이루어진다. 초기, 중기, 후기상담과 마찬가지로 내담자의 위기수준을 파악하고 필요한 경우 내담자에게 초기 사례평가 때 실시하였던 자해수준을 측정하기 위한 척도를 활용할 수 있다. 또한 내담자가 상담과 상담자에 대해 평가하는 상담만족도 조사를 실시할 수 있다. 이후 내담자의 위기수준 및 상태에 따라 3개월, 6개월 혹은 1년 단위로 정기적인 관리가 이루어질 수 있으며 내담자가 원할 경우 추수상담이 진행될 수 있다.

자해 청소년에 상담개입 모형을 통해 위기관리팀과 상담자의 역할, 단계별 개입 방안에 대해 알아보았다. 상담개입 모형에 따르면 상담자 개인이 내담자와 상담을 진행하는 것뿐만 아니라 팀 차원의 사례관리와 자문, 모니터링을 통해 상담의 효과성을 높일 수 있다. 또한 사례의 위기수준에 대한 보다 객관적인 판단과 즉각적인 연계가 가능하다. 상담자는 위기관리팀의 지원과 함께 상담자로서 경험할 수 있는 불안수준을 낮추고 소진을 예방할 수 있다. 내담자에 대한 직접적인 개입은 상담자가 주도적으로 진행하지만 위기관리팀이 상담자가 내담자에게 더 효과적이고 효율적으로 개입할 수 있도록 지속적으로 지원해 주기 때문이다. 자문 및 슈퍼비전을 통한 상담에 대한 질적 관리 외에도 지속적인 위기수준 평가를 통해 내담자의 변화 추이를 객관화하여 살펴볼 수 있다는 점 역시 사례관리와 상담 진행에 도움이 된다. 상담자와 내담자 모두 객관화된 검사 결과를 통해 상담을 통한 변화를 인식할 수 있을 것이다. 객관화된 검사를 통한 평가는 상담과 상담모형의 효과성을 검증하기 위한 도구로도 활용될 수 있다. 개인상담으로서의 효과성을 검증하는 것 외에도 상담모형의 효과성을 검증하는 것은 이후 해당 기관에서 상담자 및 사례전반에 대한 관리에 있어 과학적으로 검증된 개입체계를 확립할 수 있다는 것에서 상당한 의미를 가진다.

보다 효과적이고 체계적인 상담개입 모형의 운영을 위해서 모형의 실행 전 사전 준비를 위한 참고사항은 다음과 같다. 먼저, 자해 청소년의 위기수준을 측정하기 위한 적절한 평가도구를 준비하는 것이다. 현재 다양한 자해수준 평가척도, 자해에 영향을 줄 수 있는 위험요인을 포함하는 평가척도가 존재한다. 체계적인 모형의 운

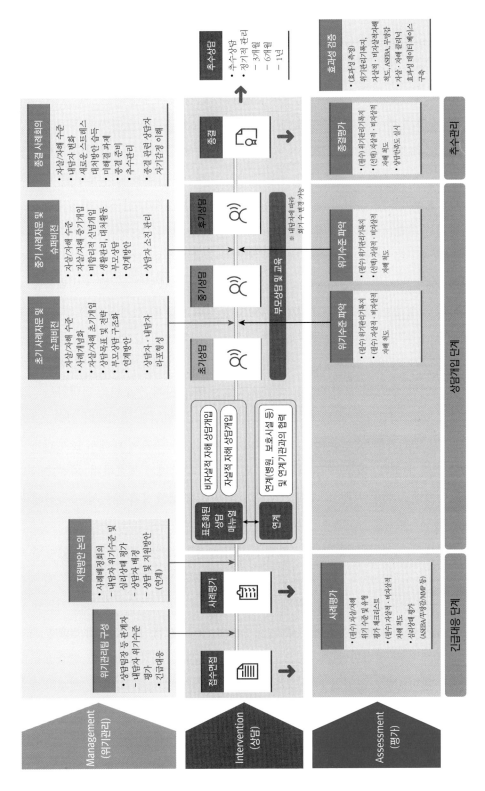

[그림 8-3] 자해 청소년 상담개입 모형

출처: 한국청소년상담복지개발원(2019).

영을 위해서는 사전에 각 기관에 적합한 평가척도 및 검사를 구비하여야 한다. 이는 자주 방문하는 대상의 연령, 각 기관에서 자해 청소년 개입의 효과성을 평가하기 위해 중요하게 생각하는 위험요인에 따라 달라질 수 있다. 평가척도 및 검사를 구비한 후에는 평가주기를 결정하여야 한다. 사례에 따라 유동적일 수는 있으나 상담 전과 종결 때에는 필수적으로 평가를 한다든가, 매 5회기를 평가의 주기로 삼을 수 있을 것이다. 내담자의 주기적 평가로 인한 검사는 피로도, 해당 기관에서 평균적으로 상담이 진행되는 회기 수 등을 감안하여 평가주기를 선택하여야 한다.

다음으로 위기관리팀의 구성에 대한 것이다. 해당 기관의 인력과 구성체계를 고려하여 위기관리팀의 인력배치가 필요하다. 위기관리팀은 사례에 대한 슈퍼비전과 자문을 제공할 수 있는 경력과 자격요건이 충족되는 슈퍼바이저의 역할이 가능한 인력을 중심으로 사례연계와 지속적인 관리와 평가를 담당할 수 있는 인력들을 포함하여 구성하는 것이 좋다. 위기관리팀이 구성되었을 때 정기적인 위기관리팀의 자문 및 슈퍼비전 제공이 이루어질 수 있도록 시간과 공간을 확보하는 것 역시 중요하다. 위기관리팀의 자문 및 슈퍼비전 제공에 있어 이를 서면을 통해 제공할 것인지 개인별 자문 및 슈퍼비전을 제공할 것인지 또는 자해 청소년을 담당하는 상담자들에 대해 집단으로 자문 및 슈퍼비전을 제공할 것인지를 결정해야 한다. 서면, 개인 및 집단 자문 및 슈퍼비전 등 유형에 따라 시간과 주기에 대해서도 사전에 확정할 필요가 있다. 자문 및 슈퍼비전을 위한 양식의 준비가 필요하며, 자해 청소년 상담단계별로 어떤 부분에 대해 주로 모니터링을 진행할지에 대해서도 사전에 논의가 필요하다.

기관에서 자해 청소년 상담을 위한 표준화된 매뉴얼이나 프로그램이 있다면 기관 내 모든 상담자에게 관련 자료를 제공하고 교육하는 부분 역시 사전에 이루어져야 할 부분 중 하나이다. 또한 위기관리팀은 필요에 따라 연계할 수 있는 기관에 대한 정보와 연계체계를 사전에 충분히 갖추어야 한다. 자해 청소년에게 필요한 자원의 유형에 따라 적절한 연계기관으로 신속하게 연계될 수 있도록 하는 연결망을 갖추어야 한다. 모형 운영을 위한 모든 준비과정이 사전에 이루어진 후, 체계화된 모형 운영이 가능할 때 상담의 효과성 관리에 있어 과학적 근거가 마련될 수 있을 것이다.

자해 청소년 상담개입 모형은 상담자의 전문성과 역량에 기반한 상담개입과 상담자가 속한 기관에 기반한 조직적 차원의 개입이 유기적으로 이루어진다. 상담의 진행과정에서 상담자와 위기관리팀의 역할이 명확하게 제시되어 있고 각 단계별로 필수적으로 이루어져야 할 상담개입과 평가가 제시된다. 상담자가 진행하는 사례에 대해서도 개인적 차원에서의 모니터링 외에 팀 차원에서의 관리가 이루어지므로 위기상황이나 긴급한 조치가 이루어져야 할 때 더욱 즉각적인 조치가 가능할 수 있다는 점에서 의의가 있다. 구체적인 상담모형은 [그림 8-3]을 통해 상세내용을 확인할 수 있다.

참고문헌

공성숙, 이정현, 신미연(2009). 섭식장애 환자의 아동기 외상경험이 자해행동에 미치는 영향과 부모 간 갈등의 매개효과 분석. 정신간호학회지, 18(1), 31-40.

권혁진(2014). 비자살적 자해에 영향을 미치는 정서적·인지적 요인의 탐색. 서울대학교 대학원 석사학위논문.

권혁진, 권석만(2017). 한국판 자해기능평가지(The Functional Assessment of Self-Mutilation)의 타당화 연구: 대학생을 중심으로. 한국심리학회지: 임상심리 연구와 실제, 3(1), 187-205.

서미, 김지혜, 이태영, 김은하(2019). 비자살적 자해와 극복과정 경험에 대한 질적 연구: 상담경험이 있는 청소년을 대상으로. 상담학연구, 20(4), 179-207.

이동귀, 함경애, 정신영, 함용미(2017). 자해행동 청소년을 위한 단기개입 프로그램 개발 및 효과. 재활심리연구, 24(3), 409-428.

이혜림, 이영호(2015). 청소년의 처벌민감성과 강화민감성이 불안, 우울, 자해행동에 미치는 영향: 스트레스와 통제가능성 귀인의 역할. 청소년학연구, 22(12), 567-593.

임민경, 이지혜, 이한나, 김태동, 최기홍(2013). 근거기반실천과 심리치료. 한국심리학회지: 일반, 32(1), 251-270.

한국청소년상담복지개발원(2019). EBP 기반 자살·자해 상담클리닉 운영모형 개발.

American Psychological Association Presidential Task Force on Evidence Based Practice. (2006). Evidence based practice in psychology. *American Psychologist, 61*(4), 271-285.

Bunclark, J., & Crowe, M. (2000). Repeated self-injury and its management. *International Review of Psychiatry, 12*(1), 48-53.

Burke, T. A., Hamilton, J. L., Abramson, L. Y., & Alloy, L. B. (2015). Non-suicidal self-injury prospectively predicts interpersonal stressful life events and depressive symptoms among adolescent girls. *Psychiatry Research*, *228*(3), 416-424.

Lloyd, E. E., Kelley, M. L., & Hope, T. (1997). Self-mutilation in a community sample of adolescents: Descriptive characteristics and provisional prevalence rates. *Annual Meeting of the Society for Behavioral Medicine*. New Orleans, LA.

Sansone, R. A., Wiederman, M. W., & Sansone, L. A. (1998). The Self-Harm Inventory (SHI): Development of a scale for identifying self-destructive behaviors and borderline personality disorder. *Journal of Clinical Psychology*, *54*(7), 973-983.

제9장
발달단계별 청소년 자살·자해 특성 및 상담개입

청소년기는 발달 이론 또는 법과 정책에 따라 연령대가 상이하다. 예를 들어, 일반적인 청소년의 기준은 중·고등학생 연령대인 13~18세까지를 가리킨다(정옥분, 2012). 그러나 「청소년 기본법」에 의하면, 만 9~24세까지로 청소년기를 정의하고 있다(「청소년 기본법」, 2019). 이 책에서는 13~18세까지의 청소년 초기·중기와 19~24세까지의 청소년 후기로 나누어 자해의 원인 및 개입 특성을 살펴보고자 한다. 13~18세에 해당하는 중·고등학생 연령대와 19~24세 연령대의 청소년기는 10년 이상 발달적 차이가 있는 만큼 자해의 원인과 개입방법에도 차이가 있을 것이다. 따라서 이 장에서는 청소년기 발달단계에 따른 자해의 특성과 학령별 자해개입 현황을 살펴보고자 한다. 또한 청소년 자해 문제의 가장 중요한 지지체계 중 하나인 학교 내 상담기관과 교사의 역할도 살펴보고자 한다.

1. 발달단계별 청소년 자살 · 자해 원인 및 특성

청소년기는 발달단계 중 신체적, 사회적, 심리적으로 급격한 변화를 겪는 매우 중요한 시기이다. 그런 만큼 스트레스가 많고, 이에 따른 다양한 문제가 발생하기도 한다. 이 시기 청소년들은 긴장을 조절하고 적극적으로 대안을 찾기 어려워 자해행동을 하는 경우가 많은 것으로 보고되고 있다(Laye-Gindhu & Schonert-Reinchl, 2005). 실제로 2019년 우리나라 청소년의 자살 증가율이 다른 연령대와 비교해 상대적으로 높다는 통계 발표가 있었고(여성가족부, 2019), 한국청소년상담복지개발원에서 발행한 청소년 자해 주제 관련 이슈페이퍼 '청소년 자해, 죽음이 아닌 살기 위한 SOS!'에서도 청소년 자해 관련 상담이 1년 사이 3배로 급증한 현상을 보고하고 있다(www.kyci.or.kr, 2019).

연구들에 의하면, 자해행동은 초기 청소년기에 시작되며(Jacobson & Gould, 2007), 자살시도와도 밀접한 관련이 있다(Muehlenkamp & Gutieerrez, 2004). 따라서 이 절에서는 청소년 초기 · 중기 · 후기에 따른 자살 · 자해의 원인과 특성을 살펴보고자 한다.

1) 초기 · 중기 청소년기

이 시기 청소년 자살 문제를 이해하기 위해서는 자살사고에 영향을 미치는 요인이 무엇인지 이해하는 것이 우선이다. 청소년 자살사고에 영향을 미치는 요인으로는 우울, 분노, 스트레스와 같은 개인적 요인(노혜련, 김형태, 이종익, 2005; Wang, Fuh, Juang, & Lu, 2009)과 가족이나 친구관계, 학교생활 등 사회적 요인(송인한, 권세원, 김현진, 2013)으로 구분된다. 특히 개인의 심리적 요인과 관련된 자살사고의 주요 예측변인은 우울이다(김인규, 조남정, 2006; 이해경, 신현숙, 이경성, 2006). 이 외에 불안, 스트레스, 충동성과 같은 부적응적 정서적 요인이 자살생각을 가중시킨다(김미예, 김정미, 2013; 이선희, 전종설, 2012; Deeley & Love, 2013; Niederkrotenthaler, Logan, Karch, & Crosby, 2014). 즉, 스트레스를 많이 느끼는 중 · 고등학생일수록 자살사고를 많이 하는 것으로 보고되고 있다(Wong, Steqrt, Ho, Rao, & Lam, 2005).

청소년 자살의 중요한 특징 중 하나는 충동성이다. 연구들에 의하면, 청소년 자살은 대부분 자살과 관련된 촉발사건이 있으며, 이 중 29.8%가 촉발사건 직후 자살을 시도하는 것으로 나타났다(김효창, 손영미, 2006). 이는 청소년들이 자살을 사전에 계획하여 시도하기보다 어떤 자극을 받은 후 충동적으로 시도하고 있음을 보여준다. 결국 이와 같은 청소년 자살을 예방하고 개입하기 위해서는 이들의 충동성을 다루는 것이 중요하다(김기환, 전명희, 2000).

청소년 자해 문제의 원인으로는 스트레스와 부정적인 정서, 감정 억제가 있다(서미, 김은하, 이태영, 김지혜, 2018). 즉, 청소년들은 가족 또는 친구와의 갈등, 학업 및 학교생활의 부적응 등으로 스트레스를 많이 받으며, 이때 우울이나 불안, 무력감과 같은 정서를 경험한다. 그러나 자해를 시도하는 청소년들의 경우, 이와 같은 부정적인 정서를 제대로 표현하거나 해소하지 못하기 때문에 자해를 하는 것으로 보인다. 선행연구들에 따르면, 자해하는 청소년들은 심각한 스트레스에 놓여 있으며(Burke, Hamilton, Abramson, & Alloy, 2015), 격렬한 감정을 말로 표현하지 못하고 그 고통을 견딜 수 없어 자해를 정서조절의 도구로 사용하는 것으로 보고되고 있다(Ross & Hearch, 2003; Crowe & Bunclark, 2000). 이 외에도 자해의 위험요인 중 핵심요인으로는 양육자와의 불안정한 관계이다(김수진, 2017). 즉, 청소년기는 여전히 가족으로부터의 지지가 중요하므로 가족과의 불안정적인 애착이 자살 · 자해의 시작과 관련이 높다(Tatnell, Kelada, Hasking, & Martin, 2014).

자살 · 자해를 중단하는 데 중요한 요인은 사회적 지지이다. 이 시기는 가족뿐 아니라 또래와 교사 등 핵심 주변인이나 환경의 영향을 많이 받으므로, 이들의 지지와 격려가 자해 문제해결에 긍정적인 영향을 준다. 그 밖에 청소년의 자해행동 중단에 영향을 주는 요인으로는 삶의 목표를 세우는 것이다. 삶의 목표를 설정함으로써 삶에 대한 태도가 달라지고, 지금보다 더 나은 삶으로 나아가려는 희망이 학업이나 취업과 같은 장기적인 계획을 준비하게 하는 등 긍정적인 시도를 하게 만들기 때문이다.

이와 같이 초기와 중기 청소년들의 자살과 자해 특징을 정리하면, 주요 위험요인은 충동성과 불안정한 부모와의 관계, 보호요인은 진로 및 미래에 대한 희망, 주요 주변인들의 지지와 격려임을 알 수 있다.

2) 후기 청소년기

후기 청소년기의 자살·자해 관련 연구들은 주로 대학생 대상의 자살 관련 변인 및 개입이 주를 이루고 있다. 자해 관련 연구가 최근 국내외에서 시작되고 있지만 발달단계에 따른 연구는 아직 부족한 실정이다. 따라서 여기에서는 대학생 대상의 자살연구를 중심으로 기술하고자 한다.

우선 이 시기의 특징은 청소년 후기와 성인 초기의 발달단계에 해당한다. 즉, 새로운 발달과업을 달성해야 하는 전환기로, 중·고등학교와는 다른 교육환경, 갑작스럽게 증가한 자유와 과도하게 부여되는 책임감, 모호하고 불확실한 미래에 대한 불안감 등으로 대학생들은 복잡하고 혼란스러운 상황에 놓이게 된다(최윤정, 2012). 더욱이 빠른 속도로 변화하는 사회에 적응하고, 무엇보다 취업에 대한 압력이 큰 시기이므로 높은 스트레스를 경험할 뿐 아니라 이로 인해 심리적인 부적응 상태를 겪는다(최우경, 2013). 이와 같은 크고 작은 스트레스를 해결하지 못하고 고민하다가 결국 극단적인 방법으로 자살을 선택하기도 한다.

후기 청소년들의 자살사고와 관련된 주요 변인은 상황적인 스트레스와 같은 환경적 요인과 소외, 인지적 왜곡, 우울, 절망감, 충동성 등의 사회심리적 요인으로 구분된다(김현순, 김병석, 2008). 대체로 희망이 없고 대인관계에 문제가 있는 청소년들이 정신건강 수준이 낮고, 인지적 몰락 가능성이 높으며, 자살생각을 더 많이 한다. 또한 이들의 자살사고와 자살시도에는 부적절한 스트레스 대처방식과 낮은 사회적 문제해결 능력이 영향을 준다. 반면, 이 시기 청소년들의 자살사고를 억제시키는 요인은 자아존중감과 수용적이며 지지적이고 친밀한 관계의 경험을 통한 애착이다(안세영, 김종학, 최보영, 2015).

지금까지 청소년 발달단계별 자살·자해에 대한 특성을 위험요인과 보호요인 중심으로 살펴보았다. 이 두 시기의 원인의 공통점은 우울과 스트레스, 충동성이 자살사고의 위험요인이라는 점이다. 그러나 스트레스의 구체적 내용으로, 초기·중기 청소년들은 대학입시, 학업, 또래관계, 가족 갈등, 진로, 후기 청소년들은 취업, 친구관계, 이성관계 등이 주를 이루는 것으로 보인다. 따라서 스트레스의 전반적인 양상은 유사하나 세부내용에는 차이가 있는 것으로 보인다. 또한 자살·자해의 보호요인으로 사회적 지지체계, 미래에 대한 희망 등이 발달단계에 관계없이 동일하게 나타났다. 결국 청소년기 발달단계별 자살·자해 원인의 원인과 드러나는 양상은 유사하며, 단지 인지적 발달 수준과 환경에 따라 개입방법에 차이가 있을 것으로 보인다.

2. 중·고등학교에서의 자살·자해 위기개입

청소년의 자살·자해 발생률이 증가함에 따라 교육청과 학교에서도 이에 관심을 가지고 개입방안을 적극 모색할 필요가 있다. 왜냐하면 청소년 자살·자해 문제는 개인의 문제가 아니라 가정과 학교, 사회가 함께 해결해야 하는 과제이기 때문이다. 이 절에서는 중·고등학교에서 자살과 자해 문제에 어떻게 개입하는지를 살펴보고자 한다.

1) 교육청 및 학교 차원의 개입

교육부에서는 최근 청소년의 자살과 자해 사례 증가에 대한 심각성을 인지하고 지역 Wee센터를 중심으로 자살 위기개입 매뉴얼을 제작하여 보급하고 있다. 우선 학교 내 자살 관련 사안이 발생할 경우에 대처하는 방안을 살펴보고자 한다. 이는 대구광역시서부교육지원청(2014)과 안병은 등이 집필하고 경기도교육청(2017)에서 발간한 '학교 내 자살 및 자해 관련 위기개입 매뉴얼' 내용을 참고하였다. 대체로 학교 내에서 자살·자해 사안이 발생하면, 지역교육청과 학교 내에 위기관리위원회와 같은 관리체계를 구성하여 해당 학생, 또래, 교직원에 대한 개입을 한다. 자세한 내용은 다음과 같다.

첫째, 지역교육청을 중심으로 지역 내 위기관리위원회를 구성하여 자살 또는 심각한 자해 사안이 발생하였을 때 위기개입 대책을 수립하고 시행한다. 위원회는 지역교육청 담당 장학사, 상담 관련 전문가(전문상담교사, 상담복지센터 등), 복지 관련 전문가(사회복지사), 외부 자문위원(의료기관, 법률인, 경찰 등)으로 구성된다. 구체적인 위원회의 역할과 조직체계는 다음과 같다.

>>> 위기관리위원회의 역할

1. 상시 활동
   - 학생자살위기 관리체계 수립 및 점검
   - 고위험군 및 주의군 등 위기학생 파악 및 자살 사안 발생 대비 대책 수립 · 시행
2. 사안 발생 시 활동
   - 위기관리위원회 긴급회의 소집 및 대응방안 수립
   - 위기관리 지원
   - 경찰조사 및 언론대응 등 대외 조력
   - 외부 전문기관 협조 요청
   - 유가족 및 친한 친구 등에 대한 지속적인 개입방안 수립 · 지원

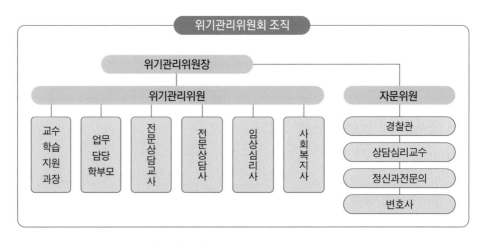

[그림 9-1] 위기관리위원회 체계 예시

둘째, 학교에서는 위기관리팀을 구성하여 사안 발생 시 적절하고 신속한 대응을 할 수 있도록 준비한다. 위기관리팀은 교장 및 교직원 등 교내 담당자와 외부 전문가로 구성되며, 학교 내 안전 확보, 지역사회 연계, 언론 대응과 같은 안전관리를 하며, 자살 시도자 · 고위험 학생과 교직원, 학부모 등 주요 관계자를 지원한다. 위기관리팀의 역할과 활동 내용, 체계는 다음과 같다(반건호, 권용실, 조성우, 김규동, 2017).

>>> 학교 내 위기관리팀 역할

1. 사안 관련 개입 활동
   - 사안 발생 시 위기관리팀 긴급회의 소집
   - 비자살성 자해, 자살시도의 구분을 위한 상담 진행
2. 사안 관련 지원 활동
   - 교직원 교육: 대처 매뉴얼 공유와 예방교육 실시
   - 자살시도 및 자해학생의 안전과 치료를 위한 지원: 보호자와 협조관계 형성, 학생의 안전과 치료를 위한 구체적인 방법 논의, 필요한 경우 전문기관에 의뢰
   - 정신건강 지원에 대한 최신 정보 구축: 자살 및 자해의 특성에 대한 이해 숙지 필요

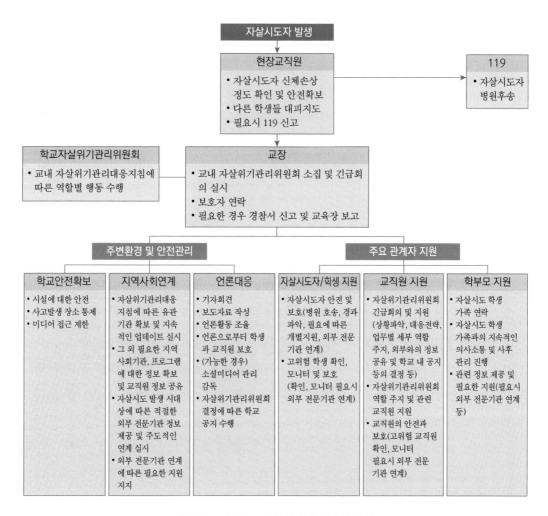

[그림 9-2] 학교 내 위기관리팀 체계 예시

외국의 사례를 살펴보면, Walsh(2006)는 학교에서 자해를 관리하기 위한 프로토콜을 개발하여 제시하였다. 그는 자해 청소년의 유병률은 15~20%에 이르므로, 자해 문제를 다루는 데 익숙하지 않은 학교 직원들을 대상으로 효과적인 대응방안을 훈련시키는 것이 필요하다고 제안하고 있다. 훈련에 포함되어야 하는 내용은 다음과 같다.

>>> 자해에 대해 교직원이 숙지해야 할 내용

1. 직접적이고 간접적인 자해를 포함한 자기 파괴적인 행동을 이해한다.
   • 파괴적인 행동수준을 파악하여 즉각적인 개입이 필요한지 판단한다.
2. 자살행동과 비자살적 자해행위를 구별할 수 있도록 훈련받아야 한다.
   • 자살은 죽음이 이르게 할 수 있지만, 자해는 그럴 가능성이 적음을 인지해야 한다.
3. 특정한 자해행위(봉합, 얼굴 · 눈 · 가슴 · 생식기 상처)는 응급정신질환으로 평가하여 개입해야 함을 인지하여야 한다.
4. 피어싱과 같은 신체에 인위적으로 가하는 변화는 자해가 아님을 인식한다.
5. 자해행위에 대한 효과적인 대응방법은 차분하고 감정에 치우치지 않는 태도와 정중한 호기심임을 숙지한다.
   • 병적인 반응, 묵살하거나 축소하는 반응을 해서는 안 된다.
6. 자해 문제는 생물학적 · 환경적 · 심리적 요소가 결합하여 나타나는 복잡한 문제임을 이해해야 한다.
   • 치료에는 시간이 필요하고, 행동이 갑자기 사라지는 것을 기대해서는 안 된다.

그리고 자해는 전염성이 높다는 특징이 있기 때문에 서로 아는 관계의 청소년들 사이에 단기간 내에 자해가 유행처럼 번지기도 한다(Walsh, 2006). 즉, 이 학생들은 종종 자해에 대해 얘기하고, 그 결과로 서로가 서로의 자해행동을 유발하게 된다. 심한 경우에는 친구들이 보는 데서 자해를 하기도 하고, 자해도구를 공유하거나 서로 돌아가면서 상처를 입히기도 한다. 이렇듯 청소년들 서로가 자해를 유발하는 원인이 되기도 한다. 이와 같은 이유는, 첫째, 자해행동이 응집력의 느낌을 만들어 내기 때문이다. 둘째, 자해는 강렬한 의사소통의 측면이 있기 때문이다. 셋째, 자해가 상대방을 겁에 질리게 하는 등 충격적이고 도발적으로 보일 수 있기 때문이다. 넷째, 자해는 어른들에 의해 의도치 않게 강화될 수 있기 때문이다.

이에 학교 전문가들은 자해의 전염 위험성을 최소화하기 위한 개입방법을 고민해야 한다. 첫째, 또래 사이에 자해에 관한 의사소통을 줄인다. 학생들이 자해에 대해 이야기할수록 자해를 유발하는 효과가 크므로, 학생들로 하여금 자해에 관한 이야기를 하지 않도록 지도한다. 둘째, 학생들이 학교에서 자해 상처를 공개적으로 보여 주는 행동을 하지 않도록 관리한다. 자해행동이 노출됨으로써 자해에 취약한 학생들이 자해행동을 할 가능성이 높다. 따라서 자해 상처를 보여 주려 할 때 그 학생을 개인적으로 만난다. 셋째, 집단이 아닌 개인적인 만남으로 자해행위를 다룬다. 집단으로 자해 문제를 다루는 것은 청소년들 간에 자해를 유발할 수 있기 때문에 위험한 조치일 수 있다.

Kanan, Finger와 Plog(2008)는 학생들의 자해 문제에 대해 학교 차원의 대응 및 개입방안을 제안하였다. 구체적으로 교직원 및 학생들이 실행해야 할 내용은 〈표 9-1〉과 같다.

〈표 9-1〉 자해에 대한 학교의 대응방법

대응내용	세부지침
1. 학교 직원들에게 자해에 대한 인식과 지식을 제공한다.	• 신체적 징후에 대한 정보 • 정서적 징후에 대한 정보 • 부모에게 학생의 행동을 보고해야 할 의무 • 자해를 스트레스 대처를 위한 시도로 이해
2. 보고의 필요성에 대해 학생들에게 교육한다.	• 대규모 인식 캠페인은 권장하지 않음 • 학생들에게 위험행동과 조기경고 신호를 인지했을 때 보고하도록 교육함
3. 학생들에게 반응할 때 팀 접근 방법을 사용한다.	• 필요한 경우, 학교 간호사와 협력할 것 • 상담을 권유함
4. 자해시도 학생에게 학교 차원의 지원을 제공한다.	• 잘 듣고 학생의 상태를 인정함 • 개별화된 지원을 제공함
5. 공존장애 및 자살사고를 선별한다.	• 동반질환의 지표를 알고 있음 • 자해행동은 자살행동과 구별되어야 함을 인식함
6. 부모에게 자해 사실을 알리고 자원을 제공한다.	• 자해 관련 이력을 추가로 수집함 • 가정통신문 발송 • 지역사회 내 숙련된 상담자에게 의뢰

7. 안전을 위한 단기계획을 수립한다.	• 자해의 촉발 자극과 일반적인 단서를 구별함 • 자해행동을 멈추게 하는 대안 활동 탐색 • 자해충동이 올라오면, 학교 내 성인 지지자를 찾도록 안내 • 대체행동이 습득될 때까지 자해를 하지 않겠다는 계획은 수립하지 않아야 함 • 건강한 대처방법, 스트레스 관리, 분노관리 기술 소개
8. 지역사회 자원과 협력한다.	• 상담자와 지속적인 의사소통을 함 • 학교환경에서 상담 목표와 기법을 강화함
9. 필요시 자해 전염요인을 차단한다.	• 자해와 관련 있는 또래그룹의 리더를 찾아냄 • 리더 학생에게 적용할 개입방법을 선택함 • 필요시 리더의 학교 내 행동을 제한함

2) 학교 상담센터의 개입

학교 상담센터에서는 자살 · 자해 사안이 학교에서 발생했을 경우, 고위험군 청소년을 선별하여 상담하고 지속적으로 관리하는 시스템을 구축하는 것이 최우선 과제이다. 나아가 제2의 자살 · 자해 위기 사안이 발생하지 않도록 예방하는 역할을 하는 것이 가장 중요하다.

중 · 고등학교에서 발생한 자살사안에 대한 대처 방법은 [그림 9-3]과 같은 단계를 거친다. 우선 사안이 접수되면, 내담자의 위험수준을 평가한 후 이를 근거로 개입 및 조치 방안을 선택한다. 마지막으로 추수관리 순으로 진행된다. 그러나 중 · 고등학교에서는 또래의 영향을 많이 받으므로, 학생들에 대한 학교 차원의 예방과 외상 후 스트레스 증상 관련 교육에 초점을 맞춘다.

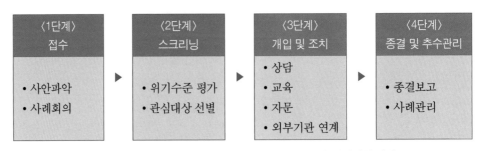

[그림 9-3] 중 · 고등학교 자살 · 자해 시도 학생 대상 위기개입 단계

[그림 9-3]에서 보듯이 자살을 시도한 학생을 대상으로 학교 상담센터에서 취할 수 있는 위기개입은 접수, 스크리닝, 개입 및 조치, 종결 및 추수관리로 총 네 단계이다. 단계별로 내용을 구체적으로 살펴보면, 첫째, '접수단계'에서는 자살사안을 파악하고, 지속적으로 사례회의를 개최한다. 고위기 사례일수록 자살사안에 대한 정확한 판단이 중요하므로, 접수단계는 이후 단계의 기반이 된다고 볼 수 있다. 둘째, '스크리닝 단계'에서는 관심대상자의 위기수준에 따라 선별을 한다. 즉, '자살이나 자해를 다시 시도할 것인지' 등 자살 관련 질문을 실시한 후 위험수준에 따라 고 · 중 · 저로 분류하여, 이후 개입 및 조치 단계에서 이를 활용한다. 셋째, '개입 및 조치 단계'에서는 앞의 선별 결과에 따라 상담, 교육, 자문, 외부기관과의 연계 등을 수행한다. 앞서 스크리닝 단계에서 스크리닝한 결과를 토대로 고위험군은 정신과 등 외부기관을 연계하고, 중간 정도 위험군은 상담, 위험도가 낮은 학생은 자살 · 자해 예방 관련 교육을 실시한다. 넷째, '종결 및 추수관리 단계'에서는 종결보고를 하고, 종결 후 일정 기간이 지난 다음 추수상담 계획을 내담자와 수립함으로써 사례를 지속적으로 관리한다.

　이와 같은 위기개입에 대한 세부내용은 〈표 9-2〉와 같다. 표에는 위기개입에 따라 실제 수행해야 할 구체적인 내용을 담고 있으며, 자살 · 자해 사안이 발생할 경우 학교 상담센터에서는 위기개입 단계에 따라 제시된 내용을 시행한다. 상담자가 자살 · 자해를 시도한 학생을 상담할 때 심리검사를 통해 내담자의 외상 후 스트레스 위기수준 및 정서를 평가하고, 이를 토대로 개인상담 또는 집단상담을 실시한다. 필요한 경우, 내담자에게 자살예방교육 등 사안별로 적합한 프로그램을 제공한다. 또한 부모를 대상으로 PTSD 이해 교육, 교사를 대상으로는 PTSD에 대한 이해, 청소년 자살신호 인지 및 대처방법 등의 교육을 실시하여 내담자를 이해시키는 등 자살 · 자해 예방에 초점을 맞춘다. 그리고 자살시도 후 즉각 학교로 복귀하기 어려운 경우에는 멘토 프로그램 등을 통해 일상생활에 잘 적응할 수 있도록 지원한다. 이 밖에도 필요에 따라 타 기관에 연계하거나 학교 내 관련 위원회, 학교 밖의 다양한 분야 전문가로부터 자문을 받는다.

〈표 9-2〉 학교 상담센터 위기개입 내용

개입 분류	개입내용
면담 및 심리검사	• 외상 후 스트레스 장애(PTSD) 진단 검사, 다면적인성검사(MMPI-A), 문장완성검사(SCT), 집-나무-사람 그림 검사(HTP) 등 실시 • 내담자 정서변화 추이 확인을 위해 학교의 관찰과 보호자 돌봄을 요청하고 필요시 면담 및 심리검사 재실시
상담	• 개인상담/집단상담
교육	• 학생: 사안별 프로그램(사회성 증진 교육, 자살예방 교육 등) • 부모: PTSD 증상 및 이해를 위한 교육 • 교사: 청소년 자살 신호 알아차리기 및 대처법, PTSD 증상 및 이해를 위한 교육
프로그램	• 멘토 프로그램 지원 • 사안 발생 후 곧바로 학교 복귀가 어려운 학생의 경우, 상담센터의 상담을 통해 심신 회복과 일상생활 적응을 도움
기관 연계	• 청소년상담복지센터, 외부상담기관, 가족상담기관, 의료기관, 정신의료기관, 정신보건복지센터, 성교육 전문기관 등
학교 자문	• 사안과 관련한 심리상담 영역의 자문 　- 사안내용 공지 시 유의사항 안내 　- (가정) 자녀의 정서적 돌봄을 위한 지침 안내 　- (학교) 학생들의 정서적 돌봄과 관찰을 위한 지침 안내 　- 자살사안 발생 시 학생들의 부정적인 파급(모방 자살·자해 등) 방지와 정서적인 애도반응 관련 자문 • 사안 대응 및 보고 관련 행정 자문
외부전문가 자문	• 사안 관련 외부전문가 자문

3) 교사의 역할

학교에서 위기상황이 발생하였을 때, 교사들의 인식과 태도는 학생들에게 많은 영향을 미치므로 이에 대한 지침을 마련하여 정기적으로 교육을 제공하는 것이 필요하다. 교사는 상담자가 아니므로, 학생의 자살·자해 문제를 상담하고 치유하는 역할을 할 수는 없다. 그러나 학급이나 수업시간에 자살이나 자해 시도의 위험성을 가진 학생을 알아차리고 이들에게 신속한 대처를 제공하는 것은 가능하다. 이와 같은 교사의 개입은 학생의 자살 · 자해를 예방하고, 나아가 학생들이 상담을 받을 수 있도록 연결하는 중재자로서의 역할만으로도 의미가 있다. 여기에서는 학교 교사들이 교내에 자살 · 자해 사안이 발생하였을 때 어떻게 대처하는 것이 효과적인지에 대해 기술할 것이다.

일단 교사는 자살 · 자해 시도를 할 가능성이 있는 학생을 선별할 수 있어야 한다. 이를 위해 학생들에게 관심을 가지고 지켜봄으로써 이들의 태도나 행동 변화, 성적 하락 등과 같은 의미 있는 신호를 알아차리는 것이 첫 번째 과제이다. 안해용 등과 경기도교육청(2017)이 자해행동을 보이는 학생을 돕기 위해 제작한 '교사용 가이드'를 참고하여, 교사가 주의를 기울여야 할 자살 및 자해의 위험신호를 제시하고자 한다. 다음과 같은 신호는 자살 · 자해를 시도할 가능성이 있거나 시도했을 가능성이 있는 학생들에게 나타날 수 있는 신호이므로 세심한 관찰이 요구된다.

>>> 자살 및 자해의 위험신호

- 낮은 자아존중감, 감정통제가 어려움, 대인관계에서의 문제
- 갑작스러운 성적 하락
- 일반적인 우울증 증상, 사회적 혹은 정서적 소외, 단절
- 물질 혹은 알코올 남용
- 위험한 행동
- 화장실이나 혼자만의 공간에서 시간을 많이 보내는 등 비밀스러운 행동
- 날카로운 물건을 가지고 있음
- 그림이나 글을 통해 자살 · 자해에 대한 표현을 함
- 더운 날씨에도 짧은 옷 입는 것을 거부하고, 긴팔 옷을 입음

출처: 경기도교육청(2017).

또한 교사는 자살 · 자해 위험을 내포한 학생을 대할 때 취해야 할 태도를 숙지하고 있어야 한다. 자살 · 자해의 위험신호를 감지하고 이를 시도한 학생을 만났을 때, 교사는 어떤 태도를 취하고 어떻게 행동해야 할지 난감한 경우가 대부분이다. 이때 학생들이 마음을 열고 교사와 자기 어려움을 얘기할 수만 있으면, 위기개입의 첫 단계를 잘 시작한 것이다. 따라서 교사가 자살 · 자해 위험 수준이 높은 학생들을 대할 때 어떤 마음 상태인지가 매우 중요하다. 첫째, 교사는 자살 · 자해를 시

도한 학생이 자책감을 갖지 않도록 주의를 기울인다. 학생의 자살 · 자해행동에 대해 교사가 혐오감을 갖거나 화가 났다는 것을 보여 주는 것은 도움이 되지 않는다. 이런 경우, 학생들이 자신을 나쁘게 생각하거나 무엇보다 교사에 대한 신뢰를 잃게 될 가능성이 있다. 둘째, 자살 · 자해행동에 대해 멈추라고 얘기하지 않는다. 특히 자해는 스트레스나 고통에 대한 표현 또는 대처방법 중 하나이므로, 건강한 대처방법을 습득하지 않은 상태에서 무조건 자해를 하지 말라고 하는 것은 실행하기 어렵고 역효과가 날 수도 있다. 따라서 교사는 자해가 어떻게 작용하는지를 이해하는 것이 최우선 과제이다. 셋째, 교사는 학생을 돕고자 하는 마음이 있다는 사실을 전달한다. 교사의 이러한 진심은 학생들의 마음을 열게 하여 교사와 자해에 대해 이야기하도록 만들 수 있다. 넷째, 학생의 행동을 비판하지 않고 그들의 감정을 수용하는 태도가 중요하다. 이때 학생에게 "내가 어떻게 하면 너에게 도움이 될 수 있을지 얘기해 줘."라고 상대방을 배려하지만 적극적인 자세로 다가간다. 이때 중요한 것은 교사가 학생의 상태를 그대로 인정하는 것이다. 만일 학생들이 왜 자해를 하는지 교사가 이해하지 못하면 더 이상의 소통은 어렵다. 그러면 학생들은 자해사실이 알려지면 불이익을 받을 것이라고 걱정하면서 자해사실을 감추는 등 자신의 상태를 드러내지 않으려 할 것이다. 따라서 교사는 겉으로 드러나는 자해라는 현상에 초점을 맞추기보다 자해할 수밖에 없는 상황을 이해하려는 태도로 다가가는 것이 중요하다.

자살시도를 한 학생을 대할 때 교사의 적절한 대처방법은 자살행동에 대한 언급을 피하는 것이 아니라 얼마나 고통스러웠는지에 대해 듣는 것이다. 또한 학생이 상담을 받을 수 있도록 연계하고, 추후 학교생활에 잘 적응할 수 있게 돕는 등의 적극적인 태도가 요구된다. 다음은 교사의 대처방법이다.

>>> 자살시도 후 교사의 대처방법

- 자살행동을 할 수밖에 없었던 상황에 대해 깊이 공감한다.
- 안정된 후 자살행동이 정당하지 않음과 다른 문제해결 방법을 찾도록 이야기한다.
- 친구의 자살행동으로 영향받을 가능성이 있는 학생을 파악하여 이야하거나 상담에 의뢰한다.

- 병원진료나 상담을 받을 것을 안내하고 연계한다.
- 보호자에게 연락한다.
- 자살행동을 한 학생이 학교생활에 적응하도록 돕는다.
- 교직원들에게 자살행동 학생에 대한 대응방법을 알리고 협조를 구한다.
- 면담 및 대응 상황을 기록으로 남긴다.

출처: 경기도교육청(2017).

〈표 9-3〉은 자살 · 자해 학생에 대한 교사의 행동수칙을 정리한 것이다. 학교에서는 이와 같은 구체적인 행동수칙을 평소에 교육하여, 자살이나 자해 사안이 발생했을 때 적절하고 신속하게 대응함으로써 더 심각한 위기상황을 방지할 수 있다.

〈표 9-3〉 자살 · 자해 학생에 대한 교사의 행동수칙

적절한 행동	부적절한 행동
• 침착함을 유지하고 위기상황 평가하기 • 경청하기 • 자살 · 자해 도구 제거하기 • 자살계획을 가지고 있는지 탐색하기 • 필요할 때 도움을 요청할 수 있도록 연락망 열어놓기 • 자살을 안 한다는 '서약서' 적성하기 • 지속적으로 지지하고 관심 갖기 • 또래 친구 활용하기 • 보호자와 교류하기 • 전문가에게 의뢰하기 • 동료교사에게 도움 구하기 • 학생에게 도움 받을 수 있는 자원과 이용 방법 지도하기	• 학생을 혼자 두기 • 두려워하거나 당황해함 • 상황에 압도됨 • 상황이나 문제를 무시하기 • 자살 · 자해에 대해 도덕적인 논쟁하기 • 비판, 충고, 설교하기 • 모든 것이 잘될 것이라고 막연하게 이야기하기

출처: 반건호 외(2017).

또한 교사는 이와 같은 조치를 취한 뒤 학생이 반드시 상담자 등 전문가에게 도움을 받을 수 있도록 연계해야 한다. 이때 학생과 보호자에게 도움을 받을 수 있는 기관과 연락처 등을 알려 주는 것도 교사의 중요한 역할이다.

〈표 9-4〉 자살 · 자해 관련 청소년 상담기관

상담기관 및 서비스	인터넷 주소	연락처
한국생명의전화	www.lifeline.or.kr	1588-9191
사랑의전화 상담센터 카운셀24	www.counsel24.com	1566-2525
정신건강 상담전화	-	1577-0199
자살예방센터 상담전화	www.spckorea.or.kr/index.php	1393
청소년전화	www.kyci.or.kr	1388
청소년사이버상담센터	www.cyber1388.kr	-

4) 사례

> A양은 고등학교 1학년으로, 중학교 때부터 힘들 때 자해하기 시작했다. 처음에는 화가 나거나 짜증이 날 때 감정을 해소하기 위해 커터 칼로 상처를 내다가 자해 강도가 점점 심해져 피가 나거나 화나는 감정을 주체할 수 없을 때는 자살을 하고 싶다는 생각이 들 때도 있다. 특히 중학교 때부터 친구관계에 어려움을 겪어 학교에서 스트레스를 받을 때 자해를 하는 경우가 많다. 그날도 A양은 친구들이 자기를 소외시킨다고 느끼고 우울한 마음에 화장실에서 자해를 시도했는데, 너무 상처가 커서 보건실에 가서 치료를 받아야 했다. 이러한 상황이 학교에 소문이 나서 선생님과 학생들이 이 사실을 알게 되었다.

학교에서 자해사안이 발생할 경우, 우선 그 사실을 인식한 담임교사나 보건교사가 개별적으로 처리하기보다 앞서 살펴본 것처럼 학교 내 위기관리위원회를 구성하여 대응하는 것이 적절하다. 이 사례에 대해 학교는 다음과 같이 대응하였다.

먼저 교장 또는 교감을 중심으로 위기관리위원회의 긴급회의를 소집하였다. 이 고등학교에서는 기존에 이와 같은 위원회가 구성되어 있어 자살 · 자해 관련하여 심각한 사안이 학교에서 발생하면 즉시 회의를 개최하는 체계를 갖추고 있었다. 위원회에서는 일단 A양의 상태를 확인한 후 병원에 보내어 치료를 받도록 하고, 보호자에게 연락을 취했다. 그리고 몇 가지 후속 조치를 결정하고 실시하였다.

첫째, 자해 상황을 목격한 학생들 또는 평소에 자해 문제로 학교에서 관리하고 있는 고위험 학생들을 대상으로 담임 또는 학교 내 상담교사가 면담을 하였다. 이들 중 불안 등 심리적으로 영향을 받은 학생이 있는 경우, 학교 상담센터나 지역 내 청소년상담복지센터, 병원에 의뢰하여 상담을 받도록 안내하였다.

둘째, 학생들에게 이 사안에 대한 내용을 정리하여 공식적으로 담임교사를 통해 전달하였다. 위기관리위원회에서는 학교의 공식적인 공지가 없을 경우, 사안이 확대되어 소문이 나면 학생들의 불안을 가중시킬 수 있다고 판단하여 발생사건과 조치내용, A양의 상태를 사실내용 중심으로 전달하였다.

셋째, 학교 내 교직원들에게 이 사안과 관련된 학생들의 질문에 어떻게 대응하는지에 대한 지침을 전달하였다. 그리고 이 사안으로 심리적 영향을 받은 교사가 있다면 역시 상담 또는 병원치료를 받을 수 있도록 조치하였다.

넷째, 추후 A양이 심리상담을 받을 수 있는 방안을 계획하였다. 필요한 경우, 지역 내 상담센터나 병원에 의뢰하기로 결정하였다.

다섯째, A양의 담임교사가 학급의 학생들을 면담하여 A양을 도와줄 수 있는 방법을 같이 논의하여, A양이 돌아왔을 때 적응할 수 있도록 방안을 모색하도록 하였다.

이와 같은 학교의 조치를 통해 학생들의 불안과 소문이 확대되는 것을 예방할 수 있었다. 또한 추후 A양에 대한 위기개입과 상담을 연계하는 방안을 조치함으로써, 학교에 잘 적응할 수 있도록 현실적인 대처방안을 계획하고 추진하였다.

3. 대학에서의 자살 · 자해 위기개입

최근 대학에서도 자살 및 자해 관련 위기 문제 발생률이 증가하고 있다. 이에 대한 대응방법으로 대학마다 학생 대상의 위기개입 지침 또는 가이드북을 제작하고, 학교 내 학생상담 기관에서는 상담자를 대상으로 위기상담에 사용할 수 있는 상담개입 매뉴얼을 개발하여 보급하고 있다. 이 절에서는 국립서울병원과 전주대학교가 연구를 통해 개발한 '대학상담센터 자살예방체계 구축 및 위기개입 프로토콜'을 참고하여 대학에서의 자살 · 자해 예방 및 위기개입 대응방안 체계를 제시하고자 한다(권호인, 김소라, 윤경선, 2014).

1) 대학 상담기관에서의 자살·자해 위기개입

대학 내 상담기관에서의 위기개입 대응체계는 '비밀보장 규정 만들기' '위기관리팀 구축' '연계기관과 협력하기' '자살행동에 대한 보고체계 구축' 등 4단계로, 다음의 [그림 9-4]와 같다.

[그림 9-4] 대학 상담기관의 자살·자해 위기대응 체계

첫 번째 단계는 '비밀보장 규정 만들기'이다. 이 단계에서 상담기관은 학교 특성에 맞게 위기상황에 대비하여 비밀보장 관련 세부내용과 기준을 수립한다. 특히 자살행동의 경우 비밀보장 예외 사안이므로, 초기단계에 사전 대처와 비밀보장 예외 규정에 대한 설명, 위기상황에 대비해 직계 가족 연락처 취득 관련 내용을 담고 있어야 한다. 두 번째 단계에서는 상담기관 내 '위기관리팀을 구축'하여, 위기수준 평가와 위기개입을 시행한다. 자살 또는 자해와 같은 위기상담에서 내담자의 자살·자해위험성을 평가하고 상담하는 것은 신속한 의사결정과 대처뿐 아니라 실무자들의 전문지식과 경험을 필요로 하므로, 위기관리팀을 구성하여 위기상황에 대응하는 체계를 마련하는 것은 매우 중요하다. 이때 위기관리팀을 중심으로 자살·자해위험성 평가, 위기개입, 연계기관 의뢰, 정기적인 슈퍼비전 실시 등이 포함된 사례관리가 이루어져야 한다. 세 번째 단계는 '연계기관과 협력하기'로, 자살·자해 고위험군에 대한 위기개입 시 연계기관과의 협조체계를 구축한다. 이를 위해 학교 외부 정신건강 전문기관과 업무협력 관계를 맺고, 연계 시 필요한 정보를 주고받아야 한다는 내용을 포함한다. 네 번째 단계는 '자살행동에 대한 보고체계 구축'이다. 자살·자해 고위험군 사례개입에서는 추수관리가 중요하므로, 자살·자해 개입에 대한 기록을 남겨 놓는 문서화 작업에 대한 규정이 마련되어 있어야 한다. 또한 정기적인 사례회의를 통해 고위험군 내담자에 대한 보고체계를 구축하는 것도 필요하다. 즉, 자살 위기단계가 지난 후 내담자가 상담센터를 방문하거나, 다음 위기 때 다시 방문하는 것에 대비해 일정 기간 상담기록을 보관해야 한다.

다음으로, 대학 상담센터에서의 자살·자해 내담자에 대한 위기개입 과정을 제시하고자 한다. 먼저 상담센터에 위기사례가 접수되면 위기사례 관리회의를 소집하여 학교 내 상담센터에서 사례를 진행할 것인지 또는 정신과 등 지역 내 유관기관에 의뢰할 것인지를 판단하는 것이 첫 번째 단계이다. 이는 다음 [그림 9-5]와 같다.

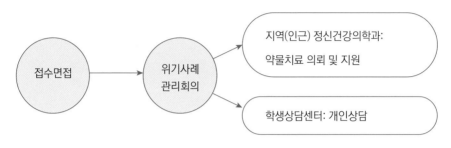

[그림 9-5] 위기상담관리 체계도

만일 대학 내 상담센터에서 위기상담을 진행할 경우, 4단계로 위기개입을 한다. 먼저 위기학생을 접촉하여 위기상황을 파악하고, 이들의 자살·자해 위험 수준을 평가한 후 상담개입을 계획하고 실행한다. 마지막으로 추수관리하는 것으로 마무리한다. 이는 세명대학교(2016)의 자살개입 조치를 토대로 정리하였으며, 구체적인 절차는 [그림 9-6]과 같다.

우선 1단계는 '위험학생 발견'으로, 다양한 방법으로 상담센터에 내원한 내담자들의 자살·자해 위기를 알아차리는 것이 핵심이다. 이 단계에서는 상담접수 기록과 Beck의 우울척도(BDI), 다면적인성검사(MMPI-2) 등과 같은 심리평가 도구들을 실시하여 자살위험성이 있는 학생을 선별한다. 2단계는 '위험수준 평가'로, 자살사고, 자살의도, 자살행동의 세 가지 개념을 기준으로 위험수준을 분류한다. 그 외에도 면담을 통해 내담자의 현재 심리기능 수준과 과거력, 자살·자해 시도 경험, 자살·자해에 영향을 주는 위험요인과 보호요인 등을 파악하여 위험수준을 평가한다. 3단계는 '위기개입 계획·실행'으로, 자살위기의 심각성 수준에 따라 개입을 계획하고 실행한다. 낮은 위험수준에서는 일반상담을 실시하고, 중간 정도의 위험수준에서는 정신과 외래치료 권유하기, 부모에게 연락하기, 위기개입 상담하기 등의 개입을 한다. 그리고 높은 위험수준에서는 부모와 지도교수 연락, 관련 기관 연계

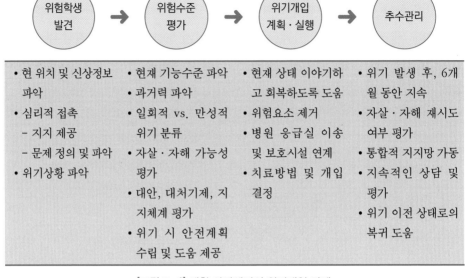

위험학생 발견 →	위험수준 평가 →	위기개입 계획·실행 →	추수관리
• 현 위치 및 신상정보 파악 • 심리적 접촉 　- 지지 제공 　- 문제 정의 및 파악 • 위기상황 파악	• 현재 기능수준 파악 • 과거력 파악 • 일회적 vs. 만성적 위기 분류 • 자살·자해 가능성 평가 • 대안, 대처기제, 지지체계 평가 • 위기 시 안전계획 수립 및 도움 제공	• 현재 상태 이야기하고 회복하도록 도움 • 위험요소 제거 • 병원 응급실 이송 및 보호시설 연계 • 치료방법 및 개입 결정	• 위기 발생 후, 6개월 동안 지속 • 자살·자해 재시도 여부 평가 • 통합적 지지망 가동 • 지속적인 상담 및 평가 • 위기 이전 상태로의 복귀 도움

[그림 9-6] 대학 상담센터의 위기개입 단계

출처: 세명대학교(2016).

등을 수행한다. 마지막 4단계는 '추수관리'로, 상담 또는 위기 개입 후 지속적인 관리 절차를 제시한다. 구체적으로 3단계에서 상담자가 개입을 제대로 실행하였는지 확인하고, 기관의 슈퍼바이저 및 기관 회의에서 이 절차를 검토하며, 내담자의 모든 기록을 관리한다. 이때 내담자의 자살·자해 재시도 여부와 상담 및 위기 개입 관련 평가를 실시하여 효과성을 검증하는 것도 중요하다. 상담 또는 위기개입 종결 후 6개월 동안 지속적으로 내담자의 상태를 정기적으로 확인하는 체계를 수립하여 내담자에게 알려 준다.

2) 사례

"

B는 대학교 2학년생으로, 지방에서 올라와 서울에서 대학을 다니고 있다. 1학년 때부터 학교 기숙사에서 지내고 있으며, 가끔 방학 때 부모님과 친구들을 만나러 고향에 간다. 대학에 입학해 1학년 때 열심히 학교생활을 하려고 노력했지만, 성적이 생각만큼 나오지 않아 스트레스를 받고 있다. 2학년이 되어 곧 군대도 가야 하고 졸업 후 취업에 대한 걱정 등으로 우울감도 깊어지고 있다. 최근에는 불안이 심할 때 자해를 하곤 했다. 자해를 하는 순간에는 불안감이 사라지고 괜찮은 것 같지만, 얼마 지나지 않아 여전히 상황은 변하지 않는다는 사실에 더 절망스러워진다. 결국 B는 학교 내 상담센터를 찾아가 도움을 청하기로 했다.

"

B를 상담하게 된 상담자는 우선 자해 빈도와 방법, 상처의 심각 정도, 우울과 불안 수준을 파악하기로 하였다. 이를 위해 다면적인성검사, Beck의 우울척도, 자해 척도 등을 실시하여 객관적으로 우울과 불안, 자해 정도 등 위기수준을 파악하고, 자해와 관련된 증상에 대해 면담을 하였다. 면담에서는 언제부터 자해를 했는지, 어느 정도로 심하게 하는지, 자해를 주로 하는 시간과 장소는 어디인지, 평소 스트레스를 받으면 어떻게 대처하는지 등을 확인하였다. 무엇보다 자해를 언제 시작했고, 얼마나 자주하는지 등을 확인하여 자해 중단 가능 여부를 예측하였다. 검사 및 면담 결과, B는 대학교 1학년부터 자해를 시작하였으며, 처음에는 1~2달에 1번 정도 기숙사에서 자해를 해 왔다. 그러나 최근 불안과 우울감이 심해지면서 1달에 1번 정도, 시험을 보거나 부모로부터 학점과 취업 준비에 대한 압력을 받을 때 주로 자해를 하는 것으로 확인되었다. 특히 내담자는 서울에 아는 사람이 없고, 학과나 기숙사에도 속을 터놓고 이야기할 만한 상대가 없다고 느끼고 있었다.

상담자는 이와 같은 B의 심리적 상태 및 환경을 확인한 후, 지금 이 시점이 자해가 만성적으로 지속될 가능성이 있으므로 신속한 개입이 필요하다고 판단하였다. 우선 자해를 주로 하고 싶은 마음이 드는 순간이 언제인지 상담을 통해 탐색하고, 다른 대체활동을 할 수 있도록 함께 찾아보고 논의하였다. 동시에 자해를 하게 만드는 불안과 우울의 주요 원인이 무엇인지 살펴보았다. B는 고등학교 때에도 성적이 떨어질까 봐 항상 노심초사하였으며, 부모님이 B의 성적이 올라가거나 떨어질 때마다 크게 반응을 보이고 반드시 좋은 대학을 졸업해 남들이 선망하는 직장에 취직할 것을 끊임없이 요구하였다.

상담자는 B의 자해의 위험요인은 사회적 지지망이 거의 없고, 예민한 성격, 부모의 성적에 대한 압력이라고 분석하였다. 보호요인은 자해로부터 벗어나려는 의지가 있는 점, 학교 성적이 좋은 편이며 다른 사람들과 관계를 맺으려는 동기가 있는 점임을 확인하였다. 이에 상담자는 자해를 하고 싶은 순간에 다른 대체활동을 할 수 있도록 함께 안전계획을 세우고, 학과나 기숙사에 관계를 맺을 수 있는 사람을 물색해 보고 다가가는 연습을 하는 등 지지체계를 만드는 것에 초점을 맞춰 상담을 진행하였다. 상담이 진행되는 도중 중간고사가 있어 스트레스로 인한 불안이 심했을 때는 학교 근처에 병원에 연계하여 정신과 약을 처방받아 복용하도록 개입하였다. 또한 B와 합의하여, 이와 같은 사실을 부모에게 알려 위기상황을 예방하도록 조치를 취하였다. 그리고 자신이 원하는 진로와 부모가 원하는 진로의 방향이 다름을 확인하고, 군대에 다녀온 뒤 자신이 원하는 일을 할 수 있도록 준비하는 것으로 결정하자 불안이 감소하였다. 그러나 자신이 원하는 진로를 부모님과 이야기해야 하는 과제가 남아 있다. 이는 추후 군대에 다녀와서 해결하는 것으로 상담을 마무리하였다.

참고문헌

권호인, 김소라, 윤경선(2014). 대학 상담기관 자살위기 개입의 문제점과 개선방안: 상담자 포커스 그룹 인터뷰를 중심으로. 한국심리학회지: 학교, 12(2), 159-175.

김기환, 전명희(2000). 청소년 자살의 특성과 유형에 관한 연구. 아동복지학, 9, 127-130.

김미예, 김정미(2013). 청소년 자살생각에 영향을 미치는 정신건강요인. 청소년학연구, 20(2), 267-293.

김수진(2017). 비자살적 자해의 위험요인과 보호요인 개관. 청소년학연구, 24(9), 31-53.

김유진, 이희경, 진현숙, 박보은(2014). 자살위기 개입 매뉴얼. 대구광역시서부교육지원청.

김인규, 조남정(2006). 청소년 자살생각에 대한 구조모형 검증. 상담학연구, 7(4), 1189-1202.

김현순, 김병석(2008). 자살생각과 그 관련변인들 간의 구조적 관계모형검증. 한국상담심리학회, 20(2), 325-343.

김효창, 손영미(2006). 노인 자살의 특성과 자살유형에 관한 연구. 한국심리학회지: 문화 및 사회문제, 12(2), 1-19.

노혜련, 김형태, 이종익(2005). 가출청소년의 자살생각과 행동에 영향을 미치는 심리사회적 변인에 관한 연구. 한국청소년연구, 16(1), 5-33.

대구광역시 서부교육지원청 Wee센터 매뉴얼 개발팀(2014). 자살위기 개입 매뉴얼. 대구광역시서부교육지원청.

반건호, 권용실, 조성우, 김규동(2017). 자살 시도자 개입 프로그램(PASA) 워크숍. 자살과 학생 정신건강연구소 연계 학술대회. 대한청소년정신의학회.

서미, 김은하, 이태영, 김지혜(2018). 고위기 청소년 정신건가 상담 개입 매뉴얼: 자살·자해편. 부산: 한국청소년상담복지개발원.

서청희, 백민정, 문현호, 강민아, 황해솔(2017). 자해행동을 보이는 학생을 돕기 위한 교사용 가이드. 경기: 경기도교육청.

세명대학교(2016). 자살예방 및 개입 지침서. 충북: 세명대학교.

송인한, 권세원, 김현진(2013). 청소년의 자살생각에 건강증진행동이 미치는 영향. 청소년학연구, 20(9), 97-123.

안병은, 서청희, 백민정, 문현호, 강민아, 황해솔(2017). 자해행동을 보이는 학생을 돕기 위한 교사용 가이드. 경기도교육청.

안세영, 김종학, 최보영(2015). 대학상담자들의 자살예방과 자살위기 개입 경험 질적 연구. 한국청소년연구, 26(4). 177-206.

여성가족부(2019). 청소년백서.

이선희, 전종설(2012). 남·녀 청소년의 스트레스가 자살생각에 미치는 영향: 자아존중감의 매개효과를 중심으로. 사회과학연구논총, 28, 173-202.

이해경, 신현숙, 이경성(2006). 비행청소년의 자살 사고 예측 변인. 청소년상담연구, 14(1), 49-62.

정옥분(2012). 발달심리학. 서울: 학지사.

최우경(2013). 대학생 생활스트레스, 부적응적 인지적 정서조절, 좌절된 대인관계욕구 및 자살생각의 구조적 관계. 경북대학교 대학원 박사학위논문.

최윤정(2012). 부모로부터의 학대경험이 대학생 자살생각에 미치는 과정분석: 스트레스와 정신건강의 매개효과를 중심으로. 청소년복지연구, 14(2), 307-333.

최지영(2016). 나사렛상담센터 자살위기 개입 및 상담 매뉴얼. 충남: 나사렛대학교.

한국청소년상담복지개발원(2019). www.kyci.or.kr.

Burke, T. A., Hamilton, J. S., Abramson, L. Y., & Alloy, L. B. (2015). Non-suicidal self-injury prospectively predicts interpersonal stressful life events and depressive symptoms among adolescent girls. *Psychiatry Research, 228*(3), 416-424.

Crowe, M., & Bunclark, J. (2000). Repeated self-injury and its management. *International Review of Psychiatry, 12*(1), 48-53.

Deeley, S. T., & Love, A. W. (2013). Longgitudinal analysis of the emotion self-confidence model of suicidal ideation in adolescents. *Advances in Mental Health, 12*(1), 34-45.

Jacobon, C. M., & Gould, M. (2007). The epidemiology and phenomenology of non-suicidal self-injurious behavior among adolescents: A critical review of the literature. *Archives of Suicide Research, 11*(2), 129-147.

Kanan, L. M., Finger, J., & Plog, A. E.(2008). Self-Injury and Youth: Best Practices for School Intervention. *School Psychology Forum: Research In Practice, 2*(2), 67-79.

Laye-Gindhu, A., & Schonert-Reinchl, K. A. (2005). Non-suicidal self-harm among community adolescents: Understand the "whats" and "whys" of self-harm. *Journal of Youth and Adolescence, 34*(5), 447-457.

Muehlenkamp, J. J., & Gutieerrez, P. M. (2004). An investigation of differences between self-inrurious behavior and suicide attempts in a sample of adolescents. *Suicide and Life-Threatening Behavior, 34*, 12-23.

Niederkrotenthaler, T., Logan, J. E., Karch, D. L., & Crosby, A. (2014). Characteristics of U.S. suicide decedents in 2005-2010 who had received mental health treatment. *Psychiatric Services, 65*(3), 387-390.

Ross, S., & Hearch, N. (2003). Two models of adolescent self-mutilation. *Suicide and Lift-Threatening Behavior, 33*(3), 277-287.

Tatnell R., Kelada L., Hasking P., & Martin G. (2014). Longitudinal analysis of adolescent NSSI: The role of intrapersonal and interpersonal factors. *Journal of Abnormal Child Psychology, 42*, 885-896.

Walsh, B. (2006). *Treating self-injury: A practical guide.* New York: Guilford Press.

Wang, S. J., Fuh, J. L., Juang, K., & Lu, S. R. (2009). Migraine and suicidal ideation in adolescents aged 13 to 15 years. *Neurology, 72*(13), 1146-1152.

Wong, J. P. S., Stequrt, S. M., Ho, S. Y., Rao, U., & Lam, T. H. (2005). Exposure to suicidal behaviors among Hong Kong adolescents. *Social Science and Medicine, 61*(3), 591-599.

제10장
청소년 자해 부모상담 및 상담사례 지도

    이 장에서는 상담자가 자해 청소년 상담의 핵심적인 지지 역할을 하는 부모에게 어떻게 다가가 상담해야 하는지를 다룰 것이다. 앞 장에서 살펴본 바와 같이 자해 청소년들은 가정에서 부모로부터 이해받고, 부모와 소통하지 못한 경우가 많다. 따라서 부모가 이들을 어떻게 지원해야 하는지를 알게 되면 상담의 효과가 배가될 것이다. 이와 같은 맥락에서 부모가 청소년 내담자의 자해 문제에서 벗어나 건강한 삶을 살 수 있도록 지지하는 협력자로 상담장면에 초대하는 방안들을 이 장에서 제시하고자 한다.

    또한 자해 문제와 같은 위기청소년 상담은 촉각을 다투는 긴급대응, 상담개입에서의 내담자 저항, 위기상담에 대한 상담자 불안을 다룰 수 있는 고도의 상황 판단과 상담 전문성이 요구된다. 이에 상담자 개인의 역량에 기대어 상담하는 것을 넘어 숙련된 상담자의 지도하에 개입하는 체계적인 시스템이 필요하다. 이 장 후반부에는 상담현장에서 자해 청소년 상담 시 슈퍼바이저들이 어느 시점에 어떤 내용에 초점을 두고 사례지도를 제공할지에 대한 방안을 제시하였다.

1. 자녀 자해 관련 부모상담

부모가 자녀의 자해사실을 알게 되면, 우선 당황해서 어떻게 반응하고 대응해야 할지 판단을 내리기 어려운 상태에 빠지게 된다. 그렇기 때문에 부모들은 자신의 놀란 감정을 어떻게 진정시키고 행동해야 하는지, 이와 같은 사실을 어떻게 받아들여야 하는지, 그리고 어떤 방법으로 자녀를 도와줄 수 있는지 등에 대해 고민하게 된다.

앞 장에서 살펴보았듯이 청소년 자해 문제는 가정에서의 다양한 문제, 특히 부모와의 관계와 관련이 있기 때문에 이를 해결하는 데 핵심적인 역할을 할 수 있는 주요 인물이 바로 부모이다. 구체적으로 부모가 가정에서 자녀의 자해 문제를 다루는 방법, 자녀의 지지자로서의 역할 등을 알고 있다면 청소년이 자해로부터 벗어나는 데 큰 도움이 될 것이다. 따라서 이 절에서는 자해 청소년 자녀를 둔 부모상담 과정과 유의할 점 등을 기술하고자 한다.

1) 부모 감정 이해하기 및 관계 맺기

"

A는 중학교 2학년 여학생으로, 자해 문제로 부모님의 손에 이끌려 상담실을 방문했다. 부모님은 최근 우연히 A가 방에서 자해하는 모습을 보게 되었고, 이에 대한 심각성을 느껴 상담을 신청했다. 부모님은 처음에 자녀의 자해를 목격하고 하늘이 무너지는 듯한 감정을 경험했다. 그래서 얼마나 독하면 자해를 할 수 있냐고 하면서 A를 혼내고, 자해도구를 다 없앴으나 A는 자해를 멈추지 않았다.

"

상담자는 자해 청소년의 부모를 만나면 이들을 이해하고 공감하는 것이 우선이다. 모든 상담에서 가장 중요한 치료요인 중 하나가 공감이지만, 자녀의 자해 문제로 상담을 하러 온 부모에게는 더욱 중요하다. 이 사례에서 볼 수 있듯이 일단 자녀의 자해사실을 알게 된 부모는 놀람, 당황, 걱정, 불안 등의 복잡한 감정에 휩싸이

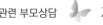

게 되고, 이와 같은 감정이 지속될 경우 극심한 스트레스와 좌절, 절망감을 느끼고 소진되기도 한다(안병은, 서청희, 백민정, 문현호 역, 2017). 즉, 자해하는 자녀를 도와 줄 수 없는 자신에게 실망하고 자기를 비난하거나 무기력감을 느끼게 되며, 심하게 는 자녀에 대한 분노의 감정을 느끼기도 한다. 자녀의 자해사실을 알게 됐을 때 부 모가 느끼는 주요 감정은 다음과 같다(Wester & Trepal, 2017).

>>> 자녀의 자해에 대한 부모의 주요 감정

- 죄책감
- 비난
- 분노
- 좌절감
- 자녀의 자해행동으로 인한 위신의 실추

부모는 이와 같은 감정을 느끼면서 다음과 같은 질문을 스스로 하게 된다.

>>> 자녀의 자해 인지 후 부모의 생각

- 이제 어떻게 해야 할까?
- 어디까지 허용하고, 무엇을 허용해야 할까?
- 자녀와 경계를 어떻게 유지해야 할까?
- 앞으로 자녀와 어떻게 좋은 관계를 맺을 수 있을까?

그러므로 상담자는 부모로부터 자녀의 자해 문제를 객관적으로 탐색하면서 이때 경험했던 부모의 다양한 감정과 생각을 충분히 듣고 이해해 주는 태도가 필요하다. 만일 부모가 오래전 자녀의 자해사실을 알고 있었다면, 상담자는 그동안 자해를 멈 추기 위해 해 왔던 부모의 노력과 그 일환으로 상담에 참여하고 있다는 점을 지지 하고 격려한다.

상담자와 부모 간의 긍정적인 관계 형성은 청소년 상담과정 전반에 신뢰와 안정 감에 영향을 준다. 따라서 이와 같은 상담자의 태도는 부모로 하여금 자녀의 자해 에 대해 차마 가족이나 주변 사람들에게 터놓지 못한 마음속 이야기를 하도록 만듦 으로써 상담의 첫 발자국을 내딛게 한다. 이때 상담자와 부모는 청소년 자녀의 자해 문제를 해결하려는 공동의 목표를 향해 함께 협력해 가는 관계를 수립할 수 있게 된다. 부모가 자녀 문제로 상담실을 방문한 경우, 상담자들이 자칫 자녀 문제에 대한 책임을 부모에게 묻거나 비난하는 비언어적 메시지를 전달하는 과오를 범하기도 한다. 이렇게 되면 궁극에는 부모가 상담에 참여하지 않거나 자녀를 상담에 보내지 않는 등 비협조적인 태도를 취할 수 있다. 이는 결국 상담 실패로 직결될 수 있으므로, 부모를 협조적 동반자로 여기고 긍정적인 관계를 맺는 것이 부모상담의 핵심과제이다.

또한 상담자의 선행과제는 부모상담에서 부모가 상담자와 협력하여 책임감을 가지고 자녀의 자해 문제를 해결해 나가는 것이 중요함을 인식시키는 것이다. 상담자는 부모에게 다른 어떤 누구보다 청소년 자녀에게 영향력이 크고 실제적인 도움을 줄 수 있는 사람이 부모라는 사실을 전달하고, 지금까지 부모로서 자녀를 위해 해 왔던 노력을 충분히 듣고 인정해 준다. 이때 부모의 장점, 긍정적인 부분을 관찰하여 전달하고, 추후 부모상담의 주요 자원으로 활용하도록 한다.

이 외에 부모상담 시 상담자는 교육자 또는 자문가로서의 태도를 갖추는 것이 중요하다. 앞서 기술한 것처럼 부모들은 자녀의 문제행동으로 인해 심리적으로 예민해져 있을 뿐 아니라 자해 문제가 계속될 경우, 자녀의 미래에 대해 불안을 느낀다. 이때 상담자는 자해 문제의 특성과 원인, 변화과정에 대해 설명해 줌으로써 부모의 불안과 조급한 마음을 가라앉히도록 개입한다. 이와 동시에 자녀가 자해를 멈추도록 가족이나 자녀 주변의 주요 인물들과 협력하고, 부모가 자녀의 변화를 위해 무엇을 할 수 있을지를 부모와 논의하는 것이 필요하다.

상담자가 부모와 신뢰 있는 상담관계를 맺도록 도와주는 방법을 정리하면 다음과 같다.

▶▶▶ 상담관계 형성 기법

- 자녀의 자해사실로 인한 놀람, 화, 죄책감 등의 복잡한 감정을 충분히 표현하도록 하기
- 그동안 부모로서 노력한 점에 대해 인정해 주기
- 부모를 청소년 자해 문제 해결을 위한 협력자로 만들기
- 부모로서 장점, 긍정적인 특성, 잘한 점 찾아 인식시키기

2) 부모상담 구조화하기

부모와 상담관계를 굳건히 맺은 후 상담과정에서 해야 할 과제는 상담 구조화이다. 부모상담에서의 구조화는 일반상담과 다른 특징이 있다. 첫째, 상담에서 내담자가 청소년 자녀이지만 이들의 변화에 가장 많은 영향을 미치는 사람이 부모이므로, 부모상담의 필요성과 중요성을 설명한다. 자녀의 자해 문제로 상담실을 방문한 부모 중 상담에 적극 참여하여 도움을 받으려는 경우도 있지만, 자녀만 상담에 참여시키고 부모는 상담에 비협조적인 경우도 있다. 이런 경우, 상담자는 자녀의 문제해결을 위해 부모 역할의 중요성을 설명하여 상담에 참여할 수 있도록 적극적인 노력을 기울일 필요가 있다. 이때 앞서 기술한 상담에서 관계 맺는 기법을 활용하여 부모의 노력과 힘든 점을 이해하고 공감해 주는 것이 더욱 필요하다.

둘째, 부모와 함께 상담 목표를 설정한다. 이를 위해 상담자는 부모로부터 상담을 통해 기대하는 바를 듣고, 이것이 청소년 내담자와의 상담 방향과 일치하는지를 확인한다. 만일 청소년 내담자와 부모의 상담 목표와 방향이 일치하지 않으면, 상담자는 부모에게 자녀가 상담에서 기대하는 바에 대해 설명하고 현실적인 기대를 갖도록 함께 의논한다. 예를 들어, 청소년 내담자의 자해 문제 해결을 위해 상담 초기에 자해의 원인을 주요 문제로 다루고 이를 통해 자해 빈도를 감소시키는 것으로 내담자와 합의하여 상담의 방향을 잡았으나, 부모가 단시간 내에 자해 문제를 해결해 달라는 요청이 있을 수 있다. 이런 경우, 상담자는 부모에게 자녀의 자해 문제 원인, 내담자와 합의한 상담 목표와 방향을 설명하고, 자녀를 도와줄 수 있는 부모의 역할을 구체적으로 알려 주는 것이 좋다.

셋째, 청소년 자해 문제를 상담할 때 중요한 이슈 중 하나는 비밀보장이다. 상담자는 내담자의 사생활이나 비밀보장에 대해 최대한 존중해야 하는 윤리적 책임이 있다. 특히 청소년 내담자는 미성년자이므로, 상담자가 부모에게 상담내용을 어디까지 개방해야 하는지가 종종 이슈가 된다. 그러므로 상담을 시작할 때 상담자는 청소년 내담자와 부모에게 상담에 대한 동의를 받고, 비밀보장의 한계에 따라 정보를 제공할 수 있음을 알리는 과정이 필요하다. 자해의 경우, 청소년 내담자의 생명에 위협이 될 수 있는 상황이며, 특히 상담과정에서 청소년 내담자가 자해를 시도하게 되면 이를 부모나 보호자에게 알려야 한다. 그러나 부모에게 이를 알리기 전에 내담자에게 비밀보장의 예외사항에 대해 다시 한번 설명하는 것이 내담자 안전을 위한 조치임을 설명한다. 상담자가 별도의 언급이나 충분한 설명 없이 부모에게 청소년 내담자의 자해행동이나 위기상황을 알리는 것은 상담자와 내담자의 신뢰관계에 부정적인 영향을 줄 수 있으므로 주의해야 한다. 따라서 상담자는 상담 초기 청소년 내담자뿐 아니라 부모에게도 상담에서의 비밀보장과 예외상황에 대해 충분히 고지할 필요가 있다. 이에 대한 구체적인 내용은 11장의 자해상담에서의 윤리를 참고하기 바란다.

넷째, 상담과정, 상담회기, 시간, 약속방법 등 상담의 전반적인 사항에 대해 구조화한다. 대부분의 부모는 상담실을 처음 방문한다. 따라서 상담에서 어떤 이야기를 하며, 상담이 어떻게 진행되는지, 몇 번 와야 하는지 등 상담과정에 대한 정보를 상담 초기에 알려 줄 필요가 있다. 특히 이때 부모가 상담에 대한 잘못된 인식이 있다면 바로잡는 것이 중요하다. 자녀의 자해 문제로 상담실을 방문한 부모들은 자녀에게 문제가 있어 상담실에 방문했으므로 상담받는 청소년들에 대해 부정적인 인식을 가질 수 있기 때문에 이에 대한 부모의 인식을 바꾸는 기회를 갖는다. 즉, 상담이란 자신의 변화를 원하는 누구나 받을 수 있으며, 상담을 통해 내담자가 현재의 어려움을 극복함으로써 성장할 수 있는 계기가 될 수 있음을 인식시킨다. 이와 같은 구조화를 통해 부모 역시 상담에 조금 더 적극적으로 참여하고 몰입할 수 있도록 한다.

3) 부모에게 자녀의 자해행동에 대해 이해시키기

자해 청소년 부모상담 개입의 첫 단계는 자녀의 자해행동을 이해하는 것이다. 부모가 처음 자녀의 자해사실을 알게 된 경우, 대부분 놀람, 당황, 분노 등과 같은 정서에 압도되어 자녀가 '왜' 자해를 하는지 객관적으로 파악하고 이해하는 데 실패하게 된다. 따라서 상담자는 부모상담 시 부모로 하여금 자녀가 단순히 힘들거나 관심을 끌기 위한 행동이 아니라 자해를 통해 부모 혹은 세상을 향해 하고 싶은 말이 무엇인지 귀 기울여 듣고 이해하는 것이 문제해결의 첫걸음임을 인식하도록 도와준다.

서미, 김은하, 이태영, 김지혜(2018)의 『자해위기 청소년 상담 매뉴얼』에 따르면,

상담자는 부모나 보호자에게 일반적인 청소년 자해의 원인을 설명하고, 자녀의 자해행동을 이해할 수 있도록 돕는 것을 첫 번째 과제라고 설명하고 있다. 선행연구들을 토대로 청소년 자해에 대해 부모가 이해하고 알아야 할 내용을 네 가지로 정리하면 다음과 같다. 첫째, 자해 청소년들은 일반적으로 감정을 표현해 본 경험이 없어 자신의 감정을 억압하는 데 익숙하여, 일상생활에서 스트레스나 심리적 고통이 심해지면 자해로 정서적 어려움을 표현한다. 둘째, 이들의 부정적인 감정은 주로 죄책감이나 우울감, 자기혐오, 무가치감, 분노 등과 관련되어 있을 가능성이 높다. 셋째, 이와 같은 자신의 부정적인 감정을 누군가에게 표현하지 못하고 억압할 때 자신의 심리적 고통을 표현하는 방법, 즉 죽으려는 것이 아니라 살기 위해 선택한 어쩔 수 없는 방법이다. 넷째, 자해를 통해 순간적인 안정과 긴장감 완화로 처음에는 일시적인 긴장완화 방법으로 자해를 하다가 반복되면 습관으로 이어져 그만두기가 쉽지 않다.

이때 상담자가 부모에게 자녀의 자해 문제에 대한 이해를 돕기 위해 다음과 같은 질문을 할 수 있다.

>>> 부모와 자해 문제 이해를 돕는 상담자 질문 예시

- "자녀가 자해한 것을 언제 처음 알게 되었나요?"
- "자녀가 자해한 것을 알게 되었을 때 어떤 감정이 들었나요?"
- "자녀가 자해한 것을 알게 되었을 때 어떤 생각이 들었나요?"
- "자녀가 자해하는 이유를 무엇이라고 생각하나요?"
- "자녀가 자해한 것을 알고 어떻게 반응했나요?"
- "자녀와 자해에 대해 이야기해 본 적이 있나요?"

4) 가정에서의 대처방안 다루기

부모가 이와 같은 자해의 특성과 원인을 이해하게 되면, 상담자는 부모가 어떻게 반응해야 하는지에 대해 이야기하기가 수월해진다. 상담자는 부모나 보호자와 함께 이들이 자녀의 자해행동을 접한 상황과 이에 대한 감정 및 생각, 반응 및 결과 등을 탐색하고 적절한 대처방법을 논의한다. 대부분의 부모는 자녀의 자해행동에

대해 어떻게 반응하고, 도와주어야 하는지 알지 못한다. 일반적으로 부모들은 '쇼를 한다' '자기 몸에 피를 내는 게 끔찍하다' '자해할 힘으로 힘든 걸 왜 못 이겨 내냐' 등의 반응을 하기 쉽다. 이는 자녀에게 또 다른 상처를 주는 말로, 청소년 내담자로 하여금 부모가 자신을 이해하지 못하고 무시한다고 느끼게 한다. 즉, 상담자와 내담자 관계처럼 부모와 자녀와의 관계에서도 믿음이 중요한데, 이와 같은 부모의 말과 행동은 부모-자녀 간에 신뢰 있는 관계를 방해하는 걸림돌이 된다.

따라서 자해 청소년 부모가 가정에서 자녀의 자해에 대해 처음 해야 할 지침은 자해라는 '행동'이 아닌 자해행동을 하게 된 '감정'에 초점을 맞춰 이야기하는 것이다. 특히 자녀의 자해행동을 멈추는 데 초점을 두고 밀어붙이는 방식은 비효과적인 결과를 초래한다.

Wester와 Trepal(2017)은 Whitlock과 Purington(2013)이 제시한 진술문을 인용하여 가족구성원이 자해 청소년에게 다음과 같이 이야기할 수 있다고 기술하고 있다.

>>> 자해에 대한 부모의 대화 예시

- "나는 그 얘기가 좀 불편하구나. 네가 상처받았다는 걸 몰랐구나."
- "이런 얘기를 할 수 있어서 기쁘다. 한동안 많이 걱정했다."
- "내가 뭐라고 말해야 할지 모르지만, 나는 너를 이해하려고 노력하고 있단다."
- "지금 나랑 이야기하고 싶지 않으면, 네가 말하고 싶을 때 내가 여기 있다는 것만 알아 주면 좋겠다."
- "내가 네 상태가 어떤지 물어볼까, 아니면 네가 필요할 때 나한테 얘기하겠니?"

상담자가 부모의 감정을 공감한 것처럼 부모도 자해행동을 하게 된 자녀의 감정을 이해하고 공감하도록 돕는 것이 중요하다. 이때 부모가 자녀의 자해행동을 비난하거나 야단치기보다 자해를 하게 된 마음을 이해해 주는 대화가 필요하다. "지금 화가 많이 나서 이렇게 행동한 것 같은데, 무슨 일이 있니? 혹시 엄마가 도와 줄 일은 없니?" 등과 같이 자녀의 불안이나 격한 감정을 공감해 주고 자해행동을 이해하려고 노력하는 태도가 우선이다.

만일 자녀가 부모와 자해행동과 관련한 이야기를 하지 않는다면, 부모가 그런 마음도 충분히 공감해 주고, 내담자가 상담자를 포함하여 가까운 친구나 다른 사람들에게 도움을 요청할 수 있도록 돕는 것도 방법이다.

자해를 하는 자녀에게 도움이 되는 부모의 대응방법은 다음과 같다(Wester & Trepal, 2017).

>>> 자해 청소년에게 도움이 되는 부모의 대응방법

- 자녀와 자녀의 문제 또는 염려, 걱정에 대해 이야기하기
- 자녀와 비자살적 자해에 대해 이야기하기
- 판단하지 않고 자녀의 이야기 듣기
- 자녀의 감정에 인내심을 갖고 대하기
- 실제적인 도움으로 자녀를 지지하기(예: 상처 돌보기)
- 배우자가 비자살적 문제를 다루는 것을 지지하기
- 갈등해결과 감정대처에 긍정적인 역할모델이 되기
- 자녀가 대인관계(예: 교사, 형제, 또래, 부모 등) 갈등을 적절하게 해결하도록 돕기
- 자녀와 상담을 받으러 가기
- 비자살적 자해에 대한 정보를 습득하기
- 비자살적 자해에 대한 감정을 잘 처리하기
- 자녀와 가족을 위한 지지체계 만들기

반면, 자해를 하는 자녀에게 도움이 되지 않는 부모의 반응은 다음과 같다(Wester & Trepal, 2017).

>>> 자해 청소년에게 도움이 되지 않는 부모의 대응방법

- 행동을 통제하기 위해 자해도구를 빼앗겠다고 위협하기
- 혐오감이나 부정적인 감정 등을 표현하기
- 자해행동을 하는 자녀 비난하기
- 자해행동을 모르는 척 무시하기
- 역할 바꾸기(자녀가 부모 역할하기)
- 자녀에게 안전장치를 제공하지 않기
- (만약 상처가 심각하지 않다면) 상처를 보라고 하기
- 자해행동 또는 자해행동에 대한 가족의 반응에 대해 배우자나 다른 가족구성원을 비난하기

다음으로 대화를 통해 자녀가 자해를 멈추고 싶은 의지를 표명하면, 부모는 자녀와 합의하여 자해도구를 없애는 것을 함께 실천해 볼 수 있다. 이를 위해 앞에서 제시한 대화내용을 참고하여 자녀의 이야기를 잘 들어 주는 것이 필수이다. 자해도구를 없애기 위해서는 우선 자녀가 어떤 자해도구를 가지고 어떻게 자해를 하고 있는지를 확인하는 것이 선행되어야 한다. 즉, 자해에 사용될 수 있는 도구들을 하나씩 나열해 보고, 어디에 있는지 찾아본다. 그리고 도구를 함께 없애면서 자녀의 자해를 멈추려는 의지를 확인하고 격려한다.

또한 상담자는 부모상담을 통해 부모에게 의사소통 방법을 습득하도록 돕는다. 장기적으로 자해가 재발되지 않기 위해서 부모와 자녀 간에 의사소통이 원활하게 이루어져야 한다. 따라서 부모에게 자녀와 소통하는 방법을 안내하는 것도 중요한 대처방법이자 예방방안임을 인식시킨다. 자녀와 의사소통을 잘하려면, 첫째, 부모는 자녀의 이야기를 잘 경청해야 한다. 이때 경청하는 방법을 몰라서 못하는 부모보다 자녀의 이야기에 귀 기울여 듣는 것을 방해하는 부모의 가치관이나 의사소통 습관이 장애가 되는 경우가 많다. 경청을 위한 구체적인 방법은 다음과 같다.

>>> 부모의 경청 기법

- 자녀의 일상생활에 관심을 가지고 주의를 집중하여 듣는다.
- 자녀의 말을 잘 따라가며 듣다가 궁금한 점이 있으면 질문을 하거나 격려를 한다.
- 자녀가 이야기를 멈추지 않은 경우, 침묵하며 자녀의 이야기를 끝까지 듣는다.
- 자녀의 이야기를 들으면서 눈을 맞추고, 고개를 끄덕이는 등 잘 듣고 있다는 사인을 보낸다.
- 가끔 자녀의 말을 요약하거나 이야기를 들으면서 느낀 감정을 전달한다(예: "그때 네가 화가 많이 났겠구나." "내가 아무 말도 하지 않아 너에게 관심이 없다고 생각했구나.").
- 자녀의 의견이 부모와 다르더라도 성급하게 반박하거나 비판하기보다 수용하는 태도로 들으려고 노력한다.

둘째, 자녀의 이야기를 경청한 후, 부모의 생각이나 감정에 대해 이야기한다. 이때 자녀를 평가하거나 꾸짖지 않도록 주의한다. 구체적으로 자녀의 상황보다는 자녀가 느꼈던 기분, 감정에 초점을 두어 이야기하도록 안내한다. 이때 상담자는 상담 중 부모가 I-message 방법을 습득하도록 교육하고 연습하는 시간을 갖는다. 자녀에게 도움이 되지 않는 대화법과 도움이 되는 I-message 대화법은 다음과 같다.

>>> 도움이 되지 않는 대화법

"도대체 왜 자해를 하니?" (추궁)

"내 말이 맞아. 넌 아직 어려서 몰라." (강요)

"네가 잘 못하니까 엄마가 얘기하는 거잖니." (설교)

"그것 봐. 그렇게 하면 실패할 거라고 했잖니." (비난)

"넌 안 돼." (판단)

"걱정하지 마. 다 잘 될 거야." (막연한 위로)

>>> 도움이 되는 대화법(I-message)

▷ I-message 구성요소
 – 행동(관찰), 나의 느낌, 나의 바람, 요청

▷ I-message 대화법 예시
"네 상처를 보면(행동) 네가 얼마나 힘들었을지 내 마음이 많이 아프구나(느낌). 네가 힘들
때 혼자 견디지 말고 엄마한테 얘기해 주면 좋겠구나(나의 바람, 요청)."

"네가 자해를 할 때마다(행동) 너의 아픔이 나에게도 느껴진단다(느낌). 네가 고통에서 벗어
날 수 있게 내가 도와줄게(나의 바람). 자해하고 싶은 마음이 들면 엄마한테 와서 얘기하면
좋겠구나(요청)."

5) 자녀의 안전 스케줄을 계획하고 모니터링하기

　자녀의 자해행동에 대해 적절한 의사소통 방식으로 대화하는 것도 중요하지만,
부모가 실제로 자녀의 안전을 확보하는 방법을 생각해 보고 실천하는 것도 자해 문
제 대응에 도움이 된다. 이를 위해 상담자는 부모와 [그림 10-1]의 보호자용 안전
스케줄 양식을 함께 작성해 본다(서미 외, 2018).

　먼저 '시간대'를 설정할 때, 시트지에 제시된 것처럼 '아침, 오전, 오후, 밤'으로 나
누거나, 내담자의 일정을 최대한 잘 반영하여 시간대를 설정하여 분류한다. 그리고
내담자가 그 시간대에 주로 어떤 활동들을 하는지 기록하도록 한다. 예를 들어, 학

교, 학원, 집에서 숙제, 게임 등 모든 활동을 적는다. 이렇게 상세하게 내담자의 일상을 기록하고 평소 부모나 보호자가 탐색한 내담자가 주로 자해를 하거나, 정서적으로 불안정한 시간대를 확인한다. 그 시간대에 자녀와 함께하며, 자녀를 보호할 수 있는 사람은 누구인지 기록하도록 한다. 자녀가 정서적으로 불안정한 모습을 많이 보였던 시간대 또는 주로 자해를 했던 시간대에는 자녀를 혼자 두지 않도록 한다. 단순히 자녀와 그 시간대에 함께 있는 것 외에도 부모가 자녀에게 도움을 줄 수

(   )의 안전 스케줄(보호자용)

(   )이/가 안전하게 생활할 수 있는 계획을 세워 봅시다.
다음 상담시간까지 도울 수 있는 방법을 찾아 봅시다.

시간대	월	화	수	목	금	토	일
아침							
오전							
오후							
밤							

◆ (   )이/가 기분이 안 좋은 시간대는 언제인가요?

◆ 그때 도울 수 있는 사람은 누구인가요?

[그림 10-1] 보호자용 안전 스케줄

있는 방법들을 생각하고 기록할 수 있도록 돕는다. 되도록 실현 가능한 스케줄을 위해 상담자와 부모가 충분히 논의하여 시트지를 작성한다. 이와 같은 과정을 통해 자녀의 자해행동과 대처방안을 구체적으로 생각해 봄으로써 가정에서 부모가 해야 할 행동지침을 명확하게 인지할 수 있게 된다.

두 번째로, 상담자는 작성한 시트지를 토대로 상담 후, 부모 및 보호자와 약속시간을 정하여 자녀의 안전상태를 모니터링한다. 구체적으로 자녀의 기분이 어떤지, 자녀가 자해를 시도한 적이 있는지, 자녀와 주변환경이 안정적인지 등을 확인한다. 자녀의 안전 스케줄을 관리하는 과정에서 자해행동을 통제하는 데 어려움은 없었는지에 대해서도 확인한다. 또한 상담자는 안전 스케줄을 수행할 때 부모가 경험하는 어려움을 상담에서 나누고, 부모를 공감하고 지지해 준다. 특히 한 주 동안 자녀가 자해행동을 했을 때 부모는 절망감과 허탈함, 우울뿐 아니라 자녀에 대한 원망과 비난하는 마음을 가질 수 있다. 상담자는 이와 같은 감정을 느낄 수 있음을 깊이 공감하고, 실패한 이유를 함께 탐색해 본다. 그리고 이를 반영하여 안전 스케줄을 다시 작성하고 한 주간 관리하도록 격려한다.

세 번째로, 부모에게 자녀가 자해로 인한 위기상황에 직면하였을 때 도움을 요청할 수 있는 방법에 대해 안내한다. 즉, 해당 기관에서 위기 시 통화할 수 있는 휴대 전화 번호나 즉각적으로 위기개입이 가능한 전화번호를 알려 준다. 그 밖에 24시간 운영하는 청소년사이버상담센터(www.cyber1388.kr), 청소년전화 1388 등을 안내한다.

6) 무관심하고 방관적인 부모 다루기

자녀에게 무관심하고 방관적인 부모의 경우, 부모상담을 진행하는 데 어려움이 예상된다. 어떤 경우에는 부모가 상담실에 오는 것부터 어려운 작업이 될 수 있다. 그러나 부모의 무관심이나 방관적 양육태도와 내담자의 자해행동에 직접적인 영향을 미치므로, 청소년 자해 문제의 경우 부모상담이 필수적이다.

만일 부모가 상담에 비협조적이라면, 부모에게 전화를 걸어 상담일정을 잡는다. 이때 상담자가 부모상담을 요청하는 것이 어렵게 느껴질 수 있으나, 부모상담의 목적과 내용, 이유를 충분히 설명하여 이해를 구하고 상담에 정중히 초대하는 방식을 취한다. 또한 내담자의 동의를 구한 후, 내담자가 위기상황을 벗어나는 데 부모의 도움이 절대적으로 필요함을 전한다. 이후 부모가 상담실을 내방하여 부모상담이 진행되면, 초반에 비협조적이라도 상담자는 부모상담을 계속 유지하고 지속하려는 노력을 기울여야 한다. 이를 위해 상담자는 부모의 생각과 양육방식을 이해해 주고 공감해 줌으로써 부모가 자연스럽게 상담에서 편안함을 느끼고, 상담에 참여하려는 욕구를 느끼게 해 주는 것이 중요하다. 더불어 초반에 빠른 시간 내에 부모가 공감 받는다고 느낄 수 있도록 상담을 진행할 필요가 있다. 부모가 충분히 상담이 안전하다고 느끼고 상담자와의 라포가 형성되면, 내담자의 자해행동에 대해 알리는 것 외에 부모의 양육태도 및 구체적인 행동의 변화를 위한 목표를 수립하고 상담을 진행할 수 있게 된다. 이와 같은 부모와 대화할 때는 앞서 기술한 I-message와 같은 의사소통 방법을 적극 활용한다.

7) 사례

"

　B는 고등학교 2학년 여학생으로, 몇 달 전 기말고사를 치른 뒤 학교에서 공황증세를 보여 학교를 나가지 않고 있다. B는 중학교 때는 공부를 웬만큼 하다가 고등학교 진학 후 전교 10등 안에 들 정도로 성적이 많이 올랐다. 이후 B의 부모와 선생님 등 주변 사람들은 B가 이 성적을 유지해 좋은 대학을 갈 것이라는 기대가 컸다. 특히 부모는 집안에 첫째 자녀인 내담자가 공부를 잘 해야 한다는 생각이 많았다. B는 전교 10등을 유지해야 한다는 압박감이 컸지만 참고 견디며 공부하였고, 가족이나 친구관계에서 상대방이 자신을 어떻게 생각할지 항상 신경 쓰며 누구에게도 힘들다고 얘기하지 못했다. 그저 힘들 때면 가끔 자해를 하며 답답한 마음을 달랬다. 이러던 중 수능이 다가올수록 압박감은 커졌고, 내신에 중요한 고2 기말고사에서 좋은 성적을 거둘 수 있도록 노력하였으나 자신이 없고 부담만 커져 갔다. 이와 같은 상황에서 불안이 극대화되어 공황증세를 보였고, 불안이 높아질수록 자해를 하는 빈도와 강도가 점점 심해졌다.

"

상담자는 우선 내담자와 함께 부모상담을 통해 내담자의 발달력과 자해 관련 요인들을 확인하였다. 이때 자녀의 공황장애와 자해로 부모가 얼마나 고통스러운지, 동시에 아무것도 할 수 없는 무력감과 자녀가 얼마나 힘든지 인식하지 못한 죄책감 등 부모가 느끼는 다양한 감정을 공감하였다.

다음으로 내담자에 대한 심리평가를 실시하여 자해에 영향을 주는 내담자의 심리상태와 위험수준 등을 종합하여 부모에게 설명하였다. 이때 일반적인 자해의 원인과 특성을 설명하고 내담자뿐만 아니라 청소년의 많은 수가 자해를 경험하고 있음을 알려 주었다. 무엇보다 내담자가 공부에 대한 심한 압박감과 부모의 기대, 특히 스스로 설정해 놓은 기대를 충족하지 못할 때 부모로부터 비난받을 것이라고 생각하고 있었다. 이는 내담자의 불안을 촉진하였고 결국 공황상태에 이르게 되었음을 부모에게 자세히 설명하였다.

이후 내담자상담을 진행하면서 주기적으로 부모상담을 실시하였다. 이때 가정에서 부모가 내담자를 대할 때 어떤 태도와 마음가짐을 갖는 것이 좋은지에 대해 교육하였다. 이 내담자의 경우, 공부로 인한 부담감이 컸으므로, 이에 대한 부모의 생각과 기대수준을 조율하는 것에 초점을 맞춰 상담을 진행하였다. 구체적으로 B가 원하는 진로 방향에 대해 이야기하고, 그 내용을 부모와도 나누었다. 이와 같은 과정을 통해 B가 진로방향을 명확히 하고, 이를 달성할 수 있는 방법을 상담주제로 다루었다.

그리고 상담자는 B가 자해에 대한 부모의 대처방안에 대해서도 교육하였다. 가정에서 자녀가 자해한 것을 알게 되었을 때, 먼저 자해도구를 치우고 감정이 가라앉을 때까지 안아 주면서 다독인 후 왜 자해를 했는지 묻고 자녀의 이야기를 잘 들어 주고 지지하도록 안내하였다. 부모는 자녀가 자해를 했을 때, 이와 같은 대처방안을 실천하였고, 이는 B의 부모가 비난할 것이라는 두려움에서 조금씩 벗어나 안정되었다.

2. 청소년 자해 문제 상담사례 지도

자해와 같은 위기상담의 경우, 상담자 개인이 개입하기에는 부담이 크고 다양한 위기상황에 상담자가 노출될 가능성이 높으므로, 사례지도가 상담과정에서 안전장치 역할을 할 수 있다. 따라서 자해 청소년을 상담할 때 상담자는 자문 또는 사례지도를 통해 지속적으로 사례를 모니터링하는 과정이 필수적이다. 자문이나 사례지도는 내담자의 안전뿐 아니라 상담자 자신을 보호하고 소진되지 않도록 예방하는 최선의 방법 중 하나이므로, 초보 상담자일수록 상담 진행과 사례지도 받는 것을 병행해야 한다. 이 절에서는 한국청소년상담복지개발원에서 발행한 『EBP 기반 자살·자해 청소년 상담클리닉 운영 모형 개발』(서미, 소수연, 강유임, 김지혜, 손지아, 2019) 연구를 참고하여, 청소년 자해 상담과정 단계별로 자문 및 사례지도를 할 때의 주요 내용과 진행방법 등을 제시하고자 한다.

1) 상담 초기 사례지도

사례지도 내용은 사례에 따라 다를 수 있지만 일반적으로 초기에는 사례개념화, 자살/자해 초기 개입, 상담 목표 및 전략, 상담자와 내담자 라포 형성, 연계방안들이 적절했는지, 그리고 부모상담 및 교육이 효과적으로 이뤄지고 있는지를 점검하는 것이 주요 과제이다.

(1) 자해위험 수준 평가

슈퍼바이저가 상담 초기 가장 먼저 확인해야 할 사항은 상담자가 내담자에게 자해 관련 평가를 실시하여 자살과 비자살적 자해를 구분하고, 위험 정도를 제대로 평가하였는지를 점검하는 것이다. 이때 자해 원인과 기타 관련 정보들을 수집하기 위해 적절한 평가도구를 선택하고, 면담을 실시하였는지를 확인한다. 위험수준 평가는 위기관리 여부, 상담개입 방향과 전략을 구조화하는 데 매우 중요한 기준이 되므로, 슈퍼바이저는 상담자의 평가방법과 내용을 세심하게 살펴보고 지도해야 한다. 만일 내담자에게 자해로 인해 생명의 위험이 있다고 판단될 경우, 상담자가 병원연계 등의 위기개입을 적절히 조치하였는지 반드시 확인해야 한다. 슈퍼바이저가 자해 문제에 대해 필수적으로 확인해야 할 사항은 다음과 같다.

>>> 슈퍼바이저가 확인해야 할 사항

- 자해 도구 및 방법
- 자해 빈도 및 시작 시점
- 자해 장소 및 자해를 주로 하는 시간대
- 자해 전과 자해 후 생각, 느낌
- 내담자의 자해를 아는 사람
- 자해를 하는 이유 등

(2) 사례개념화

사례개념화란 내담자의 인지적·정서적·행동적·대인관계적 측면을 종합하여 내담자의 현재 기능을 이해하고, 문제해결을 위한 상담 전반의 방향과 전략을 계획하는 상담자의 전문적인 활동이다. 따라서 사례개념화는 사례에 대한 지도(map)를 만드는 것으로 비유되며, 효과적인 상담을 진행하는 데 핵심적인 작업이다. 자해 청소년 사례를 지도할 때, 슈퍼바이저는 상담자가 앞의 자해위험 수준에 대한 평가 결과를 기반으로 내담자를 이해하고 상담의 방향과 전략을 수립하였는지 점검해야 한다. 구체적으로 슈퍼바이저는 상담자가 내담자의 자해를 유발하는 주 호소 문제, 상담의뢰 사유, 문제 발생 원인, 자해 관련 위험요인 및 보호요인 등을 탐색하여 사례개념화를 제대로 하였는지 점검한다. 자해 문제에 대한 사례개념화에 포함되어야 하는 내용들은 다음과 같다.

〈표 10-1〉 사례개념화 점검내용[1]

사례개념화 점검 내용	내용
자해 문제 관련 상황	• 자해 관련 주 호소 문제 및 증상 • 상담을 오게 된 계기(최근의 촉발요인이나 사건, 내담자의 기대 등) • 주 호소 문제에 대한 내담자 및 중요한 타인(의뢰인, 가족 등)의 인식과 바람
자해 문제 발생과 배경	• 자해 문제 발생과 원인(내담자 요인 및 주변, 맥락) • 자해 문제 발생 이전의 기능 및 주요 상태 • 자해 문제의 유지요인(개인 내적 요인, 주변요인 등)

---

1) 이규미(2017)의 『상담의 실제』를 참고하여 수정.

	• 자해 문제 해결을 위한 과거력(자해를 멈추려는 노력과 시도, 상담경험 유무 등)
자해 문제와 관련된 내담자의 패턴 이해	• 가족 및 대인관계 패턴 • 인지능력 및 특징적인 사고 패턴(주요신념, 가치, 사고영역에서 발견되는 특징 등) • 핵심 정서 및 주요 정서 • 특징적인 행동 패턴 • 자해 문제 패턴과 관련된 에피소드
자해 문제 해결과 관련된 내담자의 자원 및 취약점	• 생물학적 특징 및 문제(신체, 외모, 유전, 섭식, 수면, 건강상태 등) • 개인적 자원과 약점(지적 · 신체적 강점 및 약점, 상담동기, 자기개념, 자기표현력, 기능수준 등) • 주변 여건, 환경적 보호요인 및 위험요인(물리적 · 환경적 여건, 사회적 관계망, 친밀한 관계의 유무 및 관계의 질, 기타 보호요인 및 위험요인 등)
내담자 및 자해 문제에 대한 종합적 이해	• 내담자에 대해 전반적으로 이해한 내용을 내담자의 특징과 주변 환경, 자해 문제의 발생과 유지, 기초적인 정보에 근거하여 전문적 판단과 설명을 중심으로 기술 • 상담에서 다룰 필요가 있는 부분, 도움이 될 수 있는 접근이나 기법, 상담전망 등을 기술
상담 목표 및 계획	상담 목표	• 내담자와 자해 문제에 대한 이해에 근거로, 상담을 통해 도달하고자 하는 장 · 단기적 목표 기술
	상담 계획	• 상담의 초점 • 상담 목표에 도달하기 위한 구체적인 방법 및 전략

출처: 서미 외(2019).

(3) 상담 목표 및 전략 수립

사례개념화를 검토한 후, 슈퍼바이저는 상담자가 이를 토대로 상담 목표와 전략을 수립하였는지 확인한다. 상담 목표는 상담 효과를 평가하는 기준이 되며 상담 전반에 영향을 미치는 방향타가 되므로, 상담자가 내담자와 합의하여 달성 가능한 구체적인 목표를 설정하는 것이 중요하다. 특히 자해 문제의 경우, 상담자가 내담자의 자해행동을 멈추는 것에만 몰입하지 않고, 자해 원인을 파악하여 이에 대한 개입에 초점을 맞추어 목표를 수립하도록 지도한다. 슈퍼바이저는 상담 목표가 적절히 설정되었는지 확인하기 위해 다음과 같은 사항을 체크한다.

〈표 10-2〉 상담 목표 점검내용[2]

- 내담자가 이해할 수 있는 상담 목표인가?
- 내담자가 달성 가능한 상담 목표인가?
- 내담자의 호소 문제를 충분히 구체적으로 반영하고 있는가?
- 내담자의 호소 문제가 불명확하거나 자신이 무슨 도움을 받고 싶은지 진술하지 못할 경우, 최소한의 상담 목표라도 설정하였는가?

　상담 전략이란 상담 목표가 달성되기 위한 구체적이고 체계적인 계획으로, 슈퍼바이저는 사례보고서를 통해 슈퍼바이지가 적절한 상담 전략과 상담 목표를 현실화하고 있는지 확인한다. 일반적으로 상담 초기에는 경청과 수용적인 태도의 전략, 상담 중기에는 내담자가 자신을 이해하고 변화하는 방향의 전략, 상담 후기에는 상담을 마무리하면서 평가하고 통합하는 전략을 주로 사용한다. 특히 자해 청소년을 상담할 때는 상담 전반에 걸쳐 내담자를 공감하고 이해하는 태도가 무엇보다 중요하다. 즉, 비자살적 자해의 경우 살기 위해 자해를 할 수밖에 없는 내담자의 처절한 심정을 상담자가 깊이 공감할 수 있도록 지도하는 것이 필요하다. 단계에 따른 상담 전략을 정리하면 다음과 같다.

〈표 10-3〉 단계별 상담 전략 점검내용[3]

상담 초기 전략	• 상담자는 내담자의 말을 경청하여 공감적으로 이해하고 있는가? • 상담자는 내담자가 편안한 느낌을 갖도록 허용적 분위기를 조성하고 있는가? • 상담자는 내담자와 관계를 형성하며 자연스럽게 호소 문제, 사회적 정보, 임상적 자료 등을 수집하였는가? • 상담자는 수집한 정보를 바탕으로 내담자와 상담 목표를 합의하였는가? • 상담자는 상담 목표를 달성하기 위한 구체적 전략을 수립하고 있는가?
상담 중기 전략	• 상담자는 자해 문제와 관련된 내담자의 과거에 대해 충분히 탐색하였는가? • 상담자는 내담자가 자해 문제에 대해 어떻게 반응하고 대처하고 있는지 탐색하였는가? • 상담자는 적절히 직면, 논박, 해석, 정보제공, 교육, 역할연습 등의 기법을 사용해 내담자가 변화하도록 돕고 있는가?

---

2), 3) 김용태(2014)의 『슈퍼비전을 위한 상담사례보고서』를 참고하여 수정.

상담 후기 전략	• 상담자는 내담자와 더불어 종결의 징후들을 포착하였는가? • 상담 전과 비교하여 내담자의 자해 문제가 얼마나 변화되었는지 비교하였 는가? • 상담자는 내담자가 종결에 대해 저항, 의존을 보이면서 가져오는 문제들 을 충분히 다루었는가? • 상담자는 내담자가 상담을 통해 변화한 행동과 미래에 대한 느낌을 표현 하도록 하였는가? • 상담자는 상담 종결 후 다시 상담을 받을 수 있는 기회가 열려 있음을 내 담자에게 안내하였는가?

(4) 자해 초기 개입

자해상담의 초기 개입은 내담자가 자해동기가 무엇인지를 이해하는 것에서 시작되므로, 상담자가 이를 상담에서 탐색하였는지 점검한다. 이와 같이 자해 이유를 밝히고 내담자가 이를 수용하는 것은 이후 상담개입의 중요한 실마리가 되므로, 슈퍼바이저는 상담자가 이를 명료하게 파악할 수 있도록 지도한다. 선행연구들에 따르면, 자해를 하는 이유가 다섯 가지 정도로 정리되며 자세한 내용은 다음과 같다 (Glenn, Franklin, & Nock, 2015). 상담자는 내담자의 자해 원인이 이 중 어디에 해당되는지 파악하고, 이를 내담자와 상담과정에서 충분히 나눌 수 있도록 지도한다.

>>> 청소년의 자해 이유

- 정서완화: 강한 분노, 불안, 좌절감을 느낄 때 정서적 압박감 및 부정적인 감정을 감소시키고 스트레스를 다루기 위해 자해
- 분리감 감소: "공허감" "무감각함" "비현실감" 같은 느낌을 없애기 위해 자해
- 자기처벌: 자신에 대한 비난이나 분노를 느끼고 처벌하기 위해서 자해
- 사회적 관심: 다른 사람들에게 영향을 주고, 주의를 끌고 싶어서 자해
- 흥분: 흥분된 감정을 느끼고 싶어서 자해

(5) 부모상담의 구조화

슈퍼바이저는 상담자가 자해 청소년 내담자를 상담할 때 반드시 부모 또는 보호자를 만나 이들을 지지체계로 활용할 수 있도록 지도한다. 상담 초기에 부모 또는 보호자가 자녀의 자해행동과 원인을 이해하여 가정에서 이들의 안전을 확보하고

자녀의 어려움을 함께 도와주는 협력자로서 관계를 맺을 수 있도록 지도한다. 특히 자녀가 자살 또는 자해를 한다는 사실을 알게 된 부모 또는 보호자는 너무 당황하거나 놀라 자신의 감정을 추스르는 것도 어려울 수 있으므로, 상담자가 부모 또는 보호자의 감정을 충분히 공감하는 태도로 상담하는 데 주의를 기울인다. 그리고 상담자가 자해행동에 대해 어떻게 반응하고 대처하도록 안내하였는지 확인하고, 부모가 자녀의 위기상황 시 도움을 요청할 있는 방법을 안내하도록 지도한다. 구체적인 내용은 '1. 자녀 자해 관련 부모상담'(p. 296) 내용을 참고하기 바란다.

(6) 연계방안

슈퍼바이저는 내담자가 위기상황이라고 판단되면, 상담자로 하여금 내담자를 병원으로 연계하여 약물을 복용하면서 상담을 받도록 조치를 취할 수 있게 지도한다. 만약 생명에 위협이 되는 상황일 경우에는 병원에 입원하도록 조치한다. 이때 상담자가 부모 또는 보호자와 협의하거나 슈퍼바이저와 논의를 통해 합리적인 판단을 내릴 수 있도록 방안을 함께 모색한다.

(7) 상담자 자기점검 및 상담관계 형성

슈퍼바이저가 상담 초기에 상담자의 소진 방지를 위해 유의해야 할 것은 상담자로 하여금 자해 문제에 대한 부담감을 자각하도록 하고, 이를 다루는 일이다. 따라서 슈퍼바이저는 상담자가 자해상담으로 인해 불안이나 부담을 느끼는 정도를 확인하고, 상담에 부정적인 영향을 미치지 않도록 살펴보는 과정이 필요하다.

상담 초기의 주요 과제 중 하나는 상담자와 내담자의 작업동맹을 맺는 것이다. 특히 자해와 같은 고위험 청소년의 경우, 어른에 대한 부정적인 감정이 다른 내담자보다 높을 수 있다. 이에 슈퍼바이저는 상담자가 내담자의 핵심 감정을 잘 파악하여 신뢰 있는 관계를 맺을 수 있도록 지도한다.

만일 상담자가 여러 이유로 내담자를 공감하기 어렵거나 부담을 심하게 느끼는 등의 역전이가 있다고 판단되면, 슈퍼바이저는 지속적이고 정기적으로 사례지도를 제공하도록 한다. 그럼에도 불구하고 상담자의 부정적인 감정이 상담에 영향을 미친다고 판단될 경우, 다른 상담자에게 연계하는 방안도 함께 논의해야 한다. 자해상담으로 인한 상담자 소진 및 보호방안에 대해서는 11장에서 자세히 다룰 것이다.

이상의 내용을 종합하면, 상담 초기에 슈퍼바이저가 사례지도를 할 때 점검해야 할 사항들은 다음과 같다.

> ☑ **상담 초기 슈퍼바이저가 확인해야 할 자문 및 사례지도 체크리스트**
>
> • 상담자는 평가를 통해 자살과 비자살적 자해를 구분하는 기준을 알고 있는가?
> • 상담자는 자해위험 수준을 평가하였는가?
> • 상담자는 내담자 위기수준에 맞춰 적절히 조치하고 개입하였는가?
> • 상담자는 내담자의 자해 문제에 대한 위험요인 및 보호요인을 파악하였는가?
> • 상담자는 내담자의 자해 문제와 관련하여 사례개념화를 할 수 있는가?
> • 상담자는 사례개념화에 맞춰 상담 목표 및 전략을 적절히 수립하였는가?
> • 상담자는 내담자의 자해동기를 파악하였는가?
> • 상담자는 내담자가 위기상황인 경우, 적합한 기관에 연계하였는가?
> • 상담자는 자해에 대한 편견이 있는지 스스로 점검을 하고 있는가?
> • 상담자는 내담자와 상담관계를 잘 맺고 있는가?
> • 상담자는 부모상담 시 부모의 심정을 이해하고 개입하였는가?
> • 상담자는 부모가 자녀의 자해동기를 이해하고 대처할 수 있도록 안내하였는가?

출처: 서미 외(2019).

2) 상담 중기 사례지도

상담 중기 사례지도에서 슈퍼바이저는 내담자의 자해수준과 자해 개입방법을 점검한다. 또한 자해 문제와 관련된 내담자의 비합리적 신념에 대한 파악 및 개입, 규칙적인 시간 및 생활관리, 자해 대체활동 등과 같은 내담자의 사고, 정서, 행동의 변화를 점검한다. 또한 부모상담 방향 및 연계방안에 대해서도 체크한다. 특히 이 단계에서는 상담자의 소진 및 불안이 높을 수 있으므로, 슈퍼바이저는 이를 점검하고 상담자를 지지해 주는 것이 중요하다.

(1) 자해위험 수준 평가

슈퍼바이저는 상담자가 중기에도 내담자의 자해위험 수준을 재점검하여 이 문제가 지속되고 있는지 파악하도록 한다. 이때 내담자가 자해를 지속적으로 하고 있음을 알게 되면 그 이유를 파악하고, 자해를 멈추기 위해 시도한 방법들을 함께 평가한다.

(2) 자해 중기 개입

상담 중기는 내담자가 자해동기를 인식하고, 자해로 인해 유발되는 결과를 탐색하도록 하는 것이 주요 과제이다. 또한 스트레스 상황에서 대체활동을 찾아 자해행동을 멈추도록 개입하는 것이 핵심내용이다. 따라서 슈퍼바이저는 상담자가 상담에서 이와 같은 개입을 할 수 있도록 지도한다. 이때 슈퍼바이저는 상담자가 내담자와 다양한 대체활동을 함께 탐색하고 실행해 볼 수 있도록 돕는다.

대체로 내담자들은 자해 후 수치감, 허탈감, 외로움, 죄책감 등의 부정적 감정을 경험하는 경우가 많다. 따라서 내담자로 하여금 이와 같은 자해행동에 대한 부정적인 감정을 인식하게 함으로써 자해 멈추기를 강화하도록 한다.

슈퍼바이저는 사례지도 시 다음과 같은 과정을 다루면서, 내담자가 자해행동을 그만두는 데 초점을 두고 상담을 진행하도록 지도한다.

>>> 자해 중단 개입방법

1. 자해 물건 피하기
2. 자해 대체활동 계획하기
3. 자해를 멈출 안전한 장소 찾기
4. 자해를 멈추는 목표 세우기
5. 긍정적인 활동 계획하기
6. 자해행동 중단 점검하기

(3) 비합리적 신념 변화

자해 청소년에게 효과적으로 개입할 수 있는 방법 중 하나는 이들의 비합리적인 사고를 밝히고 이를 합리적인 사고로 변화시키는 것이다. 따라서 슈퍼바이저는 상담자가 내담자의 자살 및 자해와 관련된 비합리적 신념을 탐색하고 이에 대한 대처방안을 모색할 수 있도록 안내한다.

슈퍼바이저는 상담자가 다음의 과정을 통해 내담자의 비합리적 신념을 탐색하고 변화시키도록 개입할 수 있도록 지도한다.

> ✓ **비합리적 신념 개입과정**
>
> 1. 상담자는 내담자의 비합리적 신념을 탐색하기 위해 자동적 사고를 파악하였는가?
> 2. 상담자는 내담자의 비합리적 신념과 인지적 왜곡 유형을 탐색하였는가?
> 3. 상담자는 내담자의 비합리적 신념을 변화시켰는가?
> 4. 상담자는 내담자의 비합리적 신념을 인식하고 변화시켰을 때 안전함을 인식시켰는가?

출처: 서미 외(2019).

(4) 생활관리, 스트레스 대처활동 탐색

선행연구 결과에 의하면, 자해 청소년들은 대부분 일상생활에서의 다양한 스트레스로부터 유발되는 부정적인 감정을 해소하지 못하거나 단조로운 대처방법을 사용하는 것으로 나타났다. 즉, 효율적으로 스트레스를 관리하지 못하므로, 일상생활의 스트레스를 상담에서 다룰 수 있도록 지도한다.

우선 상담자가 내담자의 환경과 생활 스트레스가 무엇인지 파악하도록 돕는다. 이때 스트레스 대처를 위한 다양한 활동을 탐색하고 시도해 보도록 한다. 다음으로 상담자가 이와 같은 생활 스트레스가 자해에 어떤 영향을 미치는지 파악하도록 돕는다. 이때 생활 스트레스와 환경요인이 자해행동에 많은 영향을 미친다고 판단되면, 상담에서 내담자 환경에 대한 개입을 할 수 있도록 지도한다.

(5) 부모상담

슈퍼바이저는 상담 초기에 상담자가 부모와 신뢰 관계를 맺고 부모로 하여금 자녀의 자해 이유를 이해하는 데 중점을 두었다면, 중기에는 부모와 함께 자녀의 안전 스케줄을 함께 수립하는 데 초점을 맞춘다. 구체적으로 자녀가 주로 자해를 하는 시간이나 장소 등을 파악하도록 하고, 이를 토대로 자녀를 보호할 수 있는 방법들을 같이 모색해 보도록 지도한다.

상담 중기에 이르면, 부모들은 자녀의 자해 문제가 빨리 해결되지 않는 것에 조바심을 가지고 상담에서 불만을 토로할 수 있다. 또는 자녀가 자해에서 회복하는 것처럼 보이다가도 스트레스 상황에서 다시 자해를 하는 등의 상황이 반복되면 부모는 지쳐 가기도 한다. 슈퍼바이저는 상담자에게 이와 같은 상황이 닥칠 수 있음을 미리 알리고, 상담자가 인내를 가지고 상담을 지속할 수 있도록 힘이 되어 준다.

(6) 연계방안

슈퍼바이저는 상담자가 내담자를 지원해 줄 수 있는 사회적 · 정서적 지지자원을 탐색하고, 이를 활용할 수 있도록 지도한다. 내담자 주변의 인적자원 이외에도 청소년상담복지센터, Wee센터, 1388 전화상담 등 다양한 기관에서 도움을 받을 수 있도록 상담자가 적절히 안내하는지 확인한다. 특히 자해 청소년들은 위기상황에서 누구에게 어떻게 도움을 청해야 하는지 모르는 경우가 많으므로 구체적인 도움 요청 방법을 상담에서 다룰 수 있도록 안내한다. 이때 슈퍼바이저는 상담자가 자해 또는 내담자의 주 호소 문제와 관련하여 연계가 필요한 다양한 기관과 제공 서비스 내용을 알고 있는지와 같은 구체적인 사안에 대해서도 점검하는 것이 필요하다.

(7) 상담자 소진관리

상담 중기는 상담자가 내담자의 자해 문제를 본격적으로 다루고, 위험 상황에 대한 위기개입을 반복적으로 할 가능성이 높다. 따라서 슈퍼바이저는 상담자가 소진에 빠지지 않도록 지켜볼 필요가 있다. 만일 상담자의 소진이 심하면, 내담자의 자해 문제가 상담자의 역전이 이슈에 걸려든 것은 아닌지 확인하여 상담자가 개인상담이 필요하면 받을 수 있도록 안내한다. 또한 상담자가 자기를 돌보는 다양한 방법을 찾아보고 시도할 수 있도록 적극 지지한다. 자세한 내용은 11장을 참고하기 바란다.

이상 앞에서 기술된 자해 상담 중기에 슈퍼바이저가 점검해야 할 주요 내용은 다음과 같다.

☑ **상담 중기 슈퍼바이저가 확인해야 할 자문 및 사례지도 체크리스트**

- 상담자는 내담자의 자해위기 수준을 정기적으로 재평가하고 있는가?
- 상담자는 내담자가 자해동기를 인식하고 이해하도록 개입하였는가?
- 상담자는 내담자의 자해행동을 그만두려는 의지가 있는지 확인하였는가?

- 상담자는 내담자가 자해행동에 영향을 주는 비합리적인 사고를 파악하고 변화시키려고 개입하였는가?
- 상담자는 내담자의 주요 스트레스가 무엇인지 파악하였는가?
- 상담자는 내담자와 스트레스 대처방법을 탐색하고 실행하도록 개입하였는가?
- 상담자는 부모와 내담의 자해에 대한 안전 스케줄을 수립하였는가?
- 상담자는 내담자가 위기상황인 경우, 적합한 기관에 연계하였는가?
- 상담자는 상담으로 인해 소진되지 않도록 자신을 관리하고 있는가?

출처: 서미 외(2019).

3) 상담 종결 사례지도

종결 시점의 사례지도에서는 자해수준을 다시 평가하고, 향후 내담자에게 생길 문제와 미해결 과제를 점검한다. 중요한 것은 슈퍼바이저가 내담자의 변화와 새로운 스트레스 대처방식을 상담자가 인식하고 정리하도록 돕는 것이다. 종결을 앞두고 있다면, 슈퍼바이저는 내담자와 종결회기에서 다룰 내용을 정리해 주고 향후 추수상담을 안내하도록 한다. 나아가 상담을 진행하는 동안 변화된 내담자의 모습을 정리하고 나눈다. 이때 상담자가 내담자의 변화를 객관적으로 파악하기 위해 위기수준을 중기 및 종결 시기에 점검하도록 한다. 종결 시에는 상담 만족도, 자해 위기수준, 심리상태를 재평가하여 상담을 시작할 때와 비교를 통해 상담의 효과성을 검증해 보도록 한다. 마지막으로 추수관리 단계에서 슈퍼바이저는 상담자가 추수상담을 어떻게 진행하는지에 대해 점검한다.

(1) 자해위험 수준 및 내담자 변화 평가

슈퍼바이저는 상담자가 초기, 중기에 실시했던 자해위험 수준을 평가하여 자해위험 정도의 변화를 토대로 상담 종결 계획을 세웠는지 확인한다. 이때 상담자로 하여금 내담자의 자해위험 수준이 지속적이고 안정적으로 감소되었는지 확인하고, 이와 같은 상담의 성과가 어디서 기인하였는지 분석하는 태도를 숙지하도록 지도한다.

또한 슈퍼바이저는 상담을 통해 내담자가 어떻게 변화하였는지, 만일 자해를 멈추게 되었다면 그 이유가 무엇인지를 면밀히 파악하여 상담자가 내담자에게 설명할 수 있도록 지도한다. 이때 상담 성과를 객관적으로 평가하기 위해 자해위험 수준 평가도구뿐 아니라 상담 목표 달성에 적합한 평가도구를 사용하여 상담의 효과성을 구체적으로 확인하도록 안내한다.

슈퍼바이저는 상담자가 내담자의 변화 이유와 이와 같은 변화에 가장 영향을 많이 미친 요인들을 파악하고, 상담 종결 후에도 내담자가 이를 일상생활에서 활용할 수 있도록 하는지 확인한다.

(2) 새로운 스트레스 대처방안 습득

상담자는 내담자가 스트레스 상황에서 새롭게 시도한 대처방법을 지지하고 함께 평가하도록 지도한다. 만일 성공 또는 실패 사례가 있다면, 각각의 상황과 이유를 상담에서 나누고 이를 지속적으로 시도할 수 있도록 격려하는 방법을 슈퍼비전에서 다룬다.

(3) 미해결 과제

대체로 상담 초기에 설정한 상담 목표를 달성하게 되면 상담은 종결된다. 그렇다고 해서 모든 문제가 해결되었다는 것을 의미하는 것은 아니므로, 해결되지 않은 문제가 무엇인지, 이 문제가 이후에 어떤 영향을 줄 수 있는지 등에 대해 내담자와 얘기할 수 있도록 지도한다.

특히 자해가 멈추었더라도 극심한 스트레스 상황에서 재발할 수 있으므로 슈퍼바이저는 상담자가 이와 같은 가능성과 이때 어떻게 대처할 수 있는지에 대해 내담자와 나눌 수 있도록 안내한다.

(4) 상담 종결 준비 및 종결

상담 목표를 달성하면 상담자는 내담자와 상담 종결을 합의하고, 이를 준비할 수 있도록 지도한다. 그러나 내담자들 중 일부는 종종 상담 종결에 합의한 후 혼자 일상생활을 하는 것에 대해 두려움을 갖기도 한다. 특히 자해 청소년의 경우, 상담자와의 이별을 수용하거나 받아들이기 어려워할 수도 있다. 따라서 상담 종결에 대한 내담자의 감정과 염려 등을 솔직하게 나눌 수 있도록 상담자가 상담 분위기를 조성하는 방법들을 지도한다.

일반상담에서와 마찬가지로 2주, 1달, 2달 기간을 두고 점차적으로 종결하도록 지도한다.

(5) 추수관리

슈퍼바이저는 상담자가 상담 종결 후 3개월 또는 6개월 등 일정 기간이 지난 뒤 다시 만나는 추수상담을 하도록 지도한다. 앞 장에서 살펴본 바와 같이 자해 문제의 경우, 극심한 스트레스 상황에서 재발할 가능성이 높으므로 추수상담을 통해 내담자가 자해행동을 지속적으로 하지 않는지를 확인하는 과정이 중요하므로, 슈퍼바이저는 상담자가 이를 수행할 수 있도록 안내한다. 종결과 추수상담 사이에 다시 상담을 받고 싶으면 어떻게 해야 하는지에 대해 상담자가 안내함으로써 내담자가 심리적 안정감을 유지할 수 있음을 알려 준다.

(6) 상담자의 종결 관련 자기감정 이해

상담 종결은 상담자와 내담자의 합의가 중요하므로, 상담자가 내담자 및 기관과 충분히 논의하여 적절한 시점에 상담을 마무리하는지를 검토한다. 또한 상담자는 상담 종결 과정에서 안도감, 죄책감, 성취감 등 다양한 감정을 느낄 수 있으므로 슈퍼바이저는 이와 같은 감정들을 상담자 스스로 인식하고 이해하도록 도와준다. 특히 자해위기 청소년 상담에서 상담자가 어떤 감정을 경험하였느냐에 따라 앞으로 위기상담에 임하는 상담자의 태도와 마음가짐이 달라질 수 있다. 따라서 슈퍼바이저는 상담자와 함께 상담에 대해 평가를 함으로써 성과와 부족한 점을 객관적으로 살펴보는 기회를 갖는다.

상담 종결에 대해 슈퍼바이저가 점검해야 할 내용을 정리하면 다음과 같다.

> ☑ **상담 종결에 슈퍼바이저가 확인해야 할 자문 및 슈퍼비전 체크리스트**
>
> • 상담자는 내담자의 자살 · 자해 위기수준을 정기적으로 재평가하였는가?
> • 상담자는 상담 성과를 확인하였는가? 성과 확인을 위해 객관적인 도구를 사용하였는가?

- 상담자는 상담 종결 후, 내담자가 일상생활에서 스트레스 관리하는 방법을 지속적으로 사용하도록 격려하였는가?
- 상담자는 내담자와 상담 종결을 합의하고, 종결에 대한 내담자 감정을 확인하였는가?
- 상담자는 내담자와 추수상담을 계획하였는가?
- 상담자는 상담 종결에 대한 자신의 감정을 인식하고 있는가?

출처: 서미 외(2019).

참고문헌

김용태(2014). 슈퍼비전을 위한 상담사례보고서. 서울: 학지사

서미, 김은하, 이태영, 김지혜(2018). 자해 위기 청소년 상담 매뉴얼. 부산: 한국청소년상담복지개발원.

서미, 소수연, 강유임, 김지혜, 손지아(2019). EBP 기반 자살·자해 상담클리닉 운영모형 개발 연구. 부산: 한국청소년상담복지개발원.

안병은, 서청희, 백민정, 문현호 역(2017). 자해 청소년을 돕는 방법. 충남: 그물코.

이규미(2017). 상담의 실제. 서울: 학지사

Glenn, C. R., Franklin, J. C., & Nock, M. K. (2015). Evidence-based psychosocial treatments for self-injurious thoughts and behaviors in youth. *Journal of Clinical Child & Adolescent Psychology, 44*(1), 1-19.

Wester, K. L., & Trepal, H. C. (2017). *Non-suicidal self-injury: Wellness perspectives on behaviors, symptoms, and diagnosis.* New York, NY: Routledge.

제11장
자해 청소년 상담에서의 상담자 태도와 윤리

　윤리는 혼란스러운 상담장면에서 이정표가 된다. 상담자는 때로 혼란스러운 장면에 직면할 때가 있다. 자해사실을 부모에게 알리지 않고 비밀보장을 원하는 청소년, 청소년의 자해 흔적을 봤을 때 즉각적으로 보고를 원하는 학교 관계자, 자살위기 청소년으로 알려지는 것이 두려워 상담을 거절하고 싶은 내담자 등 상담자는 판단하기 어려운 상황에 놓일 때가 많다. 이렇게 딜레마에 빠질 때 상담자의 윤리지침은 필수적이다. 상황에 대한 빠른 판단력과 함께 상담자의 자기점검이 필요하다. 자해위기 청소년상담에서 느끼는 상담자의 불안, 그러한 불안으로 인해 내담자에게 섣불리 하는 충고 등은 상담과정에서 느끼는 상담자의 감정을 점검함으로써 예방될 수 있다.

　자해는 자살과 같이 자신의 몸에 상처를 입히고 심각한 경우 목숨을 앗아갈 수 있다는 점에서 윤리적인 딜레마 상황에 많이 직면하게 된다. 이 장에서는 자해상담에서의 윤리를 구체적으로 살펴보고, 상담자 자기점검과 보호에 대해서 설명하고자 한다.

1. 상담에서의 윤리 문제

윤리적으로 상담을 진행하면 내담자에게 도움이 된다. 하지만 비윤리적으로 상담을 진행하게 되면 내담자에게 해가 되기도 한다. 이런 맥락에서 학자들이나 학회에서는 상담자 준수해야 하는 윤리원칙이나 윤리강령을 제시하였다. 여러 윤리원칙 중에서 Kitchener(1984)의 윤리원칙이 주로 활용되고 있다. Kitchener(1984)에 따르면, 상담자의 윤리법령과 윤리적 의사결정 과정에는 핵심적인 원칙이 있다. 그 원칙으로는 자율성(autonomy), 비유해성(nonmaleficence), 선의(beneficence), 공정성(justice), 충실성(fidelity)이 있으며, 그 내용에 대해 구체적으로 살펴보고자 한다.

1) 자율성

자율성은 내담자의 독립성과 선택할 자유를 보장한다는 원칙이다. 상담자는 상담을 시작하고 종결하려는 내담자의 선택을 존중해야 한다. 상담의 주인공은 내담자이기 때문에 상담과정을 시작하고 종결하는 것에서부터 삶의 방향을 결정하는 것까지 모두 내담자의 권리이다. 그러나 상담자가 내담자의 권리를 침해할 때가 자주 있다. 저자는 유부녀와 성관계를 맺는 내담자에게 다른 가정을 파괴한 파렴치한으로 몰아세운 적이 있다. 내담자가 유부녀와 성관계를 맺는 것이 도덕적으로 옳은 일은 아니다. 하지만 상담자는 내담자를 도덕적 판단으로 비난하기보다는 내담자의 호소 문제인 이성관계 문제에 초점을 둘 필요가 있다. 이처럼 상담자는 내담자의 자유를 침해해서도 안 된다. 상담자는 내담자 스스로 선택에 대한 책임을 지도록 도와야 한다. 상담자가 내담자의 권리를 침해하기 쉬운 상황은 내담자가 미성년자일 때 일어나기도 한다. 즉, 내담자가 미성년자인 경우 부모가 상담자에게 내담자와의 상담내용 및 다룰 문제를 제안하기도 한다. 예를 들어, 내담자의 학업성적 문제를 상담해 달라고 요청한 경우 상담자는 내담자와 학업성적에 대한 문제를 다루고 싶은지 살펴볼 수 있지만, 원칙적으로 내담자의 동의 없이 학업성적 문제를 중점적으로 다루어서는 안 된다. 이처럼 내담자가 미성년자라 할지라도 자신이나 타인에게 해를 끼칠 위험이 없는 한 최대한 내담자의 자율성을 보장해야 한다.

2) 비유해성

비유해성이란 상담자가 내담자에게 부정적인 영향을 끼치지 않을 것이라고 확신할 수 있는 개입방법만을 상담장면에서 사용해야 한다는 원칙이다. 예를 들어, 상담자가 심리극 워크숍에서 빈의자 기법을 통해 아버지에게 하지 못했던 이야기를 함으로써 편안한 기분을 경험했다고 하자. 그래서 상담자는 자신과 비슷하게 아버지와의 관계로 힘들어하는 내담자에게도 빈의자 기법이 효과적일 것이라 믿고 기법을 활용하였다. 이때 상담자가 빈의자 기법을 활용하는 기준이 자신의 긍정적인 경험 때문이었다는 점에서 빈의자 기법 활용은 윤리지침을 위배할 수도 있다.

상담자가 비유해성을 지키며 내담자에게 상담기법을 적용하기 위해 상담자는 다음과 같은 사항을 고려해야 한다. 먼저, 상담자는 개입방법이 효과적이라고 확신할 수 있을 때 내담자에게 적용해야 한다. 예를 들어, 자해 청소년을 상담할 때 여러 연구에서 효과적이라고 입증된 인지행동치료는 다른 치료기법을 활용하는 것보다 더 윤리적이다. 또한 상담자의 역량에 따라 치료효과가 달라지는바, 상담자는 입증된 상담개입 방법을 효과적으로 적용할 수 있는 역량을 갖추고 있어야 한다. 더불어 상담자는 상담을 했을 때 내담자가 겪을 수 있는 위험성이 무엇인지 사전에 평가하여 내담자에게 해를 끼치지 않는다는 점을 확인해야 한다. 끝으로 상담과정에서 혹시라도 발생할 수 있는 부정적인 영향을 지속적으로 모니터링해야 한다.

3) 선의

선의란 상담자가 내담자의 복지만을 위해서 상담을 해야 하는 책임이 있음을 의미한다. 상담자는 내담자를 돕고 내담자에게 이득을 줄 책임이 있다. 가끔 상담자들은 자신의 욕심으로 내담자와의 종결을 미루기도 하고 내담자에게 인정이나 사랑을 받기 위해 상담관계에 의존하기도 한다. 이런 경우는 선의의 원칙에서 상담자가 윤리적이지 않다고 볼 수 있다.

상담과정에서 이루어지는 상담자의 행위는 모두 내담자의 복지를 위한 것이어야 한다. 때로 상담자는 내담자를 위해서 한다고 하지만 상담자의 욕심을 위해 행동하기도 한다. 예를 들어, 상담자는 내담자와 관계가 끝나는 것이 안타까워서 종결을 미룰 수 있다. 사실 상담이 내담자를 위한 시간이기는 하지만 상담이 진행되다 보면 상담자 또한 내담자와의 관계가 종결되는 것에 대해서 아쉬움을 갖게 된다. 이런 경우 상담자는 내담자와의 만남을 더 갖기 위해서 상담 종결에 대해서 다루지 않고 종결 시점을 미룰 수 있다. 이런 경우를 경계하기 위해서 상담자는 자기분석이나 사례 슈퍼비전을 통해서 자신을 모니터링해야 한다.

4) 공정성

상담자는 인종, 나이, 성, 빈부 등에 대한 편견 없이 상담을 해야 한다. 모든 사람은 동등하다는 전제에 입각하여 상담서비스를 제공해야 한다. 만약 상담자가 동성애에 대해 부정적인 생각을 한다면 동성애로 고민하는 내담자를 상담하는 것이 꺼려질 수 있다. 또한 공정성은 편견으로 내담자를 대하지 않는 것에서 나아가 내담자가 차별받는 것에 대해 추가적인 서비스를 제공해야 함을 의미한다.

5) 충실성

충실성이란 상담자가 내담자를 지원하는 데 있어 성실성과 신뢰성을 가져야 함을 의미한다. 상담자는 내담자와의 약속을 충실하게 지키고 내담자를 진실하게 대해야 한다. 이를 통해 내담자와 상담자와의 신뢰감이 형성된다. 이러한 맥락에서 상담자가 업무가 많다는 이유로 상담약속을 어기거나 거짓말을 하는 것은 신의를 저버리는 것이다. 상담자는 충실성의 원칙에 따라서 내담자와의 계약을 충실히 이행하고 내담자를 이용하거나 속이지 않아야 한다.

앞서 기술한 원칙들은 결국 내담자를 보호하고 치료하기 위해 상담자가 지켜야할 윤리지침이 될 수 있다. 이러한 윤리강령 외에 법률도 상담자가 윤리적인 딜레마 상황에서 의사결정을 할 때 영향을 준다. 예를 들어, 청소년상담복지센터에서일하는 상담자가 19세 미만의 미성년자를 상담하는 중에 성폭력 피해사실을 알게되었다. 그런데 내담자는 고소를 원하지 않는다면서 비밀을 보장해 달라고 상담자에게 요구하였다. 이때 상담자는 윤리강령에 앞서 법령에 따라서 즉시 신고해야 한다. 「성폭력범죄의 처벌 등에 관한 특례법」에 따라서 19세 미만의 미성년자를 보호하거나 교육 또는 치료하는 시설의 장 및 종사자는 자기의 보호, 지원을 받는 자가 피해자인 사실을 알게 된 때에는 즉시 수사기관에 신고해야 한다. 비슷하게 학교상담실에서 중학교 1학년을 상담하다가 내담자가 아동학대를 당하고 있음을 발견했을 때 「아동학대범죄의 처벌 등에 관한 특례법」에 따라 즉시 수사기관에 신고해야 한다. 이러한 윤리강령이나 법률은 나라마다 다르고 시대에 따라 계속 변화하므로 상담자는 윤리와 법률에 대해서 지속적으로 점검할 필요가 있다.

2. 비자살적 자해와 관련된 윤리적 문제

앞서 설명하였듯이 상담자는 윤리적 문제에 대해 자율성, 비유해성, 선의, 공정성, 충실성의 다섯 가지 원칙을 기준으로 다룰 수 있다. 자해위기 상담도 마찬가지로 이 원칙들과 관련하여 윤리적 문제들이 제기된다. 다음은 자살과 자해 이슈를 가진 내담자와 상담할 때 생길 수 있는 윤리적 문제들을 제시하였다. 구체적으로 자율성, 동의서 작성, 비밀보장, 소수계층과의 상담, 상담자의 유능성 문제와 관련하여 윤리적 문제가 발생할 수 있다(Hoffman & Kress, 2010; Lloyd-Richardson, Lewis, Whitlock, Rodham, & Schatten, 2015; White, McCormick, & Kelly, 2003).

1) 자율성

상담자들은 내담자의 자기결정 권리를 존중하고 신장하며, 내담자가 목표를 정립하고 명료화하기 위해 노력하도록 돕는다. 다음은 자율성과 관련된 윤리강령이다.

>>> 청소년 상담사 윤리강령

- 청소년 상담사는 내담자의 복지를 증진하고 존엄성을 존중하는 것에 최우선 가치를 둔다.
- 청소년 상담사는 내담자가 상담계획에 참여할 권리, 상담을 거부하거나 개입방식의 변경을 거부할 권리, 자신의 상담 관련 자료를 복사 또는 열람할 수 있는 권리 등을 보장해 주어야 한다.
- 청소년 상담사는 청소년 내담자에게 무력, 정신적 압력 등을 사용하지 않는다.
- 청소년 상담사는 상담을 시작할 때 내담자가 충분히 설명을 듣고 선택할 수 있도록 적절한 정보를 제공해야 하며 상담자와 내담자 모두의 권리와 책임에 대해 알려 줄 의무가 있다.

상담자들은 기본적으로 자율성을 존중하지만 때로 내담자의 자기결정 권리를 제한하기도 한다. 예를 들어, 상담자가 내담자의 행동이나 혹시 앞으로 일어날 행동이 자신이나 타인에게 해를 끼치거나 심각한 위험에 빠뜨릴 가능성이 많다고 판단되었을 때 상담자는 내담자의 자율성 원칙을 제한할 수 있다.

내담자가 독립적으로 결정할 수 있는 자율성과 능력을 존중하는 것은 상담관계에서는 필수적이다. 이런 맥락에서 자해를 하는 내담자를 포함하여 모든 내담자는 스스로 의사결정을 할 권리가 있다. 내담자는 상담을 선택할 권리가 있고 상담을 거부할 권리가 있다. 하지만 비자살적 자해를 하는 청소년을 둔 교사나 부모 등은 과연 미성년자인 내담자가 상담을 거부할 자율성이 있냐는 것에 대해서 의문을 품을 것이다. 교사, 부모 등 주변 사람들은 비자살적 자해를 하는 내담자가 일단 자해를 멈추어야 한다고 믿는다. 따라서 내담자가 자해를 멈추기 위해 내담자의 동의 없이 학교에 보고하기도 하고 억지로 상담을 받게 하기도 한다. 그러나 자율성의 원칙에 따른다면 내담자가 자해를 멈추고 싶어 하지 않거나 행동을 멈출 준비가 아직 되어 있지 않다고 느낄 때는 개입의 한계가 있다. Kress와 Hoffman(2008)에 따르면, 내담자 스스로 행동을 변화시킬 의지가 없고 준비가 되어 있지 않은 경우 내담자는 상담에서 그 행동을 이야기할 필요는 없다. 그렇다면 청소년이 자해를 하는 사실을 인지했음에도 이 부분을 다루어서는 안되는 것일까? 그가 원하지 않는다면 상담을 하지 말아야 하는 것인가? 이러한 상황에서 상담자들은 윤리적인 딜레마에 놓일 수밖에 없다. 하나의 사례를 살펴보자.

"

　고등학교 2학년인 성호는 부모의 의뢰로 상담을 받게 되었다. 성호의 부모는 우연히 성호의 팔목에 난 상처를 보고 성호가 자해를 한다는 사실을 알게 되었다. 성호는 상담에서 자꾸 식욕이 없어지고 잠을 잘 수 없고 수업시간에 멍해진다고 했다. 이런 증상이 한 달 전 여자친구와 헤어지고부터 나타났고, 때로 여자친구를 떠올리게 되면 자신도 모르게 자해를 하게 된다고 했다. 그런데 성호는 자해를 하면 마음이 편안해지기 때문에 자해를 현재로는 멈추고 싶지 않다고 했다. 오히려 자꾸 잠을 잘 수 없고 수업시간에 멍해지는 등 공부에 집중이 안되는 점에 대해서 상담받고 싶다고 했다.

"

　이 사례에서 상담자는 어떻게 해야 하는가? 상담자는 내담자의 자율성을 존중할 필요가 있지만 동시에 유해성의 문제도 고려해야 한다. 비자살적 자해가 죽을 의도를 갖고 있지 않다고 해도 자해는 자살로 이어질 수도 있으며 신체에 해를 끼치기 때문이다. 이 사례의 경우 자율성의 원칙에 따르면 내담자가 자해에 대해 상담받기 원하지 않기 때문에 상담자는 자해를 다루지 않을 수 있다. 하지만 자해는 몸에 상처를 주고 자살로 이어질 수도 있다는 점에서 유해성의 원칙에 따라 자해로 인한 결과와 해를 고려하여 자해를 다루어야 한다. 상담자는 자해를 멈추고 싶지 않다는 내담자의 자율성과 자해로 인해 심각한 해를 당할 수 있다는 유해성과의 균형을 이루어야 한다. 내담자의 결정권을 존중해야 하지만 내담자에게 심각한 해를 끼치게 되는 경우는 예외이다. 자해 심각성이 너무 심해서 유해성이 자율성보다 더 중요할 때 상담자는 유해성에 따라 내담자를 안전하게 지키도록 행동해야 한다(Hoffman & Kress, 2010, p. 348). 따라서 상담자는 자율성과 유해성의 딜레마 상황에서 자해의 심각성을 명확히 평가하는 데 초점을 두어야 한다.

(1) 위기관리

　위기관리는 상담자들에게 때로 조금 낯설고 어려운 개념이기도 하다. 자살 및 자해 위기에 있는 청소년과 작업하는 상담자들은 종종 유해성의 윤리적 원리와 씨름해야 한다. 내담자가 원하지 않는 상담서비스를 제공하기로 결정하는 것은 매우 복잡하다. 왜냐하면 비자살적 자해의 의학적인 심각성을 평가하는 데 있어 명확한 지침이나 기준이 부족하기 때문이다(Lloyd-Richard et al., 2015). 이처럼 아직 지침이 명확하지 않지만 여전히 상담자나 치료자들은 비자살적 자해의 심각성을 평가해야 하는 상황에 직면하는 것이 사실이다. 이에 몇 가지 비자살적 자해의 유해성을 파악하는 데 도움이 될 내용을 소개하고자 한다.

먼저, 상담자는 다음과 같은 질문을 통해 심각성을 판단할 수 있다.

- "내담자의 자해 심각성은 어느 정도인가? 일상생활을 할 수 없을 정도인가?"
- "내담자는 얼마나 자주 자해를 하는가?"
- "자해를 한 상처로 병원치료를 받는가? 병원에서 치료를 받을 정도로 치명적으로 상처를 내는가?"
- "평소에 자살하고 싶다는 생각을 많이 하는가?"
- "자해를 할 때 알코올 상태에 있는가? 약물을 복용한 상태에서 자해를 하는가?"

앞의 질문에 "예"라는 대답이 많을수록 자해의 심각성 수준이 높다고 볼 수 있다.

앞의 질문들이 간단하게 위험수준을 파악한다고 하면, 상담자는 다음과 같은 사항을 체크해 봄으로써 전반적으로 위험수준을 고려해 볼 수 있다.

- **신체적 건강위험**: 커팅한 상처, 상처의 심각성 등 자해 상처가 심각함
- **충동성**: 약물남용, 충동적 사고, 충동적 행동 등 충동성이 심각함
- **스트레스 내성**: 심해지는 스트레스와 부담을 다룰 힘이 없음
- **감각마비**: 자해 상처로 인한 감각이 점차 무뎌지면서 좀 더 강한 자극을 위해서 자해가 심해짐
- **자살경향성**: 이전의 자살시도 경험이 있고, 특히 최근에 자살을 시도한 경험이 있음. 또는 자살하는 상상을 하고, 구체적인 계획이나 방법을 가지고 있음

내담자가 위의 특성을 가지고 있다면 상담자는 자해위험성에 대해 고려해 보아야 한다. 특히 자살 경향성은 위기관리 평가 중에서 가장 중요한 사항이다.

(2) 자살 경향성

상담자들은 비자살적 자해와 자살 간의 연결성을 염두에 두어야 한다. 비자살적 자해와 자살은 지속적으로 평가되어야 한다(Hoffman & Kress, 2010, p. 347). 예를 들어, 자해를 하고 현재 자살사고를 가졌거나 과거 자살시도 경험이 있는 내담자는 자해수준이 높다고 보고 입원치료 등 긴급 위기개입이 필요하다. 반면, 자해를 하지만 아직 현재 자살사고가 없고 과거 자살시도 경험이 없는 내담자는 보다 낮은 위험수준으로 고려될 수 있다. 이처럼 자해위기 수준을 평가할 때 비자살적 자해와 자살을 모두 고려하여 평가해야 한다.

(3) 위기관리팀 운영

자해위기 상담은 상담자 혼자만의 개입으로는 한계가 있다. 특히 청소년상담복지센터나 Wee센터 등 공적 서비스를 제공하는 기관에서 자살 및 자해 위기 상담은 기관 차원에서 책임감 있게 진행되어야 한다. 따라서 상담자 개인 역량에 맡기기보다는 기관 차원에서 함께 관리되어야 한다. 자해위기 상담개입 시, 위기관리팀을 구성하고 상담 전 과정에 걸쳐 관여하며 효과적인 총체적 서비스를 제공할 필요가 있다(서미, 소수연, 강유임, 김지혜와 손지아, 2019). 위기관리팀은 내담자의 빠른 물리적 안전과 심리적 안정을 도모하고 상담자의 지나친 책임감을 분산시켜 보호하는 중요한 기능을 갖는다. 이들은 자해위기 상담개입 단계를 긴급대응 단계, 상담개입 단계, 추수관리 단계로 구분하였으며, 전 단계에 걸쳐 위기관리팀의 역할을 명료화하였다. 긴급대응 단계는 위기청소년이 처음 발굴되고 의뢰되어 자해위기 수준에 대한 평가가 이루어지는 단계이며, 상담개입 단계는 상담서비스가 지원되는 단계이다. 추수관리 단계는 자살 및 자해 위기 청소년의 경우 자살 및 자해 증상이 재발되는 경우가 잦다는 점에서 정기적인 추수관리를 하는 단계이다. 위기관리팀은 긴급대응 단계와 상담개입 단계에서 주요한 역할을 한다. 긴급대응 단계에서 위기관리팀은 사례의 접수면접 및 심리평가 결과에 근거하여 내담자의 위기수준 및 심리상태를 평가하고 지원계획을 세운다. 즉, 위기관리팀은 평가를 통해 다른 기관에 연계할지를 파악하고(약물치료 유무, 입원치료 유무 등), 상담사례로 해당 기관에서 관리할지를 결정한다. 이후 상담개입 단계에서 자문과 슈퍼비전을 통해 상담자의 상담개입과 사례를 모니터링하고 관리한다. 이처럼 위기관리팀이 사례를 관리함으로써 윤리적인 문제로 인한 부정적인 결과를 최소화할 수 있다. 특히 위기관리팀에서 자해위기 수준에 대한 평가를 진행함으로써 보다 체계적인 결정이 이루어질 수 있을 것이다.

① 내담자 위기수준 평가
- 위기관리팀은 접수면접을 통해 수집된 내담자에 대한 정보를 바탕으로 내담자의 자살·자해가 어느 정도 위험한 상태인지 평가한다. 이 단계에서 비자살적 자해인지, 자살적 자해인지 평가한다. 이때 접수면접자의 언어적·비언어적 정보를 세밀하게 파악한다.
- 위기관리팀은 내담자의 위기수준 및 심리상태를 평가하여 지원 방향을 선정한다. 예를 들어, 다른 기관에 연계할지를 파악하고(약물치료 유무, 입원치료 유무 등), 상담사례로 해당 기관에서 관리할지를 결정한다. 상담사례로 관리할 때 위기관리팀은 상담자 개인의 전문분야와 상담수준, 위기상담 경력을 고려하여 상담자를 배정한다.

② 긴급대응
- 위기수준 평가를 통해 긴급상황이라고 판단되면 부모에게 현재 상태를 알리는 것에 대한 동의를 받는다. 이때 내담자가 동의하지 않는다 해도 유해성의 원칙에 따라 부모에게 알려야 한다. 상담자는 내담자에게 지금은 위험한 상태이고 생명과 관련된 중요한 상황이기에 부모님에게 알리는 것은 상담자의 의무이므로 부모님께 연락해야 한다는 사실을 명확히 한다.
- 부모에게 연락하는 상황은 상담자가 최대한 내담자를 돕는다. 먼저, 부모에게 연락을 취하여 내담자의 현재 상태를 알리고, 부모가 내담자 자해 여부를 인지하고 있는지에 대해 확인한다. 만약 부모가 자해사실을 모르고 있었다면 구체적이고 친절하고 차분하게 설명한다. 자해상담에서 부모의 협조는 매우 중요한 치료요인이기 때문에 정성을 기울여 부모님의 참여를 이끈다.

③ 단계별 사례자문 및 슈퍼비전 제공
- 초기 상담, 중기 상담, 후기 상담에 대해 단계별로 슈퍼비전을 제공하여 상담

목표 달성과 내담자 성장 및 보호 두 차원에서의 역할을 수행한다.
- 종결사례회의를 통해 내담자의 변화 정도 점검, 새로운 스트레스 대처방안 습득 수준 확인, 미해결과제 종결 후 내담자가 노력해야 할 과제로 주기, 종결준비, 추수관리 방안, 상담자의 변화 등에 대해 다룬다.

2) 비밀보장

비자살적 자해의 윤리적 문제와 관련하여 고려할 사항이 비밀보장이다. 비밀보장은 상담윤리에서 매우 중요한 개념이다. 비밀보장이란 "상담실에서 이야기한 것은 상담실에 남겨 둔다"는 개념이다. 상담자는 다음과 같이 비밀을 보장할 의무가 있다.

>>> 청소년 상담사 윤리강령

- 청소년 상담사는 내담자와 부모(보호자)의 사생활과 비밀보장에 대한 권리를 최대한 존중해야 한다.
- 청소년 상담사는 상담기관에 소속된 모든 구성원과 관계자 · 슈퍼바이저 · 주변인들에게도 내담자의 사생활과 비밀이 보호되도록 주지시켜야 한다.
- 청소년 상담사는 청소년 내담자 상담 시 사전에 상담에 대한 내담자의 동의를 받고 상담과정에 부모나 보호자가 참여할 수 있으며, 비밀보장의 한계에 따라 정보를 제공할 수 있음을 알린다.

자해위기 청소년을 상담하는 것과 관련하여 상담자들은 비밀보장의 문제와 위기관리(유해성) 문제로 윤리적인 딜레마를 경험할 수 있다. 이러한 상황과 관련하여 상담자는 상담동의서 작성을 통해 이를 효과적으로 다룰 수 있다. 동의서는 성공적인 치료관계를 맺는 데 있어 매우 중요하다. 동의서에는 내담자가 상담과정에 대해 알고 동의할 권리가 있음이 설명되어야 한다. 즉, 상담과정에서 일어날 어려움과 좋은 점에 대한 전체적인 설명이 되어 있어야 한다. 또한 상담을 원하는지 아닌지를 선택하는 조항이 있어야 한다. 상담자는 내담자에게 충분한 정보를 제공한 후, 내담자가 개방을 하고 싶은 것과 개방하고 싶지 않은 것을 결정하였을 때 동의서를 작성한다. 이때 내담자가 비밀보장을 원하면서 자해에 대해서 알리고 싶지 않다고 한다면, 상담에서 예상되는 위험과 이점에 대해서 설명하고 동의를 구한다. 즉, 자해를 다루지 않는다면, 앞으로 상담에서 자해가 더 자주 발생할 수 있음을 설명한다. 예를 들어, 앞에 제시한 성호의 사례의 경우, 성호가 원하는 대로 학업 문제에 대해서 다루고 상담에서 자해를 다루지 않는다면 자해가 더욱 심각해질 수 있음을 설명한다.

또한 상담자는 자해 문제가 비밀보장 원칙의 예외가 될 수 있음을 내담자에게 명료하게 설명한다. 예를 들어, 상담자가 내담자에게 접수면접에서 동의를 구할 때 내담자가 자신의 몸에 상처를 입힌다면 비밀보장의 원칙을 유지할 수 없고 부모에게 이야기할 수 있음을 설명한다. 하지만 자해행동이 자살과 깊이 관련되어 있지 않고 그 심각성이 즉각 보호자에게 알릴 만큼 심각하다고 보기 어렵다면, 상담자들은 다음과 같은 사항을 파악한 후에 동의절차를 밟는다. 즉, 위기관리와 관련하여 어떤 행동을 보고해야 하는지, 어떤 비자살적 자해가 보고되어야 하는지, 신체에 심각한 문제를 일으키는 심각한 비자살적 자해인지, 약물남용이나 충동성이 강하게 나타내고 있는지 등 상태를 파악한다.

때로 상담복지센터, Wee클래스 등 공적 기관에서 이루어지는 상담은 자해위기 수준을 평가하기 전에 즉각적으로 이루어지기도 한다. 학교, 상담복지센터 등 각 기관에 따라 기관의 관계자와 입장이 다르기 때문에 비밀보장의 적용은 복잡하다. 예를 들어, 미국 학교상담자협회의 윤리강령(ASCA, 2010)에서는 다음과 같이 이 주제에 대해서 언급하고 있다.

> "학교에서는 비밀보장의 복잡성을 인지하고 맥락에 따라서 사례를 관리하라. 법적으로 비밀보장을 어겨야 하는 경우나 학생에게 심각한 피해가 되는 것을 막으려는 경우가 아니라면 비밀보장은 유지되어야 한다. 학생들에게 일어날 거라고 예측하는 피해와 심각성은 학교마다 정의가 다르고, 학생의 발달연령, 실제연령, 환경, 부모의 권리, 피해와 특성에 따라 다르게 정의된다. 학교 상담자들은 비밀보장 예외사항에 대해서 의심이 갈 때 전문가에게 컨설팅을 받아야 한다."

이처럼 기관에서 비밀보장의 문제를 다룰 때는 자해 심각성, 충동성 등 사례의 특성뿐만 아니라 기관의 윤리강령, 주변사람들과 기관의 관계자들의 의견 등 다양한 측면을 고려해야 한다. 이런 측면에서 기관에서 비밀보장과 관련된 윤리적 딜레마에 처했을 때는 기관 차원의 위기관리위원회나 윤리위원회 자문, 외부 전문가 자문 등 컨설팅에 의해 결정을 내리는 것이 효과적이다.

>>> 자해 청소년이 비밀유지를 원하는 사례

　"고등학교 1학년 여학생인 혜미는 고등학교 진학 후 학업에 크게 흥미를 느끼지 못하고 있다. 중학교 때 우수한 성적이었던 혜미는 고등학교 이후로 성적이 떨어지고, 지나치게 경쟁적인 학급 분위기에 많이 우울해졌다. 부모님의 요구대로 3년만 참자고 생각했지만 숨이 막히는 기분이 들 때마다 커터 칼로 손목을 긋는 등 자해를 하며 기분을 해소한다. 며칠 전에는 커터 칼로 자해를 하다가 피가 흘러내릴 정도로 심하게 해서 학교 상담실을 방문했다. 사실 학교 상담실에서 자해를 발견했을 때는 상담자는 학교에 자해사실을 보고해야 한다. 또한 상담자도 내담자의 안전을 위해 자해사실을 부모에게 알려야 한다고 믿었다. 이에 상담자는 학교와 보호자에게 알리고 도움을 받아야 한다고 권유하였으나, 혜미는 부모에게 자해사실이 알려지는 것을 완강히 거부하고 있다."

　Q: 이런 경우 어떻게 해야 하는가?
　A: 자해의 경우, 내담자의 신체에 상해를 가할 뿐만 아니라 심한 경우 생명에 위협이 될 수 있으므로 상담자는 윤리적 측면을 고려하여 비밀보장 여부를 판단해야 한다. 상담자는 내담자에게 구조화를 통해 자신 혹은 타인의 생명에 위험이 되는 경우 비밀보장의 예외상황이 될 수 있음을 명확히 전달한다. 상담자는 자살을 하려는 의도로 자해행동을 했는지, 자해로 인해 의료적 처치가 필요할 만큼 심각한 상처가 생겼는지 등 자해위기 수준을 파악한다. 이때 심각하게 고위기인 경우는 내담자 보호를 위해 보호자 또는 필요한 경우 학교에 알려야 한다. 상담자는 보호자에게 자해사실을 이야기하기 전에 내담자와 이 부분에 대해서 함께 의논한다. 상담자는 내담자에게 알려야 한다는 사실을 고지하고, 어떻게 내담자에게 이야기를 할지를 함께 의논한다.
　사실 상담자는 법적으로 자해사실을 알릴 필요는 없다. 「청소년복지지원법」 제37조에 따라 상담자들은 직무상 알게 된 비밀을 누설해서는 안 된다. 내담자의 자해행동이 생명에 지장이 없는 상태이기 때문에 상담자가 비밀유지 의무를 위반할 정도로 심각한 위험에 놓여 있다고 보기 어렵다. 하지만 내담자의 자해가 반복되거나 그 수준이 심각하다고 판단된다면 상담자는 자해사실을 보호자와 유관기관에 알려야 한다.

3) 미성년자와의 작업

청소년 상담자들은 미성년자와 상담할 때 동의와 비밀보장 사이에서 윤리적인 문제에 직면한다. 미국의 주요 상담 관련 협회(AAMFT, ACA, APA, NASW)의 윤리강령에서 미성년자를 포함하여 동의를 할 수 없는 사람과의 작업에 대해 다음과 같이 규정하고 있다.

> "상담자는 부모와 법적인 보호자에게 상담자의 역할에 대해 알리고 상담관계의 비밀보장 특성에 대해서 알려야 한다. 상담자는 다문화적인 가족의 다양성과 자녀의 복지에 관한 부모나 보호자의 책임과 권리에 민감해야 한다. 상담자는 내담자에게 최상의 서비스를 제공하기 위해 부모나 보호자와 협력적이고 타당한 관계를 수립해야 한다."
>
> — 미국상담자협회(ACA)

상담자들은 부모나 보호자에게 비밀을 알리는 데 있어 내담자의 자율성과 관련해서 추가적인 도전을 받을 수 있다(White et al., 2003). 미성년 내담자와의 비밀보장 원칙을 깸으로써 상담관계가 깨질 수 있고, 내담자의 가족 역동에서 추가적으로 스트레스를 경험할 수 있기 때문이다. 따라서 상담자는 다양한 환경에서 필요로 하는 윤리적 문제에 대해 심사숙고해야 한다. 예를 들어, 미국학교상담자협회의 윤리강령에 따르면(ASCA, 2010, 2016) 학교상담자는 다음과 같은 강령을 따라야 한다.

> "기본적인 비밀보장의 책임이 학생들에게 있음을 인지하라. 하지만 내담자의 삶에 있어서 특별히 가치관과 관련된 이슈에 대해서 부모나 보호자의 법적이면서 기본적인 권리를 이해하고 균형을 맞추어야 한다. 학생이 가진 선택에 대한 윤리적 권리와 함께 학생을 보호하는 부모나 가족의 법적인 권리 간에 균형이 필요하다는 것을 인지하라."

이러한 맥락에서 청소년 상담자는 학생, 부모나 보호자, 학생이 속한 학교나 커뮤니티의 체제에 대해 고려해야 한다. 미성년자와의 비밀보장의 문제가 이렇듯 복잡하고 상당수의 청소년이 자해를 숨기고 싶어 한다는 점에서 비자살적 자해의 비밀보장 문제는 좀 더 복잡할 수 있다. 이와 관련하여 White 등(2003)은 미성년자를 상담할 때 자해 문제와 관련하여 다음과 같이 비밀보장 문제를 다룰 수 있다고 제안하였다.

- 미성년자 내담자와 비밀보장 문제에 대해서 가능한 한 많이 이야기하기
- 내담자를 존중하면서 비자살적 자해에 대한 정보를 제공하기
- 비자살적 자해가 생명에 위협이 되지 않는다면, 부모나 보호자에게 비자살적 자해에 대한 정보를 제공하는 것에 대해 함께 논의하기
- 가능한 정도까지는 미성년자와의 상담과정에 부모나 가족을 개입시키기

상담자가 비자살적 자해에 대해 내담자와 논의할 때 주목할 것은 부모에게 자해사실을 알릴지 말지를 선택하는 것에 대한 논의가 아니라는 점이다. 상담자와 내담자가 논의해야 하는 것은 부모에게 비자살적 자해를 어떻게 말할지에 대해 선택하게 하는 것이다. 다만, 내담자가 자해사실을 알리고 싶어하지 않는 마음을 이해하고 존중하는 것도 중요하다는 점에서 내담자가 자해를 이해하는 수준을 파악하여 부모에게 자해에 대해 알리는 것을 논의해야 한다. 다음은 상담자가 미성년 내담자와 부모에게 자해사실을 알리는 것에 대해 논의하는 예시이다.

(나은이는 최근에 자해를 시작했으며, 아직 상처가 깊은 정도로 심각하지는 않음)

상담자: 나은아, 혹시 기억하는지 모르겠는데…… 내가 비밀보장에 대해 이야기한 것 기억하니?

나은: 네, 선생님.

상담자: 혹시 선생님이 말해 준 비밀보장과 관련해서 생각나는 내용이 있니? 어떤 것이 기억나?

나은: 네, 선생님이 제가 말한 것을 다른 사람에게는 말하지 않을 거라는 거요.

상담자: 맞아. 그런데 혹시 선생님이 어떤 경우에는 비밀을 보장할 수 없다고 한 것도 기억해?

나은: 네……. 제가 제 스스로 몸을 해치거나 다른 사람을 해칠 때요…….

상담자: 맞아……. 선생님은 사실 나은이가 솔직하게 최근에 자해를 하고 있다는 사
　　　　실을 말해 주어서 고마웠어. 그만큼 선생님을 믿어 준 거라고 생각해. 선생
　　　　님은 나은이의 부모님과 자해에 대해서 이야기를 나누는 것이 너를 위해서
　　　　좋을 거라는 생각이 들어. 왜냐하면 너가 최근에 자해에 대해 많이 생각하고
　　　　실제로 하고 있기 때문이야. 이 부분에 대해서 선생님은 부모님과 이야기를
　　　　나누어야 할 듯해. 혹시 선생님이 부모님과 이야기를 나눈다면 어떻게 이야
　　　　기 하면 좋겠니?

　나은: 전 선생님이 이야기를 하지 않았으면 좋겠어요. 하지만 이야기해야 한다면
　　　　선생님이 해 주시면 좋겠어요.

4) 상담자 전문성과 윤리

상담자 유능성은 윤리강령에서 핵심이다. 자해는 자살과 구분하기 어렵고 복잡
하게 얽혀 있어서 상담자는 자살과 자해에 대해 동시에 전문성을 가지고 있어야 한
다. 이러한 전문성은 상담의 효과성에도 영향을 미칠 뿐만 아니라 상담자들의 자기
관리에도 영향을 미친다. 고위기 상담은 상담 효과가 잘 나타나기 어렵다는 점에서
상담자들의 유능감을 좌절시킨다. 상담자들은 유능하지 않다고 느낄 때 좌절한다.
내담자가 위기에 계속 처해서 나아지지 않거나 자해를 지속적으로 하면 화가 나기
도 한다. 최근 더욱 심각해지고 있는 청소년 위기를 고려할 때 상담자는 끊임없이
교육과 훈련을 받음으로써 위기사례에 대한 유능감을 키워 가야 한다. 만약 상담자
가 내담자의 문제를 다루는 데 유능하지 않다면 상담자들은 내담자를 의뢰해야 할
지 말지에 대해서 고려해야 한다. 만약 내담자를 치료하기로 했다면 교육을 받거나
규칙적으로 컨설팅을 받거나 추가적인 슈퍼비전을 받아야 한다. 자해 내담자와 작
업 경험이 없는 상담자는 슈퍼비전과 컨설팅을 받고, 이러한 작업을 문서화해야 한
다. 비자살적 자해에 대한 슈퍼비전에 대해서는 10장에서 다루었다.

상담자는 자해위기 내담자를 상담할 때 자해에 대한 부정적인 반응을 보일 때가
있다. Cresswell과 Karimova(2010)에 따르면 상담자들은 자해위기 내담자들에 대
해 판단하고 다음과 같이 반응을 하기도 한다.

- 내담자의 자해행동을 관심을 얻거나 조정하려는 것으로 간주
- 비자살적 자해가 도움을 요청하는 것으로 인식
- 자해행동에 혐오감을 느낌
- 자해행동에 압도되거나 무기력함을 느낌
- 자해행동에 대해 좌절감을 느낌
- 내담자의 자해행동을 통제하려고 함
- 비자살적 자해를 고치거나 줄이려는 압박감을 느낌
- 자해행동에 유능감을 느끼지 못함

이와 같은 반응을 상담자들이 보인다면 내담자 또한 상담자에게 부정적으로 반응하게 된다. 자해 청소년들이 상담자에게 가장 원하는 것은 자신의 마음을 들어주고 경청하는 것이다(서미, 김지혜, 이태영, 김은하, 2019a). 겉으로 차마 표현하지 못해서 자신의 몸에 상처를 입히는 청소년의 마음을 이해하는 것이 가장 먼저라고 강조한다. 상담자들은 자해행동에 초점을 두기보다는 자해를 하는 청소년의 마음에 초점을 두어야 한다. 상담자가 자해행동에 대해 혐오하고 부정적으로 여긴다면 내담자들은 자해를 선택했던 자신의 마음을 이해하지 못한다고 느낄 것이다. 내담자는 상담자의 부정적인 반응을 인식하고 상담을 계속 지속할지에 회의감을 느낀다(McHale & Felton, 2010). 이런 맥락에서 Hoffman과 Kress(2010)의 이야기는 귀기울일 만하다. "매우 중요한 것은 상담자가 역전이로 인한 반응을 끊임없이 모니터링하는 것이고, 내담자의 자해 결심을 통제할 수 없다는 사실이다(Hoffman & Kress, 2010, p. 348)."

3. 상담자 태도 및 자기보호

상담자는 자해위기 청소년을 상담할 때 다양한 부정적 감정을 경험할 수 있다. 자해에 대한 혐오감, 자해행동에 대한 불안감, 자해행동을 멈추게 하려는 조급함 등 다양한 감정을 경험하게 된다. 특히 자해가 내담자의 신체에 해를 끼치고 자칫 자살로 이어질지도 모른다는 불안감은 상담자에게 자해위기 청소년을 상담하는 데

더 완고한 태도를 취하게도 하고, 때로는 소진시키기도 한다. 따라서 상담자는 자해위기 청소년을 상담할 때 흔히 나타날 수 있는 상담자 불안 등 다양한 부정적 감정을 경계하고 자기점검을 통해 내담자에게 최상의 상담서비스를 제공하도록 노력해야 한다.

1) 자해상담에서의 상담자 태도

서미 등(2019a)이 자해위기 청소년을 상담한 인터뷰는 상담자가 어떤 태도를 취하는 것이 중요한지에 대한 힌트를 준다. 이들은 자해위기 청소년에게 상담을 받고 싶었던 이유가 무엇이었는지에 대해서 물었다. 청소년 내담자들이 말한 상담을 받고 싶던 이유는 다음과 같다.

- "그냥 이야기를 누군가에게 하고 싶었다. 죽지 말라는 위로는 원하지 않았다."
- "나의 위태한 것들을 와르르 다 털어놓을 수 있어서 좋았다."
- "아무 말 없이 가만히 이야기를 들어 주는 것이 좋았다. 어떤 이미지를 만들지 않아도 되는 것이 자유로웠다."

앞의 내용처럼 자해위기 청소년들이 상담에서 가장 원하는 것은 들어 주는 것이다. 섣불리 자해를 멈추라는 이야기는 적절하지 않다. 왜냐하면 그들도 자해가 긍정적인 것이 아니라는 것은 안다. 그들은 자신의 이야기를 판단 없이 먼저 들어 주기를 원한다. 청소년들은 '혼자가 아닌 함께' '누군가로부터 있는 그대로 수용되는 느낌'이 자해를 극복하는 데 도움이 되었다고 보고한다(서미 외, 2019a). 이런 맥락에서 상담자는 '적극적 경청'과 '공감적 태도'를 취하는 것이 가장 기본이다. 구체적으로 상담자는 상담단계별로 청소년과 신뢰감을 형성하기 위해 다음과 같이 노력할 수 있다.

(1) 접수면접

자해위기 청소년은 스트레스를 표현하지 못하고 억압하는 경향이 있다(서미 외, 2019a). 이들은 억압된 감정을 표현하기 어려워하고 두려워한다. 이런 특성을 가진 청소년과의 첫 대면장면인 접수면접에서 신뢰감을 쌓는 것은 매우 어렵지만 신뢰감을 쌓는 것 또한 필수적이다.

상담자는 신뢰감을 형성하기 위해, 먼저 자살과 자해를 구분하여 질문할 수 있다. 상담자는 '자살시도를 해 본 적이 있는가?'(자살적 자해 질문)와 '죽으려는 의도 없이 몸에 상처를 낸 적이 있는가?'(비자살적 자해 질문)라는 질문을 한다. 이처럼 자살과 자해를 차별화하여 질문할 때 내담자들은 상담자가 자살과 자해가 다른 행동으로 인식하고 있음을 느끼게 된다. 사실 비자살적 자해를 하는 청소년은 자신의 행동이 자살시도로 오해받아서 병원치료를 받거나 심각한 치료를 받게 될까 봐 걱정하는 경향이 있다. 따라서 상담자가 자해와 자살을 구분한다고 믿으면 자해위기 청소년들은 자해행동에 대해서 정직해진다.

또한 내담자가 죽으려는 의도 없이 자해를 한 적이 있다고 대답한다면 상담자는 내담자에게 비자살적 자해와 자살적 자해가 다르다는 것을 알려 주고 비자살적 자해에 대해 필요하다면 설명해 준다. 예를 들어, 몸에 커터 칼로 상처를 내거나 몸을 태우는 행위가 비자살적 자해에 속한다는 설명을 해 줄 수도 있다.

이어서 상담자는 내담자를 존중하면서 질문한다. 만약 상담자가 자해에 대해 들었을 때 상담자가 미세하더라도 충격을 받았다거나 혐오스러워하는 반응을 보이면 내담자는 상담자를 부정적으로 판단할 수 있다. 상담자는 존중하는 태도로 내담자의 자해행동에 대해 호기심을 갖고 질문해야 한다. 이와 관련하여 Caroline Kettlewell이 자신의 경험을 담은 『스킨 게임』이라는 자서전에서 상담자가 '존중하는 호기심'을 갖고 자해 청소년에게 비자살적 자해와 자살적 자해에 대해 구체적으로 질문하는 것이 효과적이라고 이야기한 바 있다.

마지막으로 상담자는 자해행동에 대해 차분하지만 냉담한 태도를 취해야 한다. 상담자가 자해행동에 지나치게 관심을 가지면 때로 자해행동이 강화되기도 한다. 자해를 하는 내담자들은 다른 사람들과 관계를 맺거나 인정받는 것을 중요하게 여기는 경향이 있다. 따라서 상담자가 자해에 대해 지나치게 집중하면 자해는 일종의 상담자의 관심을 얻는 수단이 되기도 한다. 상담자는 비자살적 자해를 명료하게 평가하며, 자해를 하는 내담자의 마음과 동기를 공감하려고 노력해야 하지만, 자해행동에 대해 지나치게 주목하지 않도록 주의한다.

(2) 초기단계 상담

상담자는 자해에 대해 자신이 어떻게 이해하고 있는지를 점검해야 한다. 이를 위해 다음과 같은 질문을 스스로에게 할 수 있다.

>>> 자해 청소년의 자해에 대한 생각 점검

- 극소수의 매우 병약한 사람만 자해한다. (×)
  - 인구의 약 1%는 한 번 또는 그 이상 압도적인 상황과 감정을 다루기 위해 신체적인 자해를 시도한다.
- 자해를 시도한 사람들은 서둘러 병원에 입원해야 한다.(×)
  - 어른들은 두렵고 자해를 하는 청소년 자녀에게 어떻게 해야 할지 몰라 단기간 병원에 입원시키는 경우가 있다. 그러나 병원에 입원시키는 것이 문제를 더 악화시킬 수 있다. 왜냐하면 자해위기 청소년들은 그들의 삶을 통제하기 위해 자해를 시도하는 경우가 많기 때문이다.
- 부모로부터 관심을 끌기 위해 청소년들은 자해를 한다.(×)
  - 일부 청소년들은 사람들에게 그들의 정서적인 문제에 관심을 끌기 위해 자해를 시작하지만 자해행동은 도움을 요청하기 위한 것으로 부모님의 관심을 끌어내기 위한 것은 아니다.
- 심리적인 문제가 있는 청소년들만 자해를 할 것이다.(×)
  - 일부 자해 청소년 중에 매우 심각한 심리적인 문제를 가지고 있는 경우도 있지만 모든 청소년에게 해당하는 것은 아니다.

출처: 한국자살예방협회(2012).

상담자는 상담 초기단계에서 적극적 경청을 통해 내담자가 호소하는 자살과 자해 문제에 대해 충분히 이야기할 수 있도록 지지해 주어야 한다.

① 초기단계에서 상담자가 점검하고 유의할 점

- **불안을 낮추기 위해 과도하게 개입하거나 개입을 덜 하기**: 상담자의 불안을 낮추기 위해 상담자가 과도하게 개입하게 되거나 개입하지 않는 경우가 발생한다. 예를 들면, 내담자가 구체적인 자살계획이나 의도가 없음에도 불구하고 상담자가 내담자와 의논 없이 부모에게 일방적으로 연락하거나 병원으로 연계하는 경우, 상담자가 불안하여 내담자의 안전을 과도하게 확인하는 경우, 내담자가

상담에 오지 않을까 두려워 내담자가 원하는 대로(예: 자살 및 자해 시도에 있어서 비밀보장) 맞춰 주려는 경우 등이다.

- **자해행동에 대해 판단하고 조언하기:** 상담자는 가치관에 따라 자해행동의 잘못을 따지기도 한다. 예를 들면, "아무리 힘들어도 몸에 상처를 내는 건 잘못된 행동이다." "자해를 함으로써 감정이 완화되는 건 일시적이고 잘못된 행동이다." "너의 몸을 소중히 다루어야 한다." 등으로 자해가 잘못된 행동이라고 판단하는 것은 내담자에게 죄책감을 느끼게 하고 우울을 더 증가시킬 수 있다.

② 상담자의 불안과 부담감을 다루는 방법

- **동료, 슈퍼바이저와 논의하고 구체적인 개입과정에 대한 자문 얻기:** 상담자는 자해 상담 시 불안과 불만을 느낄 때 동료나 슈퍼바이저를 만나 자문을 받는다. 자문을 통해서 자신의 개입이나 상담 전략이 적당한지를 점검받는다. 이런 과정을 통해 불만으로 인한 소진을 예방한다.
- **내담자의 가족, 교사, 친구 등 주변 사람의 협조 구하기:** 가족상담이나 부모상담, 부모교육은 필수적이며, 내담자의 현재 상황을 알려 주고 가정에서 내담자를 어떻게 돌보고 살펴보아야 하는지 지침을 알려 주는 것이 필요하다.

(3) 중기단계

상담자는 자살 또는 자해하고 싶은 구체적인 상황에 대해 적절한 질문을 통해 상담자가 공감하고 경청하고 있다는 것을 내담자가 느끼게 해 주는 것이 필요하다. 특히 자해의 다양한 동기와 목적을 파악하고 상담장면에서 이를 확인한다. 이 과정에서 상담자는 내담자와의 관계가 함께 문제를 해결하는 협력적인 관계라는 것을 내담자에게 상기시켜 준다.

▶ **중기단계에서 상담자가 점검하고 유의할 점**

- **내담자의 증상이 호전되었다가 나빠지는 것에 대해 이해하기:** 중기단계에서 내담자의 증상이 호전되었다가도 나빠지는 경우가 종종 있다. 이러한 과정이 자연스러운 과정일 수 있다는 것에 대해 상담자 스스로 인식해야 하며, 내담자에게도 이를 이해시켜야 한다. 또한 내담자의 증상이 호전되었더라도 방심하지 않도

록 주의를 기울인다.

- **비밀보장의 한계 정하기**: 자해위기 상담에서 상담자는 비밀보장의 경계를 정할 필요가 있다. 특히 자해상담에서 부모상담은 필수적이기 때문에 부모에게 어느 정도까지 내담자의 문제에 대해서 공유할 것인지를 명확히 할 필요가 있다. 일반적으로 내담자의 안전과 위협이 되는 자살 및 자해의 행동 증상에 대해서는 주요 양육자와 정보를 공유하고, 일반적인 상담내용은 내담자에게 도움이 된다고 판단되었을 때 내담자와 논의하여 주 양육자에게 알릴 수 있도록 한다.

(4) 후기단계

상담자는 후기관리에서 상담받기 전과는 다른 삶의 의미와 새로운 목표설정을 격려함으로써 내담자의 긍정성을 강화시킬 수 있다.

▶ 후기단계에서 상담자가 점검하고 유의할 점

- **상담자의 역전이 감정 다루기**: 상담자는 스스로 상담과정에서 내담자에게 가지는 역전이 감정이 있었는지 탐색할 필요가 있다. 상담자는 스스로에게 '내담자의 이야기를 듣는 것이 불편한가?' '내담자의 침묵이 불안하게 느껴지는가?' '내담자를 도와주고 싶은 마음이 과도하게 드는가?' 등 질문을 통해 역전이 감정을 탐색해 볼 수 있다.
- **종결시점에서 나타난 자해증상 이해하기**: 상담자는 종결을 준비하는 시점에서 내담자가 자살 및 자해 증상을 호소하는 경우, 내담자에게 화가 나거나 불편감이나 불안함을 느낄 수 있다. 중기단계와 마찬가지로 자해증상은 호전되는 종결시점에도 나타날 수 있다. 예를 들어, 어머니와의 갈등이 있을 때마다 자해를 하던 내담자가 종결시점에 예상하지 못했던 어머니와의 큰 싸움으로 일시적으로 자해를 할 수 있다. 이때 상담자와 내담자는 좌절감과 실망감을 느낄 수 있다. 상담자는 이런 현상이 일어날 수 있음을 인지하고 내담자에게 이전의 모습으로 회기한 것이 아니라 일시적으로 나타날 수 있는 현상이라고 설명한다.

2) 상담자 소진관리 및 자기보호

상담자는 자살 및 자해 상담을 할 때 심각한 불안감 및 자책감을 경험할 수 있다. 서미, 김은하, 이태영과 김지혜(2018)의 연구에서 청소년 상담자들은 자해위기 상담에서 다음과 같이 힘든 점을 토로하였다.

- "자해를 하고 나아지지를 않으니까…… 내가 잘하는 건가 싶기도 하고. 이러다가 더 큰 위험에 처하게 되는 건 아닐까 걱정도 되고."
- "자해 같은 위기상담은 신경이 많이 쓰여요. 상담자로서 잘해야 한다는 부담감도 너무 크고, 아무래도 기관에서도 많이 신경을 쓰니까 더 부담스러워요."
- "자해를 하는 친구들은 정서적으로 예민하고 민감한 것 같아요. 그래서 내가 혹시 했던 말을 친구가 오해해서 잘못 받아들이면 어떡하지 하는 자책감이 많이 들어요."

이렇게 자해위기 개입을 하는 상담자들은 불안, 부담감, 자책감과 심리적인 소진을 경험하게 된다. 부정적인 감정과 소진은 상담에도 영향을 끼칠 수밖에 없고, 상담 효과는 더욱 감소하고, 결국 상담자는 더욱 무기력하게 된다. 이러한 현상은 자살·자해 위기상담의 경우 상담 효과가 쉽게 나타나지 않고, 내담자의 생명과 관련이 있기 때문에 자주 나타난다. 이때 상담자는 스스로 자기돌봄이 필요하다. 자기돌봄(self-care)이란 타인을 대하듯 타인과 자신의 욕구를 돌보고 균형을 맞추는 작업이다(Skovholt, Grier, & Hanson, 2001). 자기돌봄은 상담자 자기보호뿐만 아니라 내담자를 위해서도 중요하다. 특히 자해위기 청소년 상담에서는 필수적이다. 여기서는 상담자 스스로 자기를 돌보는 방법에 대해서 간단히 살펴보고자 한다.

(1) 상담자 자기자각

상담자는 주기적으로 신체적·심리적·영적·직업적·사회적 요인 간 균형을 잘 유지하고 있는지 스스로 질문한다. 내적·외적으로 균형 잡힌 생활을 하고 있는지 스스로 점검해 본다. 구체적으로 상담자는 다음과 같은 현상이 나타날 때 소진을 의심해 보아야 한다.

- 내담자가 약속을 취소할 때 너무 좋아함
- 도망치는 꿈을 자주 꿈
- 상담에서 집중이 어려움
- 스트레스가 있어도 원인을 찾고 방법을 찾지 않음
- 때로 스트레스 대처를 위해 약물(수면제, 안정제, 음주)을 주로 사용함
- 사무처리가 지체됨

상담자는 다음과 같은 활동을 통해 자신의 모습을 돌아보고 자기성찰의 시간을 갖는다.

- 성찰적이고 반성적인 사고하기
- 성찰일지 쓰기, 자서전적 글쓰기
- 소크라테스식 질문하기, 성찰을 촉진하는 질문하기, 소진되어 있는지 스스로 점검하기

(2) 자신을 있는 그대로 수용하고 자신에 대한 연민을 갖기

상담자는 자기 스스로에 대한 공감, 인내, 수용, 사랑의 마음을 갖는다. 자해위기 청소년을 상담하는 과정에서 좌절감, 분노, 불안 등 다양한 감정을 있는 그대로 수용한다. '왜 더 좋은 상담자가 되지 못하는지' 혹은 '왜 나는 내담자에게 화가 나는지' 등 자신을 자책하기보다는 '더 좋은 상담자가 되고 싶구나' '내가 이 내담자를 너무 도와주고 싶어서 불안한 마음이 많았구나' 등 상담자로서의 취약한 마음을 인정하고 받아들인다. 상담자는 전문가이기도 하지만 인간이기도 하다.

(3) 심리치료와 슈퍼비전 받기

상담자는 개인적으로 심리상담을 통해 자신의 정신적인 상태를 건강하게 유지할 수 있다. 또한 심리상담을 통해 자신에 대해서 좀 더 깊이 이해할 수 있다. 자신에 대한 깊은 이해는 상담과정에서 내담자를 깊이 이해하는 데 도움이 된다. 예를 들어, 상담자의 역전이 없이 내담자의 감정을 있는 그대로 수용하고 이해할 수 있다. 또한 상담자는 위기사례에 대해서 동료나 슈퍼바이저에게 자문을 구하고 함께 논

의함으로써 위기사례에 대한 불안을 감소시킬 수 있다.

(4) 일상생활 활동을 통한 환기

상담자는 일상에서 취미생활이나 일상적인 활동을 통해 에너지를 충전할 수 있다. 최근 스트레스와 관련된 연구에서 스트레스를 해소하기 위해서는 뇌가 쉬는 시간을 갖는 것이 중요하다고 한다. 아무 생각 없이, 소위 '멍 때리는 시간'을 통해 뇌가 휴식하는 시간을 갖는 것이 필요하다는 것이다. 이러한 뇌의 휴식은 바다나 산 등 자연 앞에서 쉽게 이루어진다. 또한 같이 일하는 직원이 아닌 다른 사람들과의 모임은 일로부터 벗어나서 온전히 개인의 모습으로 교류할 수 있다는 점에서 상담으로 인한 스트레스를 감소시킬 수 있다.

- 취미생활을 갖는다.
- 요가, 심호흡이나 명상하는 시간을 갖는다.
- 바닥에 5분 누워 있는다.
- 그림 그리기, 요가하기, 여행하기 등 여가생활을 갖는다.
- 산책 등 자연을 음미하는 시간을 갖는다.
- 상담 밖의 다른 사람들과의 모임과 인간관계를 갖는다.

(5) 상담 기록하기

상담자 보호를 위해 자해위기 상담에서 매 회기마다 위험수준 평가와 개입방안에 대해 기록으로 남기는 것이 좋다. 이러한 기록은 상담 효과를 객관적으로 모니터링할 수 있고 내담자가 변화하고 있음을 증명할 수 있다는 점에서 의미가 있다. 다음과 같이 상담자는 상담내용을 기록할 수 있다.

- 초기 상담구조화 단계에서 녹음에 대한 동의를 받고, 가능하면 매 회기 녹음을 하고 기록한다.
- 매 회기, 내담자의 주 호소 문제, 개입방법, 향후계획, 자살 및 자해 관련 행동 등에 대한 내용을 구체적으로 기록한다.
- (부모상담) 내담자 상담과 관련하여 상담자가 보고하거나 전달한 내용이 있다

면 구체적으로 기록한다.

(6) 종결시점에서 자기점검

자해와 같은 위기상담의 종결시점을 정하는 데 있어 상담자는 종결이 올바른 판단인지 고민한다. 상담자는 자살 및 자해 위기 청소년 상담과정에서 내담자에 대한 지속적인 안전관리 및 위기수준 확인, 슈퍼비전을 통해 내담자가 종결해도 되겠다는 확신이 뒷받침되었을 때 상담종결을 준비한다. 이때 상담자는 내담자와 종결에 대해 충분히 논의하고 종결에 대한 내담자의 감정을 충분히 듣고 논의한다. 만약 상담자가 기관에 속해 있다면 기관과 논의하여 종결시점을 정함으로써 상담자 개인의 주관적인 판단보다는 객관적으로 종결시점을 정하도록 한다. 종결과 관련하여 상담자는 다양한 감정을 경험할 수 있다. 대체로 상담자는 다음과 같은 감정을 경험하게 된다.

- 더 이상 상담을 진행하지 않아도 된다는 안도감 및 시원섭섭함
- 내담자에게 적절하게 개입을 하지 못한 것 같아 내담자에 대한 미안함 및 죄책감

상담이 잘 진행되었다면, 상담자는 종결시점에 자기감정을 점검함으로써 향후 자해위기 청소년을 상담하는 데 있어 보완할 점 등에 대해 생각해 본다. 상담자는 다음과 같은 질문을 통해 자신을 점검해 볼 수 있다.

- 상담을 종결하는 과정에서 상담자로서 가장 크게 경험하였던 주된 감정은 무엇인가요?
- 종결과정에서 그러한 감정을 경험한 이유는 무엇 때문인가요?
- 종결과정에서 경험한 주된 감정을 앞으로 어떻게 다루고 싶으신가요?
- 종결과정에서 경험한 주된 감정이 다음 상담 진행 시 어떤 영향을 미칠 수 있다고 생각하나요?

참고문헌

서미, 김은하, 이태영, 김지혜(2018). 고위기 청소년 정신건강 상담 개입 매뉴얼: 자살 · 자해편. 부산: 한국청소년상담복지개발원.

서미, 김지혜, 이태영, 김은하(2019a). 비자살적 자해와 극복과정 경험에 대한 질적 연구: 상담경험이 있는 청소년을 대상으로. 상담학연구, 20(4), 179-207.

서미, 소수연, 강유임, 김지혜, 손지아(2019b). EBP 기반 자살 자해 청소년 상담클래식 운영모형 개발. 부산: 한국청소년상담복지개발원.

American Association for Marriage and Family (2015). *Code of ethics*. Washington: DC: Author.

American Counseling Association (2014). *ACA code of ethics*. Alexandria, VA: Author.

American Psychological Association (2010). American Psychological Association ethical principles of psychologists and code of conduct. *American Psychologist*, *57*, 1060-1073.

American School Counseler Association (2010, 2016). Ethical standards for school counselors. Alexandria, VA: Author.

Cresswell, M., & Karimova, Z. (2010). Self-harm and medicine's moral code: A historical perspective, 1950-2000. *Ethical Human Psychology and Psychiatry*, *12*(2), 158-175.

Hoffman, R., & Kress, V. (2010). Adolescent nonsuicidal self-injury: Minimizing client and counselor risk and enhancing client care. *Journal of Mental Health Counseling*, *32*(4), 342-353.

Kitchener, K. S. (1984). Intuition, critical evaluation and ethical principles: The foundation for ethical decisions in counseling psychology. *The Counseling Psychologist*, *12*(3), 43-55.

Kress, V., & Hoffman, R. (2008). Non-suicidal self-injury and motivational interviewing: Enhancing readiness for change. *Journal of Mental Health Counseling*, *30*(4), 311-329.

Lloyd-Richardson, E. E., Lewis, S. P., Whitlock, J. L., Rodham, K., & Schatten, H. T. (2015). Research with adolescents who engage in non-suicidal self-injury: Ethical considerations and challenges. *Child and Adolescent Psychiatry and Mental Health*, *9*(1), 37.

McHale, J., & Felton, A. (2010). Self-harm: What's the problem? A literature review of the factors affecting attitudes towards self-harm. *Journal of Psychiatric and Mental Health Nursing*, *17*(8), 732-740.

Skovholt, T. M., Grier, T. L., & Hanson, M. R. (2001). Career counseling for longevity: Self-care and burnout prevention strategies for counselor resilience. *Journal of Career Development, 27*(3), 167-176.

Washburn, J. J. (2019). *Nonsuicidal self-injury: Advances in research and practice.* New York: Routledge.

Wester, K. L., & Trepal, H. C. (2017). *Non-suicidal Self-injury.* New York: Routledge.

White, V. E., McCormick, L. J., & Kelly, B. L. (2003). Counseling clients who self-injure: Ethical considerations. *Counseling and Values, 47*(3), 220-229.

찾아보기

저자 소개

⚙ **서미(Seo Mi)**

한양대학교 교육학과 박사
전 미국시애틀퍼시픽대학교 초빙교수
　　경기도시흥시청소년상담복지센터 상담부장
　　한양대학교 · 건국대학교 · 동덕여자대학교 ·
　　강남대학교 시간강사
현 한국청소년상담복지개발원 상담연구위원

〈저서 및 역서〉
진로교육학 개론(공저, 교육과학사, 2019)
학교폭력예방 및 학생의 이해: 사이버폭력을
　　중심으로(공저, 교육과학사, 2018)
학교폭력예방 및 학생생활의 이해(공저, 학지사,
　　2017)
아동 · 청소년을 위한 긍정상담(공저, 학지사,
　　2014)
아동 · 청소년을 위한 반사회적 행동의 다중체계
　　치료(공역, 학지사, 2020)

〈논문〉
비자살적 자해와 극복과정 경험에 대한 질적
　　연구: 상담경험이 있는 청소년을 대상으로
　　(공동, 상담학연구, 2019)
고위기 청소년 정신건강 상담개입 매뉴얼: 자살 ·
　　자해편(공동, 한국청소년상담복지개발원,
　　2018)
Profiles of Coping Strategies in Resilient
　　Adolescents(공동, Psychological Reports,
　　2016)

⚙ **김지혜(Kim Ji He)**

이화여자대학교 심리학과 석사
현 한국청소년상담복지개발원 주임상담원

〈논문〉
EBP 기반 자살 · 자해 청소년 상담클리닉 운영
　　모형 개발(공동, 한국청소년상담복지개발원,
　　2019)
비자살적 자해와 극복과정 경험에 대한 질적
　　연구: 상담경험이 있는 청소년을 대상으로
　　(공동, 상담학연구, 2019)
고위기 청소년 정신건강 상담개입 매뉴얼: 자살 ·
　　자해편(공동, 한국청소년상담복지개발원,
　　2018)

⚙ **소수연(Soh Soo Youn)**

가톨릭대학교 심리학과 박사
전 서울특별시청소년상담복지센터 팀장
현 한국청소년상담복지개발원 상담연구위원
　　신라대학교 겸임교수

〈저서 및 역서〉
진로교육학 개론(공저, 교육과학사, 2019)
아동 · 청소년을 위한 반사회적 행동의 다중체계
　　치료(공역, 학지사, 2020)

〈논문〉
청소년상담 사례지도 모형 개발(공동, 청소년

상담연구, 2019)

청소년상담사 보수교육 유용성 척도 개발(공동, 청소년상담연구, 2016)

숙련된 수퍼바이저의 수퍼비전 수행에 관한 질적 연구(한국심리학회지: 상담 및 심리치료, 2014)

⚙️ 이자영(Lee Ja Young)

고려대학교 교육학과 박사

전 서울사이버대학교 군경상담학과 부교수
　한국청소년상담복지개발원 선임상담원

현 한양사이버대학교 상담심리학과 부교수
　한국상담심리학회 선임이사

〈저서〉

진로교육학개론(공저, 교육과학사, 2019)

청소년문제와 보호 공저, 학지사, 2017)

'학습상담' 한국상담학회 상담학총서7(공저, 학지사, 2013)

〈논문〉

Examining the job demands-resources model in a sample of Korean correctional officers(공동, Current Psychology, 2020)

자기초점적 주의와 대인관계 유능성과의 관계: 자기자비와 인지적 공감의 매개효과를 중심으로(공동, 한국심리학회지: 상담 및 심리치료, 2020)

강점관점 해결중심접근의 단기청소년쉼터 초기 사정도구 개발: 청소년중심의 사례관리를 지향으로(공동, 미래청소년학회지, 2019)

⚙️ 이태영(Lee Tae Young)

부산대학교 교육학과 박사

현 한국청소년상담복지개발원 주임상담원

〈논문〉

비자살적 자해와 극복과정 경험에 대한 질적 연구: 상담경험에 있는 청소년을 대상으로 (공동, 상담학연구, 2019)

고위기 청소년 정신건강 상담개입 매뉴얼: 자살·자해편(공동, 한국청소년상담복지개발원, 2018)

후기청소년 심리·정서적 지원방안에 관한 탐색적 연구(공동, 청소년상담연구, 2018)

청소년 자해상담

-이론과 실제-

Counseling of Adolescent Nonsuicidal Self-Injury

2020년 8월 20일 1판 1쇄 발행
2022년 2월 25일 1판 2쇄 발행

지은이 • 서미 · 김지혜 · 소수연 · 이자영 · 이태영
펴낸이 • 김진환
펴낸곳 • (주) **학지사**

　　　　04031 서울특별시 마포구 양화로 15길 20 마인드월드빌딩
대표전화 • 02)330-5114　　　　팩스 • 02)324-2345
등록번호 • 제313-2006-000265호

홈페이지 • http://www.hakjisa.co.kr
페이스북 • https://www.facebook.com/hakjisabook

ISBN 978-89-997-2152-6 93180

정가 18,000원

이 도서의 국립중앙도서관 출판시도서목록(CIP)은 서지정보유통지
원시스템 홈페이지(http://seoji.nl.go.kr)와 국가자료공동목록시스템
(http://www.nl.go.kr/kolisnet)에서 이용하실 수 있습니다.
(CIP 제어번호: CIP2020031332)

출판 · 교육 · 미디어기업 **학지사**

간호보건의학출판 **학지사메디컬** www.hakjisamd.co.kr
심리검사연구소 **인싸이트** www.inpsyt.co.kr
학술논문서비스 **뉴논문** www.newnonmun.com
교육연수원 **카운피아** www.counpia.com